LA DIVINA COMMEDIA - PURGATORIO

editing MARINELLA AVANZO
collaborazione editoriale GLORIA DELLA GATTA
premessa e *testi riassuntivi* FRANCO FAVA
copertine SABINA DI PIETRO
stampa POGGI TIPOLITO – ASSAGO

© 1994 *LaSpiga*
Libreria Meravigli Editrice – Vimercate

diffusione esclusiva
Medialibri Distribuzione s.r.l.
via Plezzo, 36 – 20132 Milano
tel. (02) 21.57.240 – fax (02) 21.57.833

LA DIVINA COMMEDIA

di Dante Alighieri

PURGATORIO

INCISIONI DI GUSTAVE DORÉ

La Spiga
MERAVIGLI

PREMESSA

Il Purgatorio « è la montagna aspra e scoscesa, che dal gran mare dell'essere "si dilaga inverso il cielo più alto". È la terra umana che, santificata da Cristo nel suo fondo permanente, che è l'anima, si edifica dall'interno su se stessa e sotto il cielo delle virtù cardinali e teologali coglie alla sua propria cima (Paradiso Terrestre) i fiori della pace e della contemplazione, in conformità delle esigenze e dei destini propri alla natura umana » (M. Casella).

Dante e Virgilio, lasciatisi alle spalle il regno del peccato e del dolore, risalgono in superficie nell'emisfero australe, dal quale sorge la montagna del Purgatorio, il luogo ove i peccatori ormai liberi dai peccati scontano la propria pena, dopo di che si purificano per spiccare il gran balzo che li condurrà nel luogo dell'eterna beatitudine, il Paradiso. Esso si configura come un'immensa montagna che sorge nel mezzo dell'unica terra emersa dell'emisfero australe; i fianchi della montagna sono disposti come una serie di terrazzi, tagliati in cornici o gironi che si vanno gradatamente restringendo, fino alla vetta, ove fiorisce la placida selva del Paradiso Terrestre.

Come già l'Inferno, anche il Purgatorio sottostà alla legge della tripartizione: abbiamo un Antipurgatorio (vi penano coloro che morirono scomunicati e i negligenti nel pentirsi), il Purgatorio propriamente detto (diviso in sette cornici, quanti sono i peccati capitali, in ordine decrescente di gravità; vi sono puniti: superbi, invidiosi, iracondi, accidiosi, avari e prodighi, golosi, lussuriosi) e il PARADISO TERRESTRE. Ciascuna delle sette cornici è guardata dall'ANGELO della virtù opposta al peccato che vi è punito.

Nel purgatorio i peccatori soffrono e scontano le proprie colpe, ma la loro sofferenza (temporanea, destinata cioè a cessare dopo il GIUDIZIO UNIVERSALE) è quasi completamente interiore: non per questo meno lacerante di quella dei peccatori infernali, in quanto nasce dal pentimento e dalla consapevolezza dei propri errori.

A custodia del Purgatorio è posto un pagano, e per di più suicida: CATONE, preso da Dante a simbolo della libertà, dell'uomo virtuoso che per obbedire all'alta morale della propria coscienza rifiuta i legami della vita fisica, il quale addita a Dante la via da seguire, purché egli la percorra umilmente, con occhio chiaro e con affetto puro.

Giunto nella verdeggiante pianura del Paradiso Terrestre, attraversato da due fiumi (LETÈ ed EUNOÈ) e visto come antitesi della "selva oscura" del canto introduttivo della Commedia, il poeta viene abbandonato da Virgilio, il quale non può dargli la perfezione della saggezza, che è il possesso della verità, e raggiunto da BEATRICE, la santa che veglia sulla sua salute, amando in lui una natura capace di ricevere la grazia di Dio. È questo forse il momento chiave della Commedia: Dante abbandona definitivamente l'esperienza terrena per prepararsi a raggiungere il regno della beatitudine eterna. L'immersione nelle acque del fiume Letè è per Dante quasi un nuovo battesimo: l'acqua ha il potere di liberare l'anima dal sudiciume e di far cadere i ricordi del peccato. Le quattro VIRTÙ CARDINALI (temperanza, fortezza o coraggio, saggezza o prudenza, giudizio) insieme con le tre

VIRTÙ TEOLOGALI *(fede, speranza, carità)*, lo mettono in grado di vedere l'autentica bellezza di Beatrice: la bellezza dell'essere spirituale in stato di grazia, la bellezza della santità, entro la quale si rispecchia la bellezza divina e umana del VERBO incarnato.

Infine il poeta beve un poco dell'acqua del secondo fiume che scorre nel Paradiso Terrestre, l'Eunoè, che gli restituisce la memoria del bene operato: ora è completamente puro, rinato nello spirito, e pronto a "salire alle stelle".

Lo bel pianeto che d'amar conforta
faceva tutto rider l'orïente,
velando i Pesci ch'erano in sua scorta. *(Purg., c. I, vv. 19-21)*

CANTO 1

Dante e Virgilio, giunti sull'isola in cui poggia la montagna del Purgatorio, vengono rimproverati da Catone, custode della stessa, che li crede dannati. Virgilio spiega la situazione e Catone lo prega di recingere Dante di un giunco stretto e di togliergli dal viso le tracce del sudiciume infernale. Fatto questo, Dante vede miracolosamente rinascere il giunco reciso.

Per correr miglior acque alza le vele
omai la navicella del mio ingegno,
3   che lascia dietro a sé mar sì crudele;
e canterò di quel secondo regno
dove l'umano spirito si purga
6   e di salire al ciel diventa degno.
Ma qui la morta poesì resurga,
o sante Muse, poi che vostro sono;
9   e qui Calïopè alquanto surga,
seguitando il mio canto con quel suono
di cui le Piche misere sentiro
12 lo colpo tal, che disperar perdono.
Dolce color d'orïental zaffiro,
che s'accoglieva nel sereno aspetto
15 del mezzo, puro infino al primo giro,
a li occhi miei ricominciò diletto,
tosto ch'io usci' fuor de l'aura morta
18 che m'avea contristati li occhi e 'l petto.

Lo bel pianeto che d'amar conforta
faceva tutto rider l'orïente,
21 velando i Pesci ch'erano in sua scorta.
  I' mi volsi a man destra, e puosi mente
a l'altro polo, e vidi quattro stelle
24 non viste mai fuor ch'a la prima gente.
  Goder pareva 'l ciel di lor fiammelle:
oh settentrïonal vedovo sito,
27 poi che privato se' di mirar quelle!
  Com' io da loro sguardo fui partito,
un poco me volgendo a l'altro polo,
30 là onde il Carro già era sparito,
  vidi presso di me un veglio solo,
degno di tanta reverenza in vista,
33 che più non dee a padre alcun figliuolo.
  Lunga la barba e di pel bianco mista
portava, a' suoi capelli simigliante,
36 de' quai cadeva al petto doppia lista.
  Li raggi de le quattro luci sante
fregiavan sì la sua faccia di lume,
39 ch'i' 'l vedea come 'l sol fosse davante.
  « Chi siete voi che contro al cieco fiume
fuggita avete la pregione etterna? »,
42 diss' el, movendo quelle oneste piume.
  « Chi v'ha guidati, o che vi fu lucerna,
uscendo fuor de la profonda notte
45 che sempre nera fa la valle inferna?
  Son le leggi d'abisso così rotte?
o è mutato in ciel novo consiglio,
48 che, dannati, venite a le mie grotte? »

Lo duca mio allor mi diè di piglio,
e con parole e con mani e con cenni
51 reverenti mi fé le gambe e 'l ciglio.

Poscia rispuose lui: « Da me non venni:
donna scese del ciel, per li cui prieghi
54 de la mia compagnia costui sovvenni.

Ma da ch'è tuo voler che più si spieghi
di nostra condizion com' ell' è vera,
57 esser non puote il mio che a te si nieghi.

Questi non vide mai l'ultima sera;
ma per la sua follia le fu sì presso,
60 che molto poco tempo a volger era.

Sì com' io dissi, fui mandato ad esso
per lui campare; e non lì era altra via
63 che questa per la quale i' mi son messo.

Mostrata ho lui tutta la gente ria;
e ora intendo mostrar quelli spirti
66 che purgan sé sotto la tua balìa.

Com' io l'ho tratto, saria lungo a dirti;
de l'alto scende virtù che m'aiuta
69 conducerlo a vederti e a udirti.

Or ti piaccia gradir la sua venuta:
libertà va cercando, ch'è sì cara,
72 come sa chi per lei vita rifiuta.

Tu 'l sai, ché non ti fu per lei amara
in Utica la morte, ove lasciasti
75 la vesta ch'al gran dì sarà sì chiara.

Non son li editti etterni per noi guasti,
ché questi vive e Minòs me non lega;
78 ma son del cerchio ove son li occhi casti

di Marzia tua, che 'n vista ancor ti priega,
o santo petto, che per tua la tegni:
81 per lo suo amore adunque a noi ti piega.
  Lasciane andar per li tuoi sette regni;
grazie riporterò di te a lei,
84 se d'esser mentovato là giù degni ».
  « Marzïa piacque tanto a li occhi miei
mentre ch'i' fu' di là », diss'elli allora,
87 « che quante grazie volse da me, fei.
  Or che di là dal mal fiume dimora,
più muover non mi può, per quella legge
90 che fatta fu quando me n'usci' fora.
  Ma se donna del ciel ti muove e regge,
come tu di', non c'è mestier lusinghe:
93 bastisi ben che per lei mi richegge.
  Va dunque, e fa che tu costui ricinghe
d'un giunco schietto e che li lavi 'l viso,
96 sì ch'ogne sucidume quindi stinghe;
  ché non si converria, l'occhio sorpriso
d'alcuna nebbia, andar dinanzi al primo
99 ministro, ch'è di quei di paradiso.
  Questa isoletta intorno ad imo ad imo,
là giù colà dove la batte l'onda,
102 porta di giunchi sovra 'l molle limo:
  null' altra pianta che facesse fronda
o indurasse, vi puote aver vita,
105 però ch'a le percosse non seconda.
  Poscia non sia di qua vostra reddita;
lo sol vi mosterrà, che surge omai,
108 prendere il monte a più lieve salita. »

Così sparì; e io su mi levai
sanza parlare, e tutto mi ritrassi
al duca mio, e li occhi a lui drizzai. *(Purg., c. I, vv. 109-111)*

    Così sparì; e io su mi levai
sanza parlare, e tutto mi ritrassi
111 al duca mio, e li occhi a lui drizzai.
    El cominciò: « Figliuol, segui i miei passi:
volgianci in dietro, ché di qua dichina
114 questa pianura a' suoi termini bassi ».
    L'alba vinceva l'ora mattutina
che fuggia innanzi, sì che di lontano
117 conobbi il tremolar de la marina.
    Noi andavam per lo solingo piano
com' om che torna a la perduta strada,
120 che 'nfino ad essa li pare ire in vano.
    Quando noi fummo là 've la rugiada
pugna col sole, per essere in parte
123 dove, ad orezza, poco si dirada,
    ambo le mani in su l'erbetta sparte
soavemente 'l mio maestro pose:
126 ond' io, che fui accorto di sua arte,
    porsi ver' lui le guance lagrimose;
ivi mi fece tutto discoverto
129 quel color che l'inferno mi nascose.
    Venimmo poi in sul lito diserto,
che mai non vide navicar sue acque
132 omo, che di tornar sia poscia esperto.
    Quivi mi cinse sì com' altrui piacque:
oh maraviglia! ché qual elli scelse
135 l'umile pianta, cotal si rinacque
subitamente là onde l'avelse.

CANTO II

I due poeti vedono arrivare l'Angelo nocchiero che, dalla foce del Tevere, traghetta le anime. Dante riconosce ed abbraccia tra esse il musico Casella, suo amico, e lo abbraccia; dopo di che lo prega di confortarlo con il suo canto. Tutti i presenti si deliziano al canto di Casella. Interviene però Catone che, con severità, esorta tutti a correre verso la purgazione.

Già era 'l sole a l'orizzonte giunto
lo cui meridïan cerchio coverchia
3 Ierusalèm col suo più alto punto;
e la notte, che opposita a lui cerchia,
uscia di Gange fuor con le Bilance,
6 che le caggion di man quando soverchia;
sì che le bianche e le vermiglie guance,
là dov' i' era, de la bella Aurora
9 per troppa etate divenivan rance.
Noi eravam lunghesso mare ancora,
come gente che pensa a suo cammino,
12 che va col cuore e col corpo dimora.
Ed ecco, qual, sorpreso dal mattino,
per li grossi vapor Marte rosseggia
15 giù nel ponente sovra 'l suol marino,
cotal m'apparve, s'io ancor lo veggia,
un lume per lo mar venir sì ratto,
18 che 'l muover suo nessun volar pareggia.

Dal qual com' io un poco ebbi ritratto
l'occhio per domandar lo duca mio,
21 rividil più lucente e maggior fatto.
   Poi d'ogne lato ad esso m'appario
un non sapea che bianco, e di sotto
24 a poco a poco un altro a lui uscio.
   Lo mio maestro ancor non facea motto,
mentre che i primi bianchi apparver ali;
27 allor che ben conobbe il galeotto,
   gridò: « Fa, fa che le ginocchia cali.
Ecco l'angel di Dio: piega le mani;
30 omai vedrai di sì fatti officiali.
   Vedi che sdegna li argomenti umani,
sì che remo non vuol, né altro velo
33 che l'ali sue, tra liti sì lontani.
   Vedi come l'ha dritte verso 'l cielo,
trattando l'aere con l'etterne penne,
36 che non si mutan come mortal pelo ».
   Poi, come più e più verso noi venne
l'uccel divino, più chiaro appariva:
39 per che l'occhio da presso nol sostenne,
   ma chinail giuso; e quei sen venne a riva
con un vasello snelletto e leggero,
42 tanto che l'acqua nulla ne 'nghiottiva.
   Da poppa stava il celestial nocchiero,
tal che faria beato pur descripto;
45 e più di cento spirti entro sediero.
   "n exitu Israel de Aegypto"
cantavan tutti insieme ad una voce
48 con quanto di quel salmo è poscia scripto.

Da poppa stava il celestial nocchiero,
tal che faria beato pur descripto ...   (Purg., c. II, vv. 43 e 44)

Poi fece il segno lor di santa croce;
ond' ei si gittar tutti in su la piaggia:
51 ed el sen gì, come venne, veloce.

La turba che rimase lì, selvaggia
parea del loco, rimirando intorno
54 come colui che nove cose assaggia.

Da tutte parti saettava il giorno
lo sol, ch'avea con le saette conte
57 di mezzo 'l ciel cacciato Capricorno,

quando la nova gente alzò la fronte
ver' noi, dicendo a noi: « Se voi sapete,
60 mostratene la via di gire al monte ».

E Virgilio rispuose: « Voi credete
forse che siamo esperti d'esto loco;
63 ma noi siam peregrin come voi siete.

Dianzi venimmo, innanzi a voi un poco,
per altra via, che fu sì aspra e forte,
66 che lo salire omai ne parrà gioco ».

L'anime, che si fuor di me accorte,
per lo spirare, ch'i' era ancor vivo,
69 maravigliando diventaro smorte.

E come a messagger che porta ulivo
tragge la gente per udir novelle,
72 e di calcar nessun si mostra schivo,

così al viso mio s'affisar quelle
anime fortunate tutte quante,
75 quasi oblïando d'ire a farsi belle.

Io vidi una di lor trarresi avante
per abbracciarmi, con sì grande affetto,
78 che mosse me a far lo somigliante.

Ohi ombre vane, fuor che ne l'aspetto!
tre volte dietro a lei le mani avvinsi,
e tante mi tornai con esse al petto.

Di maraviglia, credo, mi dipinsi;
per che l'ombra sorrise e si ritrasse,
e io, seguendo lei, oltre mi pinsi.

Soavemente disse ch'io posasse;
allor conobbi chi era, e pregai
che, per parlarmi, un poco s'arrestasse.

Rispuosemi: « Così com' io t'amai
nel mortal corpo, così t'amo sciolta:
però m'arresto; ma tu perché vai? ».

« Casella mio, per tornar altra volta
là dov' io son, fo io questo viaggio »,
diss' io; « ma a te com' è tanta ora tolta? »

Ed elli a me: « Nessun m'è fatto oltraggio,
se quei che leva quando e cui li piace,
più volte m'ha negato esto passaggio;

ché di giusto voler lo suo si face:
veramente da tre mesi elli ha tolto
chi ha voluto intrar, con tutta pace.

Ond' io, ch'era ora a la marina vòlto
dove l'acqua di Tevero s'insala,
benignamente fu' da lui ricolto.

A quella foce ha elli or dritta l'ala,
però che sempre quivi si ricoglie
qual verso Acheronte non si cala ».

E io: « Se nuova legge non ti toglie
memoria o uso a l'amoroso canto
che mi solea quetar tutte mie doglie,

    di ciò ti piaccia consolare alquanto
l'anima mia, che, con la sua persona
111 venendo qui, è affannata tanto! ».
    "Amor che ne la mente mi ragiona"
cominciò elli allor sì dolcemente,
114 che la dolcezza ancor dentro mi suona.
    Lo mio maestro e io e quella gente
ch'eran con lui parevan sì contenti,
117 come a nessun toccasse altro la mente.
    Noi eravam tutti fissi e attenti
a le sue note; ed ecco il veglio onesto
120 gridando: « Che è ciò, spiriti lenti?
    qual negligenza, quale stare è questo?
Correte al monte a spogliarvi lo scoglio
123 ch'esser non lascia a voi Dio manifesto ».
    Come quando, cogliendo biado o loglio,
li colombi adunati a la pastura,
126 queti, sanza mostrar l'usato orgoglio,
    se cosa appare ond' elli abbian paura,
subitamente lasciano star l'esca,
129 perch' assaliti son da maggior cura;
    così vid' io quella masnada fresca
lasciar lo canto, e fuggir ver' la costa,
132 com' om che va, né sa dove riesca;
    né la nostra partita fu men tosta.

CANTO III

I DUE POETI PROSEGUONO INCERTI, MA SOLO DANTE PROIETTA LA SUA OMBRA, POICHÉ VIRGILIO È ORMAI SOLO SPIRITO. INCONTRANO UNA SCHIERA D'ANIME: SI TRATTA DEGLI SCOMUNICATI, NEGLIGENTI PERCHÉ SI PENTIRONO AL TERMINE DELLA VITA. DANTE RICONOSCE MANFREDI, IL QUALE GLI PARLA DELLA DIVINA MISERICORDIA.

 Avvegna che la subitana fuga
dispergesse color per la campagna,
3 rivolti al monte ove ragion ne fruga,
 i' mi ristrinsi a la fida compagna:
e come sare' io sanza lui corso?
6 chi m'avria tratto su per la montagna?
 El mi parea da sé stesso rimorso:
o dignitosa coscïenza e netta,
9 come t'è picciol fallo amaro morso!
 Quando li piedi suoi lasciar la fretta,
che l'onestade ad ogn' atto dismaga,
12 la mente mia, che prima era ristretta,
 lo 'ntento rallargò, sì come vaga,
e diedi 'l viso mio incontr' al poggio
15 che 'nverso 'l ciel più alto si dislaga.
 Lo sol, che dietro fiammeggiava roggio,
rotto m'era dinanzi a la figura,
18 ch'avëa in me de' suoi raggi l'appoggio.
 Io mi volsi dallato con paura

d'essere abbandonato, quand' io vidi
21 solo dinanzi a me la terra oscura;
    e 'l mio conforto: « Perché pur diffidi? »,
a dir mi cominciò tutto rivolto;
24 « non credi tu me teco e ch'io ti guidi?
    Vespero è già colà dov' è sepolto
lo corpo dentro al quale io facea ombra;
27 Napoli l'ha, e da Brandizio è tolto.
    Ora, se innanzi a me nulla s'aombra,
non ti maravigliar più che d'i cieli
30 che l'uno a l'altro raggio non ingombra.
    A sofferir tormenti, caldi e geli
simili corpi la Virtù dispone
33 che, come fa, non vuol ch'a noi si sveli.
    Matto è chi spera che nostra ragione
possa trascorrer la infinita via
36 che tiene una sustanza in tre persone.
    State contenti, umana gente, al *quia;*
ché, se potuto aveste veder tutto,
39 mestier non era parturir Maria;
    e disïar vedeste sanza frutto
tai che sarebbe lor disio quetato,
42 ch'etternalmente è dato lor per lutto:
    io dico d'Aristotile e di Plato
e di molt' altri »; e qui chinò la fronte,
45 e più non disse, e rimase turbato.
    Noi divenimmo intanto a piè del monte;
quivi trovammo la roccia sì erta,
48 che 'ndarno vi sarien le gambe pronte.
    Tra Lerice e Turbìa la più diserta,

la più rotta ruina è una scala,
51 verso di quella, agevole e aperta.
   « Or chi sa da qual man la costa cala »,
   disse 'l maestro mio fermando 'l passo,
54 « sì che possa salir chi va sanz' ala? »
   E mentre ch'e' tenendo 'l viso basso
   essaminava del cammin la mente,
57 e io mirava suso intorno al sasso,
   da man sinistra m'apparì una gente
   d'anime, che movieno i piè ver' noi,
60 e non pareva, sì venïan lente.
   « Leva », diss' io, « maestro, li occhi tuoi:
   ecco di qua chi ne darà consiglio,
63 se tu da te medesmo aver nol puoi. »
   Guardò allora, e con libero piglio
   rispuose: « Andiamo in là, ch'ei vegnon piano;
66 e tu ferma la spene, dolce figlio ».
   Ancora era quel popol di lontano,
   i' dico dopo i nostri mille passi,
69 quanto un buon gittator trarria con mano,
   quando si strinser tutti ai duri massi
   de l'alta ripa, e stetter fermi e stretti
72 com' a guardar, chi va dubbiando, stassi.
   « O ben finiti, o già spiriti eletti »,
   Virgilio incominciò, « per quella pace
75 ch'i' credo che per voi tutti s'aspetti,
   ditene dove la montagna giace,
   sì che possibil sia l'andare in suso;
78 ché perder tempo a chi più sa più spiace. »
   Come le pecorelle escon del chiuso

a una, a due, a tre, e l'altre stanno
81 timidette atterrando l'occhio e 'l muso;
e ciò che fa la prima, e l'altre fanno,
addossandosi a lei, s'ella s'arresta,
84 semplici e quete, e lo 'mperché non sanno;
sì vid' io muovere a venir la testa
di quella mandra fortunata allotta,
87 pudica in faccia e ne l'andare onesta.
Come color dinanzi vider rotta
la luce in terra dal mio destro canto,
90 sì che l'ombra era da me a la grotta,
restaro, e trasser sé in dietro alquanto,
e tutti li altri che venieno appresso,
93 non sappiendo 'l perché, fenno altrettanto.
« Sanza vostra domanda io vi confesso
che questo è corpo uman che voi vedete;
96 per che 'l lume del sole in terra è fesso.
Non vi maravigliate, ma credete
che non sanza virtù che da ciel vegna
99 cerchi di soverchiar questa parete. »
Così 'l maestro; e quella gente degna
« Tornate », disse, « intrate innanzi dunque »,
102 coi dossi de le man faccendo insegna.
E un di loro incominciò: « Chiunque
tu se', così andando, volgi 'l viso,
105 pon mente se di là mi vedesti unque ».
Io mi volsi ver lui e guardail fiso:
biondo era e bello e di gentile aspetto,
108 ma l'un de' cigli un colpo avea diviso.
Quand' io mi fui umilmente disdetto

       d'averlo visto mai, el disse: « Or vedi »;
111 e mostrommi una piaga a sommo 'l petto.
       Poi sorridendo disse: « Io son Manfredi,
   nepote di Costanza imperadrice;
114 ond' io ti priego che, quando tu riedi,
       vadi a mia bella figlia, genitrice
   de l'onor di Cicilia e d'Aragona,
117 e dichi 'l vero a lei, s'altro si dice.
       Poscia ch'io ebbi rotta la persona
   di due punte mortali, io mi rendei,
120 piangendo, a quei che volontier perdona.
       Orribil furon li peccati miei;
   ma la bontà infinita ha sì gran braccia,
123 che prende ciò che si rivolge a lei.
       Se 'l pastor di Cosenza, che a la caccia
   di me fu messo per Clemente allora,
126 avesse in Dio ben letta questa faccia,
       l'ossa del corpo mio sarieno ancora
   in co del ponte presso a Benevento,
129 sotto la guardia de la grave mora.
       Or le bagna la pioggia e move il vento
   di fuor dal regno, quasi lungo 'l Verde,
132 dov' e' le trasmutò a lume spento.
       Per lor maladizion sì non si perde,
   che non possa tornar, l'etterno amore,
135 mentre che la speranza ha fior del verde.
       Vero è che quale in contumacia more
   di Santa Chiesa, ancor ch'al fin si penta,
138 star li convien da questa ripa in fore,
       per ognun tempo ch'elli è stato, trenta,

    in sua presunzïon, se tal decreto
141 più corto per buon prieghi non diventa.
    Vedi oggimai se tu mi puoi far lieto,
revelando a la mia buona Costanza
144 come m'hai visto, e anco esto divieto;
    ché qui per quei di là molto s'avanza ».

E IO MIRAVA SUSO INTORNO AL SASSO,
    DA MAN SINISTRA M'APPARÌ UNA GENTE
D'ANIME, CHE MOVIENO I PIÈ VER' NOI,
E NON PAREVA, SÍ VENÍAN LENTE.   (Purg., c. III, vv. 57-60)

CANTO IV

I DUE POETI SALGONO CON FATICA ATTRAVERSO UNA FENDITURA CHE LI CONDUCE A UN RIPIANO. DURANTE UNA SOSTA VIRGILIO SPIEGA A DANTE LA POSIZIONE DELLA MONTAGNA NEI CONFRONTI DEL SOLE. DA UNA SCHIERA DI ANIME SI ALZA IRONICAMENTE LA VOCE DI BELACQUA, CHE PARLA AL POETA DELLA LORO PARTICOLARE CONDIZIONE: SI TRATTA ANCHE IN QUESTO CASO DI NEGLIGENTI, I QUALI PER PIGRIZIA ABITUALE SI PENTIRONO SOLO ALL'ESTREMO DELLA VITA.

Quando per dilettanze o ver per doglie,
che alcuna virtù nostra comprenda,
3   l'anima bene ad essa si raccoglie,
par ch'a nulla potenza più intenda;
e questo è contra quello error che crede
6   ch'un'anima sovr' altra in noi s'accenda.
 E però, quando s'ode cosa o vede
che tegna forte a sé l'anima volta,
9   vassene 'l tempo e l'uom non se n'avvede;
ch'altra potenza è quella che l'ascolta,
e altra è quella c'ha l'anima intera:
12 questa è quasi legata, e quella è sciolta.
 Di ciò ebb' io esperïenza vera,
udendo quello spirto e ammirando;
15 ché ben cinquanta gradi salito era
 lo sole, e io non m'era accorto, quando
venimmo ove quell' anime ad una

18 gridaro a noi: « Qui è vostro dimando ».
    Maggiore aperta molte volte impruna
    con una forcatella di sue spine
21 l'uom de la villa quando l'uva imbruna,
    che non era la calla onde salìne
    lo duca mio, e io appresso, soli,
24 come da noi la schiera si partìne.
    Vassi in Sanleo e discendesi in Noli,
    montasi su in Bismantova 'n Cacume
27 con esso i piè; ma qui convien ch'om voli;
    dico con l'ale snelle e con le piume
    del gran disio, di retro a quel condotto
30 che speranza mi dava e facea lume.
    Noi salavam per entro 'l sasso rotto,
    e d'ogne lato ne stringea lo stremo,
33 e piedi e man volea il suol di sotto.
    Poi che noi fummo in su l'orlo supremo
    de l'alta ripa, a la scoperta piaggia,
36 « Maestro mio », diss'io, « che via faremo? »
    Ed elli a me: « Nessun tuo passo caggia;
    pur su al monte dietro a me acquista,
39 fin che n'appaia alcuna scorta saggia ».
    Lo sommo er' alto che vincea la vista,
    e la costa superba più assai
42 che da mezzo quadrante a centro lista.
    Io era lasso, quando cominciai:
    « O dolce padre, volgiti, e rimira
45 com' io rimango sol, se non restai ».
    « Figliuol mio », disse, « infin quivi ti tira »,
    additandomi un balzo poco in sùe

48 che da quel lato il poggio tutto gira.
   Sì mi spronaron le parole sue,
ch'i' mi sforzai carpando appresso lui,
51 tanto che 'l cinghio sotto i piè mi fue.
   A seder ci ponemmo ivi ambedui
vòlti a levante ond' eravam saliti,
54 che suole a riguardar giovare altrui.
   Li occhi prima drizzai ai bassi liti;
poscia li alzai al sole, e ammirava
57 che da sinistra n'eravam feriti.
   Ben s'avvide il poeta ch'ïo stava
stupido tutto al carro de la luce,
60 ove tra noi e Aquilone intrava.
   Ond' elli a me: « Se Castore e Poluce
fossero in compagnia di quello specchio
63 che su e giù del suo lume conduce,
   tu vedresti il Zodïaco rubecchio
ancora a l'Orse più stretto rotare,
66 se non uscisse fuor del cammin vecchio.
   Come ciò sia, se 'l vuoi poter pensare,
dentro raccolto, imagina Sïòn
69 con questo monte in su la terra stare
   sì, ch'amendue hanno un solo orizzòn
e diversi emisperi; onde la strada
72 che mal non seppe carreggiar Fetòn,
   vedrai come a costui convien che vada
da l'un, quando a colui da l'altro fianco,
75 se lo 'ntelletto tuo ben chiaro bada ».
   « Certo, maestro mio », diss' io, « unquanco
non vid'io chiaro sì com' io discerno

78 là dove mio ingegno parea manco,
   che 'l mezzo cerchio del moto superno,
   che si chiama Equatore in alcun' arte,
81 e che sempre riman tra 'l sole e 'l verno,
   per la ragion che di', quinci si parte
   verso settentrïon, quanto li Ebrei
84 vedevan lui verso la calda parte.
   Ma se a te piace, volontier saprei
   quanto avemo ad andar; ché 'l poggio sale
87 più che salir non posson li occhi miei. »
   Ed elli a me: « Questa montagna è tale,
   che sempre al cominciar di sotto è grave;
90 e quant' om più va su, e men fa male.
   Però, quand' ella ti parrà soave
   tanto, che su andar ti fia leggero
93 com' a seconda giù andar per nave,
   allor sarai al fin d'esto sentiero;
   quivi di riposar l'affanno aspetta.
96 Più non rispondo, e questo so per vero ».
   E com' elli ebbe sua parola detta,
   una voce di presso sonò: « Forse
99 che di sedere in pria avrai distretta! ».
   Al suon di lei ciascun di noi si torse,
   e vedemmo a mancina un gran petrone,
102 del qual né io né ei prima s'accorse.
   Là ci traemmo; e ivi eran persone
   che si stavano a l'ombra dietro al sasso
105 come l'uom per negghienza a star si pone.
   E un di lor, che mi sembiava lasso,
   sedeva e abbracciava le ginocchia,

108 tenendo 'l viso giù tra esse basso.
    « O dolce segnor mio », diss' io, « adocchia
colui che mostra sé più negligente
111 che se pigrizia fosse sua serocchia. »
    Allor si volse a noi e puose mente,
movendo 'l viso pur su per la coscia,
114 e disse: « Or va tu su, che se' valente! ».
    Conobbi allor chi era, e quella angoscia
che m'avacciava un poco ancor la lena,
117 non m'impedì l'andare a lui; e poscia
    ch'a lui fu' giunto, alzò la testa a pena,
dicendo: « Hai ben veduto come 'l sole
120 da l'omero sinistro il carro mena? ».
    Li atti suoi pigri e le corte parole
mosser le labbra mie un poco a riso;
123 poi cominciai: « Belacqua, a me non dole
    di te omai; ma dimmi: perché assiso
quiritto se'? attendi tu iscorta,
126 o pur lo modo usato t'ha' ripriso? ».
    Ed elli: « O frate, andar in su che porta?
ché non mi lascerebbe ire a' martìri
129 l'angel di Dio che siede in su la porta.
    Prima convien che tanto il ciel m'aggiri
di fuor da essa, quanto fece in vita,
132 perch'io 'ndugiai al fine i buon sospiri,
    se orazïone in prima non m'aita
che surga su di cuor che in grazia viva;
135 l'altra che val, che 'n ciel non è udita? ».
    E già il poeta innanzi mi saliva,
e dicea: « Vienne omai; vedi ch'è tocco

138 meridïan dal sole, e a la riva
     cuopre la notte già col piè Morrocco ».

LÀ CI TRAEMMO; E IVI ERAN PERSONE
CHE SI STAVANO A L'OMBRA DIETRO AL SASSO
COME L'UOM PER NEGGHIENZA A STAR SI PONE. *(Purg., c. IV, vv. 103-105)*

CANTO V

I DUE POETI INCONTRANO UNA TERZA SCHIERA DI ANIME: ANCH'ESSI SONO NEGLIGENTI, CHE SI PENTIRONO ALL'ESTREMO DELLA VITA, QUANDO LI COLSE MORTE IMPROVVISA O VIOLENTA. TRE TRA ESSE (JACOPO DEL CASSARO, BUONCONTE DA MONTEFELTRO E PIA DE' TOLOMEI) NARRANO LA LORO VICENDA E DANNO TESTIMONIANZA DEL DIVINO AMORE.

Io era già da quell' ombre partito,
e seguitava l'orme del mio duca,
3 quando di retro a me, drizzando 'l dito,
    una gridò: « Ve' che non par che luca
lo raggio da sinistra a quel di sotto,
6 e come vivo par che si conduca! ».
    Li occhi rivolsi al suon di questo motto,
e vidile guardar per maraviglia
9 pur me, pur me, e 'l lume ch'era rotto.
    « Perché l'animo tuo tanto s'impiglia »,
disse 'l maestro, « che l'andare allenti?
12 che ti fa ciò che quivi si pispiglia?
    Vien dietro a me, e lascia dir le genti:
sta come torre ferma, che non crolla
15 già mai la cima per soffiar di venti;
    ché sempre l'omo in cui pensier rampolla
sovra pensier, da sé dilunga il segno,
18 perché la foga l'un de l'altro insolla. »
    Che potea io ridir, se non « Io vegno »?

Dissilo, alquanto del color consperso
21 che fa l'uom di perdon talvolta degno.
   E 'ntanto per la costa di traverso
venivan genti innanzi a noi un poco,
24 cantando *"Miserere"* a verso a verso.
   Quando s'accorser ch'i' non dava loco
per lo mio corpo al trapassar d'i raggi,
27 mutar lor canto in un « oh! » lungo e roco;
   e due di loro, in forma di messaggi,
corsero incontr' a noi e dimandarne:
30 « Di vostra condizion fatene saggi ».
   E 'l mio maestro: « Voi potete andarne
e ritrarre a color che vi mandaro
33 che 'l corpo di costui è vera carne.
   Se per veder la sua ombra restaro,
com' io avviso, assai è lor risposto:
36 fàccianli onore, ed essere può lor caro ».
   Vapori accesi non vid' io sì tosto
di prima notte mai fender sereno,
39 né, sol calando, nuvole d'agosto,
   che color non tornasser suso in meno;
e, giunti là, con li altri a noi dier volta,
42 come schiera che scorre sanza freno.
   « Questa gente che preme a noi è molta,
e vegnonti a pregar », disse 'l poeta:
45 « però pur va, e in andando ascolta ».
   « O anima che vai per esser lieta
con quelle membra con le quai nascesti »,
48 venian gridando, « un poco il passo queta.
   Guarda s'alcun di noi unqua vedesti,

sì che di lui di là novella porti:
51 deh, perché vai? deh, perché non t'arresti?
   Noi fummo tutti già per forza morti,
e peccatori infino a l'ultima ora;
54 quivi lume del ciel ne fece accorti,
   sì che, pentendo e perdonando, fora
di vita uscimmo a Dio pacificati,
57 che del disio di sé veder n'accora. »
   E io: « Perché ne' vostri visi guati,
non riconosco alcun; ma s'a voi piace
60 cosa ch'io possa, spiriti ben nati,
   voi dite, e io farò per quella pace
che, dietro a' piedi di sì fatta guida,
63 di mondo in mondo cercar mi si face ».
   E uno incominciò: « Ciascun si fida
del beneficio tuo sanza giurarlo,
66 pur che 'l voler nonpossa non ricida.
   Ond' io, che solo innanzi a li altri parlo,
ti priego, se mai vedi quel paese
69 che siede tra Romagna e quel di Carlo,
   che tu mi sie di tuoi prieghi cortese
in Fano, sì che ben per me s'adori
72 pur ch'i' possa purgar le gravi offese.
   Quindi fu' io; ma li profondi fóri
ond' uscì 'l sangue in sul quale io sedea,
75 fatti mi fuoro in grembo a li Antenori,
   là dov' io più sicuro esser credea:
quel da Esti il fé far, che m'avea in ira
78 assai più là che dritto non volea.
   Ma s'io fosse fuggito inver' la Mira,

quando fu' sovragiunto ad Orïaco,
81 ancor sarei di là dove si spira.

　　Corsi al palude, e le cannucce e 'l braco
m'impigliar sì ch'i' caddi; e lì vid' io
84 de le mie vene farsi in terra laco ».

　　Poi disse un altro: « Deh, se quel disio
si compia che ti tragge a l'alto monte,
87 con buona pïetate aiuta il mio!

　　Io fui di Montefeltro, io son Bonconte;
Giovanna o altri non ha di me cura;
90 per ch'io vo tra costor con bassa fronte ».

　　E io a lui: « Qual forza o qual ventura
ti travïò sì fuor di Campaldino,
93 che non si seppe mai tua sepultura? ».

　　« Oh! », rispuos' elli, « a piè del Casentino
traversa un'acqua c'ha nome l'Archiano,
96 che sovra l'Ermo nasce in Apennino.

　　Là 've 'l vocabol suo diventa vano,
arriva' io forato ne la gola,
99 fuggendo a piede e sanguinando il piano.

　　Quivi perdei la vista e la parola;
nel nome di Maria fini', e quivi
102 caddi, e rimase la mia carne sola.

　　Io dirò vero e tu 'l ridì tra ' vivi:
l'angel di Dio mi prese, e quel d'inferno
105 gridava: "O tu del ciel, perché mi privi?

　　Tu te ne porti di costui l'etterno
per una lagrimetta che 'l mi toglie;
108 ma io farò de l'altro altro governo!".

　　Ben sai come ne l'aere si raccoglie

« RICORDITI DI ME, CHE SON LA PIA … » *(Purg., c. V, v. 133)*

quell' umido vapor che in acqua riede,
111 tosto che sale dove 'l freddo il coglie.
   Giunse quel mal voler che pur mal chiede
con lo 'ntelletto, e mosse il fummo e 'l vento
114 per la virtù che sua natura diede.
   Indi la valle, come 'l dì fu spento,
da Pratomagno al gran giogo coperse
117 di nebbia; e 'l ciel di sopra fece intento,
   sì che 'l pregno aere in acqua si converse;
la pioggia cadde, e a' fossati venne
120 di lei ciò che la terra non sofferse;
   e come ai rivi grandi si convenne,
ver' lo fiume real tanto veloce
123 si ruinò, che nulla la ritenne.
   Lo corpo mio gelato in su la foce
trovò l'Archian rubesto; e quel sospinse
126 ne l'Arno, e sciolse al mio petto la croce
   ch'i' fe' di me quando 'l dolor mi vinse;
voltòmmi per le ripe e per lo fondo,
129 poi di sua preda mi coperse e cinse. »
   « Deh, quando tu sarai tornato al mondo
e riposato de la lunga via »,
132 seguitò 'l terzo spirito al secondo,
   « ricorditi di me, che son la Pia;
Siena mi fé, disfecemi Maremma:
135 salsi colui che 'nnanellata pria
   disposando m'avea con la sua gemma. »

38

CANTO VI

I MORTI DI MORTE VIOLENTA, TRA CUI BENINCASA DA LATERINA, GUCCIO TARLATI, FEDERICO NOVELLO, GANO SCORNIGLIANI, IL CONTE ORSO ALBERTI, PIER DELLA BROCCIA, SI AFFOLLANO ATTORNO A DANTE, PREGANDOLO DI RICORDARLI TRA I VIVI, E IL POETA RIESCE A FATICA A LIBERARSI DI LORO. APPARTATO INCONTRANO SORDELLO, IL QUALE, INTUITO CHE VIRGILIO È MANTOVANO, LO SALUTA CON CALORE.

Quando si parte il gioco de la zara,
colui che perde si riman dolente,
3   repetendo le volte, e tristo impara;
 con l'altro se ne va tutta la gente;
qual va dinanzi, e qual di dietro il prende,
6   e qual dallato li si reca a mente;
 el non s'arresta, e questo e quello intende;
a cui porge la man, più non fa pressa;
9   e così da la calca si difende.
 Tal era io in quella turba spessa,
volgendo a loro, e qua e là, la faccia,
12 e promettendo mi sciogliea da essa.
 Quiv' era l'Aretin che da le braccia
fiere di Ghin di Tacco ebbe la morte,
15 e l'altro ch'annegò correndo in caccia.
 Quivi pregava con le mani sporte
Federigo Novello, e quel da Pisa
18 che fé parer lo buon Marzucco forte.

Vidi conte Orso e l'anima divisa
dal corpo suo per astio e per inveggia,
com' e' dicea, non per colpa commisa;
    Pier da la Broccia dico; e qui proveggia,
mentr' è di qua, la donna di Brabante,
sì che però non sia di peggior greggia.
    Come libero fui da tutte quante
quell'ombre che pregar pur ch'altri prieghi,
sì che s'avacci lor divenir sante,
    io cominciai: « El par che tu mi nieghi,
o luce mia, espresso in alcun testo
che decreto del cielo orazion pieghi;
    e questa gente prega pur di questo:
sarebbe dunque loro speme vana,
o non m'è 'l detto tuo ben manifesto? ».
    Ed elli a me: « La mia scrittura è piana;
e la speranza di costor non falla,
se ben si guarda con la mente sana;
    ché cima di giudicio non s'avvalla
perché foco d'amor compia in un punto
ciò che de' sodisfar chi qui s'astalla;
    e là dov' io fermai cotesto punto,
non s'ammendava, per pregar, difetto,
perché 'l priego da Dio era disgiunto.
    Veramente a così alto sospetto
non ti fermar, se quella nol ti dice
che lume fia tra 'l vero e lo 'ntelletto.
    Non so se 'ntendi: io dico di Beatrice;
tu la vedrai di sopra, in su la vetta
di questo monte, ridere e felice ».

E io: « Segnore, andiamo a maggior fretta,
ché già non m'affatico come dianzi,
51 e vedi omai che 'l poggio l'ombra getta ».

« Noi anderem con questo giorno innanzi »,
rispuose, « quanto più potremo omai;
54 ma 'l fatto è d'altra forma che non stanzi.

Prima che sie là su, tornar vedrai
colui che già si cuopre de la costa,
57 sì che ' suoi raggi tu romper non fai.

Ma vedi là un'anima che, posta
sola soletta, inverso noi riguarda:
60 quella ne 'nsegnerà la via più tosta. »

Venimmo a lei: o anima lombarda,
come ti stavi altera e disdegnosa
63 e nel mover de li occhi onesta e tarda!

Ella non ci dicëa alcuna cosa,
ma lasciavane gir, solo sguardando
66 a guisa di leon quando si posa.

Pur Virgilio si trasse a lei, pregando
che ne mostrasse la miglior salita;
69 e quella non rispuose al suo dimando,

ma di nostro paese e de la vita
ci 'nchiese; e 'l dolce duca incominciava
72 « Mantüa... », e l'ombra, tutta in sé romita,

surse ver' lui del loco ove pria stava,
dicendo: « O Mantoano, io son Sordello
75 de la tua terra! »; e l'un l'altro abbracciava.

Ahi serva Italia, di dolore ostello,
nave sanza nocchiere in gran tempesta,
78 non donna di province, ma bordello!

Quell' anima gentil fu così presta,
sol per lo dolce suon de la sua terra,
81 di fare al cittadin suo quivi festa;
   e ora in te non stanno sanza guerra
li vivi tuoi, e l'un l'altro si rode
84 di quei ch'un muro e una fossa serra.
   Cerca, misera, intorno da le prode
le tue marine, e poi ti guarda in seno,
87 s'alcuna parte in te di pace gode.
   Che val perché ti racconciasse il freno
Iustinïano, se la sella è vota?
90 Sanz' esso fora la vergogna meno.
   Ahi gente che dovresti esser devota,
e lasciar seder Cesare in la sella,
93 se bene intendi ciò che Dio ti nota,
   guarda come esta fiera è fatta fella
per non esser corretta da li sproni,
96 poi che ponesti mano a la predella.
   O Alberto tedesco ch'abbandoni
costei ch'è fatta indomita e selvaggia,
99 e dovresti inforcar li suoi arcioni,
   giusto giudicio da le stelle caggia
sovra 'l tuo sangue, e sia novo e aperto,
102 tal che 'l tuo successor temenza n'aggia!
   Ch'avete tu e 'l tuo padre sofferto,
per cupidigia di costà distretti,
105 che 'l giardin de lo 'mperio sia diserto.
   Vieni a veder Montecchi e Cappelletti,
Monaldi e Filippeschi, uom sanza cura:
108 color già tristi, e questi con sospetti!

Vien, crudel, vieni, e vedi la pressura
d'i tuoi gentili, e cura lor magagne;
111 e vedrai Santafior com' è oscura!

Vieni a veder la tua Roma che piagne
vedova e sola, e dì e notte chiama:
114 « Cesare mio, perché non m'accompagne? ».

Vieni a veder la gente quanto s'ama!
e se nulla di noi pietà ti move,
117 a vergognar ti vien de la tua fama.

E se licito m'è, o sommo Giove
che fosti in terra per noi crucifisso,
120 son li giusti occhi tuoi rivolti altrove?

O è preparazion che ne l'abisso
del tuo consiglio fai per alcun bene
123 in tutto de l'accorger nostro scisso?

Ché le città d'Italia tutte piene
son di tiranni, e un Marcel diventa
126 ogne villan che parteggiando viene.

Fiorenza mia, ben puoi esser contenta
di questa digression che non ti tocca,
129 mercé del popol tuo che si argomenta.

Molti han giustizia in cuore, e tardi scocca
per non venir sanza consiglio a l'arco;
132 ma il popol tuo l'ha in sommo de la bocca.

Molti rifiutan lo comune incarco;
ma il popol tuo solicito risponde
135 sanza chiamare, e grida: « I' mi sobbarco! ».

Or ti fa lieta, ché tu hai ben onde:
tu ricca, tu con pace e tu con senno!
138 S'io dico 'l ver, l'effetto nol nasconde.

  Atene e Lacedemona, che fenno
l'antiche leggi e furon sì civili,
141 fecero al viver bene un picciol cenno
  verso di te, che fai tanto sottili
provedimenti, ch'a mezzo novembre
144 non giugne quel che tu d'ottobre fili.
  Quante volte, del tempo che rimembre,
legge, moneta, officio e costume
147 hai tu mutato, e rinovate membre!
  E se ben ti ricordi e vedi lume,
vedrai te somigliante a quella inferma
150 che non può trovar posa in su le piume,
  ma con dar volta suo dolore scherma.

« Per tutt' i cerchi del dolente regno »,
rispuose lui, « son io di qua venuto … » *(Purg., c. VII, vv. 22 e 23)*

CANTO VII

Sordello accompagna i due poeti in un'amena valletta, dove potranno pernottare: infatti, calato il sole, non è lecito ad alcuna anima fare un sol passo verso la purificazione. Qui trovano i principi negligenti, tra cui l'imperatore Rodolfo, Ottocaro di Boemia, Filippo III di Francia, Enrico I di Navarra, Pietro III e Alfonso III d'Aragona, Carlo I d'Angiò, Arrigo II d'Inghilterra e Guglielmo VII del Monferrato.

Poscia che l'accoglienze oneste e liete
furo iterate tre e quattro volte,
3   Sordel si trasse, e disse: «Voi, chi siete?».
«Anzi che a questo monte fosser volte
l'anime degne di salire a Dio,
6   fur l'ossa mie per Ottavïan sepolte.
Io son Virgilio; e per null'altro rio
lo ciel perdei che per non aver fé.»
9   Così rispuose allora il duca mio.
Qual è colui che cosa innanzi sé
sùbita vede ond' e' si maraviglia,
12 che crede e non, dicendo «Ella è... non è...»,
tal parve quelli; e poi chinò le ciglia,
e umilmente ritornò ver' lui,
15 e abbracciòl là 've 'l minor s'appiglia.
«O gloria di Latin», disse, «per cui
mostrò ciò che potea la lingua nostra,

18 o pregio etterno del loco ond' io fui,
   qual merito o qual grazia mi ti mostra?
   S'io son d'udir le tue parole degno,
21 dimmi se vien d'inferno, e di qual chiostra. »
   « Per tutt' i cerchi del dolente regno »,
   rispuose lui, « son io di qua venuto;
24 virtù del ciel mi mosse, e con lei vegno.
   Non per far, ma per non fare ho perduto
   a veder l'alto Sol che tu disiri
27 e che fu tardi per me conosciuto.
   Luogo è là giù non tristo di martìri,
   ma di tenebre solo, ove i lamenti
30 non suonan come guai, ma son sospiri.
   Quivi sto io coi pargoli innocenti
   dai denti morsi de la morte avante
33 che fosser da l'umana colpa essenti;
   quivi sto io con quei che le tre sante
   virtù non si vestiro, e sanza vizio
36 conobber l'altre e seguir tutte quante.
   Ma se tu sai e puoi, alcuno indizio
   dà noi per che venir possiam più tosto
39 là dove purgatorio ha dritto inizio. »
   Rispuose: « Loco certo non c'è posto;
   licito m'è andar suso e intorno;
42 per quanto ir posso, a guida mi t'accosto.
   Ma vedi già come dichina il giorno,
   e andar su di notte non si puote;
45 però è buon pensar di bel soggiorno.
   Anime sono a destra qua remote;
   se mi consenti, io ti merrò ad esse,

47

48 e non sanza diletto ti fier note ».
    « Com'è ciò? », fu risposto. « Chi volesse
    salir di notte, fora elli impedito
51 d'altrui, o non sarria ché non potesse? »
    E 'l buon Sordello in terra fregò 'l dito,
    dicendo: « Vedi? sola questa riga
54 non varcheresti dopo 'l sol partito:
    non però ch'altra cosa desse briga,
    che la notturna tenebra, ad ir suso;
57 quella col nonpoder la voglia intriga.
    Ben si poria con lei tornare in giuso
    e passeggiar la costa intorno errando,
60 mentre che l'orizzonte il dì tien chiuso ».
    Allora il mio segnor, quasi ammirando,
    « Menane », disse, « dunque là 've dici
63 ch'aver si può diletto dimorando. »
    Poco allungati c'eravam di lici,
    quand'io m'accorsi che 'l monte era scemo,
66 a guisa che i valloni li sceman quici.
    « Colà », disse quell'ombra, « n'anderemo
    dove la costa face di sé grembo;
69 e lì il novo giorno attenderemo. »
    Tra erto e piano era un sentiero schembo,
    che ne condusse in fianco de la lacca,
72 là dove più ch'a mezzo muore il lembo.
    Oro e argento fine, cocco e biacca,
    indaco, legno lucido e sereno,
75 fresco smeraldo in l'ora che si fiacca,
    da l'erba e da li fior, dentr'a quel seno
    posti, ciascun saria di color vinto,

78 come dal suo maggiore è vinto il meno.
   Non avea pur natura ivi dipinto,
   ma di soavità di mille odori
81 vi facea uno incognito e indistinto.
   "Salve, Regina" in sul verde e 'n su' fiori
   quindi seder cantando anime vidi,
84 che per la valle non parean di fuori.
   « Prima che 'l poco sole omai s'annidi »,
   cominciò 'l Mantoan che ci avea vòlti,
87 « tra color non vogliate ch'io vi guidi.
   Di questo balzo meglio li atti e ' volti
   conoscerete voi di tutti quanti,
90 che ne la lama giù tra essi accolti.
   Colui che più siede alto e fa sembianti
   d'aver negletto ciò che far dovea,
93 e che non move bocca a li altrui canti,
   Rodolfo imperador fu, che potea
   sanar le piaghe c'hanno Italia morta,
96 sì che tardi per altri si ricrea.
   L'altro che ne la vista lui conforta,
   resse la terra dove l'acqua nasce
99 che Molta in Albia, e Albia in mar ne porta:
   Ottacchero ebbe nome, e ne le fasce
   fu meglio assai che Vincislao suo figlio
102 barbuto, cui lussuria e ozio pasce.
   E quel nasetto che stretto a consiglio
   par con colui c'ha sì benigno aspetto,
105 morì fuggendo e disfiorando il giglio:
   guardate là come si batte il petto!
   L'altro vedete c'ha fatto a la guancia

108 de la sua palma, sospirando, letto.
   Padre e suocero son del mal di Francia:
sanno la vita sua viziata e lorda,
111 e quindi viene il duol che sì li lancia.
   Quel che par sì membruto e che s'accorda,
cantando, con colui dal maschio naso,
114 d'ogne valor portò cinta la corda;
   e se re dopo lui fosse rimaso
lo giovanetto che retro a lui siede,
117 ben andava il valor di vaso in vaso,
   che non si puote dir de l'altre rede;
Iacomo e Federigo hanno i reami;
120 del retaggio miglior nessun possiede.
   Rade volte risurge per li rami
l'umana probitate; e questo vole
123 quei che la dà, perché da lui si chiami.
   Anche al nasuto vanno mie parole
non men ch'a l'altro, Pier, che con lui canta,
126 onde Puglia e Proenza già si dole.
   Tant' è del seme suo minor la pianta,
quanto, più che Beatrice e Margherita,
129 Costanza di marito ancor si vanta.
   Vedete il re de la semplice vita
seder là solo, Arrigo d'Inghilterra:
132 questi ha ne' rami suoi migliore uscita.
   Quel che più basso tra costor s'atterra,
guardando in suso, è Guiglielmo marchese,
135 per cui e Alessandria e la sua guerra
   fa pianger Monferrato e Canavese. »

50

CANTO VIII

Le anime della valletta invocano l'aiuto di Maria, che subito invia due Angeli a loro difesa. I due poeti scendono con Sordello fra le anime: si fa loro incontro il giudice Nino Visconti, che riconosce Dante e invita Corrado Malaspina a considerare con ammirazione il gran dono fatto da Dio a Dante. Corrado predice a Dante l'ospitalità che la famiglia Malaspina gli riserverà durante l'esilio.

 Era già l'ora che volge il disio
ai navicanti e 'ntenerisce il core
3 lo dì c'han detto ai dolci amici addio;
 e che lo novo peregrin d'amore
punge, se ode squilla di lontano
6 che paia il giorno pianger che si more;
 quand' io incominciai a render vano
l'udire e a mirare una de l'alme
9 surta, che l'ascoltar chiedea con mano.
 Ella giunse e levò ambo le palme,
ficcando li occhi verso l'orïente,
12 come dicesse a Dio: "D'altro non calme".
 "Te lucis ante" sì devotamente
le uscìo di bocca e con sì dolci note,
15 che fece me a me uscir di mente;
 e l'altre poi dolcemente e devote
seguitar lei per tutto l'inno intero,

18 avendo li occhi a le superne rote.
   Aguzza qui, lettor, ben li occhi al vero,
   ché 'l velo è ora ben tanto sottile,
21 certo che 'l trapassar dentro è leggero.
   Io vidi quello essercito gentile
   tacito poscia riguardare in sùe
24 quasi aspettando, palido e umìle;
   e vidi uscir de l'alto e scender giùe
   due angeli con due spade affocate,
27 tronche e private de le punte sue.
   Verdi come fogliette pur mo nate
   erano in veste, che da verdi penne
30 percosse traean dietro e ventilate.
   L'un poco sovra noi a star si venne,
   e l'altro scese in l'opposita sponda,
33 sì che la gente in mezzo si contenne.
   Ben discernëa in lor la testa bionda;
   ma ne la faccia l'occhio si smarria,
36 come virtù ch'a troppo si confonda.
   « Ambo vegnon del grembo di Maria »,
   disse Sordello, « a guardia de la valle,
39 per lo serpente che verrà via via. »
   Ond' io, che non sapeva per qual calle,
   mi volsi intorno, e stretto m'accostai,
42 tutto gelato, a le fidate spalle.
   E Sordello anco: « Or avvalliamo omai
   tra le grandi ombre, e parleremo ad esse;
45 grazïoso fia lor vedervi assai ».
   Solo tre passi credo ch'i' scendesse,
   e fui di sotto, e vidi un che mirava

48 pur me, come conoscer mi volesse.

Temp' era già che l'aere s'annerava,
ma non sì che tra li occhi suoi e ' miei
51 non dichiarisse ciò che pria serrava.

Ver' me si fece, e io ver' lui mi fei:
giudice Nin gentil, quanto mi piacque
54 quando ti vidi non esser tra ' rei!

Nullo bel salutar tra noi si tacque;
poi dimandò: « Quant' è che tu venisti
57 a piè del monte per le lontane acque? ».

« Oh! », diss' io lui, « per entro i luoghi tristi
venni stamane, e sono in prima vita,
60 ancor che l'altra, sì andando, acquisti. »

E come fu la mia risposta udita,
Sordello ed elli in dietro si raccolse
63 come gente di sùbito smarrita.

L'uno a Virgilio e l'altro a un si volse
che sedea lì, gridando:« Su, Currado!
66 vieni a veder che Dio per grazia volse ».

Poi, vòlto a me: « Per quel singular grado
che tu dei a colui che sì nasconde
69 lo suo primo perché, che non lì è guado,

quando sarai di là da le larghe onde,
dì a Giovanna mia che per me chiami
72 là dove a li 'nnocenti si risponde.

Non credo che la sua madre più m'ami,
poscia che trasmutò le bianche bende,
75 le quai convien che, misera!, ancor brami.

Per lei assai di lieve si comprende
quanto in femmina foco d'amor dura,

78 se l'occhio o 'l tatto spesso non l'accende.
　　Non le farà sì bella sepultura
la vipera che Melanesi accampa,
81 com'avria fatto il gallo di Gallura ».
　　Così dicea, segnato de la stampa,
nel suo aspetto, di quel dritto zelo
84 che misuratamente in core avvampa.
　　Li occhi miei ghiotti andavan pur al cielo,
pur là dove le stelle son più tarde,
87 sì come rota più presso a lo stelo.
　　E 'l duca mio: « Figliuol, che là su guarde? ».
E io a lui: « A quelle tre facelle
90 di che 'l polo di qua tutto quanto arde ».
　　Ond' elli a me: « Le quattro chiare stelle
che vedevi staman, son di là basse,
93 e queste son salite ov' eran quelle ».
　　Com' ei parlava, e Sordello a sé il trasse
dicendo: « Vedi là 'l nostro avversaro »;
96 e drizzò il dito perché 'n là guardasse.
　　Da quella parte onde non ha riparo
la picciola vallea, era una biscia,
99 forse qual diede ad Eva il cibo amaro.
　　Tra l'erba e ' fior venìa la mala striscia,
volgendo ad ora ad or la testa, e 'l dosso
102 leccando come bestia che si liscia.
　　Io non vidi, e però dicer non posso,
come mosser li astor celestïali;
105 ma vidi bene e l'uno e l'altro mosso.
　　Sentendo fender l'aere a le verdi ali,
fuggì 'l serpente, e li angeli dier volta,

108 suso a le poste rivolando iguali.
   L'ombra che s'era al giudice raccolta
quando chiamò, per tutto quello assalto
111 punto non fu da me guardare sciolta.
   « Se la lucerna che ti mena in alto
truovi nel tuo arbitrio tanta cera
114 quant' è mestiere infino al sommo smalto »,
   cominciò ella, « se novella vera
di Val di Magra o di parte vicina
117 sai, dillo a me, che già grande là era.
   Fui chiamato Currado Malaspina;
non son l'antico, ma di lui discesi;
120 a' miei portai l'amor che qui raffina. »
   « Oh! », diss' io lui, « per li vostri paesi
già mai non fui; ma dove si dimora
123 per tutta Europa ch'ei non sien palesi?
   La fama che la vostra casa onora,
grida i segnori e grida la contrada,
126 sì che ne sa chi non vi fu ancora;
   e io vi giuro, s'io di sopra vada,
che vostra gente onrata non si sfregia
129 del pregio de la borsa e de la spada.
   Uso e natura sì la privilegia,
che, perché il capo reo il mondo torca,
132 sola va dritta e 'l mal cammin dispregia. »
   Ed elli: « Or va; che 'l sol non si ricorca
sette volte nel letto che 'l Montone
135 con tutti e quattro i piè cuopre e inforca,
   che cotesta cortese oppinïone
ti fia chiavata in mezzo de la testa

138 con maggior chiovi che d'altrui sermone,
   se corso di giudicio non s'arresta ».

SENTENDO FENDER L'AERE A LE VERDI ALI,
FUGGÌ 'L SERPENTE, E LI ANGELI DIER VOLTA,
SUSO A LE POSTE RIVOLANDO IGUALI. *(Purg., c. VIII, vv. 106-108)*

CANTO IX

DANTE SI ADDORMENTA E IN SOGNO GLI PARE DI ESSERE PORTATO IN ALTO DA UN'AQUILA. QUANDO SI RISVEGLIA, VIRGILIO GLI RIVELA CHE LUCIA È SCESA A PORTARGLI AIUTO E L'HA CONDOTTO SULLA SOGLIA DEL VERO E PROPRIO PURGATORIO, OVE UNA PORTA SI APRE SU TRE GRADINI DI DIVERSO COLORE, SULL'ULTIMO DEI QUALI SI TROVA L'ANGELO DELLA PENITENZA. L'ANGELO INCIDE SETTE P SULLA FRONTE DI DANTE (SONO I SIMBOLI DEI SETTE PECCATI CAPITALI), DOPO DI CHE INTRODUCE I DUE POETI NEL PURGATORIO PROPRIAMENTE DETTO.

    *L*a concubina di Titone antico
già s'imbiancava al balco d'orïente,
3 fuor de le braccia del suo dolce amico;
di gemme la sua fronte era lucente,
poste in figura del freddo animale
6 che con la coda percuote la gente;
e la notte, de' passi con che sale,
fatti avea due nel loco ov' eravamo,
9 e 'l terzo già chinava in giuso l'ale;
quand' io, che meco avea di quel d'Adamo,
vinto dal sonno, in su l'erba inchinai
12 là 've già tutti e cinque sedavamo.
    Ne l'ora che comincia i tristi lai
la rondinella presso a la mattina,
15 forse a memoria de' suo' primi guai,
e che la mente nostra, peregrina

più da la carne e men da' pensier presa,
18 a le sue visïon quasi è divina,

in sogno mi parea veder sospesa
un'aguglia nel ciel con penne d'oro,
21 con l'ali aperte e a calare intesa;

ed esser mi parea là dove fuoro
abbandonati i suoi da Ganimede,
24 quando fu ratto al sommo consistoro.

Fra me pensava: "Forse questa fiede
pur qui per uso, e forse d'altro loco
27 disdegna di portarne suso in piede".

Poi mi parea che, poi rotata un poco,
terribil come folgor discendesse,
30 e me rapisse suso infino al foco.

Ivi parea che ella e io ardesse;
e sì lo 'ncendio imaginato cosse,
33 che convenne che 'l sonno si rompesse.

Non altrimenti Achille si riscosse,
li occhi svegliati rivolgendo in giro
36 e non sappiendo là dove si fosse,

quando la madre da Chirón a Schiro
trafuggò lui dormendo in le sue braccia,
39 là onde poi li Greci il dipartiro;

che mi scoss' io, sì come da la faccia
mi fuggì 'l sonno, e diventa' ismorto,
42 come fa l'uom che, spaventato, agghiaccia.

Dallato m'era solo il mio conforto,
e 'l sole er' alto già più che due ore,
45 e 'l viso m'era a la marina torto.

« Non aver tema », disse il mio segnore;

« fatti sicur, ché noi semo a buon punto;
non stringer, ma rallarga ogne vigore.

Tu se' omai al purgatorio giunto:
vedi là il balzo che 'l chiude dintorno;
vedi l'entrata là 've par digiunto.

Dianzi, ne l'alba che procede al giorno,
quando l'anima tua dentro dormia,
sovra li fiori ond' è là giù addorno

venne una donna, e disse: "I' son Lucia;
lasciatemi pigliar costui che dorme;
sì l'agevolerò per la sua via".

Sordel rimase e l'altre genti forme;
ella ti tolse, e come 'l dì fu chiaro,
sen venne suso; e io per le sue orme.

Qui ti posò, ma pria mi dimostraro
li occhi suoi belli quella intrata aperta;
poi ella e 'l sonno ad una se n'andaro. »

A guisa d'uom che 'n dubbio si raccerta
e che muta in conforto sua paura,
poi che la verità li è discoperta,

mi cambia' io; e come sanza cura
vide me 'l duca mio, su per lo balzo
si mosse, e io di rietro inver' l'altura.

Lettor, tu vedi ben com' io innalzo
la mia matera, e però con più arte
non ti maravigliar s'io la rincalzo.

Noi ci appressammo, ed eravamo in parte
che là dove pareami prima rotto,
pur come un fesso che muro diparte,

vidi una porta, e tre gradi di sotto

per gire ad essa, di color diversi,
78 e un portier ch'ancor non facea motto.

E come l'occhio più e più v'apersi,
vidil seder sovra 'l grado sovrano,
81 tal ne la faccia ch'io non lo sofferssi;

e una spada nuda avëa in mano,
che reflettëa i raggi sì ver' noi,
84 ch'io drizzava spesso il viso in vano.

« Dite costinci: che volete voi? »,
cominciò elli a dire, « ov' è la scorta?
87 Guardate che 'l venir su non vi nòi. »

« Donna del ciel, di queste cose accorta »,
rispuose 'l mio maestro a lui, « pur dianzi
90 ne disse: "Andate là: quivi è la porta". »

« Ed ella i passi vostri in bene avanzi »,
ricominciò il cortese portinaio:
93 « Venite dunque a' nostri gradi innanzi ».

Là ne venimmo; e lo scaglion primaio
bianco marmo era sì pulito e terso,
96 ch'io mi specchiai in esso qual io paio.

Era il secondo tinto più che perso,
d'una petrina ruvida e arsiccia,
99 crepata per lo lungo e per traverso.

Lo terzo, che di sopra s'ammassiccia,
porfido mi parea, sì fiammeggiante
102 come sangue che fuor di vena spiccia.

Sovra questo tenëa ambo le piante
l'angel di Dio, sedendo in su la soglia
105 che mi sembiava pietra di diamante.

Per li tre gradi su di buona voglia

mi trasse il duca mio, dicendo: « Chiedi
108 umilemente che 'l serrame scioglia ».
   Divoto mi gittai a' santi piedi;
misericordia chiesi e ch'el m'aprisse,
111 ma tre volte nel petto pria mi diedi.
   Sette P ne la fronte mi descrisse
col punton de la spada, e « Fa che lavi,
114 quando se' dentro, queste piaghe » disse.
   Cenere, o terra che secca si cavi,
d'un color fora col suo vestimento;
117 e di sotto da quel trasse due chiavi.
   L'una era d'oro e l'altra era d'argento;
pria con la bianca e poscia con la gialla
120 fece a la porta sì, ch'i' fu' contento.
   « Quandunque l'una d'este chiavi falla,
che non si volga dritta per la toppa »,
123 diss' elli a noi, « non s'apre questa calla.
   Più cara è l'una; ma l'altra vuol troppa
d'arte e d'ingegno avanti che diserri,
126 perch' ella è quella che 'l nodo digroppa.
   Da Pier le tegno; e dissemi ch'i' erri
anzi ad aprir ch'a tenerla serrata,
129 pur che la gente a' piedi mi s'atterri. »
   Poi pinse l'uscio a la porta sacra,
dicendo: « Intrate; ma facciovi accorti
132 che di fuor torna chi 'n dietro si guata ».
   E quando fuor ne' cardini distorti
li spigoli di quella regge sacra
135 che di metallo son sonanti e forti,
   non rugghiò sì né si mostrò sì acra

61

Tarpëa, come tolto le fu il buono
138 Metello, per che poi rimase macra.
  Io mi rivolsi attento al primo tuono,
e *"Te Deum laudamus"* mi parea
141 udire in voce mista al dolce suono.
  Tale imagine a punto mi rendea
ciò ch'io udiva, qual prender si suole
144 quando a cantar con organi si stea;
  ch'or sì or no s'intendon le parole.

TAL NE LA FACCIA CH'IO NON LO SOFFERSI ... *(Purg.,c.IX,v.81)*

CANTO X

Attraverso un ripido sentiero i due poeti giungono nel primo girone, sulla cui ripa sono intagliati vari esempi di umiltà: si fa loro incontro la schiera dei superbi, che avanzano con lentezza, affranti dal peso di enormi macigni. Dante, meditando sulla superbia, esorta gli uomini ad astenersi da tale peccato.

    Poi fummo dentro al soglio de la porta
che 'l mal amor de l'anime disusa,
3 perché fa parer dritta la via torta,
    sonando la senti' esser richiusa;
e s'io avesse li occhi vòlti ad essa,
6 qual fora stata al fallo degna scusa?
    Noi salavam per una pietra fessa,
che si moveva e d'una e d'altra parte,
9 sì come l'onda che fugge e s'appressa.
    « Qui si conviene usare un poco d'arte »,
cominciò 'l duca mio, « in accostarsi
12 or quindi, or quindi al lato che si parte. »
    E questo fece i nostri passi scarsi,
tanto che pria lo scemo de la luna
15 rigiunse al letto suo per ricorcarsi,
    che noi fossimo fuor di quella cruna;
ma quando fummo liberi e aperti
18 su dove il monte in dietro si rauna,
    ïo stancato e amendue incerti

      di nostra via, restammo in su un piano
21 solingo più che strade per diserti.
      Da la sua sponda, ove confina il vano,
   al piè de l'alta ripa che pur sale,
24 misurrebbe in tre volte un corpo umano;
      e quanto l'occhio mio potea trar d'ale,
   or dal sinistro e or dal destro fianco,
27 questa cornice mi parea cotale.
      Là su non eran mossi i piè nostri anco,
   quand' io conobbi quella ripa intorno
30 che dritto di salita avea manco,
      esser di marmo candido e addorno
   d'intagli sì, che non pur Policleto,
33 ma la natura lì avrebbe scorno.
      L'angel che venne in terra col decreto
   de la molt' anni lagrimata pace,
36 ch'aperse il ciel del suo lungo divieto,
      dinanzi a noi pareva sì verace
   quivi intagliato in un atto soave,
39 che non sembiava imagine che tace.
      Giurato si saria ch'el dicesse *"Ave!"*;
   perché iv' era imaginata quella
42 ch'ad aprir l'alto amor volse la chiave;
      e avea in atto impressa esta favella
   "Ecce ancilla Deï", propriamente
45 come figura in cera si suggella.
      « Non tener pur ad un loco la mente »,
   disse 'l dolce maestro, che m'avea
48 da quella parte onde 'l cuore ha la gente.
      Per ch'i' mi mossi col viso, e vedea

di retro da Maria, da quella costa
51 onde m'era colui che mi movea,
   un'altra storia ne la roccia imposta;
per ch'io varcai Virgilio, e fe'mi presso,
54 acciò che fosse a li occhi miei disposta.
   Era intagliato lì nel marmo stesso
lo carro e ' buoi, traendo l'arca santa,
57 per che si teme officio non commesso.
   Dinanzi parea gente; e tutta quanta,
partita in sette cori, a' due mie' sensi
60 faceva dir l'un "No", l'altro "Sì, canta".
   Similemente al fummo de li 'ncensi
che v'era imaginato, li occhi e 'l naso
63 e al sì e al no discordi fensi.
   Lì precedeva al benedetto vaso,
trescando alzato, l'umile salmista,
66 e più e men che re era in quel caso.
   Di contra, effigïata ad una vista
d'un gran palazzo, Micòl ammirava
69 sì come donna dispettosa e trista.
   I' mossi i piè del loco dov' io stava,
per avvisar da presso un'altra istoria,
72 che di dietro a Micòl mi biancheggiava.
   Quiv' era storïata l'alta gloria
del roman principato, il cui valore
75 mosse Gregorio a la sua gran vittoria;
   i' dico di Traiano imperadore;
e una vedovella li era al freno,
78 di lagrime atteggiata e di dolore.
   Intorno a lui parea calcato e pieno

di cavalieri, e l'aguglie ne l'oro
81 sovr' essi in vista al vento si movieno.
   La miserella intra tutti costoro
pareva dir: « Segnor, fammi vendetta
84 di mio figliuol ch'è morto, ond' io m'accoro »;
ed elli a lei rispondere: « Or aspetta
tanto ch'i' torni »; e quella: « Segnor mio »,
87 come persona in cui dolor s'affretta,
   « se tu non torni? »; ed ei: « Chi fia dov' io,
la ti farà »; ed ella: « L'altrui bene
90 a te che fia, se 'l tuo metti in oblio? »;
ond' elli: « Or ti conforta; ch'ei convene
ch'i' solva il mio dovere anzi ch'i' mova:
93 giustizia vuole e pietà mi ritene ».
   Colui che mai non vide cosa nova
produsse esto visibile parlare,
96 novello a noi perché qui non si trova.
   Mentr' io mi dilettava di guardare
l'imagini di tante umilitadi,
99 e per lo fabbro loro a veder care,
   « Ecco di qua, ma fanno i passi radi »,
mormorava il poeta, « molte genti:
102 questi ne 'nvïeranno a li alti gradi. »
   Li occhi miei, ch'a mirare eran contenti
per veder novitadi ond' e' son vaghi,
105 volgendosi ver' lui non furon lenti.
   Non vo' però, lettor, che tu ti smaghi
di buon proponimento per udire
108 come Dio vuol che 'l debito si paghi.
   Non attender la forma del martìre:

La miserella intra tutti costoro
pareva dir: «Segnor, fammi vendetta
di mio figliuol ch'è morto, ond' io m'accoro» ...

(Purg., c. X, vv. 82-84)

pensa la succession; pensa ch'al peggio
111 oltre la gran sentenza non può ire.
Io cominciai: « Maestro, quel ch'io veggio
muovere a noi, non mi sembian persone,
114 e non so che, sì nel veder vaneggio ».
Ed elli a me: « La grave condizione
di lor tormento a terra li rannicchia,
117 sì che ' miei occhi pria n'ebber tencione.
Ma guarda fiso là, e disviticchia
col viso quel che vien sotto a quei sassi:
120 già scorger puoi come ciascun si picchia ».
O superbi cristian, miseri lassi,
che, de la vista de la mente infermi,
123 fidanza avete ne' retrosi passi,
non v'accorgete voi che noi siam vermi
nati a formar l'angelica farfalla,
126 che vola a la giustizia sanza schermi?
Di che l'animo vostro in alto galla,
poi siete quasi antomata in difetto,
129 sì come vermo in cui formazion falla?
Come per sostentar solaio o tetto,
per mensola talvolta una figura
132 si vede giugner le ginocchia al petto,
la qual fa del non ver vera rancura
nascere 'n chi la vede; così fatti
135 vid' io color, quando puosi ben cura.
Vero è che più e meno eran contratti
secondo ch'avien più e meno a dosso;
138 e qual più pazïenza avea ne li atti,
piangendo parea dicer: "Più non posso".

CANTO XI

I PECCATORI, MENTRE PROCEDONO, CANTANO IL « PADRE NOSTRO ». DANTE PARLA CON OMBERTO ALDOBRANDESCHI E ODERISI DA GUBBIO, IL QUALE GLI INDICA PROVENZAN SALVANI.

« O Padre nostro, che ne' cieli stai,
non circunscritto, ma per più amore
3 ch'ai primi effetti di là su tu hai,
 laudato sia 'l tuo nome e 'l tuo valore
da ogni creatura, com' è degno
6 di render grazie al tuo dolce vapore.
 Vegna ver' noi la pace del tuo regno,
ché noi ad essa non potem da noi,
9 s'ella non vien, con tutto nostro ingegno.
 Come del suo voler li angeli tuoi
fan sacrificio a te, cantando *osanna,*
12 così facciano li uomini de' suoi.
 Dà oggi a noi la cotidiana manna,
sanza la qual per questo aspro diserto
15 a retro va chi più di gir s'affanna.
 E come noi lo mal ch'avem sofferto
perdoniamo a ciascuno, e tu perdona
18 benigno, e non guardar lo nostro merto.
 Nostra virtù che di legger s'adona,
non spermentar con l'antico avversaro,
21 ma libera da lui che sì la sprona.
 Quest' ultima preghiera, segnor caro,

già non si fa per noi, ché non bisogna,
24 ma per color che dietro a noi restaro. »
   Così a sé e noi buona ramogna
quell' ombre orando, andavan sotto 'l pondo,
27 simile a quel che tal volta si sogna,
   dispartemente angosciate tutte a tondo
e lasse su per la prima cornice,
30 purgando la caligine del mondo.
   Se di là sempre ben per noi si dice,
di qua che dire e far per lor si puote
33 da quei ch'hanno al voler buona radice?
   Ben si de' loro atar lavar le note
che portar quinci, sì che, mondi e lievi,
36 possano uscire a le stellate ruote.
   « Deh, se giustizia e pietà vi disgrievi
tosto, sì che possiate muover l'ala,
39 che secondo il disio vostro vi lievi,
   mostrate da qual mano inver' la scala
si va più corto; e se c'è più d'un varco,
42 quel ne 'nsegnate che men erto cala;
   ché questi che vien meco, per lo 'ncarco
de la carne d'Adamo onde si veste,
45 al montar su, contra sua voglia, è parco. »
   Le lor parole, che rendero a queste
che dette avea colui cu' io seguiva,
48 non fur da cui venisser manifeste;
   ma fu detto: « A man destra per la riva
con noi venite, e troverete il passo
51 possibile a salir persona viva.
   E s'io non fossi impedito dal sasso

che la cervice mia superba doma,
54 onde portar convienmi il viso basso,
 cotesti, ch'ancor vive e non si noma,
 guardere' io, per veder s'i' 'l conosco,
57 e per farlo pietoso a questa soma.
 Io fui latino e nato d'un gran Tosco:
 Guiglielmo Aldobrandesco fu mio padre;
60 non so se 'l nome suo già mai fu vosco.
 L'antico sangue e l'opere leggiadre
 d'i miei maggior mi fer sì arroganti,
63 che, non pensando a la comune madre,
 ogn' uomo ebbi in despetto tanto avante,
 ch'io ne mori', come i Sanesi sanno,
66 e sallo in Campagnatico ogne fante.
 Io sono Omberto; e non pur a me danno
 superbia fa, ché tutti miei consorti
69 ha ella tratti seco nel malanno.
 E qui convien ch'io questo peso porti
 per lei, tanto che a Dio si sodisfaccia,
72 poi ch'io nol fe' tra ' vivi, qui tra ' morti ».
 Ascoltando chinai in giù la faccia;
 e un di lor, non questi che parlava,
75 si torse sotto il peso che li 'mpaccia,
 e videmi e conobbemi e chiamava,
 tenendo li occhi con fatica fisi
78 a me che tutto chin con loro andava.
 « Oh! », diss' io lui, « non se' tu Oderisi,
 l'onor d'Agobbio e l'onor di quell'arte
81 ch'alluminar chiamata è in Parisi? »
 « Frate », diss' elli, « più ridon le carte

che pennelleggia Franco Bolognese;
84 l'onore è tutto or suo, e mio in parte.
   Ben non sare' io stato sì cortese
mentre ch'io vissi, per lo gran disio
87 de l'eccellenza ove mio core intese.
   Di tal superbia qui si paga il fio;
e ancor non sarei qui, se non fosse
90 che, possendo peccar, mi volsi a Dio.
   Oh vana gloria de l'umane posse!
com' poco verde in su la cima dura,
93 se non è giunta da l'etati grosse!
   Credette Cimabue ne la pittura
tener lo campo, e ora ha Giotto il grido,
96 sì che la fama di colui è scura.
   Così ha tolto l'uno a l'altro Guido
la gloria de la lingua; e forse è nato
99 chi l'uno e l'altro caccerà del nido.
   Non è il mondan romore altro ch'un fiato
di vento, ch'or vien quinci e or vien quindi,
102 e muta nome perché muta lato.
   Che voce avrai tu più, se vecchia scindi
da te la carne, che se fossi morto
105 anzi che tu lasciassi il "pappo" e 'l "dindi",
   pria che passin mill' anni? ch'è più corto
spazio a l'etterno, ch'un muover di ciglia
108 al cerchio che più tardi in cielo è torto.
   Colui che del cammin sì poco piglia
dinanzi a me, Toscana sonò tutta;
111 e ora a pena in Siena sen pispiglia,
   ond' era sire quando fu distrutta

la rabbia fiorentina, che superba
114 fu a quel tempo sì com' ora è putta.

La vostra nominanza è color d'erba,
che viene e va, e quei la discolora
117 per cui ella esce de la terra acerba. »

E io a lui: « Tuo vero dir m'incora
bona umiltà, e gran tumor m'appiani;
120 ma chi è quei di cui tu parlavi ora? ».

« Quelli è », rispuose, « Provenzan Salvani;
ed è qui perché fu presuntüoso
123 a recar Siena tutta a le sue mani.

Ito è così e va, sanza riposo,
poi che morì; cotal moneta rende
126 a sodisfar chi è di là troppo oso. »

E io: « Se quello spirito ch'attende,
pria che si penta, l'orlo de la vita,
129 qua giù dimora e qua su non ascende,

se buona orazïon lui non aita,
prima che passi tempo quanto visse,
132 come fu la venuta lui largita? ».

« Quando vivea più glorïoso », disse,
« liberamente nel Campo di Siena,
135 ogne vergogna diposta, s'affisse;

e lì, per trar l'amico suo di pena,
ch'e' sostenea ne la prigion di Carlo,
138 si condusse a tremar per ogne vena.

Più non dirò, e scuro so che parlo;
ma poco tempo andrà, che ' tuoi vicini
141 faranno sì che tu potrai chiosarlo.

Quest'opera li tolse quei confini. »

CANTO XII

I DUE POETI SORPASSANO LA SCHIERA DEI SUPERBI E POSSONO NOTARE CHE SUL PAVIMENTO DELLA CORNICE SONO RAFFIGURATI VARI ESEMPI DI SUPERBIA PUNITA, CHE INDUCONO DANTE ALLA MEDITAZIONE. L'ANGELO DELL'UMILTÀ INDICA IL PASSAGGIO AL SECONDO GIRONE. DANTE SI STUPISCE NEL SENTIRSI PIÙ LEGGERO, E VIRGILIO GLI SPIEGA CHE CIÒ È DOVUTO AL FATTO CHE L'ANGELO GLI HA CANCELLATO DALLA FRONTE LA PRIMA DELLE SETTE P.

Di pari, come buoi che vanno a giogo,
m'andava io con quell'anima carca,
3   fin che 'l sofferse il dolce pedagogo.
    Ma quando disse: «Lascia lui e varca;
ché qui è buono con l'ali e coi remi,
6   quantunque può, ciascun pinger sua barca»;
    dritto sì come andar vuolsi rife'mi
con la persona, avvegna che i pensieri
9   mi rimanessero e chinati e scemi.
    Io m'era mosso, e seguia volontieri
del mio maestro i passi, e amendue
12   già mostravam com'eravam leggeri;
    ed el mi disse: «Volgi li occhi in giùe:
buon ti sarà, per tranquillar la via,
15   veder lo letto de le piante tue».
    Come, perché di lor memoria sia,
sovra i sepolti le tombe terragne
18   portan segnato quel ch'elli eran pria,

Di pari, come buoi che vanno a giogo,
m'andava io con quell' anima carca,
fin che 'l sofferse il dolce pedagogo. *(Purg., c. XII, vv. 1-3)*

onde lì molte volte si ripiagne
per la puntura de la rimembranza,
21 che solo a' pïi dà de le calcagne;
sì vid' io lì, ma di miglior sembianza
secondo l'artificio, figurato
24 quanto per via di fuor del monte avanza.

Vedea colui che fu nobil creato
più ch'altra creatura, giù dal cielo
27 folgoreggiando scender, da l'un lato.

Vedëa Brïareo fitto dal telo
celestïal giacer, da l'altra parte,
30 grave a la terra per lo mortal gelo.

Vedea Timbreo, vedea Pallade e Marte,
armati ancora, intorno al padre loro,
33 mirar le membra d'i Giganti sparte.

Vedea Nembròt a piè del gran lavoro
quasi smarrito, e riguardar le genti
36 che 'n Sennaàr con lui superbi fuoro.

O Nïobè, con che occhi dolenti
vedea io te segnata in su la strada,
39 tra sette e sette tuoi figliuoli spenti!

O Saùl, come in su la propria spada
quivi parevi morto in Gelboè,
42 che poi non sentì pioggia né rugiada!

O folle Aragne, sì vedea io te
già mezza ragna, trista in su li stracci
45 de l'opera che mal per te si fé.

O Roboàm, già non par che minacci
quivi 'l tuo segno; ma pien di spavento
48 nel porta un carro, sanza ch'altri il cacci.

O folle Aragne, sì vedea io te
già mezza ragna, trista in su li stracci
de l'opera che mal per te si fé. *(Purg., c. XII, vv. 43-45)*

Mostrava ancor lo duro pavimento
come Almeon a sua madre fé caro
51 parer lo sventurato addornamento.

Mostrava come i figli si gittaro
sovra Sennacherìb dentro dal tempio,
54 e come, morto lui, quivi il lasciaro.

Mostrava la ruina e 'l crudo scempio
che fé Tamiri, quando disse a Ciro:
57 « Sangue sitisti, e io di sangue t'empio ».

Mostrava come in rotta si fuggiro
li Assiri, poi che fu morto Oloferne,
60 e anche le reliquie del martiro.

Vedeva Troia in cenere e in caverne;
o Ilïón, come te basso e vile
63 mostrava il segno che lì si discerne!

Qual di pennel fu maestro o di stile
che ritraesse l'ombre e ' tratti ch'ivi
66 mirar fariano uno ingegno sottile?

Morti li morti e i vivi parean vivi:
non vide mei di me chi vide il vero,
69 quant' io calcai, fin che chinato givi.

Or superbite, e via col viso altero,
figliuoli d'Eva, e non chinate il volto
72 sì che veggiate il vostro mal sentero!

Più era già per noi del monte vòlto
e del cammin del sole assai più speso
75 che non stimava l'animo non sciolto,

quando colui che sempre innanzi atteso
andava, cominciò: « Drizza la testa;
78 non è più tempo di gir sì sospeso.

Vedi colà un angel che s'appresta
per venir verso noi; vedi che torna
81 dal servigio del dì l'ancella sesta.

Di reverenza il viso e li atti addorna,
sì che i diletti lo 'nvïarci in suso;
84 pensa che questo dì mai non raggiorna! ».

Io era ben del suo ammonir uso
pur di non perder tempo, sì che 'n quella
87 materia non potea parlarmi chiuso.

A noi venìa la creatura bella,
biancovestito e ne la faccia quale
90 par tremolando mattutina stella.

Le braccia aperse, e indi aperse l'ale;
disse: « Venite: qui son presso i gradi,
93 e agevolemente omai si sale.

A questo invito vegnon molto radi:
o gente umana, per volar su nata,
96 perché a poco vento così cadi? ».

Menocci ove la roccia era tagliata;
quivi mi batté l'ali per la fronte;
99 poi mi promise sicura l'andata.

Come a man destra, per salire al monte
dove siede la chiesa che soggioga
102 la ben guidata sopra Rubaconte,

si rompe del montar l'ardita foga
per le scalee che si fero ad etade
105 ch'era sicuro il quaderno e la doga;

così s'allenta la ripa che cade
quivi ben ratta da l'altro girone;
108 ma quinci e quindi l'alta pietra rade.

Noi volgendo ivi le nostre persone,
"Beati pauperes spiritu!" voci
111 cantaron sì, che nol diria sermone.
  Ahi quanto son diverse quelle foci
da l'infernali! ché quivi per canti
114 s'entra, e là giù per lamenti feroci.
  Già montavam su per li scaglion santi,
ed esser mi parea troppo più lieve
117 che per lo pian non mi parea davanti.
  Ond' io: «Maestro, dì, qual cosa greve
levata s'è da me, che nulla quasi
120 per me fatica, andando, si riceve?».
  Rispuose: «Quando i P che son rimasi
ancor nel volto tuo presso che stinti,
123 saranno, com' è l'un, del tutto rasi,
  fier li tuoi piè dal buon voler sì vinti,
che non pur non fatica sentiranno,
126 ma fia diletto loro esser su pinti».
  Allor fec' io come color che vanno
con cosa in capo non da lor saputa,
129 se non che ' cenni altrui sospecciar fanno;
  per che la mano ad accertar s'aiuta,
e cerca e truova e quello officio adempie
132 che non si può fornir per la veduta;
  e con le dita de la destra scempie
trovai pur sei le lettere che 'ncise
135 quel da le chiavi a me sovra le tempie:
a che guardando, il mio duca sorrise.

CANTO XIII

LA SECONDA CORNICE PARE DESERTA E COLOR DELLA PIETRA. I POETI ODONO VOCI ANGELICHE CHE INVITANO ALLA CARITÀ: LE ANIME DEGLI INVIDIOSI SONO APPOGGIATE ALLA ROCCIA, VESTITE DELLO STESSO COLORE; I LORO OCCHI PIANGENTI SONO CUCITI DA FILI DI FERRO. DANTE PARLA CON LA SENESE SAPIA.

*N*oi eravamo al sommo de la scala,
dove secondamente si risega
3 lo monte che salendo altrui dismala.

Ivi così una cornice lega
dintorno il poggio, come la primaia;
6 se non che l'arco suo più tosto piega.

Ombra non lì è né segno che si paia:
parsi la ripa e parsi la via schietta
9 col livido color de la petraia.

« Se qui per dimandar gente s'aspetta »,
ragionava il poeta, « io temo forse
12 che troppo avrà d'indugio nostra eletta. »

Poi fisamente al sole li occhi porse;
fece del destro lato a muover centro,
15 e la sinistra parte di sé torse.

« O dolce lume a cui fidanza i' entro
per lo novo cammin, tu ne conduci »,
18 dicea, « come condur si vuol quinc' entro.

Tu scaldi il mondo, tu sovr' esso luci;
s'altra ragione in contrario non ponta,

21 esser dien sempre li tuoi raggi duci. »
    Quanto di qua per un migliaio si conta,
    tanto di là eravam noi già iti,
24 con poco tempo, per la voglia pronta;
    e verso noi volar furon sentiti,
    non però visti, spiriti parlando
27 a la mensa d'amor cortesi inviti.
    La prima voce che passò volando
    "Vinum non habent" altamente disse,
30 e dietro a noi l'andò reïterando.
    E prima che del tutto non si udisse
    per allungarsi, un'altra "I' sono Oreste"
33 passò gridando, e anco non s'affisse.
    « Oh! », diss' io, « padre, che voci son queste? »
    E com' io domandai, ecco la terza
36 dicendo: "Amate da cui male aveste".
    E 'l buon maestro: « Questo cinghio sferza
    la colpa de la invidia, e però sono
39 tratte d'amor le corde de la ferza.
    Lo fren vuol esser del contrario suono;
    credo che l'udirai, per mio avviso,
42 prima che giunghi al passo del perdono.
    Ma ficca li occhi per l'aere ben fiso,
    e vedrai gente innanzi a noi sedersi,
45 e ciascuno è lungo la grotta assiso ».
    Allora più che prima li occhi apersi;
    guarda'mi innanzi, e vidi ombre con manti
48 al color de la pietra non diversi.
    E poi che fummo un poco più avanti,
    udia gridar: "Maria, òra per noi":

gridar "Michele" e "Pietro" e "Tutti santi".
    Non credo che per terra vada ancoi
omo sì duro, che non fosse punto
per compassion di quel ch'i' vidi poi;
    ché, quando fui sì presso di lor giunto,
che li atti loro a me venivan certi,
per li occhi fui di grave dolor munto.
    Di vil ciliccio mi parean coperti,
e l'un sofferia l'altro con la spalla,
e tutti da la ripa eran sofferti.
    Così li ciechi a cui la roba falla,
stanno a' perdoni a chieder lor bisogna,
e l'uno il capo sopra l'altro avvalla,
    perché 'n altrui pietà tosto si pogna,
non pur per lo sonar de le parole,
ma per la vista che non meno agogna.
    E come a li orbi non approda il sole,
così a l'ombre quivi, ond' io parlo ora,
luce del ciel di sé largir non vole;
    ché a tutti un fil di ferro i cigli fóra
e cusce sì, come a sparvier selvaggio
si fa però che queto non dimora.
    A me pareva, andando, fare oltraggio,
veggendo altrui, non essendo veduto:
per ch'io mi volsi al mio consiglio saggio.
    Ben sapev' ei che volea dir lo muto;
e però non attese mia dimanda,
ma disse: « Parla, e sie breve e arguto ».
    Virgilio mi venìa da quella banda
de la cornice onde cader si puote,

81 perché da nulla sponda s'inghirlanda;
   da l'altra parte m'eran le divote
   ombre, che per l'orribile costura
84 premevan sì, che bagnavan le gote.
   Volsimi a loro e « O gente sicura »,
   incominciai, « di veder l'alto lume
87 che 'l disio vostro solo ha in sua cura,
   se tosto grazia resolva le schiume
   di vostra cosc**ï**enza sì che chiaro
90 per essa scenda de la mente il fiume,
   ditemi, ché mi fia grazioso e caro,
   s'anima è qui tra voi che sia latina;
93 e forse lei sarà buon s'i' l'apparo. »
   « O frate mio, ciascuna è cittadina
   d'una vera città; ma tu vuo' dire
96 che vivesse in Italia peregrina. »
   Questo mi parve per risposta udire
   più innanzi alquanto che là dov' io stava,
99 ond' io mi feci ancor più là sentire.
   Tra l'altre vidi un'ombra ch'aspettava
   in vista; e se volesse alcun dir "Come?",
102 lo mento a guisa d'orbo in sù levava.
   « Spirto », diss' io, « che per salir ti dome,
   se tu se' quelli che mi rispondesti,
105 fammiti conto o per luogo o per nome. »
   « Io fui sanese », rispuose, « e con questi
   altri rimendo qui la vita ria,
108 lagrimando a colui che sé ne presti.
   Savia non fui, avvegna che Sapìa
   fossi chiamata, e fui de li altrui danni

111 più lieta assai che di ventura mia.

E perché tu non creda ch'io t'inganni,
odi s'i' fui, com' io ti dico, folle,
114 già discendendo l'arco d'i miei anni.

Eran li cittadin miei presso a Colle
in campo giunti co' loro avversari,
117 e io pregava Iddio di quel ch'e' volle.

Rotti fuor quivi e vòlti ne li amari
passi di fuga; e veggendo la caccia,
120 letizia presi a tutte altre dispari,

tanto ch'io volsi in su l'ardita faccia,
gridando a Dio: "Omai più non ti temo!",
123 come fé 'l merlo per poca bonaccia.

Pace volli con Dio in su lo stremo
de la mia vita; e ancor non sarebbe
126 lo mio dover per penitenza scemo,

se ciò non fosse, ch'a memoria m'ebbe
Pier Pettinaio in sue sante orazioni,
129 a cui di me per caritate increbbe.

Ma tu chi se', che nostre condizioni
vai dimandando, e porti li occhi sciolti,
132 sì com' io credo, e spirando ragioni? »

« Li occhi », diss' io, « mi fieno ancor qui tolti,
ma picciol tempo, ché poca è l'offesa
135 fatta per esser con invidia vòlti.

Troppa è più la paura ond' è sospesa
l'anima mia del tormento di sotto,
138 che già lo 'ncarco di là giù mi pesa. »

Ed ella a me: « Chi t'ha dunque condotto
qua su tra noi, se giù ritornar credi? ».

141 E io: « Costui ch'è meco e non fa motto.
   E vivo sono; e però mi richiedi,
   spirito eletto, se tu vuo' ch'i' mova
144 di là per te ancor li mortai piedi ».
   « Oh, questa è a udir sì cosa nuova »,
   rispuose, « che gran segno è che Dio t'ami;
147 però col priego tuo talor mi giova.
   E cheggioti, per quel che tu più brami,
   se mai calchi la terra di Toscana,
150 che a' miei propinqui tu ben mi rinfami.
   Tu li vedrai tra quella gente vana
   che spera in Talamone, e perderagli
153 più di speranza ch'a trovar la Diana;
   ma più vi perderanno li ammiragli. »

Ed ella a me: « chi t'ha dunque condotto
qua su tra noi, se giù ritornar credi? ». *(Purg., c. XIII, vv. 139 e 140)*

CANTO XIV

Dante sosta presso Rinieri da Calboli e Guido del Duca; quest'ultimo si lancia in un'invettiva contro i romagnoli e i romani corrotti, contrapponendo loro quelli del tempo antico. Mentre si allontanano dagli invidiosi, i due poeti possono udire voci ammonenti alla carità, con esempi di invidia punita.

« Chi è costui che 'l nostro monte cerchia
prima che morte li abbia dato il volo,
3 e apre li occhi a sua voglia e coverchia? »
« Non so chi sia, ma so ch'e' non è solo;
domandal tu che più li t'avvicini,
6 e dolcemente, sì che parli, acco'lo. »
Così due spiriti, l'uno a l'altro chini,
ragionavan di me ivi a man dritta;
9 poi fer li visi, per dirmi, supini;
e disse l'uno: « O anima che fitta
nel corpo ancora inver' lo ciel ten vai,
12 per carità ne consola e ne ditta
onde vieni e chi se'; ché tu ne fai
tanto maravigliar de la tua grazia,
15 quanto vuol cosa che non fu più mai ».
E io: « Per mezza Toscana si spazia
un fiumicel che nasce in Falterona,
18 e cento miglia di corso nol sazia.
Di sovr' esso rech' io questa persona:

dirvi ch'i' sia, saria parlare indarno,
21 ché 'l nome mio ancor molto non suona ».
   « Se ben lo 'ntendimento tuo accarno
con lo 'ntelletto », allora mi rispuose
24 quei che diceva pria, « tu parli d'Arno. »
   E l'altro disse lui: « Perché nascose
questi il vocabol di quella riviera,
27 pur com' om fa de l'orribili cose? ».
   E l'ombra che di ciò domandata era,
si sdebitò così: « Non so; ma degno
30 ben è che 'l nome di tal valle pèra;
ché dal principio suo, ov' è sì pregno
l'alpestro monte ond' è tronco Peloro,
33 che 'n pochi luoghi passa oltra quel segno,
infin là 've si rende per ristoro
di quel che 'l ciel de la marina asciuga,
36 ond' hanno i fiumi ciò che va con loro,
vertù così per nimica si fuga
da tutti come biscia, o per sventura
39 del luogo, o per mal uso che li fruga:
ond' hanno sì mutata lor natura
li abitator de la misera valle,
42 che par che Circe li avesse in pastura.
   Tra brutti porci, più degni di galle
che d'altro cibo fatto in uman uso,
45 dirizza prima il suo povero calle.
   Botoli trova poi, venendo giuso,
ringhiosi più che non chiede lor possa,
48 e da lor disdegnosa torce il muso.
   Vassi caggendo; e quant' ella più 'ngrossa,

tanto più trova di can farsi lupi
51 la maladetta e sventurata fossa.
  Discesa poi per più pelaghi cupi,
  trova le volpi sì piene di froda,
54 che non temono ingegno che le occùpi.
  Né lascerò di dir perch' altri m'oda;
  e buon sarà costui, s'ancor s'ammenta
57 di ciò che vero spirto mi disnoda.
  Io veggio tuo nepote che diventa
  cacciator di quei lupi in su la riva
60 del fiero fiume, e tutti li sgomenta.
  Vende la carne loro essendo viva;
  poscia li ancide come antica belva;
63 molti di vita e sé di pregio priva.
  Sanguinoso esce de la trista selva;
  lasciala tal, che di qui a mille anni
66 ne lo stato primaio non si rinselva ».
  Com' a l'annunzio di dogliosi danni
  si turba il viso di colui ch'ascolta,
69 da qual che parte il periglio l'assanni,
  così vid' io l'altr' anima, che volta
  stava a udir, turbarsi e farsi trista,
72 poi ch'ebbe la parola a sé raccolta.
  Lo dir de l'una e de l'altra la vista
  mi fer voglioso di saper lor nomi,
75 e dimanda ne fei con prieghi mista;
  per che lo spirto che di pria parlòmi
  ricominciò: « Tu vuo' ch'io mi deduca
78 nel fare a te ciò che tu far non vuo'mi.
  Ma da che Dio in te vuol che traluca

tanto sua grazia, non ti sarò scarso;
81 però sappi ch'io fui Guido del Duca.

Fu il sangue mio d'invidia sì rïarso,
che se veduto avesse uom farsi lieto,
84 visto m'avresti di livore sparso.

Di mia semente cotal paglia mieto;
o gente umana, perché poni 'l core
87 là 'v' è mestier di consorte divieto?

Questi è Rinier; questi è 'l pregio e l'onore
de la casa da Calboli, ove nullo
90 fatto s'è reda poi del suo valore.

E non pur lo suo sangue è fatto brullo,
tra 'l Po e 'l monte e la marina e 'l Reno,
93 del ben richesto al vero e al trastullo;

ché dentro a questi termini è ripieno
di venenosi sterpi, sì che tardi
96 per coltivare omai verrebber meno.

Ov'è 'l buon Lizio e Arrigo Mainardi?
Pier Traversaro e Guido di Carpigna?
99 Oh Romagnuoli tornati in bastardi!

Quando in Bologna un Fabbro si ralligna?
quando in Faenza un Bernardin di Fosco,
102 verga gentil di picciola gramigna?

Non ti maravigliar s'io piango, Tosco,
quando rimembro, con Guido da Prata,
105 Ugolin d'Azzo che vivette nosco,

Federigo Tignoso e sua brigata,
la casa Traversara e li Anastagi
108 (e l'una gente e l'altra è diretata),

le donne e ' cavalier, li affanni e li agi

che ne 'nvogliava amore e cortesia
111 là dove i cuor son fatti sì malvagi.
　　O Bretinoro, ché non fuggi via,
poi che gita se n'è la tua famiglia
114 e molta gente per non esser ria?
　　Ben fa Bagnacaval, che non rifiglia;
e mal fa Castrocaro, e peggio Conio,
117 che di figliar tai conti più s'impiglia.
　　Ben faranno i Pagan, da che 'l demonio
lor sen girà; ma non però che puro
120 già mai rimagna d'essi testimonio.
　　O Ugolin de' Fantolin, sicuro
è il nome tuo, da che più non s'aspetta
123 chi far lo possa, tralignando, scuro.
　　Ma va via, Tosco, omai; ch'or mi diletta
troppo di pianger più che di parlare,
126 sì m'ha nostra ragion la mente stretta ».
　　Noi sapavam che quell'anime care
ci sentivano andar; però, tacendo,
129 facëan noi del cammin confidare.
　　Poi fummo fatti soli procedendo,
folgore parve quando l'aere fende,
132 voce che giunse di contra dicendo:
　　"Ancideràmmi qualunque m'apprende";
e fuggì come tuon che si dilegua,
135 se sùbito la nuvola scoscende.
　　Come da lei l'udir nostro ebbe triegua,
ed ecco l'altra con sì gran fracasso,
138 che somigliò tonar che tosto segua:
　　« Io sono Aglauro che divenni sasso »;

e allor, per ristrignermi al poeta,
141 in destro feci, e non innanzi, il passo.
　　Già era l'aura d'ogne parte queta;
ed el mi disse: « Quel fu 'l duro camo
144 che dovria l'uom tener dentro a sua meta.
　　Ma voi prendete l'esca, sì che l'amo
de l'antico avversaro a sé vi tira;
147 e però poco val freno o richiamo.
　　Chiamavi 'l cielo e 'ntorno vi si gira,
mostrandovi le sue bellezze etterne,
150 e l'occhio vostro pur a terra mira;
　　onde vi batte chi tutto discerne ».

CANTO XV

L'Angelo della Misericordia cancella la seconda P dalla fronte di Dante e i due poeti possono passare al terzo girone, ove si trovano gli iracondi. Qui possono vedere esempi di mansuetudine e misericordia, prima di essere avvolti nella stessa nebbia in cui si muovono gli iracondi.

Quanto tra l'ultimar de l'ora terza
e 'l principio del dì par de la spera
3   che sempre a guisa di fanciullo scherza,
   tanto pareva già inver' la sera
essere al sol del suo corso rimaso;
6   vespero là, e qui mezza notte era.
   E i raggi ne ferien per mezzo 'l naso,
perché per noi girato era sì 'l monte,
9   che già dritti andavamo inver' l'occaso,
   quand' io senti' a me gravar la fronte
a lo splendore assai più che di prima,
12   e stupor m'eran le cose non conte;
   ond' io levai le mani inver' la cima
de le mie ciglia, e fecimi 'l solecchio,
15   che del soverchio visibile lima.
   Come quando da l'acqua o da lo specchio
salta lo raggio a l'opposita parte,
18   salendo su per lo modo parecchio
   a quel che scende, e tanto si diparte
dal cader de la pietra in igual tratta,

21 sì come mostra esperïenza e arte;
 così mi parve da luce rifratta
 quivi dinanzi a me esser percosso;
24 per che a fuggir la mia vista fu ratta.
 « Che è quel, dolce padre, a che non posso
 schermar lo viso tanto che mi vaglia »,
27 diss' io, « e pare inver' noi esser mosso? »
 « Non ti maravigliar s'ancor t'abbaglia
 la famiglia del cielo », a me rispuose:
30 « messo è che viene ad invitar ch'om saglia.
 Tosto sarà ch'a veder queste cose
 non ti fia grave, ma fieti diletto
33 quanto natura a sentir ti dispuose ».
 Poi giunti fummo a l'angel benedetto,
 con lieta voce disse: « Intrate quinci
36 ad uno scaleo vie men che li altri eretto ».
 Noi montavam, già partiti di linci,
 e *"Beati misericordes!"* fue
39 cantato retro, e "Godi tu che vinci!".
 Lo mio maestro e io soli amendue
 suso andavamo; e io pensai, andando,
42 prode acquistar ne le parole sue;
 e dirizza'mi a lui sì dimandando:
 « Che volse dir lo spirto di Romagna,
45 e "divieto" e "consorte" menzionando? ».
 Per ch'elli a me: « Di sua maggior magagna
 conosce il danno; e però non s'ammiri
48 se ne riprende perché men si piagna.
 Perché s'appuntano i vostri disiri
 dove per compagnia parte si scema,

invidia move il mantaco a' sospiri.
   Ma se l'amor de la spera supprema
torcesse in suso il disiderio vostro,
non vi sarebbe al petto quella tema;
   ché, per quanti si dice più lì "nostro",
tanto possiede più di ben ciascuno,
e più di caritate arde in quel chiostro ».
   « Io son d'esser contento più digiuno »,
diss' io, « che se mi fosse pria taciuto,
e più di dubbio ne la mente aduno.
   Com' esser puote ch'un ben, distributo
in più posseditor, faccia più ricchi
di sé che se da pochi è posseduto? »
   Ed elli a me: « Però che tu rificchi
la mente pur a le cose terrene,
di vera luce tenebre dispicchi.
   Quello infinito e ineffabil bene
che là su è, così corre ad amore
com' a lucido corpo raggio vene.
   Tanto si dà quanto trova d'ardore;
sì che, quantunque carità si stende,
cresce sovr' essa l'etterno valore.
   E quanta gente più là su s'intende,
più v'è da bene amare, e più vi s'ama,
e come specchio l'uno a l'altro rende.
   E se la mia ragion non ti disfama,
vedrai Beatrice, ed ella pienamente
ti torrà questa e ciascun' altra brama.
   Procaccia pur che tosto sieno spente,
come son già le due, le cinque piaghe,

51

54

57

60

63

66

69

72

75

78

81 che si richiudon per esser dolente ».
Com' io voleva dicer "Tu m'appaghe",
vidimi giunto in su l'altro girone,
84 sì che tacer mi fer le luci vaghe.
Ivi mi parve in una visïone
estatica di sùbito esser tratto,
87 e vedere in un tempio più persone;
e una donna, in su l'entrar, con atto
dolce di madre dicer: « Figliuol mio,
90 perché hai tu così verso noi fatto?
Ecco, dolenti, lo tuo padre e io
ti cercavamo ». E come qui si tacque,
93 ciò che pareva prima, disparìo.
Indi m'apparve un'altra con quell'acque
giù per le gote che 'l dolor distilla
96 quando di gran dispetto in altrui nacque,
e dir: « Se tu se' sire de la villa
del cui nome ne' dèi fu tanta lite,
99 e onde ogni scïenza disfavilla,
vendica te di quelle braccia ardite
ch'abbracciar nostra figlia, o Pisìstrato ».
102 E 'l segnor mi parea, benigno e mite,
risponder lei con viso temperato:
« Che farem noi a chi mal ne disira,
105 se quei che ci ama è per noi condannato? ».
Poi vidi genti accese in foco d'ira
con pietre un giovinetto ancider, forte
108 gridando a sé pur: « Martira, martira! ».
E lui vedea chinarsi, per la morte
che l'aggravava già, inver' la terra,

111 ma de li occhi facea sempre al ciel porte,
orando a l'alto Sire, in tanta guerra,
che perdonasse a' suoi persecutori,
114 con quello aspetto che pietà disserra.

Quando l'anima mia tornò di fori
a le cose che son fuor di lei vere,
117 io riconobbi i miei non falsi errori.

Lo duca mio, che mi potea vedere
far sì com' om che dal sonno si slega,
120 disse: « Che hai che non ti puoi tenere,
ma se' venuto più che mezza lega
velando li occhi e con le gambe avvolte,
123 a guisa di cui vino o sonno piega? ».

« O dolce padre mio, se tu m'ascolte,
io ti dirò », diss' io, « ciò che m'apparve
126 quando le gambe mi furon sì tolte. »

Ed ei: « Se tu avessi cento larve
sovra la faccia, non mi sarian chiuse
129 le tue cogitazion, quantunque parve.

Ciò che vedesti fu perché non scuse
d'aprir lo core a l'acque de la pace
132 che da l'etterno fonte son diffuse.

Non dimandai "Che hai?" per quel che face
chi guarda pur con l'occhio che non vede,
135 quando disanimato il corpo giace;
ma dimandai per darti forza al piede:
così frugar conviensi i pigri, lenti
138 ad usar lor vigilia quando riede ».

Noi andavam per lo vespero, attenti
oltre quanto potean li occhi allungarsi

141 contra i raggi serotini e lucenti.
   Ed ecco a poco a poco un fummo farsi
   verso di noi come la notte oscuro;
144 né da quello era loco da cansarsi.
   Questo ne tolse li occhi e l'aere puro.

Poi vidi genti accese in foco d'ira
con pietre un giovinetto ancider, forte
gridando a sé pur: « Martira, Martira! ». *(Purg., c. XV, vv. 106-108)*

CANTO XVI

Dal denso fumo che avvolge gli iracondi esce l'anima di Marco Lombardo, che, fattosi riconoscere da Dante, biasima il tempo presente e loda il passato. Dante le chiede la causa di tanta corruzione e l'anima risponde che essa sta nel cattivo uso fatto dagli uomini del libero arbitrio, nonché nella confusione tra il potere ecclesiastico e quello civile.

Buio d'inferno e di notte privata
d'ogne pianeto, sotto pover cielo,
3 quant' esser può di nuvol tenebrata,
 non fece al viso mio sì grosso velo
 come quel fummo ch'ivi ci coperse,
6 né a sentir di così aspro pelo,
 che l'occhio stare aperto non sofferse;
 onde la scorta mia saputa e fida
9 mi s'accostò e l'omero m'offerse.
 Sì come cieco va dietro a sua guida
 per non smarrirsi e per non dar di cozzo
12 in cosa che 'l molesti, o forse ancida,
 m'andava io per l'aere amaro e sozzo,
 ascoltando il mio duca che diceva
15 pur: « Guarda che da me tu non sia mozzo ».
 Io sentia voci, e ciascuna pareva
 pregar per pace e per misericordia
18 l'Agnel di Dio che le peccata leva.

Pur *"Agnus Dei"* eran le loro essordia;
una parola in tutte era e un modo,
sì che parea tra esse ogne concordia.

«Quei sono spiriti, maestro, ch'i' odo?»,
diss' io. Ed elli a me: «Tu vero apprendi,
e d'iracundia van solvendo il nodo».

«Or tu chi se' che 'l nostro fummo fendi,
e di noi parli pur come se tue
partissi ancor lo tempo per calendi?»

Così per una voce detto fue;
onde 'l maestro mio disse: «Rispondi,
e domanda se quinci si va sùe».

E io: «O creatura che ti mondi
per tornar bella a colui che ti fece,
maraviglia udirai, se mi secondi».

«Io ti seguiterò quanto mi lece»,
rispuose; «e se veder fummo non lascia,
l'udir ci terrà giunti in quella vece.»

Allora incominciai: «Con quella fascia
che la morte dissolve men vo suso,
e venni qui per l'infernale ambascia.

E se Dio m'ha in sua grazia rinchiuso,
tanto che vuol ch'i' veggia la sua corte
per modo tutto fuor del moderno uso,

non mi celar chi fosti anzi la morte,
ma dilmi, e dimmi s'i' vo bene al varco;
e tue parole fier le nostre scorte».

«Lombardo fui, e fu' chiamato Marco;
del mondo seppi, e quel valore amai
al quale ha or ciascun disteso l'arco.

Per montar su dirittamente vai. »
Così rispuose, e soggiunse: « I' ti prego
51 che per me prieghi quando su sarai ».

E io a lui: « Per fede mi ti lego
di far ciò che mi chiedi; ma io scoppio
54 dentro ad un dubbio, s'io non me ne spiego.

Prima era scempio, e ora è fatto doppio
ne la sentenza tua, che mi fa certo
57 qui, e altrove, quello ov' io l'accoppio.

Lo mondo è ben così tutto diserto
d'ogne virtute, come tu mi sone,
60 e di malizia gravido e coverto;

ma priego che m'addite la cagione,
sì ch'i' la veggia e ch'i' la mostri altrui;
63 ché nel cielo uno, e un qua giù la pone ».

Alto sospir, che duolo strinse in « uhi! »,
mise fuor prima; e poi cominciò: « Frate,
66 lo mondo è cieco, e tu vien ben da lui.

Voi che vivete ogne cagion recate
pur suso al cielo, pur come se tutto
69 movesse seco di necessitate.

Se così fosse, in voi fora distrutto
libero arbitrio, e non fora giustizia
72 per ben letizia, e per male aver lutto.

Lo cielo i vostri movimenti inizia;
non dico tutti, ma, posto ch'i' 'l dica,
75 lume v'è dato a bene e a malizia,

e libero voler; che, se fatica
ne le prime battaglie col ciel dura,
78 poi vince tutto, se ben si notrica.

A maggior forza e a miglior natura
liberi soggiacete; e quella cria
81 la mente in voi, che 'l ciel non ha in sua cura.

Però, se 'l mondo presente disvia,
in voi è la cagione, in voi si cheggia;
84 e io te ne sarò or vera spia.

Esce di mano a lui che la vagheggia
prima che sia, a guisa di fanciulla
87 che piangendo e ridendo pargoleggia,

l'anima semplicetta che sa nulla,
salvo che, mossa da lieto fattore,
90 volontier torna a ciò che la trastulla.

Di picciol bene in pria sente sapore;
quivi s'inganna, e dietro ad esso corre,
93 se guida o fren non torce suo amore.

Onde convenne legge per fren porre;
convenne rege aver che discernesse
96 de la vera cittade almen la torre.

Le leggi son, ma chi pon mano ad esse?
Nullo, però che 'l pastor che procede,
99 rugumar può, ma non ha l'unghie fesse;

per che la gente, che sua guida vede
pur a quel ben fedire ond' ella è ghiotta,
102 di quel si pasce, e più oltre non chiede.

Ben puoi veder che la mala condotta
è la cagion che 'l mondo ha fatto reo,
105 e non natura che 'n voi sia corrotta.

Soleva Roma, che 'l buon mondo feo,
due soli aver, che l'una e l'altra strada
108 facean vedere, e del mondo e di Deo.

L'un l'altro ha spento; ed è giunta la spada
col pasturale, e l'un con l'altro insieme
111 per viva forza mal convien che vada;
    però che, giunti, l'un l'altro non teme:
se non mi credi, pon mente a la spiga,
114 ch'ogn' erba si conosce per lo seme.
    In sul paese ch'Adice e Po riga,
solea valore e cortesia trovarsi,
117 prima che Federigo avesse briga;
    or può sicuramente indi passarsi
per qualunque lasciasse, per vergogna,
120 di ragionar coi buoni o d'appressarsi.
    Ben v'èn tre vecchi ancora in cui rampogna
l'antica età la nova, e par lor tardo
123 che Dio a miglior vita li ripogna:
    Currado da Palazzo e 'l buon Gherardo
e Guido da Castel, che mei si noma,
126 francescamente, il semplice Lombardo.
    Dì oggimai che la Chiesa di Roma,
per confondere in sé due reggimenti,
129 cade nel fango, e sé brutta e la soma ».
    « O Marco mio », diss' io, « bene argomenti;
e or discerno perché dal retaggio
132 li figli di Levì furono essenti.
    Ma qual Gherardo è quel che tu per saggio
di' ch'è rimaso de la gente spenta,
135 in rimprovèro del secol selvaggio?
    « O tuo parlar m'inganna, o el mi tenta »,
rispuose a me; « ché, parlandomi tosco,
138 par che del buon Gherardo nulla senta.

Per altro sopranome io nol conosco,
s'io nol togliessi da sua figlia Gaia.
141 Dio sia con voi, ché più non vegno vosco.
Vedi l'albor che per lo fummo raia
già biancheggiare, e me convien partirmi
144 (l'angelo è ivi) prima ch'io li paia. »
Così tornò, e più non volle udirmi.

« OR TU CHI SE' CHE 'L NOSTRO FUMMO FENDI,
E DI NOI PARLI PUR COME SE TUE
PARTISSI ANCOR LO TEMPO PER CALENDI? » *(Purg., c. XVI, vv. 25-27)*

CANTO XVII

Uscito dalla nebbia che avvolge gli iracondi, il poeta vede profilarsi esempi d'ira punita. Sale poi verso il quarto girone, dove sono puniti gli accidiosi. Sopravvenuta la notte, i due poeti si fermano, e Virgilio spiega a Dante la configurazione del Purgatorio e come sono distribuiti in esso i peccatori.

Ricorditi, lettor, se mai ne l'alpe
ti colse nebbia per la qual vedessi
3 non altrimenti che per pelle talpe,
come, quando i vapori umidi e spessi
a diradar cominciansi, la spera
6 del sol debilemente entra per essi;
e fia la tua imagine leggera
in giugnere a veder com' io rividi
9 lo sole in pria, che già nel corcar era.
Sì, pareggiando i miei co' passi fidi
del mio maestro, usci' fuor di tal nube
12 ai raggi morti già ne' bassi lidi.
O imaginativa che ne rube
talvolta sì di fuor, ch'om non s'accorge
15 perché dintorno suonin mille tube,
chi move te, se 'l senso non ti porge?
Moveti lume che nel ciel s'informa,
18 per sé o per voler che giù lo scorge.
De l'empiezza di lei che mutò forma

ne l'uccel ch'a cantar più si diletta,
21 né l'imagine mia apparve l'orma;
  e qui fu la mia mente sì ristretta
  dentro da sé, che di fuor non venìa
24 cosa che fosse allor da lei ricetta.
  Poi piovve dentro a l'alta fantasia
  un crucifisso, dispettoso e fero
27 ne la sua vista, e cotal si morìa;
  intorno ad esso era il grande Assüero,
  Estèr sua sposa e 'l giusto Mardoceo,
30 che fu al dire e al far così intero.
  E come questa imagine rompeo
  sé per sé stessa, a guisa d'una bulla
33 cui manca l'acqua sotto qual si feo,
  surse in mia visïone una fanciulla
  piangendo forte, e dicea: « O regina,
36 perché per ira hai voluto esser nulla?
  Ancisa t'hai per non perder Lavina;
  or m'hai perduta! Io son essa che lutto,
39 madre, a la tua pria ch'a l'altrui ruina ».
  Come si frange il sonno ove di butto
  nova luce percuote il viso chiuso,
42 che fratto guizza pria che muoia tutto;
  così l'imaginar mio cadde giuso
  tosto che lume il volto mi percosse,
45 maggior assai che quel ch'è in nostro uso.
  I' mi volgea per veder ov' io fosse,
  quando una voce disse « Qui si monta »,
48 che da ogne altro intento mi rimosse;
  e fece la mia voglia tanto pronta

di riguardar chi era che parlava,
51 che mai non posa, se non si raffronta.
   Ma come al sol che nostra vista grava
e per soverchio sua figura vela,
54 così la mia virtù quivi mancava.
   « Questo è divino spirito, che ne la
via da ir su ne drizza sanza prego,
57 e col suo lume sé medesmo cela.
   Sì fa con noi, come l'uom si fa sego;
ché quale aspetta prego e l'uopo vede,
60 malignamente già si mette al nego.
   Or accordiamo a tanto invito il piede;
procacciam di salir pria che s'abbui,
63 ché poi non si poria, se 'l dì non riede. »
   Così disse il mio duca, e io con lui
volgemmo i nostri passi ad una scala;
66 e tosto ch'io al primo grado fui,
   senti'mi presso quasi un muover d'ala
e ventarmi nel viso e dir: "*Beati
69 pacifici*, che son sanz' ira mala!".
   Già eran sovra noi tanto levati
li ultimi raggi che la notte segue,
72 che le stelle apparivan da più lati.
   "O virtù mia, perché sì ti dilegue?",
fra me stesso dicea, ché mi sentiva
75 la possa de le gambe posta in triegue.
   Noi eravam dove più non saliva
la scala su, ed eravamo affissi,
78 pur come nave ch'a la piaggia arriva.
   E io attesi un poco, s'io udissi

alcuna cosa nel novo girone;
81 poi mi volsi al maestro mio, e dissi:
« Dolce mio padre, dì, quale offensione
si purga qui nel giro dove semo?
84 Se i piè si stanno, non stea tuo sermone ».
Ed elli a me: « L'amor del bene, scemo
del suo dover, quiritta si ristora;
87 qui si ribatte il mal tardato remo.
Ma perché più aperto intendi ancora,
volgi la mente a me, e prenderai
90 alcun buon frutto di nostra dimora ».
« Né creator né creatura mai »,
cominciò el, « figliuol, fu sanza amore,
93 o naturale o d'animo; e tu 'l sai.
Lo naturale è sempre sanza errore,
ma l'altro puote errar per malo obietto
96 o per troppo o per poco di vigore.
Mentre ch'elli è nel primo ben diretto,
e ne' secondi sé stesso misura,
99 esser non può cagion di mal diletto;
ma quando al mal si torce, o con più cura
o con men che non dee corre nel bene,
102 contra 'l fattore adovra sua fattura.
Quinci comprender puoi ch'esser convene
amor sementa in voi d'ogne virtute
105 e d'ogne operazion che merta pene.
Or, perché mai non può da la salute
amor del suo subietto volger viso,
108 da l'odio proprio son le cose tute;
e perché intender non si può diviso,

e per sé stante, alcuno esser dal primo,
111 da quello odiare ogne effetto è deciso.
   Resta, se dividendo bene stimo,
che 'l mal che s'ama è del prossimo; ed esso
114 amor nasce in tre modi in vostro limo.
   E' chi, per esser suo vicin soppresso,
spera eccellenza, e sol per questo brama
117 ch'el sia di sua grandezza in basso messo;
   è chi podere, grazia, onore e fama
teme di perder perch' altri sormonti,
120 onde s'attrista sì che 'l contrario ama;
   ed è chi per ingiuria par ch'aonti,
sì che si fa de la vendetta ghiotto,
123 e tal convien che 'l male altrui impronti.
   Questo triforme amor qua giù di sotto
si piange: or vo' che tu de l'altro intende,
126 che corre al ben con ordine corrotto.
   Ciascun confusamente un bene apprende
nel qual si queti l'animo, e disira;
129 per che di giugner lui ciascun contende.
   Se lento amore a lui veder vi tira
o a lui acquistar, questa cornice,
132 dopo giusto penter, ve ne martira.
   Altro ben è che non fa l'uom felice;
non è felicità, non è la buona
135 essenza, d'ogne ben frutto e radice.
   L'amor ch'ad esso troppo s'abbandona,
di sovr' a noi si piange per tre cerchi;
138 ma come tripartito si ragiona,
   tacciolo, acciò che tu per te ne cerchi. »

CANTO XVIII

Dopo aver ascoltato la dissertazione di Virgilio sul libero arbitrio, a mezzanotte Dante si sente insonnolito, ma viene scosso dal sopraggiungere della schiera degli accidiosi in corsa, che si esortano l'un l'altro a non perder tempo, gridando esempi della virtù contraria all'accidia e di punizione del comportamento accidioso. L'abate di San Zeno, senza interrompere la sua corsa, indica a Virgilio dove sia la scala per salire al prossimo girone.

 Posto avea fine al suo ragionamento
l'alto dottore, e attento guardava
3 ne la mia vista s'io parea contento;
 e io, cui nova sete ancor frugava,
di fuor tacea, e dentro dicea: "Forse
6 lo troppo dimandar ch'io fo li grava".
 Ma quel padre verace, che s'accorse
del timido voler che non s'apriva,
9 parlando, di parlare ardir mi porse.
 Ond'io: «Maestro, il mio veder s'avviva
sì nel tuo lume, ch'io discerno chiaro
12 quanto la tua ragion parta o descriva.
 Però ti prego, dolce padre caro,
che mi dimostri amore, a cui reduci
15 ogne buono operare e 'l suo contraro».
 «Drizza», disse, «ver' me l'agute luci

    de lo 'ntelletto, e fieti manifesto
18 l'error de' ciechi che si fanno duci.
    L'animo, ch'è creato ad amar presto,
    ad ogne cosa è mobile che piace,
21 tosto che dal piacere in atto è desto.
    Vostra apprensiva da esser verace
    tragge intenzione, e dentro a voi la spiega,
24 sì che l'animo ad essa volger face;
    e se, rivolto, inver' di lei si piega,
    quel piegare è amor, quell' è natura
27 che per piacer di novo in voi si lega.
    Poi, come 'l foco movesi in altura
    per la sua forma ch'è nata a salire
30 là dove più in sua matera dura,
    così l'animo preso entra in disire,
    ch'è moto spirtale, e mai non posa
33 fin che la cosa amata il fa gioire.
    Or ti puote apparer quant'è nascosa
    la veritate a la gente ch'avvera
36 ciascun amore in sé laudabil cosa;
    però che forse appar la sua matera
    sempre esser buona, ma non ciascun segno
39 è buono, ancor che buona sia la cera. »
    « Le tue parole e 'l mio seguace ingegno »,
    rispuos' io lui, « m'hanno amor discoverto,
42 ma ciò m'ha fatto di dubbiar più pregno;
    ché, s'amore è di fuori a noi offerto
    e l'anima non va con altro piede,
45 se dritta o torta va, non è suo merto. »
    Ed elli a me: « Quanto ragion qui vede,

dir ti poss' io; da indi in là t'aspetta
48 pur a Beatrice, ch'è opra di fede.
   Ogne forma sustanzïal, che setta
è da matera ed è con lei unita,
51 specifica vertute ha in sé colletta,
   la qual sanza operar non è sentita,
né si dimostra mai che per effetto,
54 come per verdi fronde in pianta vita.
   Però, là onde vegna lo 'ntelletto
de le prime notizie, omo non sape,
57 e de' primi appetibili l'affetto,
   che sono in voi sì come studio in ape
di far lo mele; e questa prima voglia
60 merto di lode o di biasmo non cape.
   Or perché a questa ogn' altra si raccoglia,
innata v'è la virtù che consiglia,
63 e de l'assenso de' tener la soglia.
   Quest' è 'l principio là onde si piglia
ragion di meritar in voi, secondo
66 che buoni e rei amori accoglie e viglia.
   Color che ragionando andaro al fondo,
s'accorser d'esta innata libertate;
69 però moralità lasciaro al mondo.
   Onde, poniam che di necessitate
surga ogne amor che dentro a voi s'accende,
72 di ritenerlo è in voi la podestate.
   La nobile virtù Beatrice intende
per lo libero arbitrio, e però guarda
75 che l'abbi a mente, s'a parlar ten prende ».
   La luna, quasi a mezza notte tarda,

facea le stelle a noi parer più rade,
78 fatta com' un secchion che tuttor arda;
   e correa contro 'l ciel per quelle strade
che 'l sole infiamma allor che quel da Roma
81 tra ' Sardi e ' Corsi il vede quando cade.
   E quell' ombra gentil per cui si noma
Pietola più che villa mantoana,
84 del mio carcar diposta avea la soma;
   per ch'io, che la ragione aperta e piana
sovra le mie quistioni avea ricolta,
87 stava com' om che sonnolento vana.
   Ma questa sonnolenza mi fu tolta
subitamente da gente che dopo
90 le nostre spalle a noi era già volta.
   E quale Ismeno già vide e Asopo
lungo di sè di notte furia e calca,
93 pur che i Teban di Bacco avesser uopo,
   cotal per quel giron suo passo falca,
per quel ch'io vidi di color, venendo,
96 cui buon volere e giusto amor cavalca.
   Tosto fur sovr' a noi, perché correndo
si movea tutta quella turba magna;
99 e due dinanzi gridavan piangendo:
   « Maria corse con fretta a la montagna;
e Cesare, per soggiogare Ilerda,
102 punse Marsilia e poi corse in Ispagna ».
   « Ratto, ratto, che 'l tempo non si perda
per poco amor », gridavan li altri appresso,
105 « che studio di ben far grazia rinverda. »
   « O gente in cui fervore aguto adesso

ricompie forse negligenza e indugio
108 da voi per tepidezza in ben far messo,

questi che vive, e certo i' non vi bugio,
vuole andar su, pur che 'l sol ne riluca;
111 però ne dite ond' è presso il pertugio. »

Parole furon queste del mio duca;
e un di quelli spirti disse: « Vieni
114 di retro a noi, e troverai la buca.

Noi siam di voglia a muoverci sì pieni,
che restar non potem; però perdona,
117 se villania nostra giustizia tieni.

Io fui abate in San Zeno a Verona
sotto lo 'mperio del buon Barbarossa,
120 di cui dolente ancor Milan ragiona.

E tale ha già l'un piè dentro la fossa,
che tosto piangerà quel monastero,
123 e tristo fia d'avere avuta possa;

perché suo figlio, mal del corpo intero,
e de la mente peggio, e che mal nacque,
126 ha posto in loco di suo pastor vero ».

Io non so se più disse o s'ei si tacque,
tant' era già di là da noi trascorso;
129 ma questo intesi, e ritener mi piacque.

E quei che m'era ad ogne uopo soccorso
disse: « Volgiti qua: vedine due
132 venir dando a l'accidïa di morso ».

Di retro a tutti dicean: « Prima fue
morta la gente a cui il mar s'aperse,
135 che vedesse Iordan le rede sue.

E quella che l'affanno non sofferse

>   fino a la fine col figlio d'Anchise,
> 138 sé stessa a vita sanza gloria offerse ».
>   Poi quando fuor da noi tanto divise
>   quell' ombre, che veder più non potiersi,
> 141 novo pensiero dentro a me si mise,
>   del qual più altri nacquero e diversi;
>   e tanto d'uno in altro vaneggiai,
> 144 che li occhi per vaghezza ricopersi,
>   e 'l pensamento in sogno trasmutai.

MA QUESTA SONNOLENZA MI FU TOLTA
SUBITAMENTE DA GENTE CHE DOPO
LE NOSTRE SPALLE A NOI ERA GIÀ VOLTA. *(Purg., c. XVIII, vv. 88-90)*

CANTO XIX

DANTE VEDE IN SOGNO UNA DONNA DEFORME, CHE ASSUME SEMBIANZE LEGGIADRE E LO ALLETTA CON UN CANTO SOAVE. ACCANTO ALLA PRIMA APPARE UN'ALTRA DONNA, CHE INVITA VIRGILIO A SVELARNE IL SORTILEGIO. QUESTI LE STRACCIA LE VESTI E LE METTE A NUDO IL VENTRE, DA CUI EMANA UN INSOPPORTABILE FETORE. DANTE SI RISVEGLIA E I DUE RIPRENDONO IL CAMMINO: INCONTRANO L'ANGELO DEL BUON ZELO, CHE CANCELLA UN'ALTRA P DALLA FRONTE DEL POETA. VIRGILIO SVELA IL SIGNIFICATO SIMBOLICO DEL SOGNO. NEL QUINTO GIRONE STANNO GLI AVARI E I PRODIGHI, CHE, STESI A TERRA, SOSPIRANO. PAPA ADRIANO V INDICA AI DUE POETI LA VIA PER IL SUCCESSIVO GIRONE.

    Ne l'ora che non può 'l calor dïurno
intepidar più 'l freddo de la luna,
3 vinto da terra, e talor da Saturno
    — quando i geomanti lor Maggior Fortuna
veggiono in oriente, innanzi a l'alba,
6 surger per via che poco le sta bruna —,
    mi venne in sogno una femmina balba,
ne li occhi guercia, e sovra i piè distorta,
9 con le man monche, e di colore scialba.
    Io la mirava; e come 'l sol conforta
le fredde membra che la notte aggrava,
12 così lo sguardo mio le facea scorta
    la lingua, e poscia tutta la drizzava

in poco d'ora, e lo smarrito volto,
com' amor vuol, così le colorava.

Poi ch'ell'avea 'l parlar così disciolto,
cominciava a cantar sì, che con pena
da lei avrei mio intento rivolto.

« Io son », cantava, « io son dolce serena,
che ' marinari in mezzo mar dismago;
tanto son di piacere a sentir piena!

Io volsi Ulisse del suo cammin vago
al canto mio; e qual meco s'ausa,
rado sen parte; sì tutto l'appago! »

Ancor non era sua bocca richiusa,
quand' una donna apparve santa e presta
lunghesso me per far colei confusa.

« O Virgilio, Virgilio, chi è questa? »,
fieramente dicea; ed el venìa
con li occhi fitti pur in quella onesta.

L'altra prendea, e dinanzi l'apria
fendendo i drappi, e mostravami 'l ventre;
quel mi svegliò col puzzo che n'uscìa.

Io mossi li occhi, e 'l buon maestro: « Almen tre
voci t'ho messe! », dicea, « Surgi e vieni;
troviam l'aperta per la qual tu entre ».

Su mi levai, e tutti eran già pieni
de l'alto dì i giron del sacro monte,
e andavam col sol novo a le reni.

Seguendo lui, portava la mia fronte
come colui che l'ha di pensier carca,
che fa di sé un mezzo arco di ponte;

quand' io udi' « Venite; qui si varca »

parlare in modo soave e benigno,
45 qual non si sente in questa mortal marca.

Con l'ali aperte, che parean di cigno,
volseci in su colui che sì parlonne
48 tra due pareti del duro macigno.

Mosse le penne poi e ventilonne,
"Qui lugent" affermando esser beati,
51 ch'avran di consolar l'anime donne.

« Che hai che pur inver' la terra guati? »,
la guida mia incominciò a dirmi,
54 poco amendue da l'angel sormontati.

E io: « Con tanta sospeccion fa irmi
novella visïon ch'a sé mi piega,
57 sì ch'io non posso dal pensar partirmi ».

« Vedesti », disse, « quell'antica strega
che sola sovr' a noi omai si piagne;
60 vedesti come l'uom da lei si slega.

Bastiti, e batti a terra le calcagne;
li occhi rivolgi al logoro che gira
63 lo rege etterno con le rote magne. »

Quale 'l falcon, che prima a' piè si mira,
indi si volge al grido e si protende
66 per lo disio del pasto che là il tira,

tal mi fec' io; e tal, quanto si fende
la roccia per dar via a chi va suso,
69 n'andai infin dove 'l cerchiar si prende.

Com' io nel quinto giro fui dischiuso,
vidi gente per esso che piangea,
72 giacendo a terra tutta volta in giuso.

"Adhaesit pavimento anima mea"

sentia dir lor con sì alti sospiri,
75 che la parola a pena s'intendea.
   « O eletti di Dio, li cui soffriri
e giustizia e speranza fa men duri,
78 drizzate noi verso li alti saliri. »
   « Se voi venite dal giacer sicuri,
e volete trovar la via più tosto,
81 le vostre destre sien sempre di fori. »
   Così pregò 'l poeta, e sì risposto
poco dinanzi a noi ne fu; per ch'io
84 nel parlare avvisai l'altro nascosto,
e volsi li occhi a li occhi al segnor mio:
ond' elli m'assentì con lieto cenno
87 ciò che chiedea la vista del disio.
   Poi ch'io potei di me fare a mio senno,
trassimi sovra quella creatura
90 le cui parole pria notar mi fenno,
dicendo: « Spirto in cui pianger matura
quel sanza 'l quale a Dio tornar non pòssi,
93 sosta un poco per me tua maggior cura.
   Chi fosti e perché vòlti avete i dossi
al su, mi dì, e se vuo' ch'io t'impetri
96 cosa di là ond' io vivendo mossi ».
   Ed elli a me: « Perché i nostri diretri
rivolga il cielo a sé, saprai; ma prima
99 *scias quod ego fui successor Petri.*
   Intra Sïestri e Chiaveri s'adima
una fiumana bella, e del suo nome
102 lo titol del mio sangue fa sua cima.
   Un mese e poco più prova' io come

pesa il gran manto a chi dal fango il guarda,
105 che piuma sembran tutte l'altre some.
　　La mia conversïone, omè!, fu tarda;
ma, come fatto fui roman pastore,
108 così scopersi la vita bugiarda.
　　Vidi che lì non s'acquetava il core,
né più salir potïesi in quella vita;
111 per che di questa in me s'accese amore.
　　Fino a quel punto misera e partita
da Dio anima fui, del tutto avara:
114 or, come vedi, qui ne son punita.
　　Quel ch'avarizia fa, qui si dichiara
in purgazion de l'anime converse;
117 e nulla pena il monte ha più amara.
　　Sì come l'occhio nostro non s'aderse
in alto, fisso a le cose terrene,
120 così giustizia qui a terra il merse.
　　Come avarizia spense a ciascun bene
lo nostro amore, onde operar perdési,
123 così giustizia qui stretti ne tene,
　　ne' piedi e ne le man legati e presi;
e quanto fia piacer del giusto Sire,
126 tanto staremo immobili e distesi ».
　　Io m'era inginocchiato e volea dire;
ma com' io cominciai ed el s'accorse,
129 solo ascoltando, del mio reverire,
　　« Qual cagion », disse, « in giù così ti torse? »
E io a lui: « Per vostra dignitate
132 mia coscïenza dritto mi rimorse ».
　　« Drizza le gambe, lèvati su, frate! »,

rispuose; « non errar: conservo sono
135 teco e con li altri ad una podestate.
  Se mai quel santo evangelico suono
che dice *"Neque nubent"* intendesti,
138 ben puoi veder perch' io così ragiono.
  Vattene omai: non vo' che più t'arresti;
ché la tua stanza mio pianger disagia,
141 col qual maturo ciò che tu dicesi.
  Nepote ho io di là c'ha nome Alagia,
buona da sé, pur che la nostra casa
144 non faccia lei per essempro malvagia;
  e questa sola di là m'è rimasa. »

« Drizza le gambe, lèvati su, frate! »,
rispuose; « non errar: conservo sono
teco e con li altri ad una podestate. ... » (*Purg.*, c. XIX, vv. 133-135)

CANTO XX

I DUE POETI PROSEGUONO LUNGO LA QUINTA CORNICE, OVE ODONO UN'ANIMA CHE RICORDA ESEMPI DI ONESTÀ E SANTA POVERTÀ: È QUELLA DI UGO CAPETO, CHE, INTERROGATO DA DANTE, CONDANNA L'INETTITUDINE DI ALCUNI TRA I SUOI DISCENDENTI E L'EMPIETÀ DI ALTRI, SUI QUALI PREGA SI SCAGLI L'IRA DIVINA. TRA L'ALTRO RIVELA COME LE ANIME PUNITE IN QUEL GIRONE DURANTE IL GIORNO MEDITINO SULLA POVERTÀ E SULLA LIBERALITÀ, E DURANTE LA NOTTE SULL'AVARIZIA PUNITA. I DUE POETI PROCEDONO LUNGO IL GIRONE; A UN TRATTO LA MONTAGNA SI SCUOTE, QUASI SI VERIFICASSE UN TERREMOTO, E RISUONA NELL'ARIA UN ALTISSIMO GRIDO, IL QUALE NON È ALTRO CHE IL CANTO DI « GLORIA IN EXCELSIS DEO ».

    Contra miglior voler voler mal pugna;
onde contra 'l piacer mio, per piacerli,
3 trassi de l'acqua non sazia la spugna.
    Mossimi; e 'l duca mio si mosse per li
luoghi spediti pur lungo la roccia,
6 come si va per muro stretto a' merli;
    ché la gente che fonde a goccia a goccia
per li occhi il mal che tutto 'l mondo occupa,
9 da l'altra parte in fuor troppo s'approccia.
    Maladetta sie tu, antica lupa,
che più che tutte l'altre bestie hai preda
12 per la tua fame sanza fine cupa!
    O ciel, nel cui girar par che si creda

le condizion di qua giù trasmutarsi,
quando verrà per cui questa disceda?
  Noi andavam con passi lenti e scarsi,
e io attento a l'ombre, ch'i' sentia
pietosamente piangere e lagnarsi;
  e per ventura udi' « Dolce Maria! »
dinanzi a noi chiamar così nel pianto
come fa donna che in parturir sia;
  e seguitar: « Povera fosti tanto,
quanto veder si può per quello ospizio
dove sponesti il tuo portato santo ».
  Seguentemente intesi: « O buon Fabrizio,
con povertà volesti anzi virtute
che gran ricchezza posseder con vizio ».
  Queste parole m'eran sì piaciute,
ch'io mi trassi oltre per aver contezza
di quello spirto onde parean venute.
  Esso parlava ancor de la larghezza
che fece Niccolò a le pulcelle,
per condurre ad onor lor giovinezza.
  « O anima che tanto ben favelle,
dimmi chi fosti », dissi, « e perché sola
tu queste degne lode rinovelle.
  Non fia sanza mercé la tua parola,
s'io ritorno a compiér lo cammin corto
di quella vita ch'al termine vola. »
  Ed elli: « Io ti dirò, non per conforto
ch'io attenda di là, ma perché tanta
grazia in te luce prima che sie morto.
  Io fui radice de la mala pianta

che la terra cristiana tutta aduggia,
45 sì che buon frutto rado se ne schianta.
   Ma se Doagio, Lilla, Guanto e Bruggia
potesser, tosto ne saria vendetta;
48 e io la cheggio a lui che tutto giuggia.
   Chiamato fui di là Ugo Ciappetta;
di me son nati i Filippi e i Luigi
51 per cui novellamente è Francia retta.
   Figliuol fu' io d'un beccaio di Parigi:
quando li regi antichi venner meno
54 tutti, fuor ch'un renduto in panni bigi,
   trova'mi stretto ne le mani il freno
del governo del regno, e tanta possa
57 di nuovo acquisto, e sì d'amici pieno,
   ch'a la corona vedova promossa
la testa di mio figlio fu, dal quale
60 cominciar di costor le sacrate ossa.
   Mentre che la gran dota provenzale
al sangue mio non tolse la vergogna,
63 poco valea, ma pur non facea male.
   Lì cominciò con forza e con menzogna
la sua rapina; e poscia, per ammenda,
66 Pontì e Normandia prese e Guascogna.
   Carlo venne in Italia e, per ammenda,
vittima fé di Curradino; e poi
69 ripinse al ciel Tommaso, per ammenda.
   Tempo vegg' io, non molto dopo ancoi,
che tragge un altro Carlo fuor di Francia,
72 per far conoscer meglio e sé e ' suoi.
   Sanz' arme n'esce e solo con la lancia

con la qual giostrò Giuda, e quella ponta
75 sì ch'a Fiorenza fa scoppiar la pancia.

Quindi non terra, ma peccato e onta
guadagnerà, per sé tanto più grave,
78 quanto più lieve simil danno conta.

L'altro, che già uscì preso di nave,
veggio vender sua figlia e patteggiarne
81 come fanno i corsar de l'altre schiave.

O avarizia, che puoi tu più farne,
poscia c'ha' il mio sangue a te sì tratto,
84 che non si cura de la propria carne?

Perché men paia il mal futuro e 'l fatto,
veggio in Alagna intrar lo fiordaliso,
87 e nel vicario suo Cristo esser catto.

Veggiolo un'altra volta esser deriso;
veggio rinovellar l'aceto e 'l fiele,
90 e tra vivi ladroni esser anciso.

Veggio il novo Pilato sì crudele,
che ciò nol sazia, ma sanza decreto
93 portar nel Tempio le cupide vele.

O Segnor mio, quando sarò io lieto
a veder la vendetta che, nascosa,
96 fa dolce l'ira tua nel tuo secreto?

Ciò ch'io dicea di quell'unica sposa
de lo Spirito Santo e che ti fece
99 verso me volger per alcuna chiosa,

tanto è risposto a tutte nostre prece
quanto 'l dì dura; ma com' el s'annotta,
102 contrario suon prendemo in quella vece.

Noi repetiam Pigmalion allotta,

cui traditore e ladro e paricida
fece la voglia sua de l'oro ghiotta;
e la miseria de l'avaro Mida,
che seguì a la sua dimanda gorda,
per la qual sempre convien che si rida.
   Del folle Acàn ciascun poi si ricorda,
come furò le spoglie, sì che l'ira
di Iosüè qui par ch'ancor lo morda.
   Indi accusiam col marito Saffira;
lodiam i calci ch'ebbe Elïodoro;
e in infamia tutto 'l monte gira
   Polinestòr ch'ancise Polidoro;
ultimamente ci si grida: "Crasso,
dilci, che 'l sai: di che sapore è l'oro?".
   Talor parla l'uno alto e l'altro basso,
secondo l'affezion ch'ad ir ci sprona
ora a maggiore e ora a minor passo:
   però al ben che 'l dì ci si ragiona,
dianzi non era io sol; ma qui da presso
non alzava la voce altra persona ».
   Noi eravam partiti già da esso,
e brigavam di soverchiar la strada
tanto quanto al poder n'era permesso,
   quand' io senti', come cosa che cada,
tremar lo monte; onde mi prese un gelo
qual prender suol colui ch'a morte vada.
   Certo non si scoteo sì forte Delo,
pria che Latona in lei facesse 'l nido
a parturir li due occhi del cielo.
   Poi cominciò da tutte parti un grido

tal, che 'l maestro inverso me si feo,
135 dicendo: « Non dubbiar, mentr' io ti guido ».
  "Gloria in excelsis" tutti *"Deo"*
dicean, per quel ch'io da' vicin compresi,
138 onde intender lo grido si poteo.
  No' istavamo immobili e sospesi
come i pastor che prima udir quel canto,
141 fin che 'l tremar cessò ed el compiési.
  Poi ripigliammo nostro cammin santo,
guardando l'ombre che giacean per terra,
144 tornate già in su l'usato pianto.
  Nulla ignoranza mai con tanta guerra
mi fé desideroso di sapere,
147 se la memoria mia in ciò non erra,
  quanta pareami allor, pensando, avere;
né per la fretta dimandare er' oso,
150 né per me lì potea cosa vedere:
  così m'andava timido e pensoso.

CANTO XXI

I DUE POETI VENGONO AVVICINATI DALL'ANIMA DI STAZIO, CHE SPIEGA LORO LA RAGIONE DEL TERREMOTO E DEL CANTO, DOPO DI CHE PARLA DELLA SUA OPERA, RENDENDO GRAZIE A VIRGILIO, SUO ISPIRATORE. SAPUTO POI CHE PROPRIO VIRGILIO GLI È DAVANTI, GLI TRIBUTA GRANDE ONORE.

La sete natural che mai non sazia
se non con l'acqua onde la femminetta
3   samaritana domandò la grazia,
    mi travagliava, e pungeami la fretta
per la 'mpacciata via dietro al mio duca,
6   e condoleami a la giusta vendetta.
    Ed ecco, sì come ne scrive Luca
che Cristo apparve a' due ch'erano in via,
9   già surto fuor de la sepulcral buca,
    ci apparve un'ombra, e dietro a noi venìa,
dal piè guardando la turba che giace;
12 né ci addemmo di lei, sì parlò pria,
    dicendo: « O frati miei, Dio vi dea pace ».
Noi ci volgemmo sùbiti, e Virgilio
15 rendéli 'l cenno ch'a ciò si conface.
    Poi cominciò: « Nel beato concilio
ti ponga in pace la verace corte
18 che me rilega ne l'etterno essilio ».
    « Come! », diss' elli, e parte andavam forte:
« se voi siete ombre che Dio su non degni,

21 chi v'ha per la sua scala tanto scorte? ».
   E 'l dottor mio: « Se tu riguardi a' segni
che questi porta e che l'angel profila,
24 ben vedrai che coi buon convien ch'e' regni.
   Ma perché lei che dì e notte fila
non li avea tratta ancora la conocchia
27 che Cloto impone a ciascuno e compila,
   l'anima sua, ch'è tua e mia serocchia,
venendo su, non potea venir sola,
30 però ch'al nostro modo non adocchia.
   Ond' io fui tratto fuor de l'ampia gola
d'inferno per mostrarli, e mosterrolli
33 oltre, quanto 'l potrà menar mia scola.
   Ma dimmi, se tu sai, perché tai crolli
diè dianzi 'l monte, e perché tutto ad una
36 parve gridare infino a' suoi piè molli ».
   Sì mi diè, dimandando, per la cruna
del mio disio, che pur con la speranza
39 si fece la mia sete men digiuna.
   Quei cominciò: « Cosa non è che sanza
ordine senta la religïone
42 de la montagna, o che sia fuor d'usanza.
   Libero è qui da ogne alterazione:
di quel che 'l ciel da sé in sé riceve
45 esser ci puote, e non d'altro, cagione.
   Per che non pioggia, non grando, non neve,
non rugiada, non brina più su cade
48 che la scaletta di tre gradi breve;
   nuvole spesse non paion né rade,
né coruscar, né figlia di Taumante,

51 che di là cangia sovente contrade;
   secco vapor non surge più avante
   ch'al sommo d'i tre gradi ch'io parlai,
54 dov' ha 'l vicario di Pietro le piante.
   Trema forse più giù poco o assai;
   ma per vento che 'n terra si nasconda,
57 non so come, qua su non tremò mai.
   Tremaci quando alcuna anima monda
   sentesi, sì che surga o che si mova
60 per salir su; e tal grido seconda.
   De la mondizia sol voler fa prova,
   che, tutto libero a mutar convento,
63 l'alma sorprende, e di voler le giova.
   Prima vuol ben, ma non lascia il talento
   che divina giustizia, contra voglia,
66 come fu al peccar, pone al tormento.
   E io, che son giaciuto a questa doglia
   cinquecent' anni e più, pur mo sentii
69 libera volontà di miglior soglia:
   però sentisti il tremoto e li pii
   spiriti per lo monte render lode
72 a quel Segnor, che tosto su li 'nvii ».
   Così ne disse; e però ch'el si gode
   tanto del ber quant' è grande la sete,
75 non saprei dir quant' el mi fece prode.
   E 'l savio duca: « Omai veggio la rete
   che qui v'impiglia e come si scalappia,
78 perché ci trema e di che congaudete.
   Ora chi fosti, piacciati ch'io sappia,
   e perché tanti secoli giaciuto

81 qui se', ne le parole tue mi cappia ».
 « Nel tempo che 'l buon Tito, con l'aiuto
 del sommo rege, vendicò le fóra
84 ond' uscì 'l sangue per Giuda venduto,
 col nome che più dura e più onora
 era io di là », rispuose quello spirto,
87 « famoso assai, ma non con fede ancora.
 Tanto fu dolce mio vocale spirto,
 che, tolosano, a sé mi trasse Roma,
90 dove mertai le tempie ornar di mirto.
 Stazio la gente ancor di là mi noma:
 cantai di Tebe, e poi del grande Achille;
93 ma caddi in via con la seconda soma.
 Al mio ardor fuor seme le faville,
 che mi scaldar, de la divina fiamma
96 onde sono allumati più di mille;
 de l'Eneïda dico, la qual mamma
 fummi, e fummi nutrice, poetando:
99 sanz' essa non fermai peso di dramma.
 E per esser vivuto di là quando
 visse Virgilio, assentirei un sole
102 più che non deggio al mio uscir di bando. »
 Volser Virgilio a me queste parole
 con viso che, tacendo, disse "Taci";
105 ma non può tutto la virtù che vuole;
 ché riso e pianto son tanto seguaci
 a la passion di che ciascun si spicca,
108 che men seguon voler ne' più veraci.
 Io pur sorrisi come l'uom ch'ammicca;
 per che l'ombra si tacque, e riguardommi

111 ne li occhi ove 'l sembiante più si ficca;
 e « Se tanto labore in bene assommi »,
 disse, « perché la tua faccia testeso
114 un lampeggiar di riso dimostrommi? »
 Or son io d'una parte e d'altra preso:
 l'una mi fa tacer, l'altra scongiura
117 ch'io dica; ond' io sospiro, e sono inteso
 dal mio maestro, e « Non aver paura »,
 mi dice, « di parlar; ma parla e digli
120 quel ch'e' dimanda con cotanta cura. »
 Ond' io: « Forse che tu ti maravigli,
 antico spirto, del rider ch'io fei;
123 ma più d'ammirazion vo' che ti pigli.
 Questi che guida in alto li occhi miei,
 è quel Virgilio dal qual tu togliesti
126 forza a cantar de li uomini e d'i dèi.
 Se cagion altra al mio rider credesti,
 lasciala per non vera, ed esser credi
129 quelle parole che di lui dicesti ».
 Già s'inchinava ad abbracciar li piedi
 al mio dottor, ma el li disse: « Frate,
132 non far, ché tu se' ombra e ombra vedi ».
 Ed ei surgendo: « Or puoi la quantitate
 comprender de l'amor ch'a te mi scalda,
135 quand' io dismento nostra vanitate,
 trattando l'ombre come cosa salda ».

CANTO XXII

Stazio parla del suo peccato di prodigalità, dicendo di essere in Purgatorio perché segretamente convertitosi alla fede cristiana. Chiede poi a Virgilio della sorte toccata ad altri poeti latini, e questi lo informa che si trovano nel Limbo. I tre poeti giungono nel girone dei golosi, ove scorgono un albero strano, i cui frutti non possono essere colti, e una fonte la cui acqua non può essere bevuta. Dalle fronde dell'albero giungono voci che lodano la virtù della temperanza.

Già era l'angel dietro a noi rimaso,
l'angel che n'avea vòlti al sesto giro,
3 avendomi dal viso un colpo raso;
 e quei c'hanno a giustizia lor disiro
detto n'avea beati, e le sue voci
6 con *"sitiunt"*, sanz' altro, ciò forniro.
 E io più lieve che per l'altre foci
m'andava, sì che sanz' alcun labore
9 seguiva in su li spiriti veloci;
 quando Virgilio incominciò: « Amore,
acceso di virtù, sempre altro accese,
12 pur che la fiamma sua paresse fore;
 onde da l'ora che tra noi discese
nel limbo de lo 'nferno Giovenale,
15 che la tua affezion mi fé palese,
 mia benvoglienza inverso te fu quale

più strinse mai di non vista persona,
18 sì ch'or mi parran corte queste scale.
   Ma dimmi, e come amico mi perdona
se troppa sicurtà m'allarga il freno,
21 e come amico omai meco ragiona:
   come poté trovar dentro al tuo seno
loco avarizia, tra cotanto senno
24 di quanto per tua cura fosti pieno? ».
   Queste parole Stazio mover fenno
un poco a riso pria; poscia rispuose:
27 « Ogne tuo dir d'amor m'è caro cenno.
   Veramente più volte appaion cose
che danno a dubitar falsa matera
30 per le vere ragion che son nascose.
   La tua dimanda tuo creder m'avvera
esser ch'i' fossi avaro in l'altra vita,
33 forse per quella cerchia dov' io era.
   Or sappi ch'avarizia fu partita
troppo da me, e questa dismisura
36 migliaia di lunari hanno punita.
   E se non fosse ch'io drizzai mia cura,
quand' io intesi là dove tu chiame,
39 crucciato quasi a l'umana natura:
   "Per che non reggi tu, o sacra fame
de l'oro, l'appetito de' mortali?",
42 voltando sentirei le giostre grame.
   Allor m'accorsi che troppo aprir l'ali
potean le mani a spendere, e pente'mi
45 così di quel come de li altri mali.
   Quanti risurgeran coi crini scemi

per ignoranza, che di questa pecca
48 toglie 'l penter vivendo e ne li stremi!

E sappie che la colpa che rimbecca
per dritta opposizione alcun peccato,
51 con esso insieme qui suo verde secca;

però, s'io son tra quella gente stato
che piange l'avarizia, per purgarmi,
54 per lo contrario suo m'è incontrato ».

« Or quando tu cantasti le crude armi
de la doppia trestizia di Giocasta »,
57 disse 'l cantor de' buccolici carmi,

« per quello che Cliò teco lì tasta,
non par che ti facesse ancor fedele
60 la fede, sanza qual ben far non basta.

Se così è, qual sole o quai candele
ti stenebraron sì, che tu drizzasti
63 poscia di retro al pescator le vele? »

Ed elli a lui: « Tu prima m'invïasti
verso Parnaso a ber ne le sue grotte,
66 e prima appresso Dio m'alluminasti.

Facesti come quei che va di notte,
che porta il lume dietro e sé non giova,
69 ma dopo sé fa le persone dotte,

quando dicesti: "Secol si rinova;
torna giustizia e primo tempo umano,
72 e progenïe scende da ciel nova".

Per te poeta fui, per te cristiano:
ma perché veggi mei ciò ch'io disegno,
75 a colorare stenderò la mano.

Già era 'l mondo tutto quanto pregno

de la vera credenza, seminata
per li messaggi de l'etterno regno;
e la parola tua sopra toccata
si consonava a' nuovi predicanti;
ond' io a visitarli presi usata.

Vennermi poi parendo tanto santi,
che, quando Domizian li perseguette,
sanza mio lagrimar non fur lor pianti;
e mentre che di là per me si stette,
io li sovvenni, e i lor dritti costumi
fer dispregiare a me tutte altre sette.

E pria ch'io conducessi i Greci a' fiumi
di Tebe poetando, ebb' io battesmo;
ma per paura chiuso cristian fu'mi,
lungamente mostrando paganesmo;
e questa tepidezza il quarto cerchio
cerchiar mi fé più che 'l quarto centesmo.

Tu dunque, che levato hai il coperchio
che m'ascondeva quanto bene io dico,
mentre che del salire avem soverchio,
dimmi dov' è Terrenzio nostro antico,
Cecilio e Plauto e Varro, se lo sai:
dimmi se son dannati, e in qual vico ».

« Costoro e Persio e io e altri assai »,
rispuose il duca mio, « siam con quel Greco
che le Muse lattar più ch'altri mai,
nel primo cinghio del carcere cieco;
spesse fiate ragioniam del monte
che sempre ha le nutrice nostre seco.

Euripide v'è nosco e Antifonte,

Simonide, Agatone e altri piùe
108 Greci che già di lauro ornar la fronte.
   Quivi si veggion de le genti tue
Antigone, Deïfile e Argia,
111 e Ismene sì trista come fue.
   Védeisi quella che mostrò Langia;
èvvi la figlia di Tiresia, e Teti,
114 e con le suore sue Deïdamia. »
   Tacevansi ambedue già li poeti,
di novo attenti a riguardar dintorno,
117 liberi da saliri e da pareti;
   e già le quattro ancelle eran del giorno
rimase a dietro, e la quinta era al temo,
120 drizzando pur in su l'ardente corno,
   quando il mio duca: « Io credo ch'a lo stremo
le destre spalle volger ne convegna,
123 girando il monte come far solemo ».
   Così l'usanza fu lì nostra insegna,
e prendemmo la via con men sospetto
126 per l'assentir di quell' anima degna.
   Elli givan dinanzi, e io soletto
di retro, e ascoltava i lor sermoni,
129 ch'a poetar mi davano intelletto.
   Ma tosto ruppe le dolci ragioni
un alber che trovammo in mezza strada,
132 con pomi a odorar soavi e buoni;
   e come abete in alto si digrada
di ramo in ramo, così quello in giuso,
135 cred' io, perché persona su non vada.
   Dal lato onde 'l cammin nostro era chiuso,

cadea de l'alta roccia un liquor chiaro
138 e si spandeva per le foglie suso.
   Li due poeti a l'alber s'appressaro;
e una voce per entro le fronde
141 gridò: «Di questo cibo avrete caro».
   Poi disse: «Più pensava Maria onde
fosser le nozze orrevoli e intere,
144 ch'a la sua bocca, ch'or per voi risponde.
   E le Romane antiche, per lor bere,
contente furon d'acqua; e Daniello
147 dispregiò cibo e acquistò savere.
   Lo secol primo, quant'oro fu bello,
fé savorose con fame le ghiande,
150 e nettare con sete ogne ruscello.
   Mele e locuste furon le vivande
che nodriro il Batista nel diserto;
153 per ch'elli è glorïoso e tanto grande
   quanto per lo Vangelio v'è aperto».

CANTO XXIII

I POETI SONO RAGGIUNTI DALLA SCHIERA DEI GOLOSI, SPAVENTOSAMENTE MAGRI. FORESE DONATI RICONOSCE DANTE, E GLI RIVELA CHE LA MAGREZZA È FRUTTO DEL GRANDE DESIDERIO DI MANGIARE E DI BERE, PRODOTTO DALLA VISTA DELL'ALBERO E DELLA SORGENTE. L'ANIMA POI PARLA DELLA VIRTUOSA MOGLIE NELLA, CHE CONTRAPPONE ALLE SCOSTUMATE DONNE FIORENTINE.

Mentre che li occhi per la fronda verde
ficcava ïo sì come far suole
3 chi dietro a li uccellin sua vita perde,
  lo più che padre mi dicea: « Figliuole,
vienne oramai, ché 'l tempo che n'è imposto
6 più utilmente compartir si vuole ».
  Io volsi 'l viso, e 'l passo non men tosto,
appresso i savi, che parlavan sïe,
9 che l'andar mi facean di nullo costo.
  Ed ecco piangere e cantar s'udìe
"Labïa mëa, Domine" per modo
12 tal, che diletto e doglia parturìe.
  « O dolce padre, che è quel ch'i' odo? »,
comincia' io; ed elli: « Ombre che vanno
15 forse di lor dover solvendo il nodo ».
  Sì come i peregrin pensosi fanno,
giugnendo per cammin gente non nota,
18 che si volgono ad essa e non restanno,

così di retro a noi, più tosto mota,
venendo e trapassando ci ammirava
21 d'anime turba tacita e devota.

Ne li occhi era ciascuna oscura e cava,
palida ne la faccia, e tanto scema,
24 che da l'ossa la pelle s'informava.

Non credo che così a buccia strema
Erisittone fosse fatto secco,
27 per digiunar, quando più n'ebbe tema.

Io dicea fra me stesso pensando: "Ecco
la gente che perdé Ierusalemme,
30 quando Maria nel figlio diè di becco!".

Parean l'occhiaie anella sanza gemme:
chi nel viso de li uomini legge "omo"
33 ben avria quivi conosciuta l'emme.

Chi crederebbe che l'odor d'un pomo
sì governasse, generando brama,
36 e quel d'un'acqua, non sappiendo como?

Già era in ammirar che sì li affama,
per la cagione ancor non manifesta
39 di lor magrezza e di lor trista squama,
ed ecco del profondo de la testa
volse a me li occhi un'ombra e guardò fiso;
42 poi gridò forte: « Qual grazia m'è questa? ».

Mai non l'avrei riconosciuto al viso;
ma ne la voce sua mi fu palese
45 ciò che l'aspetto in sé avea conquiso.

Questa favilla tutta mi raccese
mia conoscenza a la cangiata labbia,
48 e ravvisai la faccia di Forese.

« Deh, non contendere a l'asciutta scabbia
che mi scolora », pregava, « la pelle,
51 né a difetto di carne ch'io abbia;

ma dimmi il ver di te, di' chi son quelle
due anime che là ti fanno scorta;
54 non rimaner che tu non mi favelle! »

« La faccia tua, ch'io lagrimai già morta,
mi dà di pianger mo non minor doglia »,
57 rispuos' io lui, « veggendola sì torta.

Però mi dì, per Dio, che sì vi sfoglia;
non mi far dir mentr' io mi maraviglio,
60 ché mal può dir chi è pien d'altra voglia. »

Ed elli a me: « De l'etterno consiglio
cade vertù ne l'acqua e ne la pianta
63 rimasa dietro, ond' io sì m'assottiglio.

Tutta esta gente che piangendo canta
per seguitar la gola oltra misura,
66 in fame e 'n sete qui si rifà santa.

Di bere e di mangiar n'accende cura
l'odor ch'esce del pomo e de lo sprazzo
69 che si distende su per sua verdura.

E non pur una volta, questo spazzo
girando, si rinfresca nostra pena:
72 io dico pena, e dovrìa dir sollazzo,

ché quella voglia a li alberi ci mena
che menò Cristo lieto a dire *"Elì"*,
75 quando ne liberò con la sua vena ».

E io a lui: « Forese, da quel dì
nel qual mutasti mondo a miglior vita,
78 cinq' anni non son vòlti infino a qui.

Se prima fu la possa in te finita
di peccar più, che sovvenisse l'ora
81 del buon dolor ch'a Dio ne rimarita,
   come se' tu qua su venuto ancora?
Io ti credea trovar là giù di sotto,
84 dove tempo per tempo si ristora ».
   Ond' elli a me: « Sì tosto m'ha condotto
a ber lo dolce assenzo d'i martìri
87 la Nella mia con suo pianger dirotto.
   Con suoi prieghi devoti e con sospiri
tratto m'ha de la costa ove s'aspetta
90 e liberato m'ha de li altri giri.
   Tanto è a Dio più cara e più diletta
la vedovella mia, che molto amai,
93 quanto in bene operare è più soletta;
   ché la Barbagia di Sardigna assai
ne le femmine sue più è pudica
96 che la Barbagia dov' io la lasciai.
   O dolce frate, che vuo' tu ch'io dica?
Tempo futuro m'è già nel cospetto,
99 cui non sarà quest' ora molto antica,
   nel qual sarà in pergamo interdetto
a le sfacciate donne fiorentine
102 l'andar mostrando con le poppe il petto.
   Quai barbare fuor mai, quai saracine,
cui bisognasse, per farle ir coperte,
105 o spiritali o altre discipline?
   Ma se le svergognate fosser certe
di quel che 'l ciel veloce loro ammanna,
108 già per urlare avrian le bocche aperte;

ché, se l'antiveder qui non m'inganna,
prima fien triste che le guance impeli
111 colui che mo si consola con nanna.

Deh, frate, or fa che più non mi ti celi!
vedi che non pur io, ma questa gente
114 tutta rimira là dove 'l sol veli ».

Per ch'io a lui: « Se tu riduci a mente
qual fosti meco, e qual io teco fui,
117 ancor fia grave il memorar presente.

Di quella vita mi volse costui
che mi va innanzi, l'altr' ier, quando tonda
120 vi si mostrò la suora di colui »,

e 'l sol mostrai; « costui per la profonda
notte menato m'ha d'i veri morti
123 con questa vera carne che 'l seconda.

Indi m'han tratto su i suoi conforti,
salendo e rigirando la montagna
126 che drizza voi che 'l mondo fece torti.

Tanto dice di farmi sua compagna
che io sarò là dove fia Beatrice;
129 quivi convien che sanza lui rimagna.

Virgilio è questi che così mi dice »,
e addita'lo; « e quest' altro è quell' ombra
132 per cuï scosse dianzi ogne pendice
 lo vostro regno, che da sé lo sgombra. »

CANTO XXIV

DOPO AVER DETTO A DANTE CHE LA SORELLA PICCARDA SI TROVA IN PARADISO, FORESE ADDITA BONAGIUNTA ORBICCIANI DA LUCCA, CHE PROFETIZZA AL POETA L'ESILIO. DOPO AVERGLI NARRATO LA TRISTE FINE DI CORSO DONATI, FORESE RAGGIUNGE LA SCHIERA DEI GOLOSI. I TRE POETI RAGGIUNGONO UN ALBERO, VERSO I CUI FRUTTI I PECCATORI TENDONO LE MANI: UNA VOCE CHE ESCE DALLE SUE FRONDE INFORMA CHE ESSO DERIVA DALL'ALBERO DELLA SCIENZA DEL BENE E DEL MALE, OLTRE A RIPETERE ESEMPI DI GOLOSITÀ PUNITA. INFINE RAGGIUNGONO UN ANGELO CHE LI ESORTA A SALIRE AL SETTIMO GIRONE E CANCELLA DALLA FRONTE DI DANTE UN'ALTRA P.

Né 'l dir l'andar, né l'andar lui più lento
facea, ma ragionando andavam forte,
3   sì come nave pinta da buon vento;
    e l'ombre, che parean cose rimorte,
    per le fosse de li occhi ammirazione
6   traean di me, di mio vivere accorte.
    E io, continüando al mio sermone,
    dissi: « Ella sen va su forse più tarda
9   che non farebbe, per altrui cagione.
    Ma dimmi, se tu sai, dov' è Piccarda;
    dimmi s'io veggio da notar persona
12 tra questa gente che sì mi riguarda ».
    « La mia sorella, che tra bella e buona
    non so qual fosse più, trïunfa lieta

E L'OMBRE, CHE PAREAN COSE RIMORTE,
PER LE FOSSE DE LI OCCHI AMMIRAZIONE
TRAEAN DI ME, DI MIO VIVERE ACCORTE. *(Purg., c. XXIV, vv. 4-6)*

15 ne l'alto Olimpo già di sua corona. »
   Sì disse prima; e poi: « Qui non si vieta
di nominar ciascun, da ch'è sì munta
18 nostra sembianza via per la dïeta.
   Questi », e mostrò col dito, « è Bonagiunta,
Bonagiunta da Lucca; e quella faccia
21 di là da lui più che l'altre trapunta
   ebbe la Santa Chiesa in le sue braccia:
dal Torso fu, e purga per digiuno
24 l'anguille di Bolsena e la vernaccia. »
   Molti altri mi nomò ad uno ad uno;
e del nomar parean tutti contenti,
27 sì ch'io però non vidi un atto bruno.
   Vidi per fame a vòto usar li denti
Ubaldin da la Pila e Bonifazio
30 che pasturò col rocco molte genti.
   Vidi messer Marchese, ch'ebbe spazio
già di bere a Forlì con men secchezza,
33 e sì fu tal, che non si sentì sazio.
   Ma come fa chi guarda e poi s'apprezza
più d'un che d'altro, fei a quel da Lucca,
36 che più parea di me aver contezza.
   El mormorava; e non so che « Gentucca »
sentiv' io là, ov' el sentia la piaga
39 de la giustizia che sì li pilucca.
   « O anima », diss' io, « che par sì vaga
di parlar meco, fa sì ch'io t'intenda,
42 e te e me col tuo parlare appaga. »
   « Femmina è nata, e non porta ancor benda »,
cominciò el, « che ti farà piacere

45 la mia città, come ch'om la riprenda.
   Tu te n'andrai con questo antivedere:
se nel mio mormorar prendesti errore,
48 dichiareranti ancor le cose vere.
   Ma dì s'i' veggio qui colui che fore
trasse le nove rime, cominciando
51 *"Donne ch'avete intelletto d'amore"*. »
   E io a lui: « I' mi son un che, quando
Amor mi spira, noto, e a quel modo
54 ch'e' ditta dentro vo significando ».
   « O frate, issa vegg' io », diss' elli, « il nodo
che 'l Notaro e Guittone e me ritenne
57 di qua dal dolce stil novo ch'i' odo!
   Io veggio ben come le vostre penne
di retro al dittator sen vanno strette,
60 che de le nostre certo non avvenne;
   e qual più a gradire oltre si mette,
non vede più da l'uno a l'altro stilo »;
63 e, quasi contentato, si tacette.
   Come li augei che vernan lungo 'l Nilo,
alcuna volta in aere fanno schiera,
66 poi volan più a fretta e vanno in filo,
   così tutta la gente che lì era,
volgendo 'l viso, raffrettò suo passo,
69 e per magrezza e per voler leggera.
   E come l'uom che di trottare è lasso,
lascia andar li compagni, e sì passeggia
72 fin che si sfoghi l'affollar del casso,
   sì lasciò trapassar la santa greggia
Forese, e dietro meco sen veniva,

75 dicendo: « Quando fia ch'io ti riveggia? ».
　　« Non so », rispuos' io lui, « quant' io mi viva;
ma già non fia il tornar mio tantosto,
78 ch'io non sia col voler prima a la riva;
　　però che 'l loco u' fui a viver posto,
di giorno in giorno più di ben si spolpa,
81 e a trista ruina par disposto.
　　« Or va », diss' el; « che quei che più n'ha colpa,
vegg'io a coda d'una bestia tratto
84 inver' la valle ove mai non si scolpa.
　　La bestia ad ogne passo va più ratto,
crescendo sempre, fin ch'ella il percuote,
87 e lascia il corpo vilmente disfatto.
　　Non hanno molto a volger quelle ruote »,
e drizzò li ochi al ciel, « che ti fia chiaro
90 ciò che 'l mio dir più dichiarar non puote.
　　Tu ti rimani omai; ché 'l tempo è caro
in questo regno, sì ch'io perdo troppo
93 venendo teco sì a paro a paro. »
　　Qual esce alcuna volta di gualoppo
lo cavalier di schiera che cavalchi,
96 e va per farsi onor del primo intoppo,
　　tal si partì da noi con maggior valchi;
e io rimasi in via con esso i due
99 che fuor del mondo sì gran marescalchi.
　　E quando innanzi a noi intrato fue,
che li occhi miei sì fero a lui seguaci,
102 come la mente a le parole sue,
　　parvermi i rami gravidi e vivaci
d'un altro pomo, e non molto lontani

105 per esser pur allora vòlto in laci.
　　Vidi gente sott' esso alzar le mani
e gridar non so che verso le fronde,
108 quasi bramosi fantolini e vani
　　che pregano, e 'l pregato non risponde,
ma, per fare esser ben la voglia acuta,
111 tien alto lor disio e nol nasconde.
　　Poi si partì sì come ricreduta;
e noi venimmo al grande arbore adesso,
114 che tanti prieghi e lagrime rifiuta.
　　« Trapassate oltre sanza farvi presso:
legno è più su che fu morso da Eva,
117 e questa pianta si levò da esso. »
　　Sì tra le frasche non so chi diceva;
per che Virgilio e Stazio e io, ristretti,
120 oltre andavam dal lato che si leva.
　　« Ricordivi », dicea, « d'i maladetti
nei nuvoli formati, che, satolli,
123 Tëseo combatter co' doppi petti;
　　e de li Ebrei ch'al ber si mostrar molli,
per che no i volle Gedeon compagni,
126 quando inver' Madïan discese i colli. »
　　Sì accostati a l'un d'i due vivagni
passammo, udendo colpe de la gola
129 seguite già da miseri guadagni.
　　Poi, rallargati per la strada sola,
ben mille passi e più ci portar oltre,
132 contemplando ciascun sanza parola.
　　« Che andate pensando sì voi sol tre? »,
sùbita voce disse; ond' io mi scossi

E NOI VENIMMO AL GRANDE ARBORE ADESSO,
CHE TANTI PRIEGHI E LAGRIME RIFIUTA. *(Purg., c. XXIV, vv. 113 e 114)*

135 come fan bestie spaventate e poltre.
     Drizzai la testa per veder chi fossi;
     e già mai non si videro in fornace
138 vetri o metalli sì lucenti e rossi,
         com' io vidi un che dicea: « S'a voi piace
         montare in su, qui si convien dar volta;
141 quinci si va chi vuole andar per pace ».
     L'aspetto suo m'avea la vista tolta;
     per ch'io mi volsi dietro a' miei dottori,
144 com' om che va secondo ch'elli ascolta.
     E quale, annunziatrice de li albori,
     l'aura di maggio movesi e olezza,
147 tutta impregnata da l'erba e da' fiori;
         tal mi senti' un vento dar per mezza
         la fronte, e ben senti' mover la piuma,
150 che fé sentir d'ambrosïa l'orezza.
     E senti' dir: « Beati cui alluma
     tanto di grazia, che l'amor del gusto
153 nel petto lor troppo disir non fuma,
         esurïendo sempre quanto è giusto! ».

CANTO XXV

Mentre i poeti salgono dalla sesta alla settima cornice, Stazio spiega a Dante che le anime degli uomini sono da Dio infuse nei corpi e tuttavia, dopo la morte del corpo, conservano ancora la capacità di sentire e patire. Nel settimo girone patiscono i lussuriosi, avvolti nelle fiamme: essi gridano esempi di castità e di lussuria punita.

Ora era onde 'l salir non volea storpio;
ché 'l sole avëa il cerchio di merigge
3 lasciato al Tauro e la notte a lo Scorpio:
   per che, come fa l'uom che non s'affigge
ma vassi a la via sua, che che li appaia,
6 se di bisogno stimolo il trafigge,
   così intrammo noi per la callaia,
uno innanzi altro prendendo la scala
9 che per artezza i salitor dispaia.
   E quale il cicognin che leva l'ala
per voglia di volare, e non s'attenta
12 d'abbandonar lo nido, e giù la cala;
   tal era io con voglia accesa e spenta
di dimandar, venendo infino a l'atto
15 che fa colui ch'a dicer s'argomenta.
   Non lasciò, per l'andar che fosse ratto,
lo dolce padre mio, ma disse: « Scocca
18 l'arco del dir, che 'nfino al ferro hai tratto ».
   Allor sicuramente apri' la bocca

e cominciai: « Come si può far magro
là dove l'uopo di nodrir non tocca? ».

« Se t'ammentassi come Meleagro
si consumò al consumar d'un stizzo,
non fora », disse, « a te questo sì agro;

e se pensassi come, al vostro guizzo,
guizza dentro a lo specchio vostra image,
ciò che par duro ti parrebbe vizzo.

Ma perché dentro a tuo voler t'adage,
ecco qui Stazio; e io lui chiamo e prego
che sia or sanator de le tue piage. »

« Se la veduta etterna li dislego »,
rispuose Stazio, « là dove tu sie,
discolpi me non poter' io far nego. »

Poi cominciò: « Se le parole mie,
figlio, la mente tua guarda e riceve,
lume ti fiero al come che tu die.

Sangue perfetto, che poi non si beve
da l'assetate vene, e si rimane
quasi alimento che di mensa leve,

prende nel core a tutte membra umane
virtute informativa, come quello
ch'a farsi quelle per le vene vane.

Ancor digesto, scende ov' è più bello
tacer che dire; e quindi poscia geme
sovr' altrui sangue in natural vasello.

Ivi s'accoglie l'uno e l'altro insieme,
l'un disposto a patire, e l'altro a fare
per lo perfetto loco onde si preme;

e, giunto lui, comincia ad operare

>   coagulando prima, e poi avviva
> 51   ciò che per sua matera fé constare.
>   Anima fatta la virtute attiva
>   qual d'una pianta, in tanto differente,
> 54   che questa è in via e quella è già a riva,
>   tanto ovra poi, che già si move e sente,
>   come spungo marino; e indi imprende
> 57   ad organar le posse ond' è semente.
>   Or si spiega, figliuolo, or si distende
>   la virtù ch'è dal cor del generante,
> 60   dove natura a tutte membra intende.
>   Ma come d'animal divegna fante,
>   non vedi tu ancor: quest' è tal punto,
> 63   che più savio di te fé già errante,
>   sì che per sua dottrina fé disgiunto
>   da l'anima il possibile intelletto,
> 66   perché da lui non vide organo assunto.
>   Apri a la verità che viene il petto;
>   e sappi che, sì tosto come al feto
> 69   l'articular del cerebro è perfetto,
>   lo motor primo a lui si volge lieto
>   sovra tant' arte di natura, e spira
> 72   spirito novo, di vertù repleto,
>   che ciò che trova attivo quivi, tira
>   in sua sustanzia, e fassi un'alma sola,
> 75   che vive e sente e sé in sé rigira.
>   E perché meno ammiri la parola,
>   guarda il calor del sole che si fa vino,
> 78   giunto a l'omor che de la vite cola.
>   Quando Lachesìs non ha più del lino,

"*Summae Deus clementïae*" nel seno
al grande ardore allora udi' cantando,
che di volger mi fè caler non meno ... *(Purg., c. XXV, vv. 121-123)*

solvesi da la carne, e in virtute
81 ne porta seco e l'umano e 'l divino:
   l'altre potenze tutte quante mute;
memoria, intelligenza e volontade
84 in atto molto più che prima agute.
   Sanza restarsi, per sé stessa cade
mirabilmente a l'una de le rive;
87 quivi conosce prima le sue strade.
   Tosto che loco lì la circunscrive,
la virtù formativa raggia intorno
90 così e quanto ne le membra vive.
   E come l'aere, quand' è ben piorno,
per l'altrui raggio che 'n sé si reflette,
93 di diversi color diventa addorno;
   così l'aere vicin quivi si mette
in quella forma ch'è in lui suggella
96 virtüalmente l'alma che ristette;
   e simigliante poi a la fiammella
che segue il foco là 'vunque si muta,
99 segue lo spirto sua forma novella.
   Però che quindi ha poscia sua paruta,
è chiamata ombra; e quindi organa poi
102 ciascun sentire infino a la veduta.
   Quindi parliamo e quindi ridiam noi;
quindi facciam le lagrime e ' sospiri
105 che per lo monte aver sentiti puoi.
   Secondo che ci affiggono i disiri
e li altri affetti, l'ombra si figura;
108 e quest' è la cagion di che tu miri ».
   E già venuto a l'ultima tortura

s'era per noi, e vòlto a la man destra,
111 ed eravamo attenti ad altra cura.
   Quivi la ripa fiamma in fuor balestra,
e la cornice spira fiato in suso
114 che la reflette e via da lei sequestra;
   ond' ir ne convenia dal lato schiuso
ad uno ad uno; e io temëa 'l foco
117 quinci, e quindi temeva cader giuso.
   Lo duca mio dicea: « Per questo loco
si vuol tenere a li occhi stretto il freno,
120 però ch'errar potrebbesi per poco ».
   "Summae Deus clementïae" nel seno
al grande ardore allora udi' cantando,
123 che di volger mi fé caler non meno;
   e vidi spirti per la fiamma andando;
per ch'io guardava a loro e a' miei passi,
126 compartendo la vista a quando a quando.
   Appresso il fine ch'a quell' inno fassi,
gridavano alto: *"Virum non cognosco"*;
129 indi ricominciavan l'inno bassi.
   Finitolo, anco gridavano: « Al bosco
si tenne Diana, ed Elice caccionne
132 che di Venere avea sentito il tòsco ».
   Indi al cantar tornavano; indi donne
gridavano e mariti che fuor casti
135 come virtute e matrimonio imponne.
   E questo modo credo che lor basti
per tutto il tempo che 'l foco li abbruscia:
138 con tal cura conviene e con tai pasti
   che la piaga da sezzo si ricuscia.

CANTO XXVI

Un'anima si avvicina a Dante per parlargli: è quella del poeta Guido Guinizelli, stupito che un corpo mortale possa tranquillamente vagare in quel luogo. Ragguagliato sulla ragione, lo informa sulla propria condizione e su quella di coloro che, in quel settimo girone, scontano il peccato di lussuria. Dante si perde in elogi, ma Guinizelli, con molta modestia, addita un poeta, secondo il suo parere, più meritevole: il provenzale Arnaldo Daniello.

Mentre che sì per l'orlo, uno innanzi altro,
ce n'andavamo, e spesso il buon maestro
3 diceami: « Guarda: giovi ch'io ti scaltro »;
 feriami il sole in su l'omero destro,
 che già, raggiando, tutto l'occidente
6 mutava in bianco aspetto di cilestro;
 e io facea con l'ombra più rovente
 parer la fiamma; e pur a tanto indizio
9 vidi molt' ombre, andando, poner mente.
 Questa fu la cagion che diede inizio
 loro a parlar di me; e cominciarsi
12 a dir: « Colui non par corpo fittizio »;
 poi verso me, quanto potëan farsi,
 certi si fero, sempre con riguardo
15 di non uscir dove non fosser arsi.

« O tu che vai, non per esser più tardo,

ma forse reverente, a li altri dopo,
rispondi a me che 'n sete e 'n foco ardo.

Né solo a me la tua risposta è uopo;
ché tutti questi n'hanno maggior sete
che d'acqua fredda Indo o Etïopo.

Dinne com' è che fai di te parete
al sol, pur come tu non fossi ancora
di morte intrato dentro da la rete. »

Sì mi parlava un d'essi; e io mi fora
già manifesto, s'io non fossi atteso
ad altra novità ch'apparve allora;

ché per lo mezzo del cammino acceso
venne gente col viso incontro a questa,
la qual mi fece a rimirar sospeso.

Lì veggio d'ogne parte farsi presta
ciascun' ombra e basciarsi una con una
sanza restar, contente a brieve festa;

così per entro loro schiera bruna
s'ammusa l'una con l'altra formica,
forse a spïar lor via e lor fortuna.

Tosto che parton l'accoglienza amica,
prima che 'l primo passo lì trascorra,
sopragridar ciascuna s'affatica:

la nova gente: « Soddoma e Gomorra »;
e l'altra: « Ne la vacca entra Pasife,
perché 'l torello a sua lussuria corra ».

Poi, come grue ch'a le montagne Rife
volasser parte, e parte inver' l'arene,
queste del gel, quelle del sole schife,

l'una gente sen va, l'altra sen vene;

    e tornan, lagrimando, a' primi canti
48 e al gridar che più lor si convene;
      e raccostansi a me, come davanti,
essi medesmi che m'avean pregato,
51 attenti ad ascoltar ne' lor sembianti.
      Io, che due volte avea visto lor grato,
incominciai: « O anime sicure
54 d'aver, quando che sia, di pace stato,
      non son rimase acerbe né mature
le membra mie di là, ma son qui meco
57 col sangue suo e con le sue giunture.
      Quinci sù vo per non esser più cieco;
donna è di sopra che m'acquista grazia,
60 per che 'l mortal per vostro mondo reco.
      Ma se la vostra maggior voglia sazia
tosto divegna, sì che 'l ciel v'alberghi
63 ch'è pien d'amore e più ampio si spazia,
      ditemi, acciò ch'ancor carte ne verghi,
chi siete voi, e chi è quella turba
66 che se ne va di retro a' vostri terghi ».
      Non altrimenti stupido si turba
lo montanaro, e rimirando ammuta,
69 quando rozzo e salvatico s'inurba,
      che ciascun'ombra fece in sua paruta;
ma poi che furon di stupore scarche,
72 lo qual ne li alti cuor tosto s'attuta,
      « Beato te, che de le nostre marche »,
ricominciò colei che pria m'inchiese,
75 « per morir meglio, esperïenza imbarche!
      La gente che non vien con noi, offese

di ciò per che già Cesar, triunfando,
78 "Regina" contra sé chiamar s'intese:
però si parton "Soddoma" gridando,
rimproverando a sé, com' hai udito,
81 e aiutan l'arsura vergognando.
Nostro peccato fu ermafrodito;
ma perché non servammo umana legge,
84 seguendo come bestie l'appetito,
in obbrobrio di noi, per noi si legge,
quando partinci, il nome di colei
87 che s'imbestiò ne le 'mbestiate schegge.
Or sai nostri atti e di che fummo rei:
se forse a nome vuo' saper chi semo,
90 tempo non è di dire, e non saprei.
Farotti ben di me volere scemo:
son Guido Guinizzelli; e già mi purgo
93 per ben dolermi prima ch'a lo stremo. »
Quali ne la tristizia di Ligurgo
si fer due figli a riveder la madre,
96 tal mi fec' io, ma non a tanto insurgo,
quand' io odo nomar sé stesso il padre
mio e de li altri miei miglior che mai
99 rime d'amore usar dolci e leggiadre;
e sanza udire e dir pensoso andai
lunga fïata rimirando lui,
102 né, per lo foco, in là più m'appressai.
Poi che di riguardar pasciuto fui,
tutto m'offersi pronto al suo servigio
105 con l'affermar che fa credere altrui.
Ed elli a me: « Tu lasci tal vestigio,

per quel ch'i' odo, in me, e tanto chiaro,
108 che Leté nol può tòrre né far bigio.

Ma se le tue parole or ver giuraro,
dimmi che è cagion per che dimostri
111 nel dire e nel guardar d'avermi caro ».

E io a lui: « Li dolci detti vostri,
che, quanto durerà l'uso moderno,
114 faranno cari ancora i loro incostri ».

« O frate », disse, « questi ch'io ti cerno
col dito », e additò un spirto innanzi,
117 « fu miglior fabbro del parlar materno.

Versi d'amore e prose di romanzi
soverchiò tutti; e lascia dir li stolti
120 che quel di Lemosì credon ch'avanzi.

A voce più ch'al ver drizzan li volti,
e così ferman sua oppinïone
123 prima ch'arte o ragion per lor s'ascolti.

Così fer molti antichi di Guittone,
di grido in grido pur lui dando pregio,
126 fin che l'ha vinto il ver con più persone.

Or se tu hai sì ampio privilegio,
che licito ti sia l'andare al chiostro
129 nel quale è Cristo abate del collegio,

falli per me un dir d'un paternostro,
quanto bisogna a noi di questo mondo,
132 dove poter peccar non è più nostro. »

Poi, forse per dar luogo altrui secondo
che presso avea, disparve per lo foco,
135 come per l'acqua il pesce andando al fondo.

Io mi fei al mostrato innanzi un poco,

e dissi ch'al suo nome il mio disire
138 apparecchiava grazïoso loco.
　　El cominciò liberamente a dire:
« *Tan m'abellis vostre cortes deman,*
141 *qu'ieu no me puesc ni voill a vos cobrire.*
　　Ieu sui Arnaut, que plor e vau cantan;
consiros vei la passada folor,
144 *e vei jausen lo joi qu'esper, denan.*
　　Ara vos prec, per aquella valor
que vos guida al som de l'escalina,
147 *sovenha vos a temps de ma dolor!* ».
　　Poi s'ascose nel foco che li affina.

CANTO XXVII

I TRE POETI, INVITATI DALL'ANGELO, VARCANO LA BARRIERA INFUOCATA. DANTE È VINTO DAL SONNO E NEL SOGNO GLI APPARE LIA, SIMBOLO DELLA VITA ATTIVA, CHE, IN UNA VERDE LANDA, COGLIE FIORI CANTANDO. DANTE SI RISVEGLIA E I TRE POETI RIPRENDONO LA SALITA, AL TERMINE DELLA QUALE VIRGILIO SI ACCOMIATA.

Sì come quando i primi raggi vibra
là dove il suo fattor lo sangue sparse,
3 cadendo Ibero sotto l'alta Libra,
e l'onde in Gange da nona rïarse,
sì stava il sole; onde 'l giorno sen giva,
6 come l'angel di Dio lieto ci apparse.
  Fuor de la fiamma stava in su la riva,
e cantava *"Beati mundo corde"*.
9 in voce assai più che la nostra viva.
  Poscia « Più non si va, se pria non morde,
anime sante, il foco: intrate in esso,
12 e al cantar di là non siate sorde »,
  ci disse come noi li fummo presso;
per ch'io divenni tal, quando lo 'ntesi,
15 qual è colui che ne la fossa è messo.
  In su le man commesse mi protesi,
guardando il foco e imaginando forte
18 umani corpi già veduti accesi.

Volsersi verso me le buone scorte;
e Virgilio mi disse: « Figliuol mio,
qui può esser tormento, ma non morte.

Ricorditi, ricorditi! E se io
sovresso Gerïon ti guidai salvo,
che farò ora presso più a Dio?

Credi per certo che se dentro a l'alvo
di questa fiamma stessi ben mille anni,
non ti potrebbe far d'un capel calvo.

E se tu forse credi ch'io t'inganni,
fatti ver' lei, e fatti far credenza
con le tue mani al lembo d'i tuoi panni.

Pon giù omai, pon giù ogni temenza;
volgiti in qua e vieni: entra sicuro! ».
E io pur fermo e contra coscïenza.

Quando mi vide star pur fermo e duro,
turbato un poco disse: « Or vedi, figlio:
tra Bëatrice e te è questo muro ».

Come al nome di Tisbe aperse il ciglio
Piramo in su la morte, e riguardolla,
allor che 'l gelso diventò vermiglio;

così, la mia durezza fatta solla,
mi volsi al savio duca, udendo il nome
che ne la mente sempre mi rampolla.

Ond' ei crollò la fronte e disse: « Come!
volenci star di qua? »; indi sorrise
come al fanciul si fa ch'è vinto al pome.

Poi dentro al foco innanzi mi si mise,
pregando Stazio che venisse retro,
che pria per lunga strada ci divise.

Sì com' fui dentro, in un bogliente vetro
gittato mi sarei per rinfrescarmi,
51 tant' era ivi lo 'ncendio sanza metro.

Lo dolce padre mio, per confortarmi,
pur di Beatrice ragionando andava,
54 dicendo: « Li occhi suoi già veder parmi ».

Guidavaci una voce che cantava
di là; e noi, attenti pur a lei,
57 venimmo fuor là ove si montava.

"Venite, benedicti Patris mei",
sonò dentro a un lume che lì era,
60 tal che mi vinse e guardar nol potei.

« Lo sol sen va », soggiunse, « e vien la sera;
non v'arrestate, ma studiate il passo,
63 mentre che l'occidente non si annera. »

Dritta salia la via per entro 'l sasso
verso tal parte ch'io toglieva i raggi
66 dinanzi a me del sol ch'era già basso.

E di pochi scaglion levammo i saggi,
che 'l sol corcar, per l'ombra che si spense,
69 sentimmo dietro e io e li miei saggi.

E pria che 'n tutte le sue parti immense
fosse orizzonte fatto d'uno aspetto,
72 e notte avesse tutte sue dispense,

ciascun di noi d'un grado fece letto;
ché la natura del monte ci affranse
75 la possa del salir più e 'l diletto.

Quali si stanno ruminando manse
le capre, state rapide e proterve
78 sovra le cime avante che sien pranse,

tacite a l'ombra, mentre che 'l sol ferve,
guardate dal pastor, che 'n su la verga
81 poggiato s'è e lor di posa serve;
  e quale il mandrïan che fori alberga,
lungo il peculio suo queto pernotta,
84 guardando perché fiera non lo sperga;
  tali eravamo tutti e tre allotta,
io come capra, ed ei come pastori,
87 fasciati quinci e quindi d'alta grotta.
  Poco parer potea lì del di fori;
ma, per quel poco, vedea io le stelle
90 di lor solere e più chiare e maggiori.
  Sì ruminando e sì mirando in quelle,
mi prese il sonno; il sonno che sovente,
93 anzi che 'l fatto sia, sa le novelle.
  Ne l'ora, credo, che de l'orïente
prima raggiò nel monte Citerea,
96 che di foco d'amor par sempre ardente,
  giovane e bella in sogno mi parea
donna vedere andar per una landa
99 cogliendo fiori; e cantando dicea:
  « Sappia qualunque il mio nome dimanda
ch'i' mi son Lia, e vo movendo intorno
102 le belle mani a farmi una ghirlanda.
  Per piacermi a lo specchio, qui m'addorno;
ma mia suora Rachel mai non si smaga
105 dal suo miraglio, e siede tutto giorno.
  Ell' è d'i suoi belli occhi veder vaga
com' io de l'addornarmi con le mani;
108 lei lo vedere, e me l'ovrare appaga ».

E già per li splendori antelucani,
che tanto a' pellegrin surgon più grati,
111 quanto, tornando, albergan men lontani,
   le tenebre fuggian da tutti lati,
e 'l sonno mio con esse; ond' io leva'mi,
114 veggendo i gran maestri già levati.
   « Quel dolce pome che per tanti rami
cercando va la cura de' mortali,
117 oggi porrà in pace le tue fami. »
   Virgilio inverso me queste cotali
parole usò; e mai non furo strenne
120 che fosser di piacere a queste iguali.
   Tanto voler sopra voler mi venne
de l'esser su, ch'ad ogne passo poi
123 al volo mi sentia crescer le penne.
   Come la scala tutta sotto noi
fu corsa e fummo in su 'l grado superno,
126 in me ficcò Virgilio li occhi suoi,
   e disse: « Il temporal foco e l'etterno
veduto hai, figlio; e se' venuto in parte
129 dov' io per me più oltre non discerno.
   Tratto t'ho qui con ingegno e con arte;
lo tuo piacere omai prendi per duce;
132 fuor se' de l'erte vie, fuor se' de l'arte.
   Vedi lo sol che 'n fronte ti riluce;
vedi l'erbette, i fiori e li arbuscelli
135 che qui la terra sol da sé produce.
   Mentre che vegnan lieti li occhi belli
che, lagrimando, a te venir mi fenno,
138 seder ti puoi e puoi andar tra elli.

Non aspettar mio dir più né mio cenno;
libero, dritto e sano è tuo arbitrio,
141 e fallo fora non fare a suo senno:
   per ch'io te sovra te corono e mitrio ».

GIOVANE E BELLA IN SOGNO MI PAREA
DONNA VEDERE ANDAR PER UNA LANDA
COGLIENDO FIORI ...   (Purg., c. XXVII, vv. 97-99)

CANTO XXVIII

Dante si trova ora nella foresta del Paradiso Terrestre. Al di là del fiume Lete, che ha la virtù di dare l'oblio dei mali, gli appare una donna di meravigliosa bellezza, Matelda, la quale gli dice che il vento e l'acqua nel Paradiso Terrestre sono originati dal moto dei Cieli.

    *V*ago già di cercar dentro e dintorno
la divina foresta spessa e viva,
3 ch'a li occhi temperava il novo giorno,
    sanza più aspettar, lasciai la riva,
prendendo la campagna lento lento
6 su per lo suol che d'ogne parte auliva.
    Un'aura dolce, sanza mutamento
avere in sé, mi feria per la fronte
9 non di più colpo che soave vento;
    per cui le fronde, tremolando, pronte
tutte quante piegavano a la parte
12 u' la prim' ombra gitta il santo monte;
    non però dal loro esser dritto sparte
tanto, che li augelletti per le cime
15 lasciasser d'operare ogne lor arte;
    ma con piena letizia l'ore prime,
cantando, riceviëno intra le foglie,
18 che tenevan bordone a le sue rime,
    tal qual di ramo in ramo si raccoglie
per la pineta in su 'l lito di Chiassi,

21 quand' Ëolo scilocco fuor disciogle.
   Già m'avean trasportato i lenti passi
   dentro a la selva antica tanto, ch'io
24 non potea rivedere ond' io mi 'ntrassi;
   ed ecco più andar mi tolse un rio,
   che 'nver' sinistra con sue picciole onde
27 piegava l'erba che 'n sua ripa uscìo.
   Tutte l'acque che son di qua più monde,
   parrieno avere in sé mistura alcuna
30 verso di quella, che nulla nasconde,
   avvegna che si mova bruna bruna
   sotto l'ombra perpetüa, che mai
33 raggiar non lascia sole ivi né luna.
   Coi piè ristretti e con li occhi passai
   di là dal fiumicello, per mirare
36 la gran varïazion d'i freschi mai;
   e là m'apparve, sì com' elli appare
   subitamente cosa che disvia
39 per maraviglia tutto altro pensare,
   una donna soletta che si gia
   e cantando e scegliendo fior da fiore
42 ond' era pinta tutta la sua via.
   « Deh, bella donna, che a' raggi d'amore
   ti scaldi, s'i' vo' credere a' sembianti
45 che soglion esser testimon del core,
   vegnati in voglia di trarreti avanti »,
   diss' io a lei, « verso questa rivera,
48 tanto ch'io possa intender che tu canti.
   Tu mi fai rimembrar dove e qual era
   Proserpina nel tempo che perdette

51 la madre lei, ed ella primavera. »
    Come si volge, con le piante strette
a terra e intra sé, donna che balli,
54 e piede innanzi piede a pena mette,
    volsesi in su i vermigli e in su i gialli
fioretti verso me, non altrimenti
57 che vergine che li occhi onesti avvalli;
    e fece i prieghi miei esser contenti,
sì appressando sé, che 'l dolce suono
60 veniva a me co' suoi intendimenti.
    Tosto che fu là dove l'erbe sono
bagnate già da l'onde del bel fiume,
63 di levar li occhi suoi mi fece dono.
    Non credo che splendesse tanto lume
sotto le ciglia a Venere, trafitta
66 dal figlio fuor di tutto suo costume.
    Ella ridea da l'altra riva dritta,
trattando più color con le sue mani,
69 che l'alta terra sanza seme gitta.
    Tre passi ci facea il fiume lontani;
ma Elesponto, là 've passò Serse,
72 ancora freno a tutti orgogli umani,
    più odio da Leandro non sofferse
per mareggiare intra Sesto e Abido,
75 che quel da me perch' allor non s'aperse.
    « Voi siete nuovi, e forse perch' io rido »,
cominciò ella, « in questo luogo eletto
78 a l'umana natura per suo nido,
    maravigliando tienvi alcun sospetto;
ma luce rende il salmo *Delectasti*,

81 che puote disnebbiar vostro intelletto.
　　E tu che se' dinanzi e mi pregasti,
dì s'altro vuoli udir; ch'i' venni presta
84 ad ogne tua question tanto che basti. »
　　« L'acqua », diss' io, « e 'l suon de la foresta
impugnan dentro a me novella fede
87 di cosa ch'io udi' contraria a questa. »
　　Ond' ella: « Io dicerò come procede
per sua cagion ciò ch'ammirar ti face,
90 e purgherò la nebbia che ti fiede.
　　Lo sommo Ben, che solo esso a sé piace,
fé l'uom buono e a bene, e questo loco
93 diede per arr' a lui d'etterna pace.
　　Per sua difalta qui dimorò poco;
per sua difalta in pianto e in affanno
96 cambiò onesto riso e dolce gioco.
　　Perché 'l turbar che sotto da sé fanno
l'essalazion de l'acqua e de la terra,
99 che quanto posson dietro al calor vanno,
　　a l'uomo non facesse alcuna guerra,
questo monte salìo verso 'l ciel tanto,
102 e libero n'è d'indi ove si serra.
　　Or perché in circuito tutto quanto
l'aere si volge con la prima volta,
105 se non li è rotto il cerchio d'alcun canto,
　　in questa altezza ch'è tutta disciolta
ne l'aere vivo, tal moto percuote,
108 e fa sonar la selva perch' è folta;
　　e la percossa pianta tanto puote,
che de la sua virtute l'aura impregna

111 e quella poi, girando, intorno scuote;
e l'altra terra, secondo ch'è degna
per sé e per suo ciel, concepe e figlia
114 di diverse virtù diverse legna.

Non parrebbe di là poi maraviglia,
udito questo, quando alcuna pianta
117 sanza seme palese vi s'appiglia.

E saper dei che la campagna santa
dove tu se', d'ogne semenza è piena,
120 e frutto ha in sé che di là non si schianta.

L'acqua che vedi non surge di vena
che ristori vapor che gel converta,
123 come fiume ch'acquista e perde lena;

ma esce di fontana salda e certa,
che tanto dal voler di Dio riprende,
126 quant' ella versa da due parti aperta.

Da questa parte con virtù discende
che toglie altrui memoria del peccato;
129 da l'altra d'ogne ben fatto la rende.

Quinci Letè; così da l'altro lato
Eünoè si chiama, e non adopra
132 se quinci e quindi pria non è gustato:

a tutti altri sapori esto è di sopra.
E avvegna ch'assai possa esser sazia
135 la sete tua perch' io più non ti scuopra,

darotti un corollario ancor per grazia;
né credo che 'l mio dir ti sia men caro,
138 se oltre promession teco si spazia.

Quelli ch'anticamente poetaro
l'età de l'oro e suo stato felice,

141 forse in Parnaso esto loco sognaro.
   Qui fu innocente l'umana radice;
   qui primavera sempre e ogne frutto;
144 nettare è questo di che ciascun dice ».
   Io mi rivolsi 'n dietro allora tutto
   a' miei poeti, e vidi che con riso
147 udito avëan l'ultimo costrutto;
   poi a la bella donna torna' il viso.

GIÀ M'AVEAN TRASPORTATO I LENTI PASSI
DENTRO A LA SELVA ANTICA TANTO, CH'IO
NON POTEA RIVEDERE OND' IO MI 'NTRASSI … *(Purg., c. XXVIII, vv. 22-24)*

CANTO XXIX

Matelda prosegue il suo cammino lungo la riva del fiume, e Dante, pur rimanendo dall'altra parte del fiume, la segue. Improvvisamente nella foresta appare un grande bagliore e si odono risuonare dolci melodie. Dante vede avanzare una processione di beati in candide vesti, aperta da sette candelabri; verso la fine della processione un carro trionfale è tirato da un grifone. Allo scoppio di un tuono, la processione e il carro si fermano.

    Cantando come donna innamorata,
continüò col fin di sue parole:
3   "*Beati quorum tecta sunt peccata!*".
    E come ninfe che si givan sole
per le salvatiche ombre, disïando
6   qual di veder, qual di fuggir lo sole,
    allor si mosse contra 'l fiume, andando
su per la riva; e io pari di lei,
9   picciol passo con picciol seguitando.
    Non eran cento tra ' suoi passi e ' miei,
quando le ripe igualmente dier volta,
12 per modo ch'a levante mi rendei.
    Né ancor fu così nostra via molta,
quando la donna tutta a me si torse,
15 dicendo: « Frate mio, guarda e ascolta ».
    Ed ecco un lustro sùbito trascorse

da tutte parti per la gran foresta,
18 tal che di balenar mi mise in forse.
　　Ma perché 'l balenar, come vien, resta,
e quel, durando, più e più splendeva,
21 nel mio pensier dicea: "Che cosa è questa?".
　　E una melodia dolce correva
per l'aere luminoso; onde buon zelo
24 mi fé riprender l'ardimento d'Eva,
che là dove ubidia la terra e 'l cielo,
femmina, sola e pur testé formata,
27 non sofferse di star sotto alcun velo;
　　sotto 'l qual se divota fosse stata,
avrei quelle ineffabili delizie
30 sentite prima e più lunga fiata.
　　Mentr' io m'andava tra tante primizie
de l'etterno piacer tutto sospeso,
33 e disïoso ancora a più letizie,
　　dinanzi a noi, tal quale un foco acceso,
ci si fé l'aere sotto i verdi rami;
36 e 'l dolce suon per canti era già inteso.
　　O sacrosante Vergini, se fami,
freddi o vigilie mai per voi soffersi,
39 cagion mi sprona ch'io mercé vi chiami.
　　Or convien che Elicona per me versi,
e Uranìe m'aiuti col suo coro
42 forti cose a pensar mettere in versi.
　　Poco più oltre, sette alberi d'oro
falsava nel parere il lungo tratto
45 del mezzo ch'era ancor tra noi e loro;
ma quand' i' fui sì presso di lor fatto,

     che l'obietto comun, che 'l senso inganna,
48 non perdea per distanza alcun suo atto,
     la virtù ch'a ragion discorso ammanna,
     sì com' elli eran candelabri appresse,
51 e ne le voci del cantare *"Osanna"*.
     Di sopra fiammeggiava il bello arnese
     più chiaro assai che luna per sereno
54 di mezza notte nel suo mezzo mese.
     Io mi rivolsi d'ammirazion pieno
     al buon Virgilio, ed esso mi rispuose
57 con vista carca di stupor non meno.
     Indi rendei l'aspetto a l'alte cose
     che si movieno incontr' a noi sì tardi,
60 che foran vinte da novelle spose.
     La donna mi sgridò: « Perché pur ardi
     sì ne l'affetto de le vive luci,
63 e ciò che vien di retro a lor non guardi? ».
     Genti vid' io allor, come a lor duci,
     venire appresso, vestite di bianco;
66 e tal candor di qua già mai non fuci.
     L'acqua imprendëa dal sinistro fianco,
     e rendea me la mia sinistra costa,
69 s'io riguardava in lei, come specchio anco.
     Quand' io da la mia riva ebbi tal posta,
     che solo il fiume mi facea distante,
72 per veder meglio ai passi diedi sosta,
     e vidi le fiammelle andar davante,
     lasciando dietro a sé l'aere dipinto,
75 e di tratti pennelli avean sembiante;
     sì che lì sopra rimanea distinto

Sotto così bel ciel com'io diviso,
ventiquattro seniori, a due a due,
coronati venien di fiordaliso.   (*Purg., c. XXIX, vv. 82-84*)

di sette liste, tutte in quei colori
78 onde fa l'arco il Sole e Delia il cinto.

Questi ostendali in dietro eran maggiori
che la mia vista; e, quanto a mio avviso,
81 diece passi distavan quei di fori.

Sotto così bel ciel com' io diviso,
ventiquattro seniori, a due a due,
84 coronati venien di fiordaliso.

Tutti cantavan: « *Benedicta* tue
ne le figlie d'Adamo, e benedette
87 sieno in etterno le bellezze tue! ».

Poscia che i fiori e l'altre fresche erbette
a rimpetto di me da l'altra sponda
90 libere fuor da quelle genti elette,

sì come luce luce in ciel seconda,
vennero appresso lor quattro animali,
93 coronati ciascun di verde fronda.

Ognuno era pennuto di sei ali;
le penne piene d'occhi; e li occhi d'Argo,
96 se fosser vivi, sarebber cotali.

A descriver lor forme più non spargo
rime, lettor; ch'altra spesa mi strigne,
99 tanto ch'a questa non posso esser largo;

ma leggi Ezechïel, che li dipigne
come li vide da la fredda parte
102 venir con vento e con nube e con igne;

e quali i troverai ne le sue carte,
tali eran quivi, salvo ch'a le penne
105 Giovanni è meco e da lui si diparte.

Lo spazio dentro a lor quattro contenne

un carro, in su due rote, trïunfale,
108 ch'al collo d'un grifon tirato venne.

Esso tendeva in su l'una e l'altra ale
tra la mezzana e le tre e tre liste,
111 sì ch'a nulla, fendendo, facea male.

Tanto salivan che non eran viste;
le membra d'oro avea quant' era uccello,
114 e bianche l'altre, di vermiglio miste.

Non che Roma di carro così bello
rallegrasse Affricano, o vero Augusto,
117 ma quel del Sol saria pover con ello;

quel del Sol che, svïando, fu combusto
per l'orazion de la Terra devota,
120 quando fu Giove arcanamente giusto.

Tre donne in giro da la destra rota
venian danzando; l'una tanto rossa
123 ch'a pena fora dentro al foco nota;

l'altr' era come se le carni e l'ossa
fossero state di smeraldo fatte;
126 la terza parea neve testé mossa;

e or parëan da la bianca tratte,
or da la rossa; e dal canto di questa
129 l'altre toglien l'andare e tarde e ratte.

Da la sinistra quattro facean festa,
in porpore vestite, dietro al modo
132 d'una di lor ch'avea tre occhi in testa.

Appresso tutto il pertrattato nodo
vidi due vecchi in abito dispari,
135 ma pari in atto e onesto e sodo.

L'un si mostrava alcun de' famigliari

>   di quel sommo Ipocràte che natura
> 138 a li animali fé ch'ell' ha più cari;
>   mostrava l'altro la contraria cura
>   con una spada lucida e aguta,
> 141 tal che di qua dal rio mi fé paura.
>   Poi vidi quattro in umile paruta;
>   e di retro da tutti un vecchio solo
> 144 venir, dormendo, con la faccia arguta.
>   E questi sette col primaio stuolo
>   erano abitüati, ma di gigli
> 147 dintorno al capo non facëan brolo,
>   anzi di rose e d'altri fior vermigli;
>   giurato avria poco lontano aspetto
> 150 che tutti ardesser di sopra da' cigli.
>   E quando il carro a me fu a rimpetto,
>   un tuon s'udì, e quelle genti degne
> 153 parvero aver l'andar più interdetto,
>   fermandosi ivi con le prime insegne.

CANTO XXX

Tra le festanti acclamazioni dei Beati e degli Angeli, scende dal Cielo Beatrice e si posa sul carro, in una nuvola di fiori. Virgilio intanto è silenziosamente scomparso. Beatrice rmiprovera con asprezza Dante per la sua vita dissoluta; il poeta si confonde. Gli Angeli, mossi a compassione, cantano alcuni versetti di Salmi che incoraggiano a sperare in Dio. Dante scoppia allora in un pianto dirotto, mentre Beatrice, implacabile, prosegue nelle accuse.

Quando il settentrïon del primo cielo,
che né occaso mai seppe né orto
3 né d'altra nebbia che di colpa velo,
 e che faceva lì ciascun accorto
di suo dover, come 'l più basso face
6 qual temon gira per venire a porto,
 fermo s'affisse: la gente verace,
venuta prima tra 'l grifone ed esso,
9 al carro volse sé come a sua pace;
 e un di loro, quasi da ciel messo,
Veni, sponsa, de Libano" cantando
12 gridò tre volte, e tutti li altri appresso.
 Quali i beati al novissimo bando
surgeran presti ognun di sua caverna,
15 la revestita voce alleluiando,
 cotali in su la divina basterna

si levar cento, *ad vocem tanti senis*,
ministri e messaggier di vita etterna.
    Tutti dicean: "*Benedictus qui venis!*",
e fior gittando e di sopra e dintorno,
"*Manibus*, oh, *date lilïa plenis!*".
    Io vidi già nel cominciar del giorno
la parte orïental tutta rosata,
e l'altro ciel di bel sereno addorno;
    e la faccia del sol nascere ombrata,
sì che per temperanza di vapori
l'occhio la sostenea lunga fiata:
    così dentro una nuvola di fiori
che da le mani angeliche saliva
e ricadeva in giù dentro e di fori,
    sovra candido vel cinta d'uliva
donna m'apparve, sotto verde manto
vestita di color di fiamma viva.
    E lo spirito mio, che già cotanto
tempo era stato ch'a la sua presenza
non era di stupor, tremando, affranto,
    sanza de li occhi aver più conoscenza,
per occulta virtù che da lei mosse,
d'antico amor sentì la gran potenza.
    Tosto che ne la vista mi percosse
l'alta virtù che già m'avea trafitto
prima ch'io fuor di püerizia fosse,
    volsimi a la sinistra col respitto
col quale il fantolin corre a la mamma
quando ha paura o quando elli è afflitto,
    per dicere a Virgilio: "Men che dramma

di sangue m'è rimaso che non tremi:
48 conosco i segni de l'antica fiamma".
   Ma Virgilio n'avea lasciati scemi
di sé, Virgilio dolcissimo patre,
51 Virgilio a cui per mia salute die'mi;
   né quantunque perdeo l'antica matre,
valse a le guance nette di rugiada
54 che, lagrimando, non tornasser atre.
   « Dante, perché Virgilio se ne vada,
non pianger anco, non pianger ancora;
57 ché pianger ti conven per altra spada. »
   Quasi ammiraglio che in poppa e in prora
viene a veder la gente che ministra
60 per li altri legni, e a ben far l'incora;
   in su la sponda del carro sinistra,
quando mi volsi al suon del nome mio,
63 che di necessità qui si registra,
   vidi la donna che pria m'appario
velata sotto l'angelica festa,
66 drizzar li occhi ver' me di qua dal rio.
   Tutto che 'l vel che le scendea di testa,
cerchiato de le fronde di Minerva,
69 non la lasciasse parer manifesta,
   regalmente ne l'atto ancor proterva
continüò come colui che dice
72 e 'l più caldo parlar dietro reserva:
   « Guardaci ben! Ben son, ben son Beatrice.
Come degnasti d'accedere al monte?
75 non sapei tu che qui è l'uom felice? ».
   Li occhi mi cadder giù nel chiaro fonte;

ma veggendomi in esso, i trassi a l'erba,
78 tanta vergogna mi gravò la fronte.
  Così la madre al figlio par superba,
com' ella parve a me; perché d'amaro
81 sente il sapor de la pietade acerba.
  Ella si tacque; e li angeli cantaro
di subito *"In te, Domine, speravi"*;
84 ma oltre *"pedes meos"* non passaro.
  Sì come neve tra le vive travi
per lo dosso d'Italia si congela,
87 soffiata e stretta da li venti schiavi,
  poi, liquefatta, in sé stessa trapela,
pur che la terra che perde ombra spiri,
90 sì che par foco fonder la candela;
  così fui sanza lagrime e sospiri
anzi 'l cantar di quei che notan sempre
93 dietro a le note de li etterni giri;
  ma poi che 'ntesi ne le dolci tempre
lor compatire a me, par che se detto
96 avesser: "Donna, perché sì lo stempre?",
  lo gel che m'era intorno al cor ristretto,
spirito e acqua fessi, e con angoscia
99 de la bocca e de li occhi uscì del petto.
  Ella, pur ferma in su la detta coscia
del carro stando, a le sustanze pie
102 volse le sue parole così poscia:
  « Voi vigilate ne l'etterno die,
sì che notte né sonno a voi non fura
105 passo che faccia il secol per sue vie;
  onde la mia risposta è con più cura

              che m'intenda colui che di là piagne,
108 perché sia colpa e duol d'una misura.
          Non pur per ovra de le rote magne,
       che drizzan ciascun seme ad alcun fine
111 secondo che le stelle son compagne,
          ma per larghezza di grazie divine,
       che sì alti vapori hanno a lor piova,
114 che nostre viste là non van vicine,
          questi fu tal ne la sua vita nova
       virtüalmente, ch'ogne abito destro
117 fatto averebbe in lui mirabil prova.
          Ma tanto più maligno e più silvestro
       si fa 'l terren col mal seme e non còlto,
120 quant' elli ha più di buon vigor terrestro.
          Alcun tempo il sostenni col mio volto:
       mostrando li occhi giovanetti a lui,
123 meco il menava in dritta parte vòlto.
          Sì tosto come in su la soglia fui
       di mia seconda etade e mutai vita,
126 questi si tolse a me, e diessi altrui.
          Quando di carne a spirto era salita,
       e bellezza e virtù cresciuta m'era,
129 fu' io a lui men cara e men gradita;
          e volse i passi suoi per via non vera,
       imagini di ben seguendo false,
132 che nulla promession rendono intera.
          Né l'impetrare ispirazion mi valse,
       con le quali e in sogno e altrimenti
135 lo rivocai: sì poco a lui ne calse!
          Tanto giù cadde, che tutti argomenti

a la salute sua eran già corti,
138 fuor che mostrarli le perdute genti.
Per questo visitai l'uscio d'i morti,
e a colui che l'ha qua su condotto,
141 li prieghi miei, piangendo, furon porti.
Alto fato di Dio sarebbe rotto,
se Leté si passasse e tal vivanda
144 fosse gustata sanza alcuno scotto
di pentimento che lagrime spanda ».

DONNA M'APPARVE, SOTTO VERDE MANTO
VESTITA DI COLOR DI FIAMMA VIVA. (Purg., c. XXX, vv. 32-33)

CANTO XXXI

Dante confessa infine i suoi peccati, dopo di che solleva lo sguardo su Beatrice, ma, folgorato dal suo splendore, cade tramortito. Quando si ridesta, è immerso fino al collo nelle acque del Lete, trattenuto da Matelda. Bevuta l'acqua del fiume, Dante ne esce e, accompagnato da Matelda e dalle Virtù Cardinali, si avvicina al carro, dove Beatrice, pregata dalle Virtù Teologali, ride, e nella sua bocca ride tutto il Paradiso.

« O tu che se' di là dal fiume sacro »,
volgendo suo parlare a me per punta,
3 che pur per taglio m'era paruto acro,
ricominciò, seguendo sanza cunta,
« dì, dì se questo è vero; a tanta accusa
6 tua confession conviene esser congiunta. »
Era la mia virtù tanto confusa,
che la voce si mosse, e pria si spense
9 che da li organi suoi fosse dischiusa.
Poco sofferse; poi disse: « Che pense?
Rispondi a me; ché le memorie triste
12 in te non sono ancor da l'acqua offense ».
Confusione e paura insieme miste
mi pinsero un tal « sì » fuor de la bocca,
15 al quale intender fuor mestier le viste.
Come balestro frange, quando scocca
da troppa tesa, la sua corda e l'arco,

18 e con men foga l'asta il segno tocca,
sì scoppia' io sottesso grave carco,
fuori sgorgando lagrime e sospiri,
21 e la voce allentò per lo suo varco.
    Ond' ella a me: « Per entro i mie' disiri,
che ti menavano ad amar lo bene
24 di là dal qual non è a che s'aspiri,
    quai fossi attraversati o quai catene
trovasti, per che del passare innanzi
27 dovessiti così spogliar la spene?
    E quali agevolezze o quali avanzi
ne la fronte de li altri si mostraro,
30 per che dovessi lor passeggiare anzi? ».
    Dopo la tratta d'un sospiro amaro,
a pena ebbi la voce che rispuose,
33 e le labbra a fatica la formaro.
    Piangendo dissi: « Le presenti cose
col falso lor piacer volser miei passi,
36 tosto che 'l vostro viso si nascose ».
    Ed ella: « Se tacessi o se negassi
ciò che confessi, non fora men nota
39 la colpa tua: da tal giudice sassi!
    Ma quando scoppia de la propria gota
l'accusa del peccato, in nostra corte
42 rivolge sé contra 'l taglio la rota.
    Tuttavia, perché mo vergogna porte
del tuo errore, e perché altra volta,
45 udendo le serene, sie più forte,
    pon giù il seme del piangere e ascolta:
sì udirai come in contraria parte

mover dovieti mia carne sepolta.
   Mai non t'appresentò natura o arte
piacer, quanto le belle membra in ch'io
rinchiusa fui, e che so' 'n terra sparte;
   e se 'l sommo piacer sì ti fallio
per la mia morte, qual cosa mortale
dovea poi trarre te nel suo disio?
   Ben ti dovevi, per lo primo strale
de le cose fallaci, levar suso
di retro a me che non era più tale.
   Non ti dovea gravar le penne in giuso,
ad aspettar più colpo, o pargoletta
o altra vanità con sì breve uso.
   Novo augelletto due o tre aspetta;
ma dinanzi da li occhi d'i pennuti
rete si spiega indarno o si saetta ».
   Quali fanciulli, vergognando, muti
con li occhi a terra stannosi, ascoltando
e sé riconoscendo e ripentuti,
   tal mi stav' io; ed ella disse: « Quando
per udir se' dolente, alza la barba,
e prenderai più doglia riguardando ».
   Con men di resistenza si dibarba
robusto cerro, o vero al nostral vento
o vero a quel de la terra di Iarba,
   ch'io non levai al suo comando il mento;
e quando per la barba il viso chiese,
ben conobbi il velen de l'argomento.
   E come la mia faccia si distese,
posarsi quelle prime creature

78 da loro aspersïon l'occhio comprese;
e le mie luci, ancor poco sicure,
vider Beatrice volta in su la fiera
81 ch'è sola una persona in due nature.
  Sotto 'l suo velo e oltre la rivera
vincer pariemi più sé stessa antica,
84 vincer che l'altre qui, quand' ella c'era.
  Di penter sì mi punse ivi l'ortica,
che di tutte altre cose qual mi torse
87 più nel suo amor, più mi si fé nemica.
  Tanta riconoscenza il cor mi morse,
ch'io caddi vinto; e quale allora femmi,
90 salsi colei che la cagion mi porse.
  Poi, quando il cor virtù di fuor rendemmi,
la donna ch'io avea trovata sola
93 sopra me vidi, e dicea: « Tiemmi, tiemmi! ».
  Tratto m'avea nel fiume infin la gola,
e tirandosi me dietro sen giva
96 sovresso l'acqua lieve come scola.
  Quando fui presso a la beata riva,
"Asperges me" sì dolcemente udissi,
99 che nol so rimembrar, non ch'io lo scriva.
  La bella donna ne le braccia aprissi;
abbracciommi la testa e mi sommerse
102 ove convenne ch'io l'acqua inghiottissi.
  Indi mi tolse, e bagnato m'offerse
dentro a la danza de le quattro belle;
105 e ciascuna del braccio mi coperse.
  « Noi siam qui ninfe e nel ciel siamo stelle;
pria che Beatrice discendesse al mondo,

108 fummo ordinate a lei per sue ancelle.
   Merrenti a li occhi suoi; ma nel giocondo
lume ch'è dentro aguzzeranno i tuoi
111 le tre di là, che miran più profondo. »
   Così cantando cominciaro; e poi
al petto del grifon seco menarmi,
114 ove Beatrice stava volta a noi.
   Disser: « Fa' che le viste non risparmi;
posto t'avem dinanzi a li smeraldi
117 ond' Amor già ti trasse le sue armi ».
   Mille disiri più che fiamma caldi
strinsermi li occhi a li occhi rilucenti,
120 che pur sopra 'l grifone stavan saldi.
   Come in lo specchio il sol, non altrimenti
la doppia fiera dentro vi raggiava,
123 or con altri, or con altri reggimenti.
   Pensa, lettor, s'io mi maravigliava,
quando vedea la cosa in sé star queta,
126 e ne l'idolo suo si trasmutava.
   Mentre che piena di stupore e lieta
l'anima mia gustava di quel cibo
129 che, saziando di sé, di sé asseta,
   sé dimostrando di più alto tribo
ne li atti, l'altre tre si fero avanti,
132 danzando al loro angelico caribo.
   « Volgi, Beatrice, volgi li occhi santi »,
era la sua canzone, « al tuo fedele
135 che, per vederti, ha mossi passi tanti!
   Per grazia fa noi grazia che disvele
a lui la bocca tua, sì che discerna

138 la seconda bellezza che tu cele. »
     O isplendor di viva luce etterna,
     chi palido si fece sotto l'ombra
141 sì di Parnaso, o bevve in sua cisterna,
     che non paresse aver la mente ingombra,
     tentando a render te qual tu paresti
144 là dove armonizzando il ciel t'adombra,
     quando ne l'aere aperto ti solvesti?

LA BELLA DONNA NE LE BRACCIA APRISSI;
ABBRACCIOMMI LA TESTA E MI SOMMERSE
OVE CONVENNE CH'IO L'ACQUA INGHIOTTISSI. *(Purg., c. XXXI, vv. 100-102)*

CANTO XXXII

Dante, Matelda e Stazio seguono la processione, ch[e] torna sui suoi passi. Mentre tutti cantano un inn[o] incomprensibile per i mortali, il grifone lega il carro a u[n] albero, che rifiorisce. Dante si addormenta e, quando [si] ridesta, vede Beatrice seduta sotto l'albero ove prim[a] era il grifone. Un'aquila dal cielo assale per due volt[e] l'albero e il carro. Un drago toglie con la coda il fond[o] al carro e quel che rimane di lui si riempie delle penn[e] dell'aquila. Il carro poi assume l'aspetto di un pauros[o] animale, con sette teste e dieci corna. Sul carro appaion[o] una meretrice e un gigante che la flagella; dopo di che [il] carro si addentra nella selva.

    Tant' eran li occhi miei fissi e attenti
a disbramarsi la decenne sete,
3   che li altri sensi m'eran tutti spenti.
    Ed essi quinci e quindi avien parete
di non caler — così lo santo riso
6   a sé traéli con l'antica rete! —;
    quando per forza mi fu vòlto il viso
ver' la sinistra mia da quelle dee,
9   perch' io udi' da loro un « Troppo fiso! »;
    e la disposizion ch'a veder èe
ne li occhi pur testé dal sol percossi,
12   sanza la vista alquanto esser mi fée.

Ma poi ch'al poco il viso riformossi
(e dico "al poco" per rispetto al molto
15 sensibile onde a forza mi rimossi),
    vidi 'n sul braccio destro esser rivolto
lo glorïoso essercito, e tornarsi
18 col sole e con le sette fiamme al volto.
    Come sotto li scudi per salvarsi
volgesi schiera, e sé gira col segno,
21 prima che possa tutta in sé mutarsi;
    quella milizia del celeste regno
che procedeva, tutta trapassonne
24 pria che piegasse il carro il primo legno.
    Indi a le rote si tornar le donne,
e 'l grifon mosse il benedetto carco
27 sì, che però nulla penna crollonne.
    La bella donna che mi trasse al varco
e Stazio e io seguitavam la rota
30 che fé l'orbita sua con minore arco.
    Sì passeggiando l'alta selva vòta,
colpa di quella ch'al serpente crese,
33 temprava i passi un'angelica nota.
    Forse in tre voli tanto spazio prese
disfrenata saetta, quanto eramo
36 rimossi, quando Bëatrice scese.
    Io senti' mormorare a tutti «Adamo»;
poi cerchiaro una pianta dispogliata
39 di foglie e d'altra fronda in ciascun ramo.
    La coma sua, che tanto si dilata
più quanto più è su, fora da l'Indi
42 ne' boschi lor per altezza ammirata.

« Beato se', grifon, che non discindi
col becco d'esto legno dolce al gusto,
poscia che mal si torce il ventre quindi. »

Così dintorno a l'albero robusto
gridaron li altri; e l'animal binato:
« Sì si conserva il seme d'ogne giusto ».

E vòlto al temo ch'elli avea tirato,
trasselo al piè de la vedova frasca,
e quel di lei a lei lasciò legato.

Come le nostre piante, quando casca
giù la gran luce mischiata con quella
che raggia dietro a la celeste lasca,

turgide fansi, e poi si rinovella
di suo color ciascuna, pria che 'l sole
giunga li suoi corsier sotto altra stella;

men che di rose e più che di viole
colore aprendo, s'innovò la pianta,
che prima avea le ramora sì sole.

Io non lo 'ntesi, né qui non si canta
l'inno che quella gente allor cantaro,
né la nota soffersi tutta quanta.

S'io potessi ritrar come assonnaro
li occhi spietati udendo di Siringa,
li occhi a cui pur vegghiar costò sì caro;

come pintor che con essempro pinga,
disegnerei com' io m'addormentai;
ma qual vuol sia che l'assonnar ben finga.

Però trascorro a quando mi svegliai,
e dico ch'un splendor mi squarciò 'l velo
del sonno, e un chiamar: « Surgi: che fai? ».

Quali a veder de' fioretti del melo
che del suo pome li angeli fa ghiotti
75 e perpetüe nozze fa nel cielo,
Pietro e Giovanni e Iacopo condotti
e vinti, ritornaro a la parola
78 da la qual furon maggior sonni rotti,
e videro scemata loro scuola
così di Moïsè come d'Elia,
81 e al maestro suo cangiata stola;
tal torna' io, e vidi quella pia
sovra me starsi che conducitrice
84 fu de' miei passi lungo 'l fiume pria.
E tutto in dubbio dissi: « Ov' è Beatrice? ».
Ond' ella: « Vedi lei sotto la fronda
87 nova sedere in su la sua radice.
Vedi la compagnia che la circonda:
li altri dopo 'l grifon sen vanno suso
90 con più dolce canzone e più profonda ».
E se più fu lo suo parlar diffuso,
non so, però che già ne li occhi m'era
93 quella ch'ad altro intender m'avea chiuso.
Sola sedeasi in su la terra vera,
come guardia lasciata lì del plaustro
96 che legar vidi a la biforme fera.
In cerchio le facean di sé claustro
le sette ninfe, con quei lumi in mano
99 che son sicuri d'Aquilone e d'Austro.
« Qui sarai tu poco tempo silvano;
e sarai meco sanza fine cive
102 di quella Roma onde Cristo è romano.

Però, in pro del mondo che mal vive,
al carro tieni or li occhi, e quel che vedi,
ritornato di là, fa che tu scrive. »
   Così Beatrice; e io, che tutto ai piedi
d'i suoi comandamenti era divoto,
la mente e li occhi ov' ella volle diedi.
   Non scese mai con sì veloce moto
foco di spessa nube, quando piove
da quel confine che più va remoto,
   com' io vidi calar l'uccel di Giove
per l'alber giù, rompendo de la scorza,
non ch'e' d'i fiori e de le foglie nove;
   e ferì 'l carro di tutta sua forza;
ond' el piegò come nave in fortuna,
vinta da l'onda, or da poggia, or da orza.
   Poscia vidi avventarsi ne la cuna
del trïunfal veiculo una volpe
che d'ogne pasto buon parea digiuna;
   ma, riprendendo lei di laide colpe,
la donna mia la volse in tanta futa
quanto sofferser l'ossa sanza polpe.
   Poscia per indi ond' era pria venuta,
l'aguglia vidi scender giù ne l'arca
del carro e lasciar lei di sé pennuta;
   e qual esce di cuor che si rammarca,
tal voce uscì del cielo e cotal disse:
« O navicella mia, com' mal se' carca! ».
   Poi parve a me che la terra s'aprisse
tr'ambo le ruote, e vidi uscirne un drago
che per lo carro su la coda fisse;

e come vespa che ritragge l'ago,
a sé traendo la coda maligna,
135 trasse del fondo, e gissen vago vago.
  Quel che rimase, come da gramigna
vivace terra, da la piuma, offerta
138 forse con intenzion sana e benigna,
  si ricoperse, e funne ricoperta
e l'una e l'altra rota e 'l temo, in tanto
141 che più tiene un sospir la bocca aperta.
  Trasformato così 'l dificio santo
mise fuor teste per le parti sue,
144 tre sovra 'l temo e una in ciascun canto.
  Le prime eran cornute come bue,
ma le quattro un sol corno avean per fronte:
147 simile mostro visto ancor non fue.
  Sicura, quasi rocca in alto monte,
seder sovresso una puttana sciolta
150 m'apparve con le ciglia intorno pronte;
  e come perché non li fosse tolta,
vidi di costa a lei dritto un gigante;
153 e basciavansi insieme alcuna volta.
  Ma perché l'occhio cupido e vagante
a me rivolse, quel feroce drudo
156 la flagellò dal capo infin le piante;
  poi, di sospetto pieno e d'ira crudo,
disciolse il mostro, e trassel per la selva,
159 tanto che sol di lei mi fece scudo
  a la puttana e a la nova belva.

E COME PERCHÉ NON LI FOSSE TOLTA,
VIDI DI COSTA A LEI DRITTO UN GIGANTE;
E BASCIAVANSI INSIEME ALCUNA VOLTA. *(Purg., c. XXXII, vv. 151-153)*

CANTO XXXIII

Beatrice profetizza il prossimo rimedio al male della Chiesa, poi ordina a tutti di allontanarsi dall'albero e a Dante di accostarsi: a lui dice che presto l'erede dell'aquila ucciderà il gigante e la meretrice. Dante non riesce a cogliere bene il significato delle parole di Beatrice, e questa gli dice che il motivo sta nel fatto che si è allontanato da lei, seguendo altra scuola. Giunti alla sorgente comune dei due fiumi del Paradiso Terrestre, Dante beve l'acqua dell'Eunoè, il che lo rende puro e pronto a salire alle Stelle.

"*Deus, venerunt gentes*", alternando
or tre or quattro dolce salmodia,
3   le donne incominciaro, e lagrimando;
e Bëatrice, sospirosa e pia,
quelle ascoltava sì fatta, che poco
6   più a la croce si cambiò Maria.
Ma poi che l'altre vergini dier loco
a lei di dir, levata dritta in pè,
9   rispuose, colorata come foco:
"*Modicum, et non videbitis me;
et iterum*, sorelle mie dilette,
12   *modicum, et vos videbitis me*".
Poi le si mise innanzi tutte e sette,
e dopo sé, solo accennando, mosse
15   me e la donna e 'l savio che ristette.

Così sen giva; e non credo che fosse
lo decimo suo passo in terra posto,
quando con li occhi li occhi mi percosse;

e con tranquillo aspetto « Vien più tosto »,
mi disse, « tanto che, s'io parlo teco,
ad ascoltarmi tu sie ben disposto. »

Sì com' io fui, com' io dovëa, seco,
dissemi: « Frate, perché non t'attenti
a domandarmi omai venendo meco? ».

Come a color che troppo reverenti
dinanzi a suo maggior parlando sono,
che non traggon la voce viva ai denti,

avvenne a me, che sanza intero suono
incominciai: « Madonna, mia bisogna
voi conoscete, e ciò ch'ad essa è buono ».

Ed ella a me: « Da tema e da vergogna
voglio che tu omai ti disviluppe,
sì che non parli più com' om che sogna.

Sappi che 'l vaso che 'l serpente ruppe
fu e non è; ma chi n'ha colpa, creda
che vendetta di Dio non teme suppe.

Non sarà tutto tempo sanza reda
l'aguglia che lasciò le penne al carro
per che divenne mostro e poscia preda;

ch'io veggio certamente, e però il narro,
a darne tempo già stelle propinque,
secure d'ogn' intoppo e d'ogni sbarro,

nel quale un cinquecento diece e cinque,
messo di Dio, anciderà la fuia
con quel gigante che con lei delinque.

E forse che la mia narrazion buia,
qual Temi e Sfinge, men ti persuade,
48 perch' a lor modo lo 'ntelletto attuia;
 ma tosto fier li fatti le Naiade,
che solveranno questo enigma forte
51 sanza danno di pecore o di biade.
 Tu nota; e sì come da me son porte,
così queste parole segna a' vivi
54 del viver ch'è un correre a la morte.
 E aggi a mente, quando tu le scrivi,
di non celar qual hai vista la pianta
57 ch'è or due volte dirubata quivi.
 Qualunque ruba quella o quella schianta,
con bestemmia di fatto offende a Dio,
60 che solo a l'uso suo la creò santa.
 Per morder quella, in pena e in disio
cinquemilia anni e più l'anima prima
63 bramò colui che 'l morso in sé punio.
 Dorme lo 'ngegno tuo, se non estima
per singular cagione esser eccelsa
66 lei tanto e sì travolta ne la cima.
 E se stati non fossero acqua d'Elsa
li pensier vani intorno a la tua mente,
69 e 'l piacer loro un Piramo a la gelsa,
 per tante circostanze solamente
la giustizia di Dio, ne l'interdetto,
72 conosceresti a l'arbor moralmente.
 Ma perch' io veggio te ne lo 'ntelletto
fatto di pietra e, impetrato, tinto,
75 sì che t'abbaglia il lume del mio detto,

voglio anco, e se non scritto, almen dipinto,
che 'l te ne porti dentro a te per quello
78 che si reca il bordon di palma cinto ».

E io: « Sì come cera da suggello,
che la figura impressa non trasmuta,
81 segnato è or da voi lo mio cervello.

Ma perché tanto sovra mia veduta
vostra parola disïata vola,
84 che più la perde quanto più s'aiuta? ».

« Perché conoschi », disse, « quella scuola
c'hai seguitata, e veggi sua dottrina
87 come può seguitar la mia parola;

e veggi vostra via da la divina
distar cotanto, quanto si discorda
90 da terra il ciel che più alto festina. »

Ond' io rispuosi lei: « Non mi ricorda
ch'i' stranïasse me già mai da voi,
93 né honne coscïenza che rimorda ».

« E se tu ricordar non te ne puoi »,
sorridendo rispuose, « or ti rammenta
96 come bevesti di Letè ancoi;

e se dal fummo foco s'argomenta,
cotesta oblivïon chiaro conchiude
99 colpa ne la tua voglia altrove attenta.

Veramente oramai saranno nude
le mie parole, quanto converrassi
102 quelle scovrire a la tua vista rude. »

E più corusco e con più lenti passi
teneva il sole il cerchio di merigge,
105 che qua e là, come li aspetti, fassi,

quando s'affisser, sì come s'affigge
chi va dinanzi a gente per iscorta
108 se trova novitate o sue vestigge,
le sette donne al fin d'un'ombra smorta,
qual sotto foglie verdi e rami nigri
111 sovra suoi freddi rivi l'Alpe porta.
Dinanzi ad esse Ëufratès e Tigri
veder mi parve uscir d'una fontana,
114 e, quasi amici, dipartirsi pigri.
« O luce, o gloria de la gente umana,
che acqua è questa che qui si dispiega
117 da un principio e sé da sé lontana? »
Per cotal priego detto mi fu: « Priega
Matelda che 'l ti dica ». E qui rispuose,
120 come fa chi da colpa si dislega,
la bella donna: « Questo e altre cose
dette li son per me; e son sicura
123 che l'acqua di Letè non gliel nascose ».
E Bëatrice: « Forse maggior cura,
che spesse volte la memoria priva,
126 fatt' ha la mente sua ne li occhi oscura.
Ma vedi Eünoè che là diriva:
menalo ad esso, e come tu se' usa,
129 la tramortita sua virtù ravviva ».
Come anima gentil, che non fa scusa,
ma fa sua voglia de la voglia altrui
132 tosto che è per segno fuor dischiusa;
così, poi che da essa preso fui,
la bella donna mossesi, e a Stazio
135 donnescamente disse: « Vien con lui ».

S'io avessi, lettor, più lungo spazio
da scrivere, i' pur cantere' in parte
138 lo dolce ber che mai non m'avrìa sazio;
ma perché piene son tutte le carte
ordite a questa cantica seconda,
141 non mi lascia più ir lo fren de l'arte.
Io ritornai da la santissima onda
rifatto sì come piante novelle
144 rinnovellate di novella fronda,
puro e disposto a salire alle stelle.

LO DOLCE BER CHE MAI NON M'AVRÌA SAZIO ... *(Purg., c. XXXIII, v.138)*

La Divina Commedia – Purgatorio

Premessa 5

CANTO	I	9
CANTO	II	15
CANTO	III	21
CANTO	IV	27
CANTO	V	33
CANTO	VI	39
CANTO	VII	46
CANTO	VIII	51
CANTO	IX	57
CANTO	X	63
CANTO	XI	69
CANTO	XII	74
CANTO	XIII	81
CANTO	XIV	87
CANTO	XV	93
CANTO	XVI	99
CANTO	XVII	105
CANTO	XVIII	110
CANTO	XIX	116
CANTO	XX	122
CANTO	XXI	128
CANTO	XXII	133
CANTO	XXIII	139
CANTO	XXIV	144
CANTO	XXV	152
CANTO	XXVI	158
CANTO	XXVII	164
CANTO	XXVIII	170
CANTO	XXIX	176
CANTO	XXX	183
CANTO	XXXI	189
CANTO	XXXII	195
CANTO	XXXIII	202

miniature

La Divina Commedia - Paradiso

editing MARINELLA AVANZO
collaborazione editoriale GLORIA DELLA GATTA
premessa e testi riassuntivi FRANCO FAVA
copertina SABINA DI PIETRO
stampa POGGI TIPOLITO – ASSAGO

© 1994 *LaSpiga*
Libreria Meravigli Editrice – Vimercate

diffusione esclusiva
Medialibri Distribuzione s.r.l.
via Plezzo, 36 – 20132 Milano
tel. (02) 21.57.240 – fax (02) 21.57.833

LA DIVINA COMMEDIA

di Dante Alighieri

PARADISO

INCISIONI DI GUSTAVE DORÉ

La Spiga
MERAVIGLI

PREMESSA

*I*L PARADISO è il terzo ed ultimo dei regni oltremondani e si colloca al di sopra dei nove cieli del sistema tolemaico, nell'Empireo. I nove Cieli concentrici che Dante deve attraversare sono concepiti come strati circolari di materia diafana entro i quali stanno incastonati i corpi celesti.

Se l'Inferno è fondato sulla mancanza assoluta di carità e il Purgatorio sul disordine nell'esercizio della stessa, il Paradiso è fondato sull'intensità della carità, suddivisa in CARITÀ INCIPIENTE, PROGRESSIVA E PERFETTA.

Alla CARITÀ INCIPIENTE, in sé imperfetta e mancante nelle sue manifestazioni, è abbinato il PRIMO CIELO (LUNA, astro della volubilità), ove gli ANGELI muovono la fortezza: in esso Dante trova le anime di coloro che per debolezza o per violenza mancarono ai voti religiosi.

Alla CARITÀ PROGRESSIVA sono accoppiati Mercurio, Venere e Sole. Nel SECONDO CIELO (MERCURIO, astro dell'attività) gli ARCANGELI muovono la giustizia: ad esso sono abbinati gli spiriti operanti, cioè le anime che operarono per brama di onori terreni; nel TERZO CIELO (VENERE, astro dell'amore) i PRINCIPATI muovono la temperanza: spiriti amanti, che dal troppo amore terreno passarono all'amore di Dio; nel QUARTO CIELO (SOLE, astro della luce, della scienza) le POTESTÀ muovono la prudenza: spiriti sapienti.

Alla CARITÀ PERFETTA sono accoppiati Marte, Giove, Saturno e le Stelle fisse. Nel QUINTO CIELO (MARTE, astro della guerra) le VIRTÙ muovono la fede: spiriti militanti, che *combatterono per la Fede; nel* SESTO CIELO (GIOVE, *astro della giustizia*) *le* DOMINAZIONI *muovono la speranza: spiriti che amministrarono rettamente la giustizia; nel* SETTIMO CIELO (*Saturno, astro della contemplazione*) *i* TRONI *muovono la carità: spiriti contemplanti; nell'*OTTAVO CIELO (STELLE FISSE), *dominato dai* CHERUBINI, *risiedono gli spiriti trionfanti: qui si ha la carità perfettissima, vi risiedono* ADAMO *e gli* APOSTOLI *per la loro perfettissima giustizia, di origine in Adamo e di conformazione in grazia negli Apostoli. Il poeta in questo Cielo può bearsi con la visione del trionfo di* GESÙ CRISTO *e della* VERGINE MARIA.

Nel NONO CIELO (CRISTALLINO *o* PRIMO MOBILE), *presieduto dai* SERAFINI, *vengono abbracciate tutte le gerarchie angeliche che presiedono ai moti dei vari Cieli.*

*Tutti questi cieli sono abbracciati dall'*EMPIREO, *Cielo immobile e senza tempo, fatto di pura luce e puro amore: Dante vi contempla la* DIVINITÀ *in forma di fiume luminoso. Esso è sede del Paradiso vero e proprio, regno della carità di patria, ove i Beati sono disposti come in un immenso anfiteatro – quel che Dante chiama "*LA CANDIDA ROSA*", perché tutti sono vestiti semplicemente di bianca stola – diviso verticalmente in due: da una parte le anime di coloro che credettero in Cristo venturo, dall'altra l'anima di chi credette in Cristo venuto. La linea di separazione è data, da un lato, dalla* VERGINE *che sta in alto e, sotto di Lei, le altre sante donne dell'Antico Testamento; e dall'altro da* SAN GIOVANNI BATTISTA *e da altri santi del Nuovo Testamento; una seconda divisione orizzontale separa gli adulti (in alto) e i pargoli (in basso).*

Per offrire al lettore una certa qual distinzione delle

anime beate Dante si vede costretto a rappresentare quasi due Paradisi: il primo è quello dei vari pianeti, ove gli si presentano i beati, distribuiti secondo il grado maggiore o minore del loro merito; il secondo è l'Empireo, dove realmente essi risiedono.

Dante identifica la felicità eterna in un godimento tutto morale: la visione di Dio. Ciascuna anima lo vede secondo i meriti acquistati in terra, rimanendo tuttavia pienamente soddisfatta del suo grado di beatitudine, senza alcun desiderio di aumentarla, senza invidia, godendo anzi della beatitudine delle altre anime. A tal sublime godimento spirituale il poeta ha voluto, per rendere più intelligibile il concetto, abbinare anche qualche godimento terreno, provato con i sensi più spirituali: la vista, con scene meravigliose; l'udito, con suoni e canti che rapiscono e riempiono l'animo di dolcezza.

Il Paradiso è, come il resto del poema, "una finzione nella forma, ma, più che le altre cantiche, è, nel suo contenuto, una realtà profondamente sentita e interamente vissuta. E solo da questa sincerità dell'atteggiamento dantesco poteva sgorgare tanta bellezza di poesia, e solo da un'anima tutta presa dall'incanto della religione cristiana poteva esser sciolto un inno all'eterna luce così spontaneamente alto, così superiormente intonato, come questo di Dante Alighieri" (A. Bonaiuti).

CANTO 1

Dopo la protasi e l'invocazione ad Apollo, Dante sale rapidamente al Paradiso, attraverso la sfera del fuoco, attratto dagli occhi di Beatrice; da Beatrice stessa viene a sapere in quale modo è possibile che egli possa passare così agevolmente dalla terra al cielo. Ella rivela al poeta anche l'ordine generale dell'universo: tutto ha origine da Dio e tutto a Dio ritorna.

La gloria di colui che tutto move
per l'universo penetra, e risplende
3   in una parte più e meno altrove.
Nel ciel che più de la sua luce prende
fu' io, e vidi cose che ridire
6   né sa né può chi di là su discende;
perché appressando sé al suo disire,
nostro intelletto si profonda tanto,
9   che dietro la memoria non può ire.
Veramente quant' io del regno santo
ne la mia mente potei far tesoro,
12   sarà ora materia del mio canto.
O buono Appollo, a l'ultimo lavoro
fammi del tuo valor sì fatto vaso,
15   come dimandi a dar l'amato alloro.
Infino a qui l'un giogo di Parnaso
assai mi fu; ma or con amendue
18   m'è uopo intrar ne l'aringo rimaso.

Entra nel petto mio, e spira tue
sì come quando Marsïa traesti
de la vagina de le membra sue.

O divina virtù, se mi ti presti
tanto che l'ombra del beato regno
segnata nel mio capo io manifesti,

vedra' mi al piè del tuo diletto legno
venire, e coronarmi de le foglie
che la materia e tu mi farai degno.

Sì rade volte, padre, se ne coglie
per trïunfare o cesare o poeta,
colpa e vergogna de l'umane voglie,

che parturir letizia in su la lieta
delfica deïtà dovria la fronda
peneia, quando alcun di sé asseta.

Poca favilla gran fiamma seconda:
forse di retro a me con miglior voci
si pregherà perché Cirra risponda.

Surge ai mortali per diverse foci
la lucerna del mondo; ma da quella
che quattro cerchi giugne con tre croci,

con miglior corso e con migliore stella
esce congiunta, e la mondana cera
più a suo modo tempera e suggella.

Fatto avea di là mane e di qua sera
tal foce, e quasi tutto era là bianco
quello emisperio, e l'altra parte nera,

quando Beatrice in sul sinistro fianco
vidi rivolta e riguardar nel sole:
aquila sì non li s'affisse unquanco.

E sì come secondo raggio suole
uscir del primo e risalire in suso,
51 pur come pelegrin che tornar vuole,
così de l'atto suo, per li occhi infuso
ne l'imagine mia, il mio si fece,
54 e fissi li occhi al sole oltre nostr' uso.
Molto è licito là, che qui non lece
a le nostre virtù, mercé del loco
57 fatto per proprio de l'umana spece.
Io nol soffersi molto, né sì poco,
ch'io nol vedessi sfavillar dintorno,
60 com' ferro che bogliente esce del foco;
e di sùbito parve giorno a giorno
essere aggiunto, come quei che puote
63 avesse il ciel d'un altro sole addorno.
Beatrice tutta ne l'etterne rote
fissa con li occhi stava; e io in lei
66 le luci fissi, di là su rimote.
Nel suo aspetto tal dentro mi fei,
qual si fé Glauco nel gustar de l'erba
69 che 'l fé consorto in mar de li altri dèi.
Trasumanar significar *per verba*
non si poria; però l'essemplo basti
72 a cui esperïenza grazia serba.
S'i' era sol di me quel che creasti
novellamente, amor che 'l ciel governi,
75 tu 'l sai, che col tuo lume mi levasti.
Quando la rota che tu sempiterni
desiderato, a sé mi fece atteso
78 con l'armonia che temperi e discerni,

11

parvemi tanto allor del cielo acceso
de la fiamma del sol, che pioggia o fiume
81 lago non fece alcun tanto disteso.

La novità del suono e 'l grande lume
di lor cagion m'accesero un disio
84 mai non sentito di cotanto acume.

Ond' ella, che vedea me sì com' io,
a quïetarmi l'animo commosso,
87 pria ch'io a dimandar, la bocca aprio

e cominciò: « Tu stesso ti fai grosso
col falso imaginar, sì che non vedi
90 ciò che vedresti se l'avessi scosso.

Tu non se' in terra, sì come tu credi;
ma folgore, fuggendo il proprio sito,
93 non corse come tu ch'ad esso riedi.

S'io fui del primo dubbio disvestito
per le sorrise parolette brevi,
96 dentro ad un nuovo più fu' inretito

e dissi: « Già contento *requïevi*
di grande ammirazion; ma ora ammiro
99 com' io trascenda questi corpi levi ».

Ond' ella, appresso d'un pïo sospiro,
li occhi drizzò ver' me con quel sembiante
102 che madre fa sovra figlio deliro,

e cominciò: « Le cose tutte quante
hanno ordine tra loro, e questo è forma
105 che l'universo a Dio fa simigliante.

Qui veggion l'alte creature l'orma
de l'etterno valore, il qual è fine
108 al quale è fatta la toccata norma.

Ne l'ordine ch'io dico sono accline
tutte nature, per diverse sorti,
111 più al principio loro e men vicine;
　　onde si muovono a diversi porti
per lo gran mar de l'essere, e ciascuna
114 con istinto a lei dato che la porti.
　　Questi ne porta il foco inver' la luna;
questi ne' cor mortali è permotore;
117 questi la terra in sé stringe e aduna;
　　né pur le creature che son fore
d'intelligenza quest' arco saetta,
120 ma quelle c'hanno intelletto e amore.
　　La provedenza, che cotanto assetta,
del suo lume fa 'l ciel sempre quïeto
123 nel qual si volge quel c'ha maggior fretta;
　　e ora lì, come a sito decreto,
cen porta la virtù di quella corda
126 che ciò che scocca drizza in segno lieto.
　　Vero è che, come forma non s'accorda
molte fiate a l'intenzion de l'arte,
129 perch' a risponder la materia è sorda,
　　così da questo corso si diparte
talor la creatura, c'ha podere
132 di piegar, così pinta, in altra parte;
　　e sì come veder si può cadere
foco di nube, sì l'impeto primo
135 l'atterra torto da falso piacere.
　　Non dei più ammirar, se bene stimo,
lo tuo salir, se non come d'un rivo
138 se d'alto monte scende giuso ad imo.

Maraviglia sarebbe in te se, privo
d'impedimento, giù ti fossi assiso,
141 com'a terra quïete in foco vivo ».
   Quinci rivolse inver' lo cielo il viso.

CANTO 11

Sempre tenendo gli occhi fissi in quelli di Beatrice, Dante giunge al Primo Cielo, o Cielo della Luna, e vi penetra miracolosamente. Beatrice rivela al poeta l'esatta natura delle macchie lunari, confutando la tesi del Petrarca in merito alle stesse; nel contempo loda la provvidenziale influenza delle Intelligenze angeliche nell'universo intero.

    O voi che siete in piccioletta barca,
desiderosi d'ascoltar, seguiti
3 dietro al mio legno che cantando varca,
    tornate a riveder li vostri liti:
non vi mettete in pelago, ché forse,
6 perdendo me, rimarreste smarriti.
    L'acqua ch'io prendo già mai non si corse;
Minerva spira, e conducemi Appollo,
9 e nove Muse mi dimostran l'Orse.
    Voialtri pochi che drizzaste il collo
per tempo al pan de li angeli, del quale
12 vivesi qui ma non sen vien satollo,
    metter potete ben per l'alto sale
vostro navigio, servando mio solco
15 dinanzi a l'acqua che ritorna equale.
    Que' glorïosi che passaro al Colco
non s'ammiraron come voi farete,
18 quando Iasón vider fatto bifolco.

    La concreata e perpetüa sete
del deïforme regno cen portava
21 veloci quasi come 'l ciel vedete.
    Beatrice in suso, e io in lei guardava;
e forse in tanto in quanto un quadrel posa
24 e vola e da la noce si dischiava,
    giunto mi vidi ove mirabil cosa
mi torse il viso a sé; e però quella
27 cui non potea mia cura essere ascosa,
    volta ver' me, sì lieta come bella,
« Drizza la mente in Dio grata », mi disse,
30 « che n'ha congiunti con la prima stella. »
    Parev' a me che nube ne coprisse
lucida, spessa, solida e pulita,
33 quasi adamante che lo sol ferisse.
    Per entro sé l'etterna margarita
ne ricevette, com' acqua recepe
36 raggio di luce permanendo unita.
    S'io era corpo, e qui non si concepe
com' una dimensione altra patio,
39 ch'esser convien se corpo in corpo repe,
    accender ne dovrìa più il disio
di veder quella essenza in che si vede
42 come nostra natura e Dio s'unio.
    Lì si vedrà ciò che tenem per fede,
non dimostrato, ma fia per sé noto
45 a guisa del ver primo che l'uom crede.
    Io rispuosi: « Madonna, sì devoto
com' esser posso più, ringrazio lui
48 lo qual dal mortal mondo m'ha remoto.

        Ma ditemi: che son li segni bui
     di questo corpo, che là giuso in terra
51   fan di Caìn favoleggiare altrui? ».
        Ella sorrise alquanto, e poi « S'elli erra
     l'oppinïon », mi disse, « d'i mortali
54   dove chiave di senso non diserra,
        certo non ti dovrien punger li strali
     d'ammirazione omai, poi dietro ai sensi
57   vedi che la ragione ha corte l'ali.
        Ma dimmi quel che tu da te ne pensi. »
     E io: « Ciò che n'appar qua su diverso
60   credo che fanno i corpi rari e densi ».
        Ed ella: « Certo assai vedrai sommerso
     nel falso il creder tuo, se bene ascolti
63   l'argomentar ch'io li farò avverso.
        La spera ottava vi dimostra molti
     lumi, li quali e nel quale e nel quanto
66   notar si posson di diversi volti.
        Se raro e denso ciò facesser tanto,
     una sola virtù sarebbe in tutti,
69   più e men distribuita e altrettanto.
        Virtù diverse esser convegnon frutti
     di princìpi formali, e quei, for ch'uno,
72   seguiterìeno a tua ragion distrutti.
        Ancor, se raro fosse di quel bruno
     cagion che tu dimandi, o d'oltre in parte
75   fora di sua materia sì digiuno
        esto pianeto, o, sì come comparte
     lo grasso e 'l magro un corpo, così questo
78   nel suo volume cangerebbe carte.

    Se 'l primo fosse, fora manifesto
ne l'eclissi del sol, per trasparere
81 lo lume come in altro raro ingesto.

    Questo non è: però è da vedere
de l'altro; e s'elli avvien ch'io l'altro cassi,
84 falsificato fia lo tuo parere.

    S'elli è che questo raro non trapassi,
esser conviene un termine da onde
87 lo suo contrario più passar non lassi;

    e indi l'altrui raggio si rifonde
così come color torna per vetro
90 lo qual di retro a sé piombo nasconde.

    Or dirai tu ch'el si dimostra tetro
ivi lo raggio più che in altre parti,
93 per esser lì refratto più a retro.

    Da questa instanza può deliberarti
esperïenza, se già mai la provi,
96 ch'esser suol fonte ai rivi di vostr' arti.

    Tre specchi prenderai; e i due rimovi
da te d'un modo, e l'altro, più rimosso,
99 tr'ambo li primi li occhi tuoi ritrovi.

    Rivolto ad essi, fa che dopo il dosso
ti stea un lume che i tre specchi accenda
102 e torni a te da tutti ripercosso.

    Ben che nel quanto tanto non si stenda
la vista più lontana, lì vedrai
105 come convien ch'igualmente risplenda.

    Or, come ai colpi de li caldi rai
de la neve riman nudo il suggetto
108 e dal colore e dal freddo primai,

    così rimaso te ne l'intelletto
voglio informar di luce sì vivace,
111 che ti tremolerà nel suo aspetto.
    Dentro dal ciel de la divina pace
si gira un corpo ne la cui virtute
114 l'esser di tutto suo contento giace.
    Lo ciel seguente, c'ha tante vedute,
quell' esser parte per diverse essenze,
117 da lui distratte e da lui contenute.
    Li altri giron per varie differenze
le distinzion che dentro da sé hanno
120 dispongono a lor fini e lor semenze.
    Questi organi del mondo così vanno,
come tu vedi omai, di grado in grado,
123 che di su prendono e di sotto fanno.
    Riguarda bene omai sì com'io vado
per questo loco al vero che disiri,
126 sì che poi sappi sol tener lo guado.
    Lo moto e la virtù d'i santi giri,
come dal fabbro l'arte del martello,
129 da' beati motor convien che spiri;
    e 'l ciel cui tanti lumi fanno bello,
de la mente profonda che lui volve
132 prende l'image e fassene suggello.
    E come l'alma dentro a vostra polve
per differenti membra e conformate
135 a diverse potenze si risolve,
    così l'intelligenza sua bontate
multiplicata per le stelle spiega,
138 girando sé sovra sua unitate.

Virtù diversa fa diversa lega
col prezïoso corpo ch'ella avviva,
141 nel qual, sì come vita in voi, si lega.

Per la natura lieta onde deriva,
la virtù mista per lo corpo luce
144 come letizia per pupilla viva.

Da essa vien ciò che da luce a luce
par differente, non da denso e raro;
147 essa è formal principio che produce,
conforme a sua bontà, lo turbo e 'l chiaro ».

CANTO III

Al poeta appaiono, come umbratili parvenze, le anime di colore che non compirono i voti. Parla con Piccarda Donati, la quale gli rivela che in Paradiso possono esservi diversi gradi di beatitudine, perfettamente commisurati ai meriti conseguiti sulla Terra e al desiderio di beatitudine. Prima di allontanarsi cantando, gli addita l'anima dell'imperatrice Costanza d'Altavilla.

  Quel sol che pria d'amor mi scaldò 'l petto,
di bella verità m'avea scoverto,
3 provando e riprovando, il dolce aspetto;
  e io, per confessar corretto e certo
me stesso, tanto quanto si convenne
6 leva' il capo a proferer più erto;
  ma visïone apparve che ritenne
a sé me tanto stretto, per vedersi,
9 che di mia confession non mi sovvenne.
  Quali per vetri trasparenti e tersi,
o ver per acque nitide e tranquille,
12 non sì profonde che i fondi sien persi,
  tornan d'i nostri visi le postille
debili sì, che perla in bianca fronte
15 non vien men forte a le nostre pupille;
  tali vid' io più facce a parlar pronte;
per ch'io dentro a l'error contrario corsi
18 a quel ch'accese amor tra l'omo e 'l fonte.

Sùbito sì com' io di lor m'accorsi,
quelle stimando specchiati sembianti,
21 per veder di cui fosser, li occhi torsi;
 e nulla vidi, e ritorsili avanti
dritti nel lume de la dolce guida,
24 che, sorridendo, ardea ne li occhi santi.
 « Non ti maravigliar perch' io sorrida »,
mi disse, « appresso il tuo püeril coto,
27 poi sopra 'l vero ancor lo piè non fida,
 ma te rivolve, come suole, a vòto:
vere sustanze son ciò che tu vedi,
30 qui rilegate per manco di voto.
 Però parla con esse e odi e credi;
ché la verace luce che li appaga
33 da sé non lascia lor torcer li piedi. »
 E io a l'ombra che parea più vaga
di ragionar, drizza'mi, e cominciai,
36 quasi com' uom cui troppa voglia smaga:
 « O ben creato spirito, che a' rai
di vita etterna la dolcezza senti
39 che, non gustata, non s'intende mai,
 grazïoso mi fia se mi contenti
del nome tuo e de la vostra sorte ».
42 Ond' ella, pronta e con occhi ridenti:
 « La nostra carità non serra porte
a giusta voglia, se non come quella
45 che vuol simile a sé tutta sua corte.
 I' fui nel mondo vergine sorella;
e se la mente tua ben sé riguarda,
48 non mi ti celerà l'esser più bella,

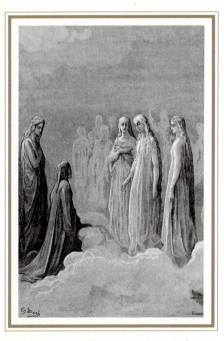

TALI VID' IO PIÙ FACCE A PARLAR PRONTE ... *(Par., c. III, v. 16)*

ma riconoscerai ch'i' son Piccarda,
che, posta qui con questi altri beati,
51 beata sono in la spera più tarda.
    Li nostri affetti, che solo infiammati
son nel piacer de lo Spirito Santo,
54 letizian del suo ordine formati.
    E questa sorte che par giù cotanto,
però n'è data, perché fuor negletti
57 li nostri voti, e vòti in alcun canto ».
    Ond' io a lei: « Ne' mirabili aspetti
vostri risplende non so che divino
60 che vi trasmuta da' primi concetti:
    però non fui a rimembrar festino;
ma or m'aiuta ciò che tu mi dici,
63 sì che raffigurar m'è più latino.
    Ma dimmi: voi che siete qui felici,
disiderate voi più alto loco
66 per più vedere e per più farvi amici? ».
    Con quelle altr' ombre pria sorrise un poco;
da indi mi rispuose tanto lieta,
69 ch'arder parea d'amor nel primo foco:
    « Frate, la nostra volontà quieta
virtù di carità, che fa volerne
72 sol quel ch'avemo, e d'altro non ci asseta.
    Se disïassimo esser più superne,
foran discordi li nostri disiri
75 dal voler di colui che qui ne cerne;
    che vedrai non capere in questi giri,
s'essere in carità è qui *necesse*,
78 e se la sua natura ben rimiri.

Anzi è formale ad esto beato *esse*
tenersi dentro a la divina voglia,
81 per ch'una fansi nostre voglie stesse;
 sì che, come noi sem di soglia in soglia
per questo regno, a tutto il regno piace
84 com' a lo re che 'n suo voler ne 'nvoglia.
 E 'n la sua volontade è nostra pace:
ell' è quel mare al qual tutto si move
87 ciò ch'ella crïa o che natura face ».
 Chiaro mi fu allor come ogne dove
in cielo è paradiso, *etsi* la grazia
90 del sommo ben d'un modo non vi piove.
 Ma sì com' elli avvien, s'un cibo sazia
e d'un altro rimane ancor la gola,
93 che quel si chere e di quel si ringrazia,
 così fec' io con atto e con parola,
per apprender da lei qual fu la tela
96 onde non trasse infino a co la spuola.
 « Perfetta vita e alto merto inciela
donna più su », mi disse, « a la cui norma
99 nel vostro mondo giù si veste e vela,
 perché fino al morir si vegghi e dorma
con quello sposo ch'ogne voto accetta
102 che caritate a suo piacer conforma.
 Dal mondo, per seguirla, giovinetta
fuggi'mi, e nel suo abito mi chiusi
105 e promisi la via de la sua setta.
 Uomini poi, a mal più ch'a bene usi,
fuor mi rapiron de la dolce chiostra:
108 Iddio si sa qual poi mia vita fusi.

E quest' altro splendor che ti si mostra
da la mia destra parte e che s'accende
111 di tutto il lume de la spera nostra,
    ciò ch'io dico di me, di sé intende;
sorella fu, e così le fu tolta
114 di capo l'ombra de le sacre bende.
    Ma poi che pur al mondo fu rivolta
contra suo grado e contra buona usanza,
117 non fu dal vel del cor già mai disciolta.
    Quest' è la luce de la gran Costanza
che del secondo vento di Soave
120 generò 'l terzo e l'ultima possanza. »
    Così parlommi, e poi cominciò *"Ave,
Maria"* cantando, e cantando vanio
123 come per acqua cupa cosa grave.
    La vista mia, che tanto lei seguio
quanto possibil fu, poi che la perse,
126 volsesi al segno di maggior disio,
    e a Beatrice tutta si converse;
ma quella folgorò nel mïo sguardo
129 sì che da prima il viso non sofferse;
    e ciò mi fece a dimandar più tardo.

CANTO IV

Il poeta manifesta due dubbi: dice bene Platone quando sostiene che le anime discendono dalle stelle? Inoltre, per qual motivo le anime di coloro che mancarono i voti, non per loro volontà ma a causa di una violenza esterna, sono ritenuti responsabili di tale mancanza? Beatrice chiarisce che esse, pur non mancando per colpa, non opposero alla violenza la forza di volontà di san Lorenzo o quella di Muzio Scevola, con la quale non avrebbero mai ceduto alla violenza. Non mente comunque Piccarda quando dice che «non fu dal ver del cor già mai disciolta», poiché si riferisce alla volontà assoluta, che non cedette; cedette invece la volontà relativa, onde evitare mali maggiori.

    Intra due cibi, distanti e moventi
d'un modo, prima si morria di fame,
3 che liber' omo l'un recasse ai denti;
    sì si starebbe un agno intra due brame
di fieri lupi, igualmente temendo;
6 sì si starebbe un cane intra due dame:
    perche, s'i' mi tacea, me non riprendo,
da li miei dubbi d'un modo sospinto,
9 poi ch'era necessario, né commendo.
    Io mi tacea, ma 'l mio disir dipinto
m'era nel viso, e 'l dimandar con ello,
12 più caldo assai che per parlar distinto.

Fé sì Beatrice qual fé Danïello,
Nabuccodonosor levando d'ira,
che l'avea fatto ingiustamente fello;
   e disse: «Io veggio ben come ti tira
uno e altro disio, sì che tua cura
sé stessa lega sì che fuor non spira.
   Tu argomenti: "Se 'l buon voler dura,
la vïolenza altrui per qual ragione
di meritar mi scema la misura?".
   Ancor di dubitar ti dà cagione
parer tornarsi l'anime a le stelle,
secondo la sentenza di Platone.
   Queste son le question che nel tuo *velle*
pontano igualmente; e però pria
tratterò quella che più ha di felle.
   D'i Serafin colui che più s'india,
Moïsè, Samuel, e quel Giovanni
che prender vuoli, io dico, non Maria,
   non hanno in altro cielo i loro scanni
che questi spirti che mo t'appariro,
né hanno a l'esser lor più o meno anni;
   ma tutti fanno bello il primo giro,
e differentemente han dolce vita
per sentir più e men l'etterno spiro.
   Qui si mostraro, non perché sortita
sia questa spera lor, ma per far segno
de la celestïal c'ha men salita.
   Così parlar conviensi al vostro ingegno,
però che solo da sensato apprende
ciò che fa poscia d'intelletto degno.

Per questo la Scrittura condescende
a vostra facultate, e piedi e mano
45 attribuisce a Dio, e altro intende;
 e Santa Chiesa con aspetto umano
Gabrïel e Michel vi rappresenta,
48 e l'altro che Tobia rifece sano.
 Quel che Timeo de l'anime argomenta
non è simile a ciò che qui si vede,
51 però che, come dice, par che senta.
 Dice che l'alma a la sua stella riede,
credendo quella quindi esser decisa
54 quando natura per forma la diede;
 e forse sua sentenza è d'altra guisa
che la voce non suona, ed esser puote
57 con intenzion da non esser derisa.
 S'elli intende tornare a queste ruote
l'onor de la influenza e 'l biasmo, forse
60 in alcun vero suo arco percuote.
 Questo principio, male inteso, torse
già tutto il mondo quasi, sì che Giove,
63 Mercurio e Marte a nominar trascorse.
 L'altra dubitazion che ti commove
ha men velen, però che sua malizia
66 non ti poria menar da me altrove.
 Parere ingiusta la nostra giustizia
ne li occhi d'i mortali, è argomento
69 di fede e non d'eretica nequizia.
 Ma perché puote vostro accorgimento
ben penetrare a questa veritate,
72 come disiri, ti farò contento.

Se vïolenza è quando quel che pate
niente conferisce a quel che sforza,
75 non fuor quest' alme per essa scusate:
   ché volontà, se non vuol, non s'ammorza,
ma fa come natura face in foco,
78 se mille volte vïolenza il torza.
   Per che, s'ella si piega assai o poco,
segue la forza; e così queste fero
81 possendo rifuggir nel santo loco.
   Se fosse stato lor volere intero,
come tenne Lorenzo in su la grada,
84 e fece Muzio a la sua man severo,
   così l'avria ripinte per la strada
ond'eran tratte, come fuoro sciolte;
87 ma così salda voglia è troppo rada.
   E per queste parole, se ricolte
l'hai come dei, è l'argomento casso
90 che t'avria fatto noia ancor più volte.
   Ma or ti s'attraversa un altro passo
dinanzi a li occhi, tal che per te stesso
93 non usciresti: pria saresti lasso.
   Io t'ho per certo ne la mente messo
ch'alma beata non poria mentire,
96 però ch'è sempre al primo vero appresso;
   e poi potesti da Piccarda udire
che l'affezion del vel Costanza tenne;
99 sì ch'ella par qui meco contradire.
   Molte fïate già, frate, addivenne
che, per fuggir periglio, contra grato
102 si fé di quel che far non si convenne;

    come Almeone, che, di ciò pregato
dal padre suo, la propria madre spense,
105 per non perder pietà, si fé spietato.
    A questo punto voglio che tu pense
che la forza al voler si mischia, e fanno
108 sì che scusar non si posson l'offense.
    Voglia assoluta non consente al danno;
ma consentevi in tanto in quanto teme,
111 se si ritrae, cadere in più affanno.
    Però, quando Piccarda quello spreme,
de la voglia assoluta intende, e io
114 de l'altra; sì che ver diciamo insieme ».
    Cotal fu l'ondeggiar del santo rio
ch'uscì del fonte ond' ogne ver deriva;
117 tal puose in pace uno e altro disio.
    « O amanza del primo amante, o diva »,
diss' io appresso, « il cui parlar m'inonda
120 e scalda sì, che più e più m'avviva,
    non è l'affezion mia tanto profonda,
che basti a render voi grazia per grazia;
123 ma quei che vede e puote a ciò risponda.
    Io veggio ben che già mai non si sazia
nostro intelletto, se 'l ver non lo illustra
126 di fuor dal qual nessun vero si spazia.
    Posasi in esso, come fera in lustra,
tosto che giunto l'ha; e giugner puollo:
129 se non, ciascun disio sarebbe *frustra*.
    Nasce per quello, a guisa di rampollo,
a piè del vero il dubbio; ed è natura
132 ch'al sommo pinge noi di collo in collo.

Questo m'invita, questo m'assicura
con reverenza, donna, a dimandarvi
135 d'un'altra verità che m'è oscura.

Io vo' saper se l'uom può sodisfarvi
ai voti manchi sì con altri beni,
138 ch'a la vostra statera non sien parvi. »

Beatrice mi guardò con li occhi pieni
di faville d'amor così divini,
141 che, vinta, mia virtute diè le reni,
e quasi mi perdei con li occhi chini.

CANTO V

Beatrice spiega a Dante che il voto è un libero patto tra l'uomo e Dio: in esso va distinta la convenenza (con cui l'uomo sacrifica il suo libero volere a Dio: quindi è insostituibile) dalla materia, che può essere mutata, con l'autorizzazione della Chiesa, da una pari o maggiore. Ella invita quindi i cristiani a promettere con estrema prudenza. Dante, a questo punto, fissando gli occhi di Beatrice, sale al Secondo Cielo, o Cielo di Mercurio, dove gli appaiono spiriti che rifulgono di una luce gioiosa. Dante parla con un'anima e le chiede di rivelarglisi e di parlargli della ragione per cui si trova in quel Cielo.

«S'io ti fiammeggio nel caldo d'amore
di là dal modo che 'n terra si vede,
sì che del viso tuo vinco il valore,
non ti maravigliar, ché ciò procede
da perfetto veder, che, come apprende,
così nel bene appreso move il piede.
Io veggio ben sì come già resplende
ne l'intelletto tuo l'etterna luce,
che, vista, sola e sempre amore accende;
e s'altra cosa vostro amor seduce,
non è se non di quella alcun vestigio,
mal conosciuto, che quivi traluce.
Tu vuo' saper se con altro servigio,
per manco voto, si può render tanto

15 che l'anima sicuri di letigio. »
    Sì cominciò Beatrice questo canto;
    e sì com' uom che suo parlar non spezza,
18 continüò così 'l processo santo:
    « Lo maggior don che Dio per sua larghezza
    fesse creando, e a la sua bontate
21 più conformato, e quel ch'e' più apprezza,
    fu de la volontà la libertate;
    di che le creature intelligenti,
24 e tutte e sole, fuoro e son dotate.
    Or ti parrà, se tu quinci argomenti,
    l'alto valor del voto, s'è sì fatto
27 che Dio consenta quando tu consenti:
    ché, nel fermar tra Dio e l'uomo il patto,
    vittima fassi di questo tesoro,
30 tal quale io dico; e fassi col suo atto.
    Dunque che render puossi per ristoro?
    Se credi bene usar quel c'hai offerto,
33 di maltolletto vuo' far buon lavoro.
    Tu se' omai del maggior punto certo;
    ma perché Santa Chiesa in ciò dispensa,
36 che par contra lo ver ch'i' t'ho scoverto,
    convienti ancor seder un poco a mensa,
    però che 'l cibo rigido c'hai preso,
39 richiede ancora aiuto a tua dispensa.
    Apri la mente a quel ch'io ti paleso
    e fermalvi entro; ché non fa scïenza,
42 sanza lo ritenere, avere inteso.
    Due cose si convegnono a l'essenza
    di questo sacrificio: l'una è quella

45 di che si fa; l'altr' è la convenenza.
   Quest' ultima già mai non si cancella
se non servata; e intorno di lei
48 sì preciso di sopra si favella:
   però necessitato fu a li Ebrei
pur l'offerere, ancor ch'alcuna offerta
51 sì permutasse, come saver dei.
   L'altra, che per materia t'è aperta,
puote ben esser tal, che non si falla
54 se con altra materia si converta.
   Ma non trasmuti carco a la sua spalla
per suo arbitrio alcun, sanza la volta
57 e de la chiave bianca e de la gialla;
   e ogne permutanza credi stolta,
se la cosa dimessa in la sorpresa
60 come 'l quattro nel sei non è raccolta.
   Però qualunque cosa tanto pesa
per suo valor che tragga ogne bilancia,
63 sodisfar non si può con altra spesa.
   Non prendan li mortali il voto a ciancia;
siate fedeli, e a ciò far non bieci,
66 come Ieptè a la sua prima mancia;
   cui più si convenia dicer "Mal feci",
che, servando, far peggio; e così stolto
69 ritrovar puoi il gran duca de' Greci,
   onde pianse Efigènia il suo bel volto,
e fé pianger di sé i folli e i savi
72 ch'udir parlar di così fatto cólto.
   Siate, Cristiani, a muovervi più gravi:
non siate come penna ad ogne vento,

75 e non crediate ch'ogne acqua vi lavi.
   Avete il novo e 'l vecchio Testamento,
e 'l pastor de la Chiesa che vi guida;
78 questo vi basti a vostro salvamento.
   Se mala cupidigia altro vi grida,
uomini siate, e non pecore matte,
81 sì che 'l Giudeo di voi tra voi non rida!
   Non fate com' agnel che lascia il latte
de la sua madre, e semplice e lascivo
84 seco medesmo a suo piacer combatte! ».
   Così Beatrice a me com' ïo scrivo;
poi si rivolse tutta disïante
87 a quella parte ove 'l mondo è più vivo.
   Lo suo tacere e 'l trasmutar sembiante
puoser silenzio al mio cupido ingegno,
90 che già nuove questioni avea davante;
   e sì come saetta che nel segno
percuote pria che sia la corda queta,
93 così corremmo nel secondo regno.
   Quivi la donna mia vid' io sì lieta,
come nel lume di quel ciel si mise,
96 che più lucente se ne fé 'l pianeta.
   E se la stella si cambiò e rise,
qual mi fec' io che pur da mia natura
99 trasmutabile son per tutte guise!
   Come 'n peschiera ch'è tranquilla e pura
traggonsi i pesci a ciò che vien di fori
102 per modo che lo stimin lor pastura,
   sì vid' io ben più di mille splendori
trarsi ver' noi, e in ciascun s'udìa:

105 « Ecco chi crescerà li nostri amori ».
   E sì come ciascuno a noi venìa
vedeasi l'ombra piena di letizia
108 nel folgór chiaro che di lei uscia.
   Pensa, lettor, se quel che qui s'inizia
non procedesse, come tu avresti
111 di più savere angosciosa carizia;
   e per te vederai come da questi
m'era in disio d'udir lor condizioni,
114 sì come a li occhi mi fur manifesti.
   « O bene nato a cui veder li troni
del trïunfo etternal concede grazia
117 prima che la milizia s'abbandoni,
   del lume che per tutto il ciel si spazia
noi semo accesi; e però, se disii
120 di noi chiarirti, a tuo piacer ti sazia. »
   Così da un di quelli spirti pii
detto mi fu; e da Beatrice: « Dì, dì
123 sicuramente, e credi come a dii ».
   « Io veggio ben sì come tu t'annidi
nel proprio lume, e che de li occhi il traggi,
126 perch' e' corusca sì come tu ridi;
   ma non so chi tu se', né perché aggi,
anima degna, il grado de la spera
129 che si vela a' mortai con altrui raggi. »
   Questo diss' io diritto alla lumera
che pria m'avea parlato; ond' ella fessi
132 lucente più assai di quel ch'ell' era.
   Sì come il sol che si cela elli stessi
per troppa luce, come 'l caldo ha róse

135 le temperanze d'i vapori spessi,
   per più letizia sì mi si nascose
   dentro al suo raggio la figura santa;
138 e così chiusa chiusa mi rispuose
   nel modo che 'l seguente canto canta.

SÌ VID' IO BEN PIÙ DI MILLE SPLENDORI
TRARSI VER' NOI, E IN CIASCUN S'UDÌA ... *(Par., c. V, vv. 103 e 104)*

CANTO VI

IN QUESTO CIELO RISIEDONO LE ANIME DI COLORO CHE OPERARONO IL BENE PERCHÉ NE CONSEGUISSE LORO GLORIA TERRENA. TRA ESSE, L'ANIMA CHE AVEVA COLPITO L'ATTENZIONE DI DANTE È QUELLA DELL'IMPERATORE GIUSTINIANO, CHE NARRA AL POETA LA STORIA DELLA SUA VITA E GLI PARLA DELL'IMPERO, LE CUI VICENDE SONO VISTE TUTTE IN FUNZIONE DEL CRISTIANESIMO. AL TERMINE L'IMPERATORE ADDITA AL POETA L'ANIMA DI ROMEO DI VILLANOVA, MINISTRO DI RAIMONDO BERENGARIO IV DI PROVENZA, ACCUSATO A TORTO DI DISONESTÀ DAI CORTIGIANI INVIDIOSI: OFFESO DAL SOSPETTO, LASCIÒ LA CORTE E VISSE MENDICANDO. ESSA ORA RIFULGE TRA GLI SPIRITI GLORIOSI.

«Poscia che Costantin l'aquila volse
contr' al corso del ciel, ch'ella seguio
3 dietro a l'antico che Lavina tolse,
 cento e cent' anni e più l'uccel di Dio
ne lo stremo d'Europa si ritenne,
6 vicino a' monti de' quai prima uscìo;
 e sotto l'ombra de le sacre penne
governò 'l mondo lì di mano in mano,
9 e, sì cangiando, in su la mia pervenne.
 Cesare fui e son Iustinïano,
che, per voler del primo amor ch'i' sento,
12 d'entro le leggi trassi il troppo e 'l vano.
 E prima ch'io a l'ovra fossi attento,
una natura in Cristo esser, non piùe,

15 credea, e di tal fede era contento;
   ma 'l benedetto Agapito, che fue
   sommo pastore, a la fede sincera
18 mi dirizzò con le parole sue.
   Io li credetti; e ciò che 'n sua fede era,
   vegg' io or chiaro sì, come tu vedi
21 ogni contradizione e falsa e vera.
   Tosto che con la Chiesa mossi i piedi,
   a Dio per grazia piacque di spirarmi
24 l'alto lavoro, e tutto 'n lui mi diedi;
   e al mio Belisar commendai l'armi,
   cui la destra del ciel fu sì congiunta,
27 che segno fu ch'i' dovessi posarmi.
   Or qui a la question prima s'appunta
   la mia risposta; ma sua condizione
30 mi stringe a seguitare alcuna giunta,
   perché tu veggi con quanta ragione
   si move contr' al sacrosanto segno
33 e chi 'l s'appropria e chi a lui s'oppone.
   Vedi quanta virtù l'ha fatto degno
   di reverenza; e cominciò da l'ora
36 che Pallante morì per darli regno.
   Tu sai ch'el fece in Alba sua dimora
   per trecento anni e oltre, infino al fine
39 che i tre a' tre pugnar per lui ancora.
   E sai ch'el fé dal mal de le Sabine
   al dolor di Lucrezia in sette regi,
42 vincendo intorno le genti vicine.
   Sai quel ch'el fé portato da li egregi
   Romani incontro a Brenno, incontro a Pirro,

45 incontro a li altri principi e collegi;
   onde Torquato e Quinzio, che dal cirro
   negletto fu nomato, i Deci e ' Fabi
48 ebber la fama che volontier mirro.
   Esso atterrò l'orgoglio de li Aràbi
   che di retro ad Annibale passaro
51 l'alpestre rocce, Po, di che tu labi.
   Sott' esso giovanetti trïunfaro
   Scipïone e Pompeo; e a quel colle
54 sotto 'l qual tu nascesti parve amaro.
   Poi, presso al tempo che tutto 'l ciel volle
   redur lo mondo a suo modo sereno,
57 Cesare per voler di Roma il tolle.
   E quel che fé da Varo infino a Reno,
   Isara vide ed Era e vide Senna
60 e ogne valle onde Rodano è pieno.
   Quel che fé poi ch'elli uscì di Ravenna
   e saltò Rubicon, fu di tal volo,
63 che nol seguiteria lingua né penna.
   Inver' la Spagna rivolse lo stuolo,
   poi ver' Durazzo, e Farsalia percosse
66 sì ch'al Nil caldo si sentì del duolo.
   Antandro e Simeonta, onde si mosse,
   rivide e là dov' Ettore si cuba;
69 e mal per Tolomeo poscia si scosse.
   Da indi scese folgorando a Iuba;
   onde si volse nel vostro occidente,
72 ove sentia la pompeana tuba.
   Di quel che fé col baiulo seguente,
   Bruto con Cassio ne l'inferno latra,

75 e Modena e Perugia fu dolente.
   Piangene ancor la trista Cleopatra,
che, fuggendoli innanzi, dal colubro
78 la morte prese subitana e atra.
   Con costui corse infino al lito rubro;
con costui puose il mondo in tanta pace,
81 che fu serrato a Giano il suo delubro.
   Ma ciò che 'l segno che parlar mi face
fatto avea prima e poi era fatturo
84 per lo regno mortal ch'a lui soggiace,
   diventa in apparenza poco e scuro,
se in mano al terzo Cesare si mira
87 con occhio chiaro e con affetto puro;
   ché la viva giustizia che mi spira,
li concedette, in mano a quel ch'i' dico,
90 gloria di far vendetta a la sua ira.
   Or qui t'ammira in ciò ch'io ti replìco:
poscia con Tito a far vendetta corse
93 de la vendetta del peccato antico.
   E quando il dente longobardo morse
la Santa Chiesa, sotto le sue ali
96 Carlo Magno, vincendo, la soccorse.
   Omai puoi giudicar di quei cotali
ch'io accusai di sopra e di lor falli,
99 che son cagion di tutti vostri mali.
   L'uno al pubblico segno i gigli gialli
oppone, e l'altro appropria quello a parte,
102 sì ch'è forte a veder chi più si falli.
   Faccian li Ghibellin, faccian lor arte
sott' altro segno, ché mal segue quello

105 sempre chi la giustizia e lui diparte;
   e non l'abbatta esto Carlo novello
   coi Guelfi suoi, ma tema de li artigli
108 ch'a più alto leon trasser lo vello.
   Molte fïate già pianser li figli
   per la colpa del padre, e non si creda
111 che Dio trasmuti l'arme per suoi gigli!
   Questa picciola stella si correda
   di buoni spirti che son stati attivi
114 perché onore e fama li succeda:
   e quando li disiri poggian quivi,
   sì disvïando, pur convien che i raggi
117 del vero amore in su poggin men vivi.
   Ma nel commensurar d'i nostri gaggi
   col merto è parte di nostra letizia,
120 perché non li vedem minor né maggi.
   Quindi addolcisce la viva giustizia
   in noi l'affetto sì, che non si puote
123 torcer già mai ad alcuna nequizia.
   Diverse voci fanno dolci note;
   così diversi scanni in nostra vita
126 rendon dolce armonia tra queste rote.
   E dentro a la presente margarita
   luce la luce di Romeo, di cui
129 fu l'ovra grande e bella mal gradita.
   Ma i Provenzai che fecer contra lui
   non hanno riso; e però mal cammina
132 qual si fa danno del ben fare altrui.
   Quattro figlie ebbe, e ciascuna reina,
   Ramondo Beringhiere, e ciò li fece

135 Romeo, persona umìle e peregrina.
　　E poi il mosser le parole biece
　a dimandar ragione a questo giusto,
138 che li assegnò sette e cinque per diece,
　　indi partissi povero e vetusto;
　e se 'l mondo sapesse il cor ch'elli ebbe
141 mendicando sua vita a frusto a frusto,
　　assai lo loda, e più lo loderebbe. »

CANTO VII

Dopo che Giustiniano si è allontanato cantando con le altre anime, Beatrice scioglie i dubbi di Dante: Adamo, che non accettò il limite imposto da Dio alla propria libertà, commise il primo peccato, che tolse la Grazia a lui e a tutti i suoi discendenti, fino all'arrivo sulla Terra di Gesù, la cui morte fu sì giusta, in quanto patì nella sua natura umana, ma anche sacrilega, in quanto alla natura umana era unita la divinità. Tale morte ebbe un duplice effetto: piacque a Dio, in quanto giusto risarcimento, e piacque ai giudei, che sfogarono così la loro ira verso Gesù. La Redenzione inoltre fu assolutamente necessaria, perché qualsiasi altra soluzione sarebbe stata insufficiente. Dio operò per la nostra salvezza con la Misericordia e la Giustizia congiunte. Beatrice conclude parlando dell'incorruttibilità dei nostri corpi dopo il Giudizio Universale, perché direttamente creati da Dio.

« *Osanna, sanctus Deus sabaòth,*
superillustrans claritate tua
3 *felices ignes horum malacòth!* »
    Così, volgendosi a la nota sua,
fu viso a me cantare essa sustanza,
6 sopra la qual doppio lume s'addua;
    ed essa e l'altre mossero a sua danza,
e quasi velocissime faville
9 mi si velar di sùbita distanza.

Io dubitava e dicea "Dille, dille!"
fra me, "dille", dicea, "a la mia donna
12 che mi diseta con le dolci stille."
   Ma quella reverenza che s'indonna
di tutto me, pur per *Be* e per *ice*,
15 mi richinava come l'uom ch'assonna.
   Poco sofferse me cotal Beatrice
e cominciò, raggiandomi d'un riso
18 tal, che nel foco faria l'uom felice:
   « Secondo mio infallibile avviso,
come giusta vendetta giustamente
21 punita fosse, t'ha in pensier miso;
   ma io ti solverò tosto la mente;
e tu ascolta, ché le mie parole
24 di gran sentenza ti faran presente.
   Per non soffrire a la virtù che vole
freno a suo prode, quell'uom che non nacque,
27 dannando sé, dannò tutta sua prole;
   onde l'umana specie inferma giacque
giù per secoli molti in grande errore,
30 fin ch'al Verbo di Dio discender piacque
   u' la natura, che dal suo fattore
s'era allungata, unì a sé in persona
33 con l'atto sol del suo etterno amore.
   Or drizza il viso a quel ch'or si ragiona:
questa natura al suo fattore unita,
36 qual fu creata, fu sincera e buona;
   ma per sé stessa pur fu ella sbandita
di paradiso, però che si torse
39 da via di veritati e da sua vita.

La pena dunque che la croce porse
s'a la natura assunta si misura,
nulla già mai sì giustamente morse;

  e così nulla fu di tanta ingiura,
guardando a la persona che sofferse,
in che era contratta tal natura.

  Però d'un atto uscir cose diverse:
ch'a Dio e a' Giudei piacque una morte;
per lei tremò la terra e 'l ciel s'aperse.

  Non ti dee oramai parer più forte,
quando si dice che giusta vendetta
poscia vengiata fu da giusta corte.

  Ma io veggi' or la tua mente ristretta
di pensiero in pensier dentro ad un nodo,
del qual con gran disio solver s'aspetta.

  Tu dici: "Ben discerno ciò ch'i' odo;
ma perché Dio volesse, m'è occulto,
a nostra redenzion pur questo modo".

  Questo decreto, frate, sta sepulto
a li occhi di ciascuno il cui ingegno
ne la fiamma d'amor non è adulto.

  Veramente, però ch'a questo segno
molto si mira e poco si discerne,
dirò perché tal modo fu più degno.

  La divina bontà, che da sé sperne
ogne livore, ardendo in sé, sfavilla
sì che dispiega le bellezze etterne.

  Ciò che da lei sanza mezzo distilla
non ha poi fine, perché non si move
la sua imprenta quand' ella sigilla.

Ciò che da essa sanza mezzo piove
libero è tutto, perché non soggiace
a la virtute de le cose nove.

Più l'è conforme, e però più le piace;
ché l'ardor santo ch'ogne cosa raggia,
ne la più somigliante è più vivace.

Di tutte queste dote s'avvantaggia
l'umana creatura, e s'una manca,
di sua nobilità convien che caggia.

Solo il peccato è quel che la disfranca
e falla dissìmile al sommo bene,
per che del lume suo poco s'imbianca;

e in sua dignità mai non rivene,
se non rïempie, dove colpa vòta,
contra mal dilettar con giuste pene.

Vostra natura, quando peccò *tota*
nel seme suo, da queste dignitadi,
come di paradiso, fu remota;

né ricovrar potiensi, se tu badi
ben sottilmente, per alcuna via,
sanza passar per un di questi guadi:

o che Dio solo per sua cortesia
dimesso avesse, o che l'uom per sé isso
avesse sodisfatto a sua follia.

Ficca mo l'occhio per entro l'abisso
de l'etterno consiglio, quanto puoi
al mio parlar distrettamente fisso.

Non potea l'uomo ne' termini suoi
mai sodisfar, per non potere ir giuso
con umiltate obedïendo poi,

quanto disobediendo intese ir suso;
e questa è la cagion per che l'uom fue
102 da poter sodisfar per sé dischiuso.
  Dunque a Dio convenia con le vie sue
riparar l'omo a sua intera vita,
105 dico con l'una, o ver con amendue.
  Ma perché l'ovra tanto è più gradita
da l'operante, quanto più appresenta
108 de la bontà del core ond' ell' è uscita,
  la divina bontà che 'l mondo imprenta,
di proceder per tutte le sue vie,
111 a rilevarvi suso, fu contenta.
  Né tra l'ultima notte e 'l primo die
sì alto o sì magnifico processo,
114 o per l'una o per l'altra, fu o fie:
  ché più largo fu Dio a dar sé stesso
per far l'uom sufficiente a rilevarsi,
117 che s'elli avesse sol da sé dimesso;
  e tutti li altri modi erano scarsi
a la giustizia, se 'l Figliuol di Dio
120 non fosse umilïato ad incarnarsi.
  Or per empierti bene ogni disio,
ritorno a dichiararti in alcun loco,
123 perché tu veggi lì così com' io.
  Tu dici: "Io veggio l'acqua, io veggio il foco,
l'aere e la terra e tutte lor misture
126 venire a corruzione, e durar poco;
  e queste cose pur furon creature;
per che, se ciò ch'è detto è stato vero,
129 esser dovrien da corruzion sicure".

Li angeli, frate, e 'l paese sincero
nel qual tu se', dir si posson creati,
132 sì come sono, in loro essere intero;
　　ma li elementi che tu hai nomati
e quelle cose che di lor si fanno
135 da creata virtù sono informati.
　　Creata fu la materia ch'elli hanno;
creata fu la virtù informante
138 in queste stelle che 'ntorno a lor vanno.
　　L'anima d'ogne bruto e de le piante
di complession potenzïata tira
141 lo raggio e 'l moto de le luci sante;
　　ma vostra vita sanza mezzo spira
la somma beninanza, e la innamora
144 di sé sì che poi sempre la disira.
　　E quinci puoi argomentare ancora
vostra resurrezion, se tu ripensi
147 come l'umana carne fessi allora
　　che li primi parenti intrambo fensi ».

CANTO VIII

Nel Terzo Cielo, o Cielo di Venere, risiedono le anime di coloro che subirono l'influsso amoroso. Parla con Dante Carlo Martello, il quale denuncia la cattiva condotta dei suoi consanguinei e inoltre chiarisce al poeta come sia possibile che da padri buoni possano venire figli cattivi.

Solea creder lo mondo in suo periclo
che la bella Ciprigna il folle amore
3 raggiasse, volta nel terzo epiciclo;
per che non pur a lei faceano onore
di sacrificio e di votivo grido
6 le genti antiche ne l'antico errore;
ma Dïone onoravano e Cupido,
quella per madre sua, questo per figlio,
9 e dicean ch'el sedette in grembo a Dido;
e da costei ond' io principio piglio
pigliavano il vocabol de la stella
12 che 'l sol vagheggia or da coppa or da ciglio.
Io non m'accorsi del salire in ella;
ma d'esservi entro mi fé assai fede
15 la donna mia ch'i' vidi far più bella.
E come in fiamma favilla si vede,
e come in voce voce si discerne,
18 quand' una è ferma e altra va e riede,
vid' io in essa luce altre lucerne

muoversi in giro più e men correnti,
21 al modo, credo, di lor viste interne.
Di fredda nube non discender venti,
o visibili o no, tanto festini,
24 che non paressero impediti e lenti
a chi avesse quei lumi divini
veduti a noi venir, lasciando il giro
27 pria cominciato in li alti Serafini;
e dentro a quei che più innanzi appariro
sonava *"Osanna"* sì, che unque poi
30 di riudir non fui sanza disiro.
Indi si fece l'un più presso a noi
e solo incominciò: « Tutti sem presti
33 al tuo piacer, perché di noi ti gioi.
Noi ci volgiam coi principi celesti
d'un giro e d'un girare e d'una sete,
36 ai quali tu del mondo già dicesti:
"Voi che 'ntendendo il terzo ciel movete";
e sem sì pien d'amor, che, per piacerti,
39 non fia men dolce un poco di quïete ».
Poscia che li occhi miei fuoro offerti
a la mia donna reverenti, ed essa
42 fatti li avea di sé contenti e certi,
rivolsersi a la luce che promessa
tanto s'avea, e « Deh, chi siete? » fue
45 la voce mia di grande affetto impressa.
E quanta e quale vid' io lei far piùe
per allegrezza nova che s'accrebbe,
48 quando parlai, a l'allegrezze sue!
Così fatta, mi disse: « Il mondo m'ebbe

giù poco tempo; e se più fosse stato,
51 molto sarà di mal, che non sarebbe.
   La mia letizia mi ti tien celato
   che mi raggia dintorno e mi nasconde
54 quasi animal di sua seta fasciato.
   Assai m'amasti, e avesti ben onde;
   che s'io fossi giù stato, io ti mostrava
57 di mio amor più oltre che le fronde.
   Quella sinistra riva che si lava
   di Rodano poi ch'è misto con Sorga,
60 per suo segnore a tempo m'aspettava,
   e quel corno d'Ausonia che s'imborga
   di Bari e di Gaeta e di Catona,
63 da ove Tronto e Verde in mare sgorga.
   Fulgeami già in fronte la corona
   di quella terra che 'l Danubio riga
66 poi che le ripe tedesche abbandona.
   E la bella Trinacria, che caliga
   tra Pachino e Peloro, sopra 'l golfo
69 che riceve da Euro maggior briga,
   non per Tifeo ma per nascente solfo,
   attesi avrebbe li suoi regi ancora,
72 nati per me di Carlo e di Ridolfo,
   se mala segnoria, che sempre accora
   li popoli suggetti, non avesse
75 mosso Palermo a gridar: "Mora, mora!".
   E se mio frate questo antivedesse,
   l'avara povertà di Catalogna
78 già fuggeria, perché non li offendesse;
   ché veramente proveder bisogna

per lui, o per altrui, sì ch'a sua barca
81 carcata più d'incarco non si pogna.
   La sua natura, che di larga parca
discese, avria mestier di tal milizia
84 che non curasse di mettere in arca ».
   « Però ch'i' credo che l'alta letizia
che 'l tuo parlar m'infonde, segnor mio,
87 là 've ogne ben si termina e s'inizia,
   per te si veggia come la vegg' io,
grata m'è più; e anco quest' ho caro
90 perché 'l discerni rimirando in Dio.
   Fatto m'hai lieto, e così mi fa chiaro,
poi che, parlando, a dubitar m'hai mosso
93 com' esser può, di dolce seme, amaro. »
   Questo io a lui; ed elli a me: « S'io posso
mostrarti un vero, a quel che tu dimandi
96 terrai lo viso come tien lo dosso.
   Lo ben che tutto il regno che tu scandi
volge e contenta, fa esser virtute
99 sua provedenza in questi corpi grandi.
   E non pur le nature provedute
sono in la mente ch'è da sé perfetta,
102 ma esse insieme con la lor salute:
   per che quantunque quest' arco saetta
disposto cade a proveduto fine,
105 sì come cosa in suo segno diretta.
   Se ciò non fosse, il ciel che tu cammine
producerebbe sì li suoi effetti,
108 che non sarebbero arti, ma ruine;
   e ciò esser non può, se li 'ntelletti

che muovon queste stelle non son manchi,
e manco il primo, che non li ha perfetti.
   Vuo' tu che questo ver più ti s'imbianchi? ».
E io: « Non già; ché impossibil veggio
che la natura, in quel ch'è uopo, stanchi ».
   Ond' elli ancora: « Or di': sarebbe il peggio
per l'omo in terra, se non fosse cive? ».
« Sì », rispuos'io; « e qui ragion non cheggio. »
   « E puot' elli esser, se giù non si vive
diversamente per diversi offici?
Non, se 'l maestro vostro ben vi scrive. »
   Sì venne deducendo infino a quici;
poscia conchiuse: « Dunque esser diverse
convien di vostri effetti le radici:
   per ch'un nasce Solone e altro Serse,
altro Melchisedèch e altro quello
che, volando per l'aere, il figlio perse.
   La circular natura, ch'è suggello
a la cera mortal, fa ben sua arte,
ma non distingue l'un da l'altro ostello.
   Quinci addivien ch'Esaù si diparte
per seme da Iacòb; e vien Quirino
da sì vil padre, che si rende a Marte.
   Natura generata il suo cammino
simil farebbe sempre a' generanti,
se non vincesse il proveder divino.
   Or quel che t'era dietro t'è davanti:
ma perché sappi che di te mi giova,
un corollario voglio che t'ammanti.
   Sempre natura, se fortuna trova

> discorde a sé, com' ogne altra semente
> 141 fuor di sua regïon, fa mala prova.
>   E se 'l mondo là giù ponesse mente
> al fondamento che natura pone,
> 144 seguendo lui, avria buona la gente.
>   Ma voi torcete a la relig%EF%BF%BDone
> tal che fia nato a cignersi la spada,
> 147 e fate re di tal ch'è da sermone;
>   onde la traccia vostra è fuor di strada ».

Quella sinistra riva che si lava
di Rodano poi ch'è misto con Sorga,
per suo segnore a tempo m'aspettava ... *(Par., c. VIII, vv. 58-60)*

CANTO IX

CARLO MARTELLO CONCLUDE IL SUO DISCORSO PARLANDO DEI GIUSTI CASTIGHI CHE SONO RISERVATI ALLA SUA DISCENDENZA. SI FA AVANTI CUNIZZA DA ROMANO, SORELLA DI EZZELINO, CHE PARLA DELLA SUA VICENDA E ADDITA A DANTE L'ANIMA DI FOLCHETTO DA MARSIGLIA, TROVATORE GAUDENTE CHE DIVENNE POI MONACO SEVERO. ANCHE FOLCHETTO GLI PARLA DI SÉ E A SUA VOLTA ADDITA RAAB, LA MERETRICE DI GERICO, CHE FAVORÌ LA PRESA DELLA CITTÀ DA PARTE DI GIOSUÈ. CONCLUDE LAMENTANDO CHE ORA LA CHIESA TRASCURA I LUOGHI SANTI, TUTTA PRESA COM'È NELL'AFFANNO DI ACCUMULAR RICCHEZZE: BEN PRESTO ARRIVERÀ PERÒ IL TANTO ATTESO LIBERATORE.

Da poi che Carlo tuo, bella Clemenza,
m'ebbe chiarito, mi narrò li 'nganni
3 che ricever dovea la sua semenza;
   ma disse: « Taci e lascia muover li anni »;
sì ch'io non posso dir se non che pianto
6 giusto verrà di retro ai vostri danni.
   E già la vita di quel lume santo
rivolta s'era al Sol che la riempie
9 come quel ben ch'a ogne cosa è tanto.
   Ahi anime ingannate e fatture empie,
che da sì fatto ben torcete i cuori,
12 drizzando in vanità le vostre tempie!
   Ed ecco un altro di quelli splendori
ver' me si fece, e 'l suo voler piacermi

15 significava nel chiarir di fori.
Li occhi di Bëatrice, ch'eran fermi
sovra me, come pria, di caro assenso
18 al mio disio certificato fermi.
« Deh, metti al mio voler tosto compenso,
beato spirto », dissi, « e fammi prova
21 ch'i' possa in te refletter quel ch'io penso! »
Onde la luce che m'era ancor nova,
del suo profondo, ond' ella pria cantava,
24 seguette come a cui di ben far giova:
« In quella parte de la terra prava
italica che siede tra Rïalto
27 e le fontane di Brenta e di Piava,
si leva un colle, e non surge molt' alto,
là onde scese già una facella
30 che fece a la contrada un grande assalto.
D'una radice nacqui e io ed ella:
Cunizza fui chiamata, e qui refulgo
33 perché mi vinse il lume d'esta stella;
ma lietamente a me medesma indulgo
la cagion di mia sorte, e non mi noia;
36 che parria forse forte al vostro vulgo.
Di questa luculenta e cara gioia
del nostro cielo che più m'è propinqua,
39 grande fama rimase; e pria che moia,
questo centesimo anno ancor s'incinqua:
vedi se far si dee l'omo eccellente,
42 sì ch'altra vita la prima relinqua.
E ciò non pensa la turba presente
che Tagliamento e Adice richiude,

45 né per esser battuta ancor si pente;
   ma tosto fia che Padova al palude
   cangerà l'acqua che Vincenza bagna,
48 per essere al dover le genti crude;
   e dove Sile e Cagnan s'accompagna,
   tal signoreggia e va con la testa alta,
51 che già per lui carpir si fa la ragna.
   Piangerà Feltro ancora la difalta
   de l'empio suo pastor, che sarà sconcia
54 sì, che per simil non s'entrò in malta.
   Troppo sarebbe larga la bigoncia
   che ricevesse il sangue ferrarese,
57 e stanco chi 'l pesasse a oncia a oncia,
   che donerà questo prete cortese
   per mostrarsi di parte; e cotai doni
60 conformi fieno al viver del paese.
   Su sono specchi, voi dicete Troni,
   onde refulge a noi Dio giudicante;
63 sì che questi parlar ne paion buoni ».
   Qui si tacette; e fecemi sembiante
   che fosse ad altro volta, per la rota
66 in che si mise com' era davante.
   L'altra letizia, che m'era già nota
   per cara cosa, mi si fece in vista
69 qual fin balasso in che lo sol percuota.
   Per letiziar là su fulgor s'acquista,
   sì come riso qui; ma giù s'abbuia
72 l'ombra di fuor, come là mente è trista.
   « Dio vede tutto, e tuo veder s'inluia »,
   diss' io, « beato spirto, sì che nulla

75 voglia di sé a te puot' esser fuia.
   Dunque la voce tua, che 'l ciel trastulla
sempre col canto di quei fuochi pii
78 che di sei ali facen la coculla,
   perché non satisface a' miei disii?
Già non attendere' io tua dimanda,
81 s'io m'intuassi, come tu t'inmii. »
   « La maggior valle in che l'acqua si spanda »,
incominciaro allor le sue parole,
84 « fuor di quel mar che la terra inghirlanda,
   tra ' discordanti liti contra 'l sole
tanto sen va, che fa meridïano
87 là dove l'orizzonte pria far suole.
   Di quella valle fu' io litorano
tra Ebro e Macra, che per cammin corto
90 parte lo Genovese dal Toscano.
   Ad un occaso quasi e ad un orto
Buggea siede e la terra ond' io fui,
93 che fé del sangue suo già caldo il porto.
   Folco mi disse quella gente a cui
fu noto il nome mio; e questo cielo
96 di me s'imprenta, com' io fe' di lui;
   ché più non arse la figlia di Belo,
noiando e a Sicheo e a Creusa,
99 di me, infin che si convenne al pelo;
   né quella Rodopëa che delusa
fu da Demofoonte, né Alcide
102 quando Iole nel core ebbe rinchiusa.
   Non però qui si pente, ma si ride,
non de la colpa, ch'a mente non torna,

105 ma del valor ch'ordinò e provide.
   Qui si rimira ne l'arte ch'addorna
cotanto affetto, e discernesi 'l bene
108 per che 'l mondo di su quel di giù torna.
   Ma perché tutte le tue voglie piene
ten porti che son nate in questa spera,
111 proceder ancor oltre mi convene.
   Tu vuo' saper chi è in questa lumera
che qui appresso me così scintilla
114 come raggio di sole in acqua mera.
   Or sappi che là entro si tranquilla
Raab; e a nostr' ordine congiunta,
117 di lei nel sommo grado si sigilla.
   Da questo cielo, in cui l'ombra s'appunta
che 'l vostro mondo face, pria ch'altr' alma
120 del trïunfo di Cristo fu assunta.
   Ben si convenne lei lasciar per palma
in alcun cielo de l'alta vittoria
123 che s'acquistò con l'una e l'altra palma,
   perch' ella favorò la prima gloria
di Iosüè in su la Terra Santa,
126 che poco tocca al papa la memoria.
   La tua città, che di colui è pianta
che pria volse le spalle al suo fattore
129 e di cui è la 'nvidia tanto pianta,
   produce e spande il maladetto fiore
c'ha disvïate le pecore e li agni,
132 però che fatto ha lupo del pastore.
   Per questo l'Evangelio e i dottor magni
son derelitti, e solo ai Decretali

135 si studia, sì che pare a' lor vivagni.
    A questo intende il papa e ' cardinali;
non vanno i lor pensieri a Nazarette,
138 là dove Gabrïello aperse l'ali.
    Ma Vaticano e l'altre parti elette
di Roma che son state cimitero
141 a la milizia che Pietro seguette,
    tosto libere fien de l'avoltero. »

CANTO X

Dopo aver esortato il lettore a levare con lui gli occhi verso le Sfere Celesti, ove risplende più che in ogni altro luogo l'ordine impresso all'universo da Dio, il poeta sale, senza rendersene conto, nel Quarto Cielo, o Cielo del Sole, ove risiedono le anime dei sapienti, che appaiono come luci risplendenti nella luce stessa. Dante e Beatrice vengono circondati da una ghirlanda di dodici lumi risplendenti: per tutte le anime dei sapienti parla san Tommaso, che presenta le altre anime: sant'Alberto Magno, Francesco Graziano da Chiusi, Pier Lombardo, re Salomone, Dionigi l'Aeropagita, sant'Ambrogio, Severino Boezio, Isidoro di Siviglia, il venerabile Beda, Riccardo da S. Vittore, Sigieri di Brabante.

Guardando nel suo Figlio con l'Amore
che l'uno e l'altro etternalmente spira,
3   lo primo e ineffabile Valore
 quanto per mente e per loco si gira
con tant' ordine fé, ch'esser non puote
6   sanza gustar di lui chi ciò rimira.
 Leva dunque, lettore, a l'alte rote
meco la vista, dritto a quella parte
9   dove l'un moto e l'altro si percuote;
 e lì comincia a vagheggiar ne l'arte
di quel maestro che dentro a sé l'ama,
12 tanto che mai da lei l'occhio non parte.

     Vedi come da indi si dirama
l'oblico cerchio che i pianeti porta,
15   per sodisfare al mondo che li chiama.
     Che se la strada lor non fosse torta,
molta virtù nel ciel sarebbe in vano,
18   e quasi ogne potenza qua giù morta;
     e se dal dritto più o men lontano
fosse 'l partire, assai sarebbe manco
21   e giù e su de l'ordine mondano.
     Or ti riman, lettor, sovra 'l tuo banco,
dietro pensando a ciò che si preliba,
24   s'esser vuoi lieto assai prima che stanco.
     Messo t'ho innanzi: omai per te ti ciba;
ché a sé torce tutta la mia cura
27   quella materia ond' io son fatto scriba.
     Lo ministro maggior de la natura,
che del valor del ciel lo mondo imprenta
30   e col suo lume il tempo ne misura,
     con quella parte che su si rammenta
congiunto, si girava per le spire
33   in che più tosto ognora s'appresenta;
     e io era con lui; ma del salire
non m'accors' io, se non com' uom s'accorge,
36   anzi 'l primo pensier, del suo venire.
     È Bëatrice quella che sì scorge
di bene in meglio, sì subitamente
39   che l'atto suo per tempo non si sporge.
     Quant' esser convenia da sé lucente
quel ch'era dentro al sol dov' io entra'mi,
42   non per color, ma per lume parvente!

Perch' io lo 'ngegno e l'arte e l'uso chiami,
sì nol direi che mai s'imaginasse;
45 ma creder puossi e di veder si brami.
E se le fantasie nostre son basse
a tanta altezza, non è maraviglia;
48 ché sopra 'l sol non fu occhio ch'andasse.
Tal era quivi la quarta famiglia
de l'alto Padre, che sempre la sazia,
51 mostrando come spira e come figlia.
E Bëatrice cominciò: « Ringrazia,
ringrazia il Sol de li angeli, ch'a questo
54 sensibil t'ha levato per sua grazia ».
Cor di mortal non fu mai sì digesto
a divozione e a rendersi a Dio
57 con tutto 'l suo gradir cotanto presto,
come a quelle parole mi fec' io;
e sì tutto 'l mio amore in lui si mise,
60 che Bëatrice eclissò ne l'oblio.
Non le dispiacque, ma sì se ne rise,
che lo splendor de li occhi suoi ridenti
63 mia mente unita in più cose divise.
Io vidi più folgór vivi e vincenti
far di noi centro e di sé far corona,
66 più dolci in voce che in vista lucenti:
così cinger la figlia di Latona
vedem talvolta, quando l'aere è pregno,
69 sì che ritenga il fil che fa la zona.
Ne la corte del cielo, ond' io rivegno,
si trovan molte gioie care e belle
72 tanto che non si posson trar del regno;

e 'l canto di quei lumi era di quelle;
chi non s'impenna sì che là su voli,
dal muto aspetti quindi le novelle.

Poi, sì cantando, quelli ardenti soli
si fuor girati intorno a noi tre volte,
come stelle vicine a' fermi poli,

donne mi parver, non da ballo sciolte,
ma che s'arrestin tacite, ascoltando
fin che le nove note hanno ricolte.

E dentro a l'un senti' cominciar: « Quando
lo raggio de la grazia, onde s'accende
verace amore e che poi cresce amando,

multiplicato in te tanto resplende,
che ti conduce su per quella scala
u' sanza risalir nessun discende;

qual ti negasse il vin de la sua fiala
per la tua sete, in libertà non fora
se non com' acqua ch'al mar non si cala.

Tu vuo' saper di quai piante s'infiora
questa ghirlanda che 'ntorno vagheggia
la bella donna ch'al ciel t'avvalora.

Io fui de li agni de la santa greggia
che Domenico mena per cammino
u' ben s'impingua se non si vaneggia.

Questi che m'è a destra più vicino,
frate e maestro fummi, ed esso Alberto
è di Cologna, e io Thomas d'Aquino.

Se sì di tutti li altri esser vuo' certo,
di retro al mio parlar ten vien col viso
girando su per lo beato serto.

Quell'altro fiammeggiare esce del riso
di Grazïan, che l'uno e l'altro foro
105 aiutò sì che piace in paradiso.

L'altro ch'appresso addorna il nostro coro,
quel Pietro fu che con la poverella
108 offerse a Santa Chiesa suo tesoro.

La quinta luce, ch'è tra noi più bella,
spira di tal amor, che tutto 'l mondo
111 là giù ne gola di saper novella:

entro v'è l'alta mente u' sì profondo
saver fu messo, che, se 'l vero è vero,
114 a veder tanto non surse il secondo.

Appresso vedi il lume di quel cero
che giù in carne più a dentro vide
117 l'angelica natura e 'l ministero.

Ne l'altra piccioletta luce ride
quello avvocato de' tempi cristiani
120 del cui latino Augustin si provide.

Or se tu l'occhio de la mente trani
di luce in luce dietro a le mie lode,
123 già de l'ottava con sete rimani.

Per vedere ogni ben dentro vi gode
l'anima santa che 'l mondo fallace
126 fa manifesto a chi di lei ben ode.

Lo corpo ond' ella fu cacciata giace
giuso in Cieldauro; ed essa da martiro
129 e da essilio venne a questa pace.

Vedi oltre fiammeggiar l'ardente spiro
d'Isidoro, di Beda e di Riccardo,
132 che a considerar fu più che viro.

       Questi onde a me ritorna il tuo riguardo,
    è 'l lume d'uno spirto che 'n pensieri
135 gravi a morir li parve venir tardo:
       essa è la luce etterna di Sigieri,
    che, leggendo nel Vico de li Strami,
138 silogizzò invidïosi veri ».
       Indi, come orologio che ne chiami
    ne l'ora che la sposa di Dio surge
141 a mattinar lo sposo perché l'ami,
       che l'una parte e l'altra tira e urge,
    tin tin sonando con sì dolce nota,
144 che 'l ben disposto spirto d'amor turge;
       così vid' ïo la gloriosa rota
    muoversi e render voce a voce in tempra
147 e in dolcezza ch'esser non pò nota
       se non colà dove gioir s'insempra.

CANTO XI

A QUESTO PUNTO DANTE CONSIDERA L'INSENSATEZZA DEGLI UOMINI, CHE SI PERDONO IN STOLIDI MIRAGGI UMANI E SONO DISTOLTI DALLA CELESTE CONTEMPLAZIONE. SAN TOMMASO SI RENDE CONTO CHE DANTE È ROSO DA DUE DUBBI, CHE GLI VENGONO DALL'OSCURITÀ DI ALCUNE PAROLE PRONUNCIATE DA SAN TOMMASO STESSO. PER CHIARIRGLIELI ADEGUATAMENTE, L'ANIMA SANTA GLI GLORIFICA LA GRANDIOSA OPERA DI SOCCORSO COMPIUTA NELLA CHIESA DA SAN FRANCESCO, AMANTE DELLA POVERTÀ, E PERCHÉ IL CONCETTO SIA BEN CHIARO, NE NARRA LE VICENDE TERRENE. IN CONCLUSIONE BIASIMA LA DEGENERAZIONE IN CUI È CADUTO L'ORDINE DOMENICANO, I CUI SEGUACI SONO AVIDI SOLO DI DIGNITÀ TERRENE.

O insensata cura de' mortali,
 quanto son difettivi silogismi
3 quei che ti fanno in basso batter l'ali!
 Chi dietro a *iura*, e chi ad amforismi
 sen giva, e chi seguendo sacerdozio,
6 e chi regnar per forza o per sofismi,
 e chi rubare e chi civil negozio,
 chi nel diletto de la carne involto
9 s'affaticava e chi si dava a l'ozio,
 quando, da tutte queste cose sciolto,
 con Bëatrice m'era suso in cielo
12 cotanto glorïosamente accolto.
 Poi che ciascuno fu tornato ne lo

punto del cerchio in che avanti s'era,
15 fermossi, come a candellier candelo.
  E io senti' dentro a quella lumera
che pria m'avea parlato, sorridendo
18 incominciar, faccendosi più mera:
  « Così com' io del suo raggio resplendo,
sì, riguardando ne la luce etterna,
21 li tuoi pensieri onde cagioni apprendo.
  Tu dubbi, e hai voler che si ricerna
in sì aperta e 'n sì distesa lingua
24 lo dicer mio, ch'al tuo sentir si sterna,
  ove dinanzi dissi: "U' ben s'impingua",
e là u' dissi: "Non nacque il secondo";
27 e qui è uopo che ben si distingua.
  La provedenza, che governa il mondo
con quel consiglio nel quale ogne aspetto
30 creato è vinto pria che vada al fondo,
  però che andasse ver' lo suo diletto
la sposa di colui ch'ad alte grida
33 disposò lei col sangue benedetto,
  in sé sicura e anche a lui più fida,
due principi ordinò in suo favore,
36 che quinci e quindi le fosser per guida.
  L'un fu tutto serafico in ardore;
l'altro per sapïenza in terra fue
39 di cherubica luce uno splendore.
  De l'un dirò, però che d'amendue
si dice l'un pregiando, qual ch'om prende,
42 perch' ad un fine fur l'opere sue.
  Intra Tupino e l'acqua che discende

del colle eletto dal beato Ubaldo,
45 fertile costa d'alto monte pende,
    onde Perugia sente freddo e caldo
da Porta Sole; e di rietro le piange
48 per grave giogo Nocera con Gualdo.
    Di questa costa, là dov' ella frange
più sua rattezza, nacque al mondo un sole,
51 come fa questo tal volta di Gange.
    Però chi d'esso loco fa parole,
non dica Ascesi, ché direbbe corto,
54 ma Orïente, se proprio dir vuole.
    Non era ancor molto lontan da l'orto,
ch'el cominciò a far sentir la terra
57 de la sua gran virtute alcun conforto;
    ché per tal donna, giovinetto, in guerra
del padre corse, a cui, come a la morte,
60 la porta del piacer nessun diserra;
    e dinanzi a la sua spiritüal corte
et coram patre le si fece unito;
63 poscia di dì in dì l'amò più forte.
    Questa, privata del primo marito,
millecent' anni e più dispetta e scura
66 fino a costui si stette sanza invito;
    né valse udir che la trovò sicura
con Amiclate, al suon de la sua voce,
69 colui ch'a tutto 'l mondo fé paura;
    né valse esser costante né feroce,
sì che, dove Maria rimase giuso,
72 ella con Cristo pianse in su la croce.
    Ma perch' io non proceda troppo chiuso,

Francesco e Povertà per questi amanti
75 prendi oramai nel mio parlar diffuso.
  La lor concordia e i lor lieti sembianti,
amore e maraviglia e dolce sguardo
78 facieno esser cagion di pensier santi;
  tanto che 'l venerabile Bernardo
si scalzò prima, e dietro a tanta pace
81 corse e, correndo, li parve esser tardo.
  Oh ignota ricchezza! oh ben ferace!
Scalzasi Egidio, scalzasi Silvestro
84 dietro a lo sposo, sì la sposa piace.
  Indi sen va quel padre e quel maestro
con la sua donna e con quella famiglia
87 che già legava l'umile capestro.
  Né li gravò viltà di cuor le ciglia
per esser fi' di Pietro Bernardone,
90 né per parer dispetto a maraviglia;
  ma regalmente sua dura intenzione
ad Innocenzio aperse, e da lui ebbe
93 primo sigillo a sua religïone.
  Poi che la gente poverella crebbe
dietro a costui, la cui mirabil vita
96 meglio in gloria del ciel si canterebbe,
  di seconda corona redimita
fu per Onorio da l'Etterno Spiro
99 la santa voglia d'esto archimandrita.
  E poi che, per la sete del martiro,
ne la presenza del Soldan superba
102 predicò Cristo e li altri che 'l seguiro,
  e per trovare a conversione acerba

troppo la gente e per non stare indarno,
105 redissi al frutto de l'italica erba,
   nel crudo sasso intra Tevero e Arno
   da Cristo prese l'ultimo sigillo,
108 che le sue membra due anni portarno.
   Quando a colui ch'a tanto ben sortillo
   piacque di trarlo suso a la mercede
111 ch'el meritò nel suo farsi pusillo,
   a' frati suoi, sì com' a giuste rede,
   raccomandò la donna sua più cara,
114 e comandò che l'amassero a fede;
   e del suo grembo l'anima preclara
   mover si volle, tornando al suo regno,
117 e al suo corpo non volle altra bara.
   Pensa oramai qual fu colui che degno
   collega fu a mantener la barca
120 di Pietro in alto mar per dritto segno;
   e questo fu il nostro patrïarca;
   per che qual segue lui, com' el comanda,
123 discerner puoi che buone merce carca.
   Ma 'l suo peculio di nova vivanda
   è fatto ghiotto, sì ch'esser non puote
126 che per diversi salti non si spanda;
   e quanto le sue pecore remote
   e vagabunde più da esso vanno,
129 più tornano a l'ovil di latte vòte.
   Ben son di quelle che temono 'l danno
   e stringonsi al pastor; ma son sì poche,
132 che le cappe fornisce poco panno.
   Or, se le mie parole non son fioche,

se la tua audïenza è stata attenta,
135 se ciò ch'è detto a la mente revoche,
in parte fia la tua voglia contenta,
perché vedrai la pianta onde si scheggia,
138 e vedra' il corrègger che argomenta
"U' ben s'impingua, se non si vaneggia" ».

CANTO XII

Una seconda corona di anime chiude la prima nel suo giro. Come san Tommaso, domenicano, aveva intessuto le lodi di san Francesco, così san Bonaventura, francescano, rende onore a san Domenico, tessendone le lodi. E anch'egli chiude il suo discorso lamentando la degenerazione in cui è caduto il suo ordine.

Sì tosto come l'ultima parola
la benedetta fiamma per dir tolse,
3   a rotar cominciò la santa mola;
e nel suo giro tutta non si volse
prima ch'un'altra di cerchio la chiuse,
6   e moto a moto e canto a canto colse;
canto che tanto vince nostre muse,
nostre serene in quelle dolci tube,
9   quanto primo splendor quel ch'e' refuse.
Come si volgon per tenera nube
due archi paralleli e concolori,
12   quando Iunone a sua ancella iube,
nascendo di quel d'entro quel di fori,
a guisa del parlar di quella vaga
15   ch'amor consunse come sol vapori,
e fanno qui la gente esser presaga,
per lo patto che Dio con Noè puose,
18   del mondo che già mai più non s'allaga:
così di quelle sempiterne rose

volgiensi circa noi le due ghirlande,
21 e sì l'estrema a l'intima rispuose.
  Poi che 'l tripudio e l'altra festa grande,
  sì del cantare e sì del fiammeggiarsi
24 luce con luce gaudïose e blande,
  insieme a punto e a voler quetarsi,
  pur come li occhi ch'al piacer che i move
27 conviene insieme chiudere e levarsi;
  del cor de l'una de le luci nove
  si mosse voce, che l'ago a la stella
30 parer mi fece in volgermi al suo dove;
  e cominciò: « L'amor che mi fa bella
  mi tragge a ragionar de l'altro duca
33 per cui del mio sì ben ci si favella.
  Degno è che, dov' è l'un, l'altro s'induca:
  sì che, com' elli ad una militaro,
36 così la gloria loro insieme luca.
  L'essercito di Cristo, che sì caro
  costò a rïarmar, dietro a la 'nsegna
39 si movea tardo, sospeccioso e raro,
  quando lo 'mperador che sempre regna
  provide a la milizia, ch'era in forse,
42 per sola grazia, non per esser degna;
  e, come è detto, a sua sposa soccorse
  con due campioni, al cui fare, al cui dire
45 lo popol disvïato si raccorse.
  In quella parte ove surge ad aprire
  Zefiro dolce le novelle fronde
48 di che si vede Europa rivestire,
  non molto lungi al percuoter de l'onde

dietro a le quali, per la lunga foga,
51 lo sol talvolta ad ogne uom si nasconde,
   siede la fortunata Calaroga
sotto la protezion del grande scudo
54 in che soggiace il leone e soggioga:
   dentro vi nacque l'amoroso drudo
de la fede cristiana, il santo atleta
57 benigno a' suoi e a' nemici crudo;
   e come fu creata, fu repleta
sì la sua mente di viva vertute,
60 che, ne la madre, lei fece profeta.
   Poi che le sponsalizie fuor compiute
al sacro fonte intra lui e la Fede,
63 u' si dotar di mutüa salute,
   la donna che per lui l'assenso diede,
vide nel sonno il mirabile frutto
66 ch'uscir dovea di lui e de le rede;
   e perché fosse qual era in costrutto,
quinci si mosse spirito a nomarlo
69 del possessivo di cui era tutto.
   Domenico fu detto; e io ne parlo
sì come de l'agricola che Cristo
72 elesse a l'orto suo per aiutarlo.
   Ben parve messo e famigliar di Cristo:
che 'l primo amor che 'n lui fu manifesto,
75 fu al primo consiglio che diè Cristo.
   Spesse fïate fu tacito e desto
trovato in terra da la sua nutrice,
78 come dicesse: "Io son venuto a questo".
   Oh padre suo veramente Felice!

oh madre sua veramente Giovanna,
81 se, interpretata, val come si dice!
   Non per lo mondo, per cui mo s'affanna
di retro ad Ostïense e a Taddeo,
84 ma per amor de la verace manna
   in picciol tempo gran dottor si feo;
tal che si mise a circüir la vigna
87 che tosto imbianca, se 'l vignaio è reo.
   E a la sedia che fu già benigna
più a' poveri giusti, non per lei,
90 ma per colui che siede, che traligna,
   non dispensare o due o tre per sei,
non la fortuna di prima vacante,
93 non *decimas, quae sunt pauperum Dei*,
   addimandò, ma contro al mondo errante
licenza di combatter per lo seme
96 del qual ti fascian ventiquattro piante.
   Poi, con dottrina e con volere insieme,
con l'officio appostolico si mosse
99 quasi torrente ch'alta vena preme;
   e ne li sterpi eretici percosse
l'impeto suo, più vivamente quivi
102 dove le resistenze eran più grosse.
   Di lui si fecer poi diversi rivi
onde l'orto catolico si riga,
105 sì che i suoi arbuscelli stan più vivi.
   Se tal fu l'una rota de la biga
in che la Santa Chiesa si difese
108 e vinse in campo la sua civil briga,
   ben ti dovrebbe assai esser palese

l'eccellenza de l'altra, di cui Tomma
111 dinanzi al mio venir fu sì cortese.
   Ma l'orbita che fé la parte somma
di sua circunferenza, è derelitta,
114 sì ch'è la muffa dov' era la gromma.
   La sua famiglia, che si mosse dritta
coi piedi a le sue orme, è tanto volta,
117 che quel dinanzi a quel di retro gitta;
   e tosto si vedrà de la ricolta
de la mala coltura, quando il loglio
120 si lagnerà che l'arca li sia tolta.
   Ben dico, chi cercasse a foglio a foglio
nostro volume, ancor troveria carta
123 u' leggerebbe "I' mi son quel ch'i' soglio";
   ma non fia da Casal né d'Acquasparta,
là onde vegnon tali a la scrittura,
126 ch'uno la fugge e altro la coarta.
   Io son la vita di Bonaventura
da Bagnoregio, che ne' grandi offici
129 sempre pospuosi la sinistra cura.
   Illuminato e Augustin son quici,
che fuor de' primi scalzi poverelli
132 che nel capestro a Dio si fero amici.
   Ugo da San Vittore è qui con elli,
e Pietro Mangiadore e Pietro Spano,
135 lo qual giù luce in dodici libelli;
   Natàn profeta e 'l metropolitano
Crisostomo e Anselmo e quel Donato
138 ch'a la prim' arte degnò porre mano.
   Rabano è qui, e lucemi dallato

il calavrese abate Giovacchino
141 di spirito profetico dotato.
   Ad inveggiar cotanto paladino
mi mosse l'infiammata cortesia
144 di fra Tommaso e 'l discreto latino;
   e mosse meco questa compagnia ».

COSÌ DI QUELLE SEMPITERNE ROSE
VOLGIENSI CIRCA NOI LE DUE GHIRLANDE,
E SÌ L'ESTREMA A L'INTIMA RISPUOSE.   *(Par., c. XII, vv. 19-21)*

CANTO XIII

Dante suggerisce al lettore, al fine di farsi almeno una vaga idea del moto delle due corone luminose intorno a lui, di immaginare riunite nel cerchio, in forma di due ghirlande, le stelle dell'Orsa Maggiore e le stelle dell'Orsa Minore, unitamente ad altre quindici stelle tra le più splendenti. A questo punto san Tommaso chiarisce a Dante il secondo dubbio, che gli era venuto quando il santo aveva parlato di Salomone, a proposito del quale aveva sostenuto che nessuno lo uguagliò nel sapere. Salomone, pur non raggiungendo la sapienza in senso assoluto (patrimonio di Adamo e dell'uomo Gesù, creati direttamente da Dio), la raggiunse in senso relativo, in quanto nessun re della Terra gli fu pari nella scienza del governare. L'anima santa conclude ammonendo Dante, e con lui tutti gli uomini, a non dare giudizi avventati.

Imagini, chi bene intender cupe
quel ch'i' or vidi — e ritegna l'image,
3 mentre ch'io dico, come ferma rupe —,
quindici stelle che 'n diverse plage
lo ciel avvivan di tanto sereno
6 che soperchia de l'aere ogne compage;
imagini quel carro a cu' il seno
basta del nostro cielo e notte e giorno,
9 sì ch'al volger del temo non vien meno;

imagini la bocca di quel corno
che si comincia in punta de lo stelo
12 a cui la prima rota va dintorno,
aver fatto di sé due segni in cielo,
qual fece la figliuola di Minoi
15 allora che sentì di morte il gelo;
e l'un ne l'altro aver li raggi suoi,
e amendue girarsi per maniera
18 che l'uno andasse al primo e l'altro al poi;
e avrà quasi l'ombra de la vera
costellazion e de la doppia danza
21 che circulava il punto dov' io era:
poi ch'è tanto di là da nostra usanza,
quanto di là dal mover de la Chiana
24 si move il ciel che tutti li altri avanza.
Lì si cantò non Bacco, non Peana,
ma tre persone in divina natura,
27 e in una persona essa e l'umana.
Compié 'l cantare e 'l volger sua misura;
e attesersi a noi quei santi lumi,
30 felicitando sé di cura in cura.
Ruppe il silenzio ne' concordi numi
poscia la luce in che mirabil vita
33 del poverel di Dio narrata fumi,
e disse: « Quando l'una paglia è trita,
quando la sua semenza è già riposta,
36 a batter l'altra dolce amor m'invita.
Tu credi che nel petto onde la costa
si trasse per formar la bella guancia
39 il cui palato a tutto 'l mondo costa,

e in quel che, forato da la lancia,
e prima e poscia tanto sodisfece,
42 che d'ogne colpa vince la bilancia,
quantunque a la natura umana lece
aver di lume, tutto fosse infuso
45 da quel valor che l'uno e l'altro fece;
e però miri a ciò ch'io dissi suso,
quando narrai che non ebbe 'l secondo
48 lo ben che ne la quinta luce è chiuso.
Or apri li occhi a quel ch'io ti rispondo,
e vedräi il tuo credere e 'l mio dire
51 nel vero farsi come centro in tondo.
Ciò che non more e ciò che può morire
non è se non splendor di quella idea
54 che partorisce, amando, il nostro Sire;
ché quella viva luce che sì mea
dal suo lucente, che non si disuna
57 da lui né da l'amor ch'a lor s'intrea,
per sua bontate il suo raggiare aduna,
quasi specchiato, in nove sussistenze,
60 etternalmente rimanendosi una.
Quindi discende a l'ultime potenze
giù d'atto in atto, tanto divenendo,
63 che più non fa che brevi contingenze;
e queste contingenze essere intendo
le cose generate, che produce
66 con seme e sanza seme il ciel movendo.
La cera di costoro e chi la duce
non sta d'un modo; e però sotto 'l segno
69 idëale poi più e men traluce.

Ond' elli avvien ch'un medesimo legno,
secondo specie, meglio e peggio frutta;
72 e voi nascete con diverso ingegno.

Se fosse a punto la cera dedutta
e fosse il cielo in sua virtù supprema,
75 la luce del suggel parrebbe tutta;

ma la natura la dà sempre scema,
similemente operando a l'artista
78 ch'a l'abito de l'arte ha man che trema.

Però se 'l caldo amor la chiara vista
de la prima virtù dispone e segna,
81 tutta la perfezion quivi s'acquista.

Così fu fatta già la terra degna
di tutta l'animal perfezïone;
84 così fu fatta la Vergine pregna;

sì ch'io commendo tua oppinïone,
che l'umana natura mai non fue
87 né fia qual fu in quelle due persone.

Or s'i' non procedesse avanti piùe,
"Dunque, come costui fu sanza pare?"
90 comincerebber le parole tue.

Ma perché paia ben ciò che non pare,
pensa chi era, e la cagion che 'l mosse,
93 quando fu detto "Chiedi", a dimandare.

Non ho parlato sì, che tu non posse
ben veder ch'el fu re, che chiese senno
96 acciò che re sufficiente fosse;

non per sapere il numero in che enno
li motor di qua su, o se *necesse*
99 con contingente mai *necesse* fenno;

     non *si est dare primum motum esse*,
o se del mezzo cerchio far si puote
102 trïangol sì ch'un retto non avesse.
     Onde, se ciò ch'io dissi e questo note,
regal prudenza è quel vedere impari
105 in che lo stral di mia intenzion percuote;
     e se al "surse" drizzi li occhi chiari,
vedrai aver solamente respetto
108 ai regi, che son molti, e ' buon son rari.
     Con questa distinzion prendi 'l mio detto;
e così puote star con quel che credi
111 del primo padre e del nostro Diletto.
     E questo ti sia sempre piombo a' piedi,
per farti mover lento com' uom lasso
114 e al sì e al no che tu non vedi:
     ché quelli è tra li stolti bene a basso,
che sanza distinzione afferma e nega
117 ne l'un così come ne l'altro passo;
     perch' elli 'ncontra che più volte piega
l'oppinïon corrente in falsa parte,
120 e poi l'affetto l'intelletto lega.
     Vie più che 'ndarno da riva si parte,
perché non torna tal qual e' si move,
123 chi pesca per lo vero e non ha l'arte.
     E di ciò sono al mondo aperte prove
Parmenide, Melisso e Brisso e molti,
126 li quali andaro e non sapëan dove;
     sì fé Sabellio e Arrio e quelli stolti
che furon come spade a le Scritture
129 in render torti li diritti volti.

Non sien le genti, ancor, troppo sicure
a giudicar, sì come quei che stima
132 le biade in campo pria che sien mature;
   ch'i' ho veduto tutto 'l verno prima
lo prun mostrarsi rigido e feroce;
135 poscia portar la rosa in su la cima;
   e legno vidi già dritto e veloce
correr lo mar per tutto suo cammino,
138 perire al fine a l'intrar de la foce.
   Non creda donna Berta e ser Martino,
per vedere un furare, altro offerere,
141 vederli dentro al consiglio divino;
   ché quel può surgere, e quel può cadere ».

CANTO XIV

Salomone, rispondendo a un dubbio di Dante, precisa che dopo il Giudizio Universale la luminosità delle anime beate sarà accresciuta in virtù della perfezione acquisita tramite la ricongiunzione con il proprio corpo. Appare una nuova corona luminosa, che chiude in sé le altre due. Il poeta non riesce a sopportarne la luminosità, fissa lo sguardo sugli occhi di Beatrice e con lei sale al Quinto Cielo, o Cielo di Marte, in cui risiedono le anime che combatterono per la fede, disposte in forma di Croce luminosa, in cui lampeggia Cristo.

 Dal centro al cerchio, e sì dal cerchio al centro
movesi l'acqua in un ritondo vaso,
3 secondo ch'è percosso fuori o dentro:
 ne la mia mente fé sùbito caso
questo ch'io dico, sì come si tacque
6 la glorïosa vita di Tommaso,
 per la similitudine che nacque
del suo parlare e di quel di Beatrice,
9 a cui sì cominciar, dopo lui, piacque:
 « A costui fa mestieri, e nol vi dice
né con la voce né pensando ancora,
12 d'un altro vero andare a la radice.
 Diteli se la luce onde s'infiora
vostra sustanza, rimarrà con voi
15 etternalmente sì com' ell' è ora;

    e se rimane, dite come, poi
che sarete visibili rifatti,
18 esser porà ch'al veder non vi nòi ».
    Come, da più letizia pinti e tratti,
a la fïata quei che vanno a rota
21 levan la voce e rallegrano li atti,
    così, a l'orazion pronta e divota,
li santi cerchi mostrar nova gioia
24 nel torneare e ne la mira nota.
    Qual si lamenta perché qui si moia
per viver colà su, non vide quive
27 lo refrigerio de l'etterna ploia.
    Quell' uno e due e tre che sempre vive
e regna sempre in tre e 'n due e 'n uno,
30 non circunscritto, e tutto circunscrive,
    tre volte era cantato da ciascuno
di quelli spirti con tal melodia,
33 ch'ad ogne merto saria giusto muno.
    E io udi' ne la luce più dia
del minor cerchio una voce modesta,
36 forse qual fu da l'angelo a Maria,
    risponder: « Quanto fia lunga la festa
di paradiso, tanto il nostro amore
39 si raggerà dintorno cotal vesta.
    La sua chiarezza séguita l'ardore;
l'ardor la visïone, e quella è tanta,
42 quant' ha di grazia sovra suo valore.
    Come la carne glorïosa e santa
fia rivestita, la nostra persona
45 più grata fia per esser tutta quanta;

A RILEVARSI; E VIDIMI TRANSLATO
SOL CON MIA DONNA IN PIÙ ALTA SALUTE. *(Par., c. XIV, vv. 83 e 84)*

per che s'accrescerà ciò che ne dona
di gratüito lume il sommo bene,
48 lume ch'a lui veder ne condiziona;
onde la visïon crescer convene,
crescer l'ardor che di quella s'accende,
51 crescer lo raggio che da esso vene.
Ma sì come carbon che fiamma rende,
e per vivo candor quella soverchia,
54 sì che la sua parvenza si difende;
così questo folgór che già ne cerchia
fia vinto in apparenza da la carne
57 che tutto dì la terra ricoperchia;
né potrà tanta luce affaticarne:
ché li organi del corpo saran forti
60 a tutto ciò che potrà dilettarne ».
Tanto mi parver sùbiti e accorti
e l'uno e l'altro coro a dicer « Amme! »,
63 che ben mostrar disio d'i corpi morti:
forse non pur per lor, ma per le mamme,
per li padri e per li altri che fuor cari
66 anzi che fosser sempiterne fiamme.
Ed ecco intorno, di chiarezza pari,
nascere un lustro sopra quel che v'era,
69 per guisa d'orizzonte che rischiari.
E sì come al salir di prima sera
comincian per lo ciel nove parvenze,
72 sì che la vista pare e non par vera,
parvemi lì novelle sussistenze
cominciare a vedere, e fare un giro
75 di fuor da l'altre due circunferenze.

Oh vero sfavillar del Santo Spiro!
come si fece sùbito e candente
78 a li occhi miei che, vinti, nol soffriro!

Ma Bëatrice sì bella e ridente
mi si mostrò, che tra quelle vedute
81 si vuol lasciar che non seguir la mente.

Quindi ripreser li occhi miei virtute
a rilevarsi; e vidimi translato
84 sol con mia donna in più alta salute.

Ben m'accors' io ch'io era più levato,
per l'affocato riso de la stella,
87 che mi parea più roggio che l'usato.

Con tutto 'l core e con quella favella
ch'è una in tutti, a Dio feci olocausto,
90 qual conveniesi a la grazia novella.

E non er' anco del mio petto essausto
l'ardor del sacrificio, ch'io conobbi
93 esso litare stato accetto e fausto;

ché con tanto lucore e tanto robbi
m'apparvero splendor dentro a due raggi,
96 ch'io dissi: « O Eliòs che sì li addobbi! ».

Come distinta da minori e maggi
lumi biancheggia tra ' poli del mondo
99 Galassia sì, che fa dubbiar ben saggi;

sì costellati facean nel profondo
Marte quei raggi il venerabil segno
102 che fan giunture di quadranti in tondo.

Qui vince la memoria mia lo 'ngegno;
ché quella croce lampeggiava Cristo,
105 sì ch'io non so trovare essempro degno;

ma chi prende sua croce e segue Cristo,
   ancor mi scuserà di quel ch'io lasso,
108 vedendo in quell'albor balenar Cristo.
   Di corno in corno e tra la cima e 'l basso
   si movien lumi, scintillando forte
111 nel congiugnersi insieme e nel trapasso:
   così si veggion qui diritte e torte,
   veloci e tarde, rinovando vista,
114 le minuzie d'i corpi, lunghe e corte,
   moversi per lo raggio onde si lista
   talvolta l'ombra che, per sua difesa,
117 la gente con ingegno e arte acquista.
   E come giga e arpa, in tempra tesa
   di molte corde, fa dolce tintinno
120 a tal da cui la nota non è intesa,
   così da' lumi che lì m'apparinno
   s'accogliea per la croce una melode
123 che mi rapiva, sanza intender l'inno.
   Ben m'accors' io ch'elli era d'alte lode,
   però ch'a me venìa «Resurgi» e «Vinci»
126 come a colui che non intende e ode.
   Ïo m'innamorava tanto quinci,
   che 'nfino a lì non fu alcuna cosa
129 che mi legasse con sì dolci vinci.
   Forse la mia parola par troppo osa,
   posponendo il piacer de li occhi belli,
132 ne' quai mirando mio disio ha posa;
   ma chi s'avvede che i vivi suggelli
   d'ogne bellezza più fanno più suso,
135 e ch'io non m'era lì rivolto a quelli,

    escusar puommi di quel ch'io m'accuso
   per escusarmi, e vedermi dir vero:
138 ché 'l piacer santo non è qui dischiuso,
   perché si fa, montando, più sincero.

CHÉ QUELLA CROCE LAMPEGGIAVA CRISTO,
SÌ CH'IO NON SO TROVARE ESSEMPRO DEGNO... *(Par., c. XIV, vv. 104 e 105)*

CANTO XV

Dopo essersi perso in espressioni di riconoscenza nei confronti dei Beati, così prodighi di carità nei confronti degli uomini, Dante ha la possibilità di parlare con una delle anime che percorrono il braccio della Croce, che scende per incontrarsi con lui. Si tratta dell'anima del suo trisavolo Cacciaguida, che intesse le lodi della Firenze antica.

*B*enigna volontade in che si liqua
sempre l'amor che drittamente spira,
3 come cupidità fa ne la iniqua,
    silenzio puose a quella dolce lira,
e fece quïetar le sante corde
6 che la destra del cielo allenta e tira.
    Come saranno a' giusti preghi sorde
quelle sustanze che, per darmi voglia,
9 ch'io le pregassi, a tacer fur concorde?
    Bene è che sanza termine si doglia
chi, per amor di cosa che non duri
12 etternalmente, quello amor si spoglia.
    Quale per li seren tranquilli e puri
discorre ad ora ad ora sùbito foco,
15 movendo li occhi che stavan sicuri,
    e pare stella che tramuti loco,
se non che da la parte ond' e' s'accende
18 nulla sen perde, ed esso dura poco:

tale dal corno che 'n destro si stende
a piè di quella croce corse un astro
21 de la costellazion che lì resplende;
né si partì la gemma dal suo nastro,
ma per la lista radïal trascorse,
24 che parve foco dietro ad alabastro.
Sì pïa l'ombra d'Anchise si porse,
se fede merta nostra maggior musa,
27 quando in Eliso del figlio s'accorse.
« *O sanguis meus, o superinfusa*
gratïa Deï, sicut tibi cui
30 *bis unquam celi ianüa reclusa?* »
Così quel lume: ond'io m'attesi a lui;
poscia rivolsi a la mia donna il viso,
33 e quinci e quindi stupefatto fui;
ché dentro a li occhi suoi ardeva un riso
tal, ch'io pensai co' miei toccar lo fondo
36 de la mia gloria e del mio paradiso.
Indi, a udire e a veder giocondo,
giunse lo spirto al suo principio cose,
39 ch'io non lo 'ntesi, sì parlò profondo;
né per elezïon mi si nascose,
ma per necessità, ché 'l suo concetto
42 al segno d'i mortal si soprapuose.
E quando l'arco de l'ardente affetto
fu sì sfogato, che 'l parlar discese
45 inver' lo segno del nostro intelletto,
la prima cosa che per me s'intese,
« Benedetto sia tu », fu, « trino e uno,
48 che nel mio seme se' tanto cortese! »

E seguì: « Grato e lontano digiuno,
tratto leggendo del magno volume
51 du' non si muta mai bianco né bruno,
   solvuto hai, figlio, dentro a questo lume
in ch'io ti parlo, mercè di colei
54 ch'a l'alto volo ti vestì le piume.
   Tu credi che a me tuo pensier mei
da quel ch'è primo, così come raia
57 da l'un, se si conosce, il cinque e 'l sei;
   e però ch'io mi sia e perch' io paia
più gaudïoso a te, non mi domandi,
60 che alcun altro in questa turba gaia.
   Tu credi 'l vero; ché i minori e ' grandi
di questa vita miran ne lo speglio
63 in che, prima che pensi, il pensier pandi;
   ma perché 'l sacro amore in che io veglio
con perpetüa vista e che m'asseta
66 di dolce disïar, s'adempia meglio,
   la voce tua sicura, balda e lieta
suoni la volontà, suoni 'l disio,
69 a che la mia risposta è già decreta! ».
   Io mi volsi a Beatrice, e quella udio
pria ch'io parlassi, e arrisemi un cenno
72 che fece crescer l'ali al voler mio.
   Poi cominciai così: « L'affetto e 'l senno,
come la prima equalità v'apparse,
75 d'un peso per ciascun di voi si fenno,
   però che 'l sol che v'allumò e arse,
col caldo e con la luce è sì iguali,
78 che tutte simiglianze sono scarse.

Ma voglia e argomento ne' mortali,
per la cagion ch'a voi è manifesta,
81 diversamente son pennuti in ali;
   ond' io, che son mortal, mi sento in questa
disagguaglianza, e però mia ringrazio
84 se non col core a la paterna festa.
   Ben supplico io a te, vivo topazio
che questa gioia preziosa ingemmi,
87 perché mi facci del tuo nome sazio ».
   « O fronda mia in che io compiacemmi
pur aspettando, io fui la tua radice »:
90 cotal principio, rispondendo, femmi.
   Poscia mi disse: « Quel da cui si dice
tua cognazione e che cent' anni e piùe
93 girato ha 'l monte in la prima cornice,
   mio figlio fu e tuo bisavol fue:
ben si convien che la lunga fatica
96 tu li raccorci con l'opere tue.
   Fiorenza dentro da la cerchia antica,
ond' ella toglie ancora e terza e nona,
99 si stava in pace, sobria e pudica.
   Non avea catenella, non corona,
non gonne contigiate, non cintura
102 che fosse a veder più che la persona.
   Non faceva, nascendo, ancor paura
la figlia al padre, che 'l tempo e la dote
105 non fuggien quinci e quindi la misura.
   Non avea case di famiglia vòte;
non v'era giunto ancor Sardanapalo
108 a mostrar ciò che 'n camera si puote.

Non era vinto ancora Montemalo
dal vostro Uccellatoio, che, com'è vinto
111 nel montar su, così sarà nel calo.
　　Bellincion Berti vid' io andar cinto
di cuoio e d'osso, e venir da lo specchio
114 la donna sua sanza 'l viso dipinto;
　　e vidi quel d'i Nerli e quel del Vecchio
esser contenti a la pelle scoperta,
117 e le sue donne al fuso e al pennecchio.
　　Oh fortunate! ciascuna era certa
de la sua sepultura, e ancor nulla
120 era per Francia nel letto diserta.
　　L'una vegghiava a studio de la culla,
e, consolando, usava l'idïoma
123 che prima i padri e le madri trastulla;
　　l'altra, traendo a la rocca la chioma,
favoleggiava con la sua famiglia
126 d'i Troiani, di Fiesole e di Roma.
　　Saria tenuta allor tal maraviglia
una Cianghella, un Lapo Salterello,
129 qual or saria Cincinnato e Corniglia.
　　A così riposato, a così bello
viver di cittadini, a così fida
132 cittadinanza, a così dolce ostello,
　　Maria mi diè, chiamata in alte grida;
e ne l'antico vostro Batisteo
135 insieme fui cristiano e Cacciaguida.
　　Moronto fu mio frate ed Eliseo;
mia donna venne a me di val di Pado,
138 e quindi il sopranome tuo si feo.

Poi seguitai lo 'mperador Currado;
ed el mi cinse de la sua milizia,
141 tanto per bene ovrar li venni in grado.

Dietro li andai incontro a la nequizia
di quella legge il cui popolo usurpa,
144 per colpa d'i pastor, vostra giustizia.

Quivi fu' io da quella gente turpa
disviluppato dal mondo fallace,
147 lo cui amor molt' anime deturpa;
 e venni dal martiro a questa pace ».

CANTO XVI

Dante, confortato dalle parole di Cacciaguida, il quale ha affermato che la nobiltà della sua famiglia nasce non dal sangue ma dalle azioni, prega l'anima del suo avo di parlargli più diffusamente dei suoi antenati e della Firenze antica. Cacciaguida, nel rispondere, comincia con l'individuare la causa della corruzione di Firenze nell'innesto della gente nuova sul tronco dei fiorentini autentici.

O poca nostra nobiltà di sangue,
se gloriar di te la gente fai
3 qua giù dove l'affetto nostro langue,
    mirabil cosa non mi sarà mai,
ché là dove appetito non si torce,
6 dico nel cielo, io me ne gloriai.
    Ben se' tu manto che tosto raccorce:
sì che, se non s'appon di dì in die,
9 lo tempo va dintorno con le force.
    Dal "voi" che prima a Roma s'offerie,
in che la sua famiglia men persevra,
12 ricominciaron le parole mie;
    onde Beatrice, ch'era un poco scevra,
ridendo, parve quella che tossio
15 al primo fallo scritto di Ginevra.
    Io cominciai: « Voi siete il padre mio;
voi mi date a parlar tutta baldezza;

18 voi mi levate sì, ch'i' son più ch'io.
   Per tanti rivi s'empie d'allegrezza
la mente mia, che di sé fa letizia
21 perché può sostener che non si spezza.
   Ditemi dunque, cara mia primizia,
quai fuor li vostri antichi e quai fuor li anni
24 che si segnaro in vostra püerizia;
   ditemi de l'ovil di San Giovanni
quanto era allora, e chi eran le genti
27 tra esso degne di più alti scanni ».
   Come s'avviva a lo spirar d'i venti
carbone in fiamma, così vid' io quella
30 luce risplender a' miei blandimenti;
   e come a li occhi miei si fé più bella,
così con voce più dolce e soave,
33 ma non con questa moderna favella,
   dissemi: « Da quel dì che fu detto *"Ave"*
al parto in che mia madre, ch'è or santa,
36 s'allevïò di me ond' era grave,
   al suo Leon cinquecento cinquanta
e trenta fïate venne questo foco
39 a rinfiammarsi sotto la sua pianta.
   Li antichi miei e io nacqui nel loco
dove si truova pria l'ultimo sesto
42 da quei che corre il vostro annüal gioco.
   Basti d'i miei maggiori udirne questo:
chi ei si fosser e onde venner quivi,
45 più è tacer che ragionare onesto.
   Tutti color ch'a quel tempo eran ivi
da poter arme tra Marte e 'l Batista,

48 eran il quinto di quei ch'or son vivi.
　　Ma la cittadinanza, ch'è or mista
di Campi, di Certaldo e di Fegghine,
51 pura vediesi ne l'ultimo artista.
　　Oh quanto fora meglio esser vicine
quelle genti ch'io dico, e al Galluzzo
54 e a Trespiano aver vostro confine,
　　che averle dentro e sostener lo puzzo
del villan d'Aguglion, di quel da Signa,
57 che già per barattare ha l'occhio aguzzo!
　　Se la gente ch'al mondo più traligna
non fosse stata a Cesare noverca,
60 ma come madre a suo figlio benigna,
　　tal fatto è fiorentino e cambia e merca,
che si sarebbe vòlto a Simifonti,
63 là dove andava l'avolo a la cerca;
　　sariesi Montemurlo ancor de' Conti;
sarieno i Cerchi nel piovier d'Acone,
66 e forse in Valdigrieve i Buondelmonti.
　　Sempre la confusion de le persone
principio fu del mal de la cittade,
69 come del vostro il cibo che s'appone;
　　e cieco toro più avaccio cade
che cieco agnello; e molte volte taglia
72 più e meglio una che le cinque spade.
　　Se tu riguardi Luni e Orbisaglia
come sono ite, e come se ne vanno
75 di retro ad esse Chiusi e Sinigaglia,
　　udir come le schiatte si disfanno
non ti parrà nova cosa né forte,

78 poscia che le cittadi termine hanno.
   Le vostre cose tutte hanno lor morte,
sì come voi; ma celasi in alcuna
81 che dura molto, e le vite son corte.
   E come 'l volger del ciel de la luna
cuopre e discuopre i liti sanza posa,
84 così fa di Fiorenza la Fortuna:
   per che non dee parer mirabil cosa
ciò ch'io dirò de li alti Fiorentini
87 onde è la fama nel tempo nascosa.
   Io vidi li Ughi e vidi i Catellini,
Filippi, Greci, Ormanni e Alberichi,
90 già nel calare, illustri cittadini;
   e vidi così grandi come antichi,
con quel de la Sannella, quel de l'Arca,
93 e Soldanieri e Ardinghi e Bostichi.
   Sovra la porta ch'al presente è carca
di nova fellonia di tanto peso
96 che tosto fia iattura de la barca,
   erano i Ravignani, ond' è disceso
il conte Guido e qualunque del nome
99 de l'alto Bellincione ha poscia preso.
   Quel de la Pressa sapeva già come
regger si vuole, e avea Galigaio
102 dorata in casa sua già l'elsa e 'l pome.
   Grand' era già la colonna del Vaio,
Sacchetti, Giuochi, Fifanti e Barucci
105 e Galli e quei ch'arrossan per lo staio.
   Lo ceppo di che nacquero i Calfucci
era già grande, e già eran tratti

108 a le curule Sizii e Arrigucci.
   Oh quali io vidi quei che son disfatti
   per lor superbia! e le palle de l'oro
111 fiorian Fiorenza in tutt' i suoi gran fatti.
   Così faciено i padri di coloro
   che, sempre che la vostra chiesa vaca,
114 si fanno grassi stando a consistoro.
   L'oltracotata schiatta che s'indraca
   dietro a chi fugge, e a chi mostra 'l dente
117 o ver la borsa, com' agnel si placa,
   già venìa su, ma di picciola gente;
   sì che non piacque ad Ubertin Donato
120 che poï il suocero il fé lor parente.
   Già era 'l Caponsacco nel mercato
   disceso giù da Fiesole, e già eran
123 buon cittadino Giuda e Infangato.
   Io dirò cosa incredibile e vera:
   nel picciol cerchio s'entrava per porta
126 che si nomava da quei de la Pera.
   Ciascun che de la bella insegna porta
   del gran barone il cui nome e 'l cui pregio
129 la festa di Tommaso riconforta,
   da esso ebbe milizia e privilegio;
   avvegna che con popol si rauni
132 oggi colui che la fascia col fregio.
   Già eran Gualterotti e Importuni;
   e ancor saria Borgo più quïeto,
135 se di novi vicin fosser digiuni.
   La casa di che nacque il vostro fleto,
   per lo giusto disdegno che v'ha morti

Ma conveniesi, a quella pietra scema
che guarda 'l ponte, che Fiorenza fesse
vittima ne la sua pace postrema. *(Par., c. XVI, vv. 145-147)*

138 e puose fine al vostro viver lieto,
   era onorata, essa e suoi consorti:
   o Buondelmonte, quanto mal fuggisti
141 le nozze süe per li altrui conforti!
   Molti sarebber lieti, che son tristi,
   se Dio t'avesse conceduto ad Ema
144 la prima volta ch'a città venisti.
   Ma conveniesi, a quella pietra scema
   che guarda 'l ponte, che Fiorenza fesse
147 vittima ne la sua pace postrema.
   Con queste genti, e con altre con esse,
   vid' io Fiorenza in sì fatto riposo,
150 che non avea cagione onde piangesse.
   Con queste genti vid' io glorïoso
   e giusto il popol suo, tanto che 'l giglio
153 non era ad asta mai posto a ritroso,
   né per divisïon fatto vermiglio ».

CANTO XVII

Incoraggiato da Beatrice, Dante chiede a Cacciaguida delucidazioni in merito alle profezie dell'esilio fin qui avute; il suo avo le conferma, parla delle sofferenze che dovrà patire ma anche dei molti conforti che riceverà. Il poeta chiede inoltre se non sarà pericoloso per lui rivelare agli uomini quanto ha potuto conoscere nel suo viaggio ultraterreno, ma Cacciaguida lo rassicura, confermando che la sua è una vera e propria missione da compiere; proprio per tal motivo, sia nel Paradiso che nel Purgatorio che nell'Inferno a Dante viene concesso di parlare solo con le anime di personaggi famosi, i cui esempi saranno di maggior presa presso la gente comune.

Qual venne a Climené, per accertarsi
di ciò ch'avëa incontro a sé udito,
3 quei ch'ancor fa li padri ai figli scarsi;
tal era io, e tal era sentito
e da Beatrice e da la santa lampa
6 che pria per me avea mutato sito.
Per che mia donna « Manda fuor la vampa
del tuo disio », mi disse, « sì ch'ella esca
9 segnata bene de la interna stampa:
non perché nostra conoscenza cresca
per tuo parlare, ma perché t'ausi
12 a dir la sete, sì che l'uom ti mesca. »
« O cara piota mia che sì t'insusi,

che, come veggion le terrene menti
non capere in tr̈iangol due ottusi,
così vedi le cose contingenti
anzi che sieno in sé, mirando il punto
a cui tutti li tempi son presenti;
mentre ch'io era a Virgilio congiunto
su per lo monte che l'anime cura
e discendendo nel mondo defunto,
dette mi fuor di mia vita futura
parole gravi, avvegna ch'io mi senta
ben tetragono ai colpi di ventura;
per che la voglia mia saria contenta
d'intender qual fortuna mi s'appressa:
ché saetta previsa vien più lenta. »
Così diss' io a quella luce stessa
che pria m'avea parlato; e come volle
Beatrice, fu la mia voglia confessa.
Né per ambage, in che la gente folle
già s'inviscava pria che fosse anciso
l'Agnel di Dio che le peccata tolle,
ma per chiare parole e con preciso
latin rispuose quello amor paterno,
chiuso e parvente del suo proprio riso:
« La contingenza, che fuor del quaderno
de la vostra matera non si stende,
tutta è dipinta nel cospetto etterno;
necessità però quindi non prende
se non come dal viso in che si specchia
nave che per torrente giù discende.
Da indi, sì come viene ad orecchia

dolce armonia da organo, mi viene
45 a vista il tempo che ti s'apparecchia.
   Qual si partio Ipolito d'Atene
per la spietata e perfida noverca,
48 tal di Fiorenza partir ti convene.
   Questo si vuole e questo già si cerca,
e tosto verrà fatto a chi ciò pensa
51 là dove Cristo tutto dì si merca.
   La colpa seguirà la parte offensa
in grido, come suol; ma la vendetta
54 fia testimonio al ver che la dispensa.
   Tu lascerai ogne cosa diletta
più caramente; e questo è quello strale
57 che l'arco de lo essilio pria saetta.
   Tu proverai sì come sa di sale
lo pane altrui, e come è duro calle
60 lo scendere e 'l salir per l'altrui scale.
   E quel che più ti graverà le spalle,
sarà la compagnia malvagia e scempia
63 con la qual tu cadrai in questa valle;
   che tutta ingrata, tutta matta ed empia
si farà contr'a te; ma, poco appresso,
66 ella, non tu, n'avrà rossa la tempia.
   Di sua bestialitate il suo processo
farà la prova; sì ch'a te fia bello
69 averti fatta parte per te stesso.
   Lo primo tuo refugio e 'l primo ostello
sarà la cortesia del gran Lombardo
72 che 'n su la scala porta il santo uccello;
   ch'in te avrà sì benigno riguardo,

    che del fare e del chieder, tra voi due,
75 fia primo quel che tra li altri è più tardo.
    Con lui vedrai colui che 'mpresso fue,
nascendo, sì da questa stella forte,
78 che notabili fier l'opere sue.
    Non se ne son le genti ancora accorte
per la novella età, ché pur nove anni
81 son queste rote intorno di lui torte;
    ma pria che 'l Guasco l'alto Arrigo inganni,
parran faville de la sua virtute
84 in non curar d'argento né d'affanni.
    Le sue magnificenze conosciute
saranno ancora, sì che ' suoi nemici
87 non ne potran tener le lingue mute.
    A lui t'aspetta e a' suoi benefici;
per lui fia trasmutata molta gente,
90 cambiando condizion ricchi e mendici;
    e portera'ne scritto ne la mente
di lui, e nol dirai »; e disse cose
93 incredibili a quei che fier presente.
    Poi giunse: « Figlio, queste son le chiose
di quel che ti fu detto; ecco le 'nsidie
96 che dietro a pochi giri son nascose.
    Non vo' però ch'a' tuoi vicini invidie,
poscia che s'infutura la tua vita
99 vie più là che 'l punir di lor perfidie ».
    Poi che, tacendo, si mostrò spedita
l'anima santa di metter la trama
102 in quella tela ch'io le porsi ordita,
    io cominciai, come colui che brama,

dubitando, consiglio da persona
105 che vede e vuol dirittamente e ama:
« Ben veggio, padre mio, sì come sprona
lo tempo verso me, per colpo darmi
108 tal, ch'è più grave a chi più s'abbandona;
per che di provedenza è buon ch'io m'armi,
sì che, se loco m'è tolto più caro,
111 io non perdessi li altri per miei carmi.
Giù per lo mondo sanza fine amaro,
e per lo monte del cui bel cacume
114 li occhi de la mia donna mi levaro,
e poscia per lo ciel, di lume in lume,
ho io appreso quel che s'io ridico,
117 a molti fia sapor di forte agrume;
e s'io al vero son timido amico,
temo di perder viver tra coloro
120 che questo tempo chiameranno antico ».
La luce in che rideva il mio tesoro
ch'io trovai lì, si fé prima corusca,
123 quale a raggio di sole specchio d'oro;
indi rispuose: « Coscïenza fusca
o de la propria o de l'altrui vergogna
126 pur sentirà la tua parola brusca.
Ma nondimen, rimossa ogne menzogna,
tutta tua visïon fa manifesta;
129 e lascia pur grattar dov' è la rogna.
Ché se la voce tua sarà molesta
nel primo gusto, vital nodrimento
132 lascerà poi, quando sarà digesta.
Questo tuo grido farà come vento,

  che le più alte cime più percuote;
135 e ciò non fa d'onor poco argomento.
   Però ti son mostrate in queste rote,
  nel monte e ne la valle dolorosa
138 pur l'anime che son di fama note,
   che l'animo di quel ch'ode, non posa
  né ferma fede per essempro ch'aia
141 la sua radice incognita e ascosa,
   né per altro argomento che non paia ».

CANTO XVIII

CACCIAGUIDA NOMINA A DANTE OTTO ANIME DI UOMINI FAMOSI: GIOSUÈ, GIUDA MACCABEO, CARLO MAGNO E IL SUO PALADINO ORLANDO, GUIGLIELMO DUCA D'ORANGE E RENOARDO, GOFFREDO DA BUGLIONE, ROBERTO IL GUISCARDO, FIGLIO DI TANCREDI D'ALTAVILLA. DOPO DI CHE TORNA A RIPRENDERE IL SUO POSTO NELLA CROCE. DANTE E BEATRICE PASSANO AL SESTO CIELO O CIELO DI GIOVE, DOVE RISIEDONO LE ANIME DI COLORO CHE AMARONO LA GIUSTIZIA, CHE SI DISPONGONO A FORMARE CON LA LORO LUCE UNA SCRITTA CHE INVITA I PRINCIPI DELLA TERRA AD AMARE APPUNTO LA GIUSTIZIA. DOPO DI CHE DISEGNANO NEL CIELO UN'AQUILA.

Già si godeva solo del suo verbo
quello specchio beato, e io gustava
3 lo mio, temprando col dolce l'acerbo;
e quella donna ch'a Dio mi menava
disse: « Muta pensier; pensa ch'i' sono
6 presso a colui ch'ogne torto disgrava ».
Io mi rivolsi a l'amoroso suono
del mio conforto; e qual io allor vidi
9 ne li occhi santi amor, qui l'abbandono:
non perch' io pur del mio parlar diffidi,
ma per la mente che non può redire
12 sovra sé tanto, s'altri non la guidi.
Tanto poss' io di quel punto ridire,
che, rimirando lei, lo mio affetto

libero fu da ogne altro disire,
   fin che 'l piacere etterno, che diretto
raggiava in Bëatrice, dal bel viso
mi contentava col secondo aspetto.
   Vincendo me col lume d'un sorriso,
ella mi disse: « Volgiti e ascolta;
ché non pur ne' miei occhi è paradiso ».
   Come si vede qui alcuna volta
l'affetto ne la vista, s'elli è tanto,
che da lui sia tutta l'anima tolta,
   così nel fiammeggiar del folgór santo,
a ch'io mi volsi, conobbi la voglia
in lui di ragionarmi ancora alquanto.
   El cominciò: « In questa quinta soglia
de l'albero che vive de la cima
e frutta sempre e mai non perde foglia,
   spiriti son beati, che giù, prima
che venissero al ciel, fuor di gran voce,
sì ch'ogne musa ne sarebbe opima.
   Però mira ne' corni de la croce:
quello ch'io nomerò, lì farà l'atto
che fa in nube il suo foco veloce ».
   Io vidi per la croce un lume tratto
dal nomar Iosuè, com' el si feo;
né mi fu noto il dir prima che 'l fatto.
   E al nome de l'alto Macabeo
vidi moversi un altro roteando,
e letizia era ferza del paleo.
   Così per Carlo Magno e per Orlando
due ne seguì lo mio attento sguardo,

15

18

21

24

27

30

33

36

39

42

O DIVA PEGASËA CHE LI 'NGEGNI
FAI GLORÏOSI E RENDILI LONGEVI,
ED ESSI TECO LE CITTADI E ' REGNI,
ILLUSTRAMI DI TE, SÌ CH'IO RILEVI
LE LOR FIGURE COM' IO L'HO CONCETTE ... *(Par., c. XVIII, vv. 82-86)*

45 com' occhio segue suo falcon volando.
   Poscia trasse Guiglielmo e Rinoardo
   e 'l duca Gottifredi la mia vista
48 per quella croce, e Ruberto Guiscardo.
   Indi, tra l'altre luci mota e mista,
   mostrommi l'alma che m'avea parlato
51 qual era tra i cantor del cielo artista.
   Io mi rivolsi dal mio destro lato
   per vedere in Beatrice il mio dovere,
54 o per parlare o per atto, segnato;
   e vidi le sue luci tanto mere,
   tanto gioconde, che la sua sembianza
57 vinceva li altri e l'ultimo solere.
   E come, per sentir più dilettanza
   bene operando, l'uom di giorno in giorno
60 s'accorge che la sua virtute avanza,
   sì m'accors' io che 'l mio girare intorno
   col cielo insieme avea cresciuto l'arco,
63 veggendo quel miracol più addorno.
   E qual è 'l trasmutare in picciol varco
   di tempo in bianca donna, quando 'l volto
66 suo si discarchi di vergogna il carco,
   tal fu ne li occhi miei, quando fui vòlto,
   per lo candor de la temprata stella
69 sesta, che dentro a sé m'avea ricolto.
   Io vidi in quella gioviäl facella
   lo sfavillar de l'amor che lì era,
72 segnare a li occhi miei nostra favella.
   E come augelli surti di rivera,
   quasi congratulando a lor pasture,

fanno di sé or tonda or altra schiera,
   sì dentro ai lumi sante creature
volitando cantavano, e faciensi
or *D*, or *I*, or *L* in sue figure.
   Prima, cantando, a sua nota moviensi;
poi, diventando l'un di questi segni,
un poco s'arrestavano e taciensi.
   O diva Pegasëa che li 'ngegni
fai gloriosi e rendili longevi,
ed essi teco le cittadi e ' regni,
   illustrami di te, sì ch'io rilevi
le lor figure com' io l'ho concette:
paia tua possa in questi versi brevi!
   Mostrarsi dunque in cinque volte sette
vocali e consonanti; e io notai
le parti sì, come mi parver dette.
   "DILIGITE IUSTITIAM", primai
fur verbo e nome di tutto 'l dipinto;
"QUI IUDICATIS TERRAM", fur sezzai.
   Poscia ne l'emme del vocabol quinto
rimasero ordinate; sì che Giove
pareva argento lì d'oro distinto.
   E vidi scendere altre luci dove
era il colmo de l'emme, e lì quetarsi
cantando, credo, il ben ch'a sé le move.
   Poi, come nel percuoter d'i ciocchi arsi
surgono innumerabili faville,
onde li stolti sogliono agurarsi,
   resurger parver quindi più di mille
luci e salir, qual assai e qual poco,

105 sì come 'l sol che l'accende sortille;
e quïetata ciascuna in suo loco,
la testa e 'l collo d'un'aguglia vidi
108 rappresentare a quel distinto foco.

Quei che dipinge lì, non ha chi 'l guidi;
ma esso guida, e da lui si rammenta
111 quella virtù ch'è forma per li nidi.

L'altra bëatitudo, che contenta
pareva prima d'ingigliarsi a l'emme,
114 con poco moto seguitò la 'mprenta.

O dolce stella, quali e quante gemme
mi dimostraro che nostra giustizia
117 effetto sia del ciel che tu ingemme!

Per ch'io prego la mente in che s'inizia
tuo moto e tua virtute, che rimiri
120 ond' esce il fummo che 'l tuo raggio vizia;

sì ch'un'altra fïata omai s'adiri
del comperare e vender dentro al templo
123 che si murò di segni e di martìri.

O milizia del ciel cu' io contemplo,
adora per color che sono in terra
126 tutti svïati dietro al malo essemplo!

Già si solea con le spade far guerra;
ma or si fa togliendo or qui or quivi
129 lo pan che 'l pïo Padre a nessun serra.

Ma tu che sol per cancellare scrivi,
pensa che Pietro e Paulo, che moriro
132 per la vigna che guasti, ancor son vivi.

Ben puoi tu dire: « I' ho fermo 'l disiro
sì a colui che volle viver solo

135 e che per salti fu tratto al martiro,
  ch'io non conosco il pescator né Polo ».

O MILIZIA DEL CIEL CU' IO CONTEMPLO,
ADORA PER COLOR CHE SONO IN TERRA
TUTTI SVĪATI DIETRO AL MALO ESSEMPLO! *(Par., c. XVIII, vv. 124-126)*

CANTO XIX

L'Aquila disegnata dai Beati parla al poeta come se fosse un unico spirito: dice di aver operato con giustizia e pietà, virtù non più praticate dagli umani. A un'osservazione di Dante, l'Aquila parla del Giudizio Divino, imperscrutabile. Gli uomini devono attenersi alle verità rivelate, anche se la loro mente imperfetta le giudica assurde. Il Paradiso accoglie solo coloro che hanno avuto fede in Cristo venuto o in Cristo venturo. E chi pensa di giungervi per la sola fede è un illuso. Nel giorno del Giudizio molti cristiani avranno amare sorprese.

  *P*area dinanzi a me con l'ali aperte
la bella image che nel dolce *frui*
3 liete facevan l'anime conserte;
  parea ciascuna rubinetto in cui
raggio di sole ardesse sì acceso,
6 che ne' miei occhi rifrangesse lui.
  E quel che mi convien ritrar testeso,
non portò voce mai, né scrisse incostro,
9 né fu per fantasia già mai compreso;
  ch'io vidi e anche udi' parlar lo rostro,
e sonar ne la voce e « io » e « mio »,
12 quand' era nel concetto e "noi" e "nostro".
  E cominciò: « Per esser giusto e pio
son io qui essaltato a quella gloria
15 che non si lascia vincere a disio;

e in terra lasciai la mia memoria
sì fatta, che le genti lì malvage
18 commendan lei, ma non seguon la storia ».
  Così un sol calor di molte brage
si fa sentir, come di molti amori
21 usciva solo un suon di quella image.
  Ond' io appresso: « O perpetüi fiori
de l'etterna letizia, che pur uno
24 parer mi fate tutti vostri odori,
  solvetemi, spirando, il gran digiuno
che lungamente m'ha tenuto in fame,
27 non trovandoli in terra cibo alcuno.
  Ben so io che, se 'n cielo altro reame
la divina giustizia fa suo specchio,
30 che 'l vostro non l'apprende con velame.
  Sapete come attento io m'apparecchio
ad ascoltar; sapete qual è quello
33 dubbio che m'è digiun cotanto vecchio ».
  Quasi falcone ch'esce del cappello,
move la testa e con l'ali si plaude,
36 voglia mostrando e faccendosi bello,
  vid' io farsi quel segno, che di laude
de la divina grazia era contesto,
39 con canti quai si sa chi là su gaude.
  Poi cominciò: « Colui che volse il sesto
a lo stremo del mondo, e dentro ad esso
42 distinse tanto occulto e manifesto,
  non poté suo valor sì fare impresso
in tutto l'universo, che 'l suo verbo
45 non rimanesse in infinito eccesso.

E ciò fa certo che 'l primo superbo,
che fu la somma d'ogne creatura,
per non aspettar lume, cadde acerbo;
   e quinci appar ch'ogne minor natura
è corto recettacolo a quel bene
che non ha fine e sé con sé misura.
   Dunque vostra veduta, che convene
esser alcun de' raggi de la mente
di che tutte le cose son ripiene,
   non pò da sua natura esser possente
tanto, che suo principio discerna
molto di là da quel che l'è parvente.
   Però ne la giustizia sempiterna
la vista che riceve il vostro mondo,
com' occhio per lo mare, entro s'interna;
   che, ben che da la proda veggia il fondo,
in pelago nol vede; e nondimeno
èli, ma cela lui l'esser profondo.
   Lume non è, se non vien dal sereno
che non si turba mai; anzi è tenèbra
od ombra de la carne o suo veleno.
   Assai t'è mo aperta la latebra
che t'ascondeva la giustizia viva,
di che facei question cotanto crebra;
   ché tu dicevi: "Un uom nasce a la riva
de l'Indo, e quivi non è chi ragioni
di Cristo né chi legga né chi scriva;
   e tutti suoi voleri e atti buoni
sono, quanto ragione umana vede,
sanza peccato in vita o in sermoni.

Muore non battezzato e sanza fede:
ov' è questa giustizia che 'l condanna?
78 ov' è la colpa sua, se ei non crede?".
   Or tu chi se', che vuo' sedere a scranna,
per giudicar di lungi mille miglia
81 con la veduta corta d'una spanna?
   Certo a colui che meco s'assottiglia,
se la Scrittura sovra voi non fosse,
84 da dubitar sarebbe a maraviglia.
   Oh terreni animali! oh menti grosse!
La prima volontà, ch'è da sé buona,
87 da sé, ch'è sommo ben, mai non si mosse.
   Cotanto è giusto quanto a lei consuona:
nullo creato bene a sé la tira,
90 ma essa, radïando, lui cagiona ».
   Quale sovresso il nido si rigira
poi ch'ha pasciuti la cicogna i figli,
93 e come quel ch'è pasto la rimira;
   cotal si fece, e sì leväi i cigli,
la benedetta imagine, che l'ali
96 movea sospinte da tanti consigli.
   Roteando cantava, e dicea: « Quali
son le mie note a te, che non le 'ntendi,
99 tal è il giudicio etterno a voi mortali ».
   Poi si quetaro quei lucenti incendi
de lo Spirito Santo ancor nel segno
102 che fé i Romani al mondo reverendi,
   esso ricominciò: « A questo regno
non salì mai chi non credette 'n Cristo,
105 né pria né poi ch'el si chiavasse al legno.

Ma vedi: molti gridan "Cristo, Cristo!",
che saranno in giudicio assai men *prope*
a lui, che tal che non conosce Cristo;
  e tai Cristian dannerà l'Etïope,
quando si partiranno i due collegi,
l'uno in etterno ricco e l'altro inòpe.
  Che poran dir li Perse a' vostri regi,
come vedranno quel volume aperto
nel qual si scrivon tutti suoi dispregi?
  Lì si vedrà, tra l'opere d'Alberto,
quella che tosto moverà la penna,
per che 'l regno di Praga fia diserto.
  Lì si vedrà il duol che sovra Senna
induce, falseggiando la moneta,
quel che morrà di colpo di cotenna.
  Lì si vedrà la superbia ch'asseta,
che fa lo Scotto e l'Inghilese folle,
sì che non può soffrir dentro a sua meta.
  Vedrassi la lussuria e 'l viver molle
di quel di Spagna e di quel di Boemme,
che mai non conobbe valor né volle.
  Vedrassi al Ciotto di Ierusalemme
segnata con un i la sua bontate,
quando 'l contrario segnerà un emme.
  Vedrassi l'avarizia e la viltate
di quei che guarda l'isola del foco,
ove Anchise finì la lunga etate;
  e a dare ad intender quanto è poco,
la sua scrittura fian lettere mozze,
che noteranno molto in parvo loco.

     E parranno a ciascun l'opere sozze
  del barba e del fratel, che tanto egregia
138 nazione e due corone han fatte bozze.
     E quel di Portogallo e di Norvegia
  lì si conosceranno, e quel di Rascia
141 che male ha visto il conio di Vinegia.
     Oh beata Ungheria, se non si lascia
  più malmenare! e beata Navarra,
144 se s'armasse del monte che la fascia!
     E creder de' ciascun che già, per arra
  di questo, Niccosìa e Famagosta
147 per la lor bestia si lamenti e garra,
     che dal fianco de l'altre non si scosta ».

CANTO XX

Quando l'Aquila smette di parlare, le anime elevano un meraviglioso canto. L'Aquila poi invita Dante a guardare le anime che formano il suo occhio; gli vengono così presentati Davide, Traiano, Ezechia, Costantino, Guglielmo II il Buono e il troiano Rifeo. L'Aquila gli spiega poi il motivo per cui Traiano e Rifeo, che furono pagani, sono tra i Beati.

Quando colui che tutto 'l mondo alluma
de l'emisperio nostro sì discende,
3   che 'l giorno d'ogne parte si consuma,
lo ciel, che sol di lui prima s'accende,
subitamente si rifà parvente
6   per molte luci, in che una risplende;
e questo atto del ciel mi venne a mente,
come 'l segno del mondo e de' suoi duci
9   nel benedetto rostro fu tacente;
però che tutte quelle vive luci,
vie più lucendo, cominciaron canti
12 da mia memoria labili e caduci.
O dolce amor che di riso t'ammanti,
quanto parevi ardente in que' flailli,
15 ch'avieno spirto sol di pensier santi!
Poscia che i cari e lucidi lapilli
ond' io vidi ingemmato il sesto lume
18 puoser silenzio a li angelici squilli,

udir mi parve un mormorar di fiume
che scende chiaro giù di pietra in pietra,
mostrando l'ubertà del suo cacume.

E come suono al collo de la cetra
prende sua forma, e sì com' al pertugio
de la sampogna vento che penètra,

così, rimosso d'aspettare indugio,
quel mormorar de l'aguglia salissi
su per lo collo, come fosse bugio.

Fecesi voce quivi, e quindi uscissi
per lo suo becco in forma di parole,
quali aspettava il core ov' io le scrissi.

« La parte in me che vede e pate il sole
ne l'aguglie mortali », incominciommi,
« or fisamente riguardar si vole,

perché d'i fuochi ond' io figura fommi,
quelli onde l'occhio in testa mi scintilla,
e' di tutti lor gradi son li sommi.

Colui che luce in mezzo per pupilla,
fu il cantor de lo Spirito Santo,
che l'arca traslatò di villa in villa:

ora conosce il merto del suo canto,
in quanto effetto fu del suo consiglio,
per lo remunerar ch'è altrettanto.

Dei cinque che mi fan cerchio per ciglio,
colui che più al becco mi s'accosta,
la vedovella consolò del figlio:

ora conosce quanto caro costa
non seguir Cristo, per l'esperïenza
di questa dolce vita e de l'opposta.

E quel che segue in la circunferenza
di che ragiono, per l'arco superno,
51 morte indugiò per vera penitenza:
   ora conosce che 'l giudicio etterno
non si trasmuta, quando degno preco
54 fa crastino là giù de l'odïerno.
   L'altro che segue, con le leggi e meco,
sotto buona intenzion che fé mal frutto,
57 per cedere al pastor si fece greco:
   ora conosce come il mal dedutto
dal suo bene operar non li è nocivo,
60 avvegna che sia 'l mondo indi distrutto.
   E quel che vedi ne l'arco declivo,
Guiglielmo fu, cui quella terra plora
63 che piagne Carlo e Federigo vivo:
   ora conosce come s'innamora
lo ciel del giusto rege, e al sembiante
66 del suo fulgore il fa vedere ancora.
   Chi crederebbe giù nel mondo errante
che Rifëo Troiano in questo tondo
69 fosse la quinta de le luci sante?
   Ora conosce assai di quel che 'l mondo
veder non può de la divina grazia,
72 ben che sua vista non discerna il fondo. »
   Quale allodetta che 'n aere si spazia
prima cantando, e poi tace contenta
75 de l'ultima dolcezza che la sazia,
   tal mi sembiò l'imago de la 'mprenta
de l'etterno piacere, al cui disio
78 ciascuna cosa qual ell' è diventa.

E avvegna ch'io fossi al dubbiar mio
lì quasi vetro a lo color ch'el veste,
81 tempo aspettar tacendo non patio,
    ma de la bocca, « Che cose son queste? »,
    mi pinse con la forza del suo peso;
84 per ch'io di coruscar vidi gran feste.
  Poi appresso, con l'occhio più acceso,
lo benedetto segno mi rispuose
87 per non tenermi in ammirar sospeso:
  « Io veggio che tu credi queste cose
perch' io le dico, ma non vedi come;
90 sì che, se son credute, sono ascose.
  Fai come quei che la cosa per nome
apprende ben, ma la sua quiditate
93 veder non può se altri non la prome.
  Regnum celorum vïolenza pate
da caldo amore e da viva speranza,
96 che vince la divina volontate:
  non a guisa che l'omo a l'om sobranza,
ma vince lei perché vuole esser vinta,
99 e, vinta, vince con sua beninanza.
  La prima vita del ciglio e la quinta
ti fa maravigliar, perché ne vedi
102 la regïon de li angeli dipinta.
  D'i corpi suoi non uscir, come credi,
Gentili, ma Cristiani, in ferma fede
105 quel d'i passuri e quel d'i passi piedi.
  Ché l'una de lo 'nferno, u' non si riede
già mai a buon voler, tornò a l'ossa;
108 e ciò di viva spene fu mercede:

       di viva spene, che mise la possa
    ne' prieghi fatti a Dio per suscitarla,
111 sì che potesse sua voglia esser mossa.
       L'anima glorïosa onde si parla,
    tornata ne la carne, in che fu poco,
114 credette in lui che potëa aiutarla;
       e credendo s'accese in tanto foco
    di vero amor, ch'a la morte seconda
117 fu degna di venire a questo gioco.
       L'altra, per grazia che da sì profonda
    fontana stilla, che mai creatura
120 non pinse l'occhio infino a la prima onda,
       tutto suo amor là giù pose a drittura:
    per che, di grazia in grazia, Dio li aperse
123 l'occhio a la nostra redenzion futura;
       ond' ei credette in quella, e non sofferse
    da indi il puzzo più del paganesmo;
126 e riprendiene le genti perverse.
       Quelle tre donne li fur per battesmo
    che tu vedesti da la destra rota,
129 dinanzi al battezzar più d'un millesmo.
       O predestinazion, quanto remota
    è la radice tua da quelli aspetti
132 che la prima cagion non veggion *tota*!
       E voi, mortali, tenetevi stretti
    a giudicar: ché noi, che Dio vedemo,
135 non conosciamo ancor tutti li eletti;
       ed ènne dolce così fatto scemo,
    perché il ben nostro in questo ben s'affina,
138 che quel che vole Iddio, e noi volemo ».

  Così da quella imagine divina,
per farmi chiara la mia corta vista,
141 data mi fu soave medicina.
  E come a buon cantor buon citarista
fa seguitar lo guizzo de la corda,
144 in che più di piacer lo canto acquista,
  sì, mentre ch'e' parlò, sì mi ricorda
ch'io vidi le due luci benedette,
147 pur come batter d'occhi si concorda,
  con le parole mover le fiammette.

CANTO XXI

Dante e Beatrice sono ora al Settimo Cielo o Cielo di Saturno, ove risiedono gli spiriti contemplanti, che appaiono su una scala d'oro (la scala della visione di Giacobbe) che si innalza a perdita d'occhio. Al poeta si accosta l'anima di san Pier Damiano, che gli parla della predestinazione e dell'imperscrutabilità del pensiero divino; poi gli parla di sé e lancia un'invettiva contro il lusso degli ecclesiastici.

Già eran li occhi miei rifissi al volto
de la mia donna, e l'animo con essi,
3   e da ogne altro intento s'era tolto.
    E quella non ridea; ma « S'io ridessi »,
mi cominciò, « tu ti faresti quale
6   fu Semelè quando di cener fessi:
    ché la bellezza mia, che per le scale
de l'etterno palazzo più s'accende,
9   com'hai veduto, quanto più si sale,
    se non si temperasse, tanto splende,
che 'l tuo mortal podere, al suo fulgore,
12 sarebbe fronda che trono scoscende.
    Noi sem levati al settimo splendore,
che sotto 'l petto del Leone ardente
15 raggia mo misto giù del suo valore.
    Ficca di retro a li occhi tuoi la mente,
e fa di quelli specchi a la figura

che 'n questo specchio ti sarà parvente. »
   Qual savesse qual era la pastura
del viso mio ne l'aspetto beato
quand' io mi trasmutai ad altra cura,
   conoscerebbe quanto m'era a grato
ubidire a la mia celeste scorta,
contrapesando l'un con l'altro lato.
   Dentro al cristallo che 'l vocabol porta,
cerchiando il mondo, del suo caro duce
sotto cui giacque ogne malizia morta,
   di color d'oro in che raggio traluce
vid' io uno scaleo eretto in suso
tanto, che nol seguiva la mia luce.
   Vidi anche per li gradi scender giuso
tanti splendor, ch'io pensai ch'ogne lume
che par nel ciel, quindi fosse diffuso.
   E come, per lo natural costume,
le pole insieme, al cominciar del giorno,
si movono a scaldar le fredde piume;
   poi altre vanno via sanza ritorno,
altre rivolgon sé onde son mosse,
e altre roteando fan soggiorno;
   tal modo parve me che quivi fosse
in quello sfavillar che 'nsieme venne,
sì come in certo grado si percosse.
   E quel che presso più ci si ritenne,
si fé sì chiaro, ch'io dicea pensando:
"Io veggio ben l'amor che tu m'accenne.
   Ma quella ond' io aspetto il come e 'l quando
del dire e del tacer, si sta; ond' io,

48 contra 'l disio, fo ben ch'io non dimando".
   Per ch'ella, che vedëa il tacer mio
   nel veder di colui che tutto vede,
51 mi disse: « Solvi il tuo caldo disio ».
   E io incominciai: « La mia mercede
   non mi fa degno de la tua risposta;
54 ma per colei che 'l chieder mi concede,
   vita beata che ti stai nascosta
   dentro a la tua letizia, fammi nota
57 la cagion che sì presso mi t'ha posta;
   e dì perché si tace in questa rota
   la dolce sinfonia di paradiso,
60 che giù per l'altre suona sì divota ».
   « Tu hai l'udir mortal sì come il viso »,
   rispuose a me; « onde qui non si canta
63 per quel che Bëatrice non ha riso.
   Giù per li gradi de la scala santa
   discesi tanto sol per farti festa
66 col dire e con la luce che mi ammanta;
   né più amor mi fece esser più presta,
   ché più e tanto amor quinci su ferve,
69 sì come il fiammeggiar ti manifesta.
   Ma l'alta carità, che ci fa serve
   pronte al consiglio che 'l mondo governa,
72 sorteggia qui sì come tu osserve. »
   « Io veggio ben », diss'io, « sacra lucerna,
   come libero amore in questa corte
75 basta a seguir la provedenza etterna;
   ma questo è quel ch'a cerner mi par forte,
   perché predestinata fosti sola

78 a questo officio tra le tue consorte. »
   Né venni prima a l'ultima parola,
   che del suo mezzo fece il lume centro,
81 girando sé come veloce mola;
   poi rispuose l'amor che v'era dentro:
   « Luce divina sopra me s'appunta,
84 penetrando per questa in ch'io m'inventro,
   la cui virtù, col mio veder congiunta,
   mi leva sopra me tanto, ch'i' veggio
87 la somma essenza de la quale è munta.
   Quinci vien l'allegrezza ond' io fiammeggio;
   per ch'a la vista mia, quant' ella è chiara,
90 la chiarità de la fiamma pareggio.
   Ma quell' alma nel ciel che più si schiara,
   quel serafin che 'n Dio più l'occhio ha fiso,
93 a la dimanda tua non satisfara,
   però che sì s'innoltra ne lo abisso
   de l'etterno statuto quel che chiedi,
96 che da ogne creata vista è scisso.
   E al mondo mortal, quando tu riedi,
   questo rapporta, sì che non presumma
99 a tanto segno più mover li piedi.
   La mente, che qui luce, in terra fumma;
   onde riguarda come può là giùe
102 quel che non pote perché 'l ciel l'assumma ».
   Sì mi prescrisser le parole sue,
   ch'io lasciai la quistione e mi ritrassi
105 a dimandarla umilmente chi fue.
   « Tra ' due liti d'Italia surgon sassi,
   e non molto distanti a la tua patria,

108 tanto che ' troni assai suonan più bassi,
e fanno un gibbo che si chiama Catria,
di sotto al quale è consecrato un ermo,
111 che suole esser disposto a sola latria. »
Così ricominciommi il terzo sermo;
e poi, continüando, disse: « Quivi
114 al servigio di Dio mi fe' sì fermo,
che pur con cibi di liquor d'ulivi
lievemente passava caldi e geli,
117 contento ne' pensier contemplativi.
Render solea quel chiostro a questi cieli
fertilemente; e ora è fatto vano,
120 sì che tosto convien che si riveli.
In quel loco fu' io Pietro Damiano,
e Pietro Peccator fu' ne la casa
123 di Nostra Donna in sul lito adriano.
Poca vita mortal m'era rimasa,
quando fui chiesto e tratto a quel cappello,
126 che pur di male in peggio si travasa.
Venne Cefàs e venne il gran vasello
de lo Spirito Santo, magri e scalzi,
129 prendendo il cibo da qualunque ostello.
Or voglion quinci e quindi chi rincalzi
li moderni pastori e chi li meni,
132 tanto son gravi, e chi di retro li alzi.
Cuopron d'i manti loro i palafreni,
sì che due bestie van sott' una pelle:
135 oh pazïenza che tanto sostieni! ».
A questa voce vid' io più fiammelle
di grado in grado scendere e girarsi,

138 e ogne giro le facea più belle.
   Dintorno a questa vennero e fermarsi,
   e fero un grido di sì alto suono,
141 che non potrebbe qui assomigliarsi;
   né io lo 'ntesi, sì mi vinse il tuono.

Già eran li occhi miei rifissi al volto
de la mia donna, e l'animo con essi,
e da ogne altro intento s'era tolto. *(Par., c. XXI, vv. 1-3)*

CANTO XXII

Uno dei globi lucenti della scala santa parla a Dante: è San Benedetto da Norcia, che mostra altri spiriti contemplativi, tra cui Romualdo e Macario. San Benedetto dice che la scala santa è stata fatta per poter giungere nell'Empireo, ma aggiunge che purtroppo più non la salgono i suoi monaci, dominati dall'avarizia. Ciò detto, si eleva verso l'alto con gli altri spiriti; Beatrice e Dante li seguono e giungono nell'Ottavo Cielo, o Cielo delle Stelle Fisse. Dante dall'alto può rimirare l'ordine dei Cieli sottostanti e la piccolezza della Terra.

  *O*ppresso di stupore, a la mia guida
mi volsi, come parvol che ricorre
3 sempre colà dove più si confida;
  e quella, come madre che soccorre
sùbito al figlio palido e anelo
6 con la sua voce, che 'l suol ben disporre,
  mi disse: « Non sai tu che tu se' in cielo?
e non sai tu che 'l cielo è tutto santo,
9 e ciò che ci si fa vien da buon zelo?
  Come t'avrebbe trasmutato il canto,
e io ridendo, mo pensar lo puoi,
12 poscia che 'l grido t'ha mosso cotanto;
  nel qual, se 'nteso avessi i prieghi suoi,
già ti sarebbe nota la vendetta
15 che tu vedrai innanzi che tu muoi.

La spada di qua su non taglia in fretta
né tardo, ma' ch'al parer di colui
18 che disïando o temendo l'aspetta.
   Ma rivolgiti omai inverso altrui;
ch'assai illustri spiriti vedrai,
21 se com' io dico l'aspetto redui ».
   Come a lei piacque, li occhi ritornai,
e vidi cento sperule che 'nsieme
24 più s'abbellivan con mutüi rai.
   Io stava come quei che 'n sé repreme
la punta del disio, e non s'attenta
27 di domandar, sì del troppo si teme;
   e la maggiore e la più luculenta
di quelle margherite innanzi fessi,
30 per far di sé la mia voglia contenta.
   Poi dentro a lei udi': « Se tu vedessi
com' io la carità che tra noi arde,
33 li tuoi concetti sarebbero espressi.
   Ma perché tu, aspettando, non tarde
a l'alto fine, io ti farò risposta
36 pur al pensier, da che sì ti riguarde.
   Quel monte a cui Cassino è ne la costa
fu frequentato già in su la cima
39 da la gente ingannata e mal disposta;
   e quel son io che su vi portai prima
lo nome di colui che 'n terra addusse
42 la verità che tanto ci soblima;
   e tanta grazia sopra me relusse,
ch'io ritrassi le ville circunstanti
45 da l'empio cólto che 'l mondo sedusse.

Questi altri fuochi tutti contemplanti
uomini fuoro, accesi di quel caldo
48 che fa nascere i fiori e ' frutti santi.

Qui è Maccario, qui è Romoaldo,
qui son li frati miei che dentro ai chiostri
51 fermar li piedi e tennero il cor saldo ».

E io a lui: « L'affetto che dimostri
meco parlando, e la buona sembianza
54 ch'io veggio e noto in tutti li ardor vostri,

così m'ha dilatata mia fidanza,
come 'l sol fa la rosa quando aperta
57 tanto divien quant' ell' ha di possanza.

Però ti priego, e tu, padre, m'accerta
s'io posso prender tanta grazia, ch'io
60 ti veggia con imagine scoverta ».

Ond' elli: « Frate, il tuo alto disio
s'adempierà in su l'ultima spera,
63 ove s'adempion tutti li altri e 'l mio.

Ivi è perfetta, matura e intera
ciascuna disïanza; in quella sola
66 è ogne parte là ove sempr' era,

perché non è in loco e non s'impola;
e nostra scala infino ad essa varca,
69 onde così dal viso ti s'invola.

Infin là su la vide il patriarca
Iacobbe porger la superna parte,
72 quando li apparve d'angeli sì carca.

Ma, per salirla, mo nessun diparte
da terra i piedi, e la regola mia
75 rimasa è per danno de le carte.

Le mura che solieno esser badia
fatte sono spelonche, e le cocolle
78 sacca son piene di farina ria.

Ma grave usura tanto non si tolle
contra 'l piacer di Dio, quanto quel frutto
81 che fa il cor de' monaci sì folle;

ché quantunque la Chiesa guarda, tutto
è de la gente che per Dio dimanda;
84 non di parenti né d'altro più brutto.

La carne d'i mortali è tanto blanda,
che giù non basta buon cominciamento
87 dal nascer de la quercia al far la ghianda.

Pier cominciò sanz' oro e sanz' argento,
e io con orazione e con digiuno,
90 e Francesco umilmente il suo convento;

e se guardi 'l principio di ciascuno,
poscia riguardi là dov' è trascorso,
93 tu vederai del bianco fatto bruno.

Veramente Iordan vòlto retrorso
più fu, e 'l mar fuggir, quando Dio volse,
96 mirabile a veder che qui 'l soccorso ».

Così mi disse, e indi si raccolse
al suo collegio, e 'l collegio si strinse;
99 poi, come turbo, in su tutto s'avvolse.

La dolce donna dietro a lor mi pinse
con un sol cenno su per quella scala,
102 sì sua virtù la mia natura vinse;

né mai qua giù dove si monta e cala
naturalmente, fu sì ratto moto
105 ch'agguagliar si potesse a la mia ala.

S'io torni mai, lettore, a quel divoto
trïunfo per lo quale io piango spesso
108 le mie peccata e 'l petto mi percuoto,

tu non avresti in tanto tratto e messo
nel foco il dito, in quant' io vidi 'l segno
111 che segue il Tauro e fui dentro da esso.

O glorïose stelle, o lume pregno
di gran virtù, dal quale io riconosco
114 tutto, qual che si sia, il mio ingegno,

con voi nasceva e s'ascondeva vosco
quelli ch'è padre d'ogne mortal vita,
117 quand' io senti' di prima l'aere tosco;

e poi, quando mi fu grazia largita
d'entrar ne l'alta rota che vi gira,
120 la vostra regïon mi fu sortita.

A voi divotamente ora sospira
l'anima mia, per acquistar virtute
123 al passo forte che a sé la tira.

« Tu se' sì presso a l'ultima salute »,
cominciò Bëatrice, « che tu dei
126 aver le luci tue chiare e acute;

e però, prima che tu più t'inlei,
rimira in giù, e vedi quanto mondo
129 sotto li piedi già esser ti fei;

sì che 'l tuo cor, quantunque può, giocondo
s'appresenti a la turba trïunfante
132 che lieta vien per questo etera tondo. »

Col viso ritornai per tutte quante
le sette spere, e vidi questo globo
135 tal, ch'io sorrisi del suo vil sembiante;

 e quel consiglio per migliore approbo
che l'ha per meno; e chi ad altro pensa
138 chiamar si puote veramente probo.
 Vidi la figlia di Latona incensa
sanza quell'ombra che mi fu cagione
141 per che già la credetti rara e densa.
 L'aspetto del tuo nato, Iperïone,
quivi sostenni, e vidi com' si move
144 circa e vicino a lui Maia e Dïone.
 Quindi m'apparve il temperar di Giove
tra 'l padre e 'l figlio: e quindi mi fu chiaro
147 il varïar che fanno di lor dove;
 e tutti e sette mi si dimostraro
quanto son grandi e quanto son veloci
150 e come sono in distante riparo.
 L'aiuola che ci fa tanto feroci,
volgendom' io con li etterni Gemelli,
153 tutta m'apparve da' colli a le foci;
 poscia rivolsi li occhi a li occhi belli.

CANTO XXIII

Dante può assistere al trionfo di Cristo, sfolgorante di luce sopra tutti i Beati. Il poeta può vedere Maria, la maggiore delle luci, e l'arcangelo Gabriele. I Beati invocano a gran voce il nome di Maria, la quale segue Gesù nell'Empireo. Le anime sante le cantano l'inno pasquale.

Come l'augello, intra l'amate fronde,
posato al nido de' suoi dolci nati
3 la notte che le cose ci nasconde,
    che, per veder li aspetti disïati
e per trovar lo cibo onde li pasca,
6 in che gravi labor li sono aggrati,
    previene il tempo in su aperta frasca,
e con ardente affetto il sole aspetta,
9 fiso guardando pur che l'alba nasca;
    così la donna mïa stava eretta
e attenta, rivolta inver' la plaga
12 sotto la quale il sol mostra men fretta:
    sì che, veggendola io sospesa e vaga,
fecimi qual è quei che disïando
15 altro vorria, e sperando s'appaga.
    Ma poco fu tra uno e altro quando,
del mio attender, dico, e del vedere
18 lo ciel venir più e più rischiarando;
    e Bëatrice disse: « Ecco le schiere
del trïonfo di Cristo e tutto 'l frutto

21 ricolto del girar di queste spere! ».
    Pariemi che 'l suo viso ardesse tutto,
e li occhi avea di letizia sì pieni,
24 che passarmen convien sanza costrutto.
    Quale ne' plenilunïi sereni
Trivïa ride tra le ninfe etterne
27 che dipingon lo ciel per tutti i seni,
    vid' i' sopra migliaia di lucerne
un sol che tutte quante l'accendea,
30 come fa 'l nostro le viste superne;
    e per la viva luce trasparea
la lucente sustanza tanto chiara
33 nel viso mio, che non la sostenea.
    Oh Bëatrice, dolce guida e cara!
Ella mi disse: « Quel che ti sobranza
36 è virtù da cui nulla si ripara.
    Quivi è la sapïenza e la possanza
ch'aprì le strade tra 'l cielo e la terra,
39 onde fu già sì lunga disïanza ».
    Come foco di nube si disserra
per dilatarsi sì che non vi cape,
42 e fuor di sua natura in giù s'atterra,
    la mente mia così, tra quelle dape
fatta più grande, di sé stessa uscìo,
45 e che si fesse rimembrar non sape.
    « Apri li occhi e riguarda qual son io;
tu hai vedute cose, che possente
48 se' fatto a sostener lo riso mio. »
    Io era come quei che si risente
di visïone oblita e che s'ingegna

51 indarno di ridurlasi a la mente,
quand' io udi' questa proferta, degna
di tanto grato, che mai non si stingue
54 del libro che 'l preterito rassegna.
Se mo sonasser tutte quelle lingue
che Polimnïa con le suore fero
57 del latte lor dolcissimo più pingue,
per aiutarmi, al millesmo del vero
non si verria, cantando il santo riso
60 e quanto il santo aspetto facea mero;
e così, figurando il paradiso,
convien saltar lo sacrato poema,
63 come chi trova suo cammin riciso.
Ma chi pensasse il ponderoso tema
e l'omero mortal che se ne carca,
66 nol biasmerebbe se sott' esso trema:
non è pareggio da picciola barca
quel che fendendo va l'ardita prora,
69 né da nocchier ch'a sé medesmo parca.
« Perché la faccia mia sì t'innamora,
che tu non ti rivolgi al bel giardino
72 che sotto i raggi di Cristo s'infiora?
Quivi è la rosa in che 'l verbo divino
carne si fece; quivi son li gigli
75 al cui odor si prese il buon cammino. »
Così Beatrice; e io, che a' suoi consigli
tutto era pronto, ancora mi rendei
78 a la battaglia de' debili cigli.
Come a raggio di sol, che puro mei
per fratta nube, già prato di fiori

81 vider, coverti d'ombra, li occhi miei;
　　vid' io così più turbe di splendori,
　folgorate di su da raggi ardenti,
84 sanza veder principio di folgóri.
　　O benigna vertù che sì li 'mprenti,
　su t'essaltasti, per largirmi loco
87 a li occhi lì che non t'eran possenti.
　　Il nome del bel fior ch'io sempre invoco
　e mane e sera, tutto mi ristrinse
90 l'animo ad avvisar lo maggior foco;
　　e come ambo le luci mi dipinse
　il quale e il quanto de la viva stella
93 che là su vince come qua giù vinse,
　　per entro il cielo scese una facella,
　formata in cerchio a guisa di corona,
96 e cinsela e girossi intorno ad ella.
　　Qualunque melodia più dolce suona
　qua giù e più a sé l'anima tira,
99 parrebbe nube che squarciata tona,
　　comparata al sonar di quella lira
　onde si coronava il bel zaffiro
102 del quale il ciel più chiaro s'inzaffira.
　　« Io sono amore angelico, che giro
　l'alta letizia che spira del ventre
105 che fu albergo del nostro disiro;
　　e girerommi, donna del ciel, mentre
　che seguirai tuo figlio, e farai dia
108 più la spera suprema perché lì entre. »
　　Così la circulata melodia
　si sigillava, e tutti li altri lumi

111　facean sonare il nome di Maria.
　　　　Lo real manto di tutti i volumi
　　del mondo, che più ferve e più s'avviva
114　ne l'alito di Dio e nei costumi,
　　　　avea sopra di noi l'interna riva
　　tanto distante, che la sua parvenza,
117　là dov' io era, ancor non appariva:
　　　　però non ebber li occhi miei potenza
　　di seguitar la coronata fiamma
120　che si levò appresso sua semenza.
　　　　E come fantolin che 'nver' la mamma
　　tende le braccia, poi che 'l latte prese,
123　per l'animo che 'nfin di fuor s'infiamma;
　　　　ciascun di quei candori in su si stese
　　con la sua cima, sì che l'alto affetto
126　ch'elli avieno a Maria mi fu palese.
　　　　Indi rimaser lì nel mio cospetto,
　　"Regina celi" cantando sì dolce,
129　che mai da me non si partì 'l diletto.
　　　　Oh quanta è l'ubertà che si soffolce
　　in quelle arche ricchissime che fuoro
132　a seminar qua giù buone bobolce!
　　　　Quivi si vive e gode del tesoro
　　che s'acquistò piangendo ne lo essilio
135　di Babillòn, ove si lasciò l'oro.
　　　　Quivi trïunfa, sotto l'alto Filio
　　di Dio e di Maria, di sua vittoria,
138　e con l'antico e col novo concilio,
　　　　colui che tien le chiavi di tal gloria.

CANTO XXIV

Un lume fulgidissimo si stacca dagli altri per avvicinarsi a Dante: è San Pietro, che rivolge al poeta tre domande sulla Fede, alle quali questi risponde con prontezza. San Pietro si congratula con Dante e lo abbraccia.

« *O* sodalizio eletto a la gran cena
del benedetto Agnello, il qual vi ciba
3   sì, che la vostra voglia è sempre piena,
    se per grazia di Dio questi preliba
di quel che cade de la vostra mensa,
6   prima che morte tempo li prescriba,
    ponete mente a l'affezione immensa
e roratelo alquanto: voi bevete
9   sempre del fonte onde vien quel ch'ei pensa. »
    Così Beatrice; e quelle anime liete
si fero spere sopra fissi poli,
12 fiammando, a volte, a guisa di comete.
    E come cerchi in tempra d'orïuoli
si giran sì, che 'l primo a chi pon mente
15 quïeto pare, e l'ultimo che voli;
    così quelle carole, differente-
mente danzando, de la sua ricchezza
18 mi faciéno stimar, veloci e lente.
    Di quella ch'io notai di più carezza
vid' ïo uscire un foco sì felice,
21 che nullo vi lasciò di più chiarezza;

  e tre fïate intorno di Beatrice
si volse con un canto tanto divo,
24 che la mia fantasia nol mi ridice.
  Però salta la penna e non lo scrivo:
ché l'imagine nostra a cotai pieghe,
27 non che 'l parlare, è troppo color vivo.
  « O santa suora mia che sì ne prieghe
divota, per lo tuo ardente affetto
30 da quella bella spera mi disleghe. »
  Poscia fermato, il foco benedetto
a la mia donna dirizzò lo spiro,
33 che favellò così com' i' ho detto.
  Ed ella: « O luce etterna del gran viro
a cui Nostro Segnor lasciò le chiavi,
36 ch'ei portò giù, di questo gaudio miro,
  tenta costui di punti lievi e gravi,
come ti piace, intorno de la fede,
39 per la qual tu su per lo mare andavi.
  S'elli ama bene e bene spera e crede,
non t'è occulto, perché 'l viso hai quivi
42 dov' ogne cosa dipinta si vede;
  ma perché questo regno ha fatto civi
per la verace fede, a glorïarla,
45 di lei parlare è ben ch'a lui arrivi ».
  Sì come il baccialier s'arma e non parla
fin che 'l maestro la question propone,
48 per approvarla, non per terminarla,
  così m'armava io d'ogne ragione
mentre ch'ella dicea, per esser presto
51 a tal querente e a tal professione.

«Di', buon Cristiano, fatti manifesto:
fede che è?» Ond' io levai la fronte
54 in quella luce onde spirava questo;
   poi mi volsi a Beatrice, ed essa pronte
sembianze femmi perch' ïo spandessi
57 l'acqua di fuor del mio interno fonte.
   «La Grazia che mi dà ch'io mi confessi»,
comincia' io, «da l'alto primipilo,
60 faccia li miei concetti bene espressi.»
   E seguitai: «Come 'l verace stilo
ne scrisse, padre, del tuo caro frate
63 che mise teco Roma nel buon filo,
   fede è sustanza di cose sperate
e argomento de le non parventi;
66 e questa pare a me sua quiditate».
   Allora udi': «Dirittamente senti,
se bene intendi perché la ripuose
69 tra le sustanze, e poi tra li argomenti».
   E io appresso: «Le profonde cose
che mi largiscon qui la lor parvenza,
72 a li occhi di là giù son sì ascose,
   che l'esser loro v'è in sola credenza,
sopra la qual si fonda l'alta spene;
75 e però di sustanza prende intenza.
   E da questa credenza ci convene
silogizzar, sanz' avere altra vista:
78 però intenza d'argomento tene».
   Allora udi': «Se quantunque s'acquista
giù per dottrina, fosse così 'nteso,
81 non lì avria loco ingegno di sofista».

Così spirò di quello amore acceso;
indi soggiunse: « Assai bene è trascorsa
84 d'esta moneta già la lega e 'l peso;
   ma dimmi se tu l'hai ne la tua borsa ».
Ond' io: « Sì ho, sì lucida e sì tonda,
87 che nel suo conio nulla mi s'inforsa ».

Appresso uscì de la luce profonda
che lì splendeva: « Questa cara gioia
90 sopra la quale ogne virtù si fonda,
   onde ti venne? ». E io: « La larga ploia
de lo Spirito Santo, ch'è diffusa
93 in su le vecchie e 'n su le nuove cuoia,
   è silogismo che la m'ha conchiusa
acutamente sì, che 'nverso d'ella
96 ogne dimostrazion mi pare ottusa ».

Io udi' poi: « L'antica e la novella
proposizion che così ti conchiude,
99 perché l'hai tu per divina favella? ».

E io: « La prova che 'l ver mi dischiude,
son l'opere seguite, a che natura
102 non scalda ferro mai né batte incude ».

Risposto fummi: « Dì, chi t'assicura
che quell' opere fosser? Quel medesmo
105 che vuol provarsi, non altri, il ti giura ».

« Se 'l mondo si rivolse al cristianesmo »,
diss' io, « sanza miracoli, quest' uno
108 è tal, che li altri non sono il centesmo:
   ché tu intrasti povero e digiuno
in campo, a seminar la buona pianta
111 che fu già vite e ora è fatta pruno. »

Finito questo, l'alta corte santa
risonò per le spere un "Dio laudamo"
114 ne la melode che là su si canta.

E quel baron che sì di ramo in ramo,
essaminando, già tratto m'avea,
117 che a l'ultime fronde appressavamo,

ricominciò: « La Grazia, che donnea
con la tua mente, la bocca t'aperse
120 infino a qui come aprir si dovea,

sì ch'io approvo ciò che fuori emerse;
ma or conviene espremer quel che credi,
123 e onde a la credenza tua s'offerse ».

« O santo padre, e spirito che vedi
ciò che credesti sì, che tu vincesti
126 ver' lo sepulcro più giovani piedi »,
cominciai' io, « tu vuo' ch'io manifesti
la forma qui del pronto creder mio,
129 e anche la cagion di lui chiedesti.

E io rispondo: Io credo in uno Dio
solo ed etterno, che tutto 'l ciel move,
132 non moto, con amore e con disio;

e a tal creder non ho io pur prove
fisice e metafisice, ma dalmi
135 anche la verità che quinci piove

per Moïsè, per profeti e per salmi,
per l'Evangelio e per voi che scriveste
138 poi ch'l'ardente Spirto vi fé almi;

e credo in tre persone etterne, e queste
credo una essenza sì una e sì trina,
141 che soffera congiunto "sono" ed "este".

De la profonda condizion divina
ch'io tocco mo, la mente mi sigilla
144 più volte l'evangelica dottrina.
  Quest' è 'l principio, quest' è la favilla
che si dilata in fiamma poi vivace,
147 e come stella in cielo in me scintilla. »
  Come 'l segnor ch'ascolta quel che i piace,
da indi abbraccia il servo, gratulando
150 per la novella, tosto ch'el si tace;
  così, benedicendomi cantando,
tre volte cinse me, sì com' io tacqui,
153 l'appostolico lume al cui comando
  io avea detto: sì nel dir li piacqui!

CANTO XXV

San Giacomo si stacca dalla corona e interroga Dante sulla Speranza. Il poeta risponde con certezza. Infine san Giovanni lo interroga sulla Carità; il Santo precisa inoltre che è falsa la voce secondo la quale egli sarebbe stato assunto in Cielo anche con il corpo: solo Cristo e la Madonna lo sono.

Se mai contingo che 'l poema sacro
al quale ha posto mano e cielo e terra,
3   sì che m'ha fatto per molti anni macro,
    vinca la crudeltà che fuor mi serra
    del bello ovile ov' io dormi' agnello,
6   nimico ai lupi che li danno guerra;
    con altra voce omai, con altro vello
    ritornerò poeta, e in sul fonte
9   del mio battesmo prenderò 'l cappello;
    però che ne la fede, che fa conte
    l'anime a Dio, quivi intra' io, e poi
12 Pietro per lei sì mi girò la fronte.
    Indi si mosse un lume verso noi
    di quella spera ond' uscì la primizia
15 che lasciò Cristo d'i vicari suoi;
    e la mia donna, piena di letizia,
    mi disse: « Mira, mira: ecco il barone
18 per cui là giù si vicita Galizia ».
    Sì come quando il colombo si pone

presso al compagno, l'uno a l'altro pande,
21 girando e mormorando, l'affezione;
   così vid' ïo l'un da l'altro grande
   principe glorïoso essere accolto,
24 laudando il cibo che là su li prande.
   Ma poi che 'l gratular si fu assolto,
   tacito *coram me* ciascun s'affisse,
27 ignito sì che vincëa 'l mio volto.
   Ridendo allora Bëatrice disse:
   «Inclita vita per cui la larghezza
30 de la nostra basilica si scrisse,
   fa risonar la spene in questa altezza:
   tu sai, che tante fiate la figuri,
33 quante Iesù al tre fé più carezza».
   «Leva la testa e fa che t'assicuri:
   che ciò che vien qua su del mortal mondo,
36 convien ch'ai nostri raggi si maturi.»
   Questo conforto del foco secondo
   mi venne; ond' io leväi li occhi a' monti
39 che li 'ncurvaron pria col troppo pondo.
   «Poi che per grazia vuol che tu t'affronti
   lo nostro Imperadore, anzi la morte,
42 ne l'aula più secreta co' suoi conti,
   sì che, veduto il ver di questa corte,
   la spene, che là giù bene innamora,
45 in te e in altrui di ciò conforte,
   di' quel ch'ell' è, di' come se ne 'nfiora
   la mente tua, e dì onde a te venne.»
48 Così seguì 'l secondo lume ancora.
   E quella pïa che guidò le penne

de le mie ali a così alto volo,
51 a la risposta così mi prevenne:
   « La Chiesa militante alcun figliuolo
non ha con più speranza, com' è scritto
54 nel Sol che raggia tutto nostro stuolo:
   però li è conceduto che d'Egitto
vegna in Ierusalemme per vedere,
57 anzi che 'l militar li sia prescritto.
   Li altri due punti, che non per sapere
son dimandati, ma perch' ei rapporti
60 quanto questa virtù t'è in piacere,
   a lui lasc' io, ché non li saran forti
né di iattanza; ed elli a ciò risponda,
63 e la grazia di Dio ciò li comporti ».
   Come discente ch'a dottor seconda
pronto e libente in quel ch'elli è esperto,
66 perché la sua bontà si disasconda,
   « Spene », diss' io, « è uno attender certo
de la gloria futura, il qual produce
69 grazia divina e precedente merto.
   Da molte stelle mi vien questa luce;
ma quei la distillò nel mio cor pria
72 che fu sommo cantor del sommo duce.
   "Sperino in te", ne la sua tëodia
dice, "color che sanno il nome tuo":
75 e chi nol sa, s'elli ha la fede mia?
   Tu mi stillasti, con lo stillar suo,
ne la pistola poi; sì ch'io son pieno,
78 e in altrui vostra pioggia repluo. »
   Mentr' io diceva, dentro al vivo seno

di quello incendio tremolava un lampo
81 sùbito e spesso a guisa di baleno.
  Indi spirò: « L'amore ond' ïo avvampo
ancor ver' la virtù che mi seguette
84 infin la palma e a l'uscir del campo,
  vuol ch'io respiri a te che ti dilette
di lei; ed emmi a grato che tu diche
87 quello che la speranza ti 'mpromette ».
  E io: « Le nove e le scritture antiche
pongon lo segno, ed esso lo mi addita,
90 de l'anime che Dio s'ha fatte amiche.
  Dice Isaia che ciascuna vestita
ne la sua terra fia di doppia vesta:
93 e la sua terra è questa dolce vita;
  e 'l tuo fratello assai vie più digesta,
là dove tratta de le bianche stole,
96 questa revelazion ci manifesta ».
  E prima, appresso al fin d'este parole,
"Sperent in te" di sopr' a noi s'udì;
99 a che rispuoser tutte le carole.
  Poscia tra esse un lume si schiarì
sì che, se 'l Cancro avesse un tal cristallo,
102 l'inverno avrebbe un mese d'un sol dì.
  E come surge e va ed entra in ballo
vergine lieta, sol per fare onore
105 a la novizia, non per alcun fallo,
  così vid' io lo schiarato splendore
venire a' due che si volgieno a nota
108 qual conveniesi al loro ardente amore.
  Misesi lì nel canto e ne la rota;

e la mia donna in lor tenea l'aspetto,
111 pur come sposa tacita e immota.
    « Questi è colui che giacque sopra 'l petto
del nostro pellicano, e questi fue
114 di su la croce al grande officio eletto. »
    La donna mia così; né però piùe
mosser la vista sua di stare attenta
117 poscia che prima le parole sue.
    Qual è colui ch'adocchia e s'argomenta
di vedere eclissar lo sole un poco,
120 che, per veder, non vedente diventa;
    tal mi fec' io a quell' ultimo foco
mentre che detto fu: « Perché t'abbagli
123 per veder cosa che qui non ha loco?
    In terra è terra il mio corpo, e saragli
tanto con li altri, che 'l numero nostro
126 con l'etterno proposito s'agguagli.
    Con le due stole nel beato chiostro
son le due luci sole che saliro;
129 e questo apporterai nel mondo vostro ».
    A questa voce l'infiammato giro
si quïetò con esso il dolce mischio
132 che si facea nel suon del trino spiro,
    sì come, per cessar fatica o rischio,
li remi, pria ne l'acqua ripercossi,
135 tutti si posano al sonar d'un fischio.
    Ahi quanto ne la mente mi commossi,
quando mi volsi per veder Beatrice,
138 per non poter veder, benché io fossi
    presso di lei, e nel mondo felice!

CANTO XXVI

Dante, abbagliato dal fulgore di san Giovanni, parla della Carità ed espone i motivi per cui egli ama Dio; aggiunge inoltre che ama le creature in ragione di quanto esse abbiano in sé di Dio. Beatrice ridona la vista al poeta, il quale può vedere un quarto lume accanto ai primi tre: è Adamo, che risponde ad alcune domande di Dante, senza che questi gliele abbia esposte.

Mentr' io dubbiava per lo viso spento,
de la fulgida fiamma che lo spense
3 uscì un spiro che mi fece attento,

dicendo: « Intanto che tu ti risense
de la vista che haï in me consunta,
6 ben è che ragionando la compense.

Comincia dunque; e dì ove s'appunta
l'anima tua, e fa ragion che sia
9 la vista in te smarrita e non defunta:

perché la donna che per questa dia
region ti conduce, ha ne lo sguardo
12 la virtù ch'ebbe la man d'Anania ».

Io dissi: « Al suo piacere e tosto e tardo
vegna remedio a li occhi, che fuor porte
15 quand'' ella entrò col foco ond' io sempr' ardo.

Lo ben che fa contenta questa corte,
Alfa e O è di quanta scrittura
18 mi legge Amore o lievemente o forte ».

Quella medesma voce che paura
tolta m'avea del sùbito abbarbaglio,
21 di ragionare ancor mi mise in cura;
  e disse: « Certo a più angusto vaglio
ti conviene schiarar: dicer convienti
24 chi drizzò l'arco tuo a tal berzaglio ».
  E io: « Per filosofici argomenti
e per autorità che quinci scende
27 cotale amor convien che in me si 'mprenti:
  ché 'l bene, in quanto ben, come s'intende,
così accende amore, e tanto maggio
30 quanto più di bontate in sé comprende.
  Dunque a l'essenza ov' è tanto avvantaggio,
che ciascun ben che fuor di lei si trova
33 altro non è ch'un lume di suo raggio,
  più che in altra convien che si mova
la mente, amando, di ciascun che cerne
36 il vero in che si fonda questa prova.
  Tal vero a l'intelletto mïo sterne
colui che mi dimostra il primo amore
39 di tutte le sustanze sempiterne.
  Sternel la voce del verace autore,
che dice a Moïsè, di sé parlando:
42 "Io ti farò vedere ogne valore".
  Sternilmi tu ancora, incominciando
l'alto preconio che grida l'arcano
45 di qui là giù sovra ogne altro bando ».
  E io udi': « Per intelletto umano
e per autoritadi a lui concorde
48 d'i tuoi amori a Dio guarda il sovrano.

Ma dì ancor se tu senti altre corde
tirarti verso lui, sì che tu suone
51 con quanti denti questo amor ti morde ».
  Non fu latente la santa intenzione
de l'aguglia di Cristo, anzi m'accorsi
54 dove volea menar mia professione.
  Però ricominciai: « Tutti quei morsi
che posson far lo cor volgere a Dio,
57 a la mia caritate son concorsi:
  ché l'essere del mondo e l'esser mio,
la morte ch'el sostenne perch' io viva,
60 e quel che spera ogne fedel com' io,
  con la predetta conoscenza viva,
tratto m'hanno del mar de l'amor torto,
63 e del diritto m'han posto a la riva.
  Le fronde onde s'infronda tutto l'orto
de l'ortolano etterno, am' io cotanto
66 quanto da lui a lor di bene è porto ».
  Sì com' io tacqui, un dolcissimo canto
risonò per lo cielo, e la mia donna
69 dicea con li altri: « Santo, santo, santo! ».
  E come a lume acuto si disonna
per lo spirto visivo che ricorre
72 a lo splendor che va di gonna in gonna,
  e lo svegliato ciò che vede aborre,
sì nescïa è la sùbita vigilia
75 fin che la stimativa non soccorre;
  così de li occhi miei ogni quisquilia
fugò Beatrice col raggio d'i suoi,
78 che rifulgea da più di mille milia:

onde mei che dinanzi vidi poi;
    e quasi stupefatto domandai
81 d'un quarto lume ch'io vidi tra noi.
    E la mia donna: « Dentro da quei rai
vagheggia il suo fattor l'anima prima
84 che la prima virtù creasse mai ».
    Come la fronda che flette la cima
nel transito del vento, e poi si leva
87 per la propria virtù che la soblima,
    fec' io in tanto in quant' ella diceva,
stupendo, e poi mi rifece sicuro
90 un disio di parlare ond' ïo ardeva.
    E cominciai: « O pomo che maturo
solo prodotto fosti, o padre antico
93 a cui ciascuna sposa è figlia e nuro,
    divoto quanto posso a te supplìco
perché mi parli: tu vedi mia voglia,
96 e per udirti tosto non la dico ».
    Talvolta un animal coverto broglia,
sì che l'affetto convien che si paia
99 per lo seguir che face a lui la 'nvoglia;
    e similmente l'anima primaia
mi facea trasparer per la coverta
102 quant' ella a compiacermi venìa gaia.
    Indi spirò: « Sanz' essermi proferta
da te, la voglia tua discerno meglio
105 che tu qualunque cosa t'è più certa;
    perch' io la veggio nel verace speglio
che fa di sé pareglio a l'altre cose,
108 e nulla face lui di sé pareglio.

Tu vuogli udir quant' è che Dio mi puose
　ne l'eccelso giardino, ove costei
111 a così lunga scala ti dispuose,
　　　e quanto fu diletto a li occhi miei,
　e la propria cagion del gran disdegno,
114 e l'idïoma ch'usai e che fei.
　　　Or, figliuol mio, non il gustar del legno
　fu per sé la cagion di tanto essilio,
117 ma solamente il trapassar del segno.
　　　Quindi onde mosse tua donna Virgilio,
　quattromilia trecento e due volumi
120 di sol desiderai questo concilio;
　　　e vidi lui tornare a tutt' i lumi
　de la sua strada novecento trenta
123 fïate, mentre ch'ïo in terra fu'mi.
　　　La lingua ch'io parlai fu tutta spenta
　innanzi che a l'ovra inconsummabile
126 fosse la gente di Nembròt attenta:
　　　ché nullo effetto mai razïonabile,
　per lo piacere uman che rinovella
129 seguendo il cielo, sempre fu durabile.
　　　Opera naturale è ch'uom favella;
　ma così o così, natura lascia
132 poi fare a voi secondo che v'abbella.
　　　Pria ch'i' scendessi a l'infernale ambascia,
　I s'appellava in terra il sommo bene
135 onde vien la letizia che mi fascia;
　　　e *El* si chiamò poi: e ciò convene,
　ché l'uso d'i mortali è come fronda
138 in ramo, che sen va e altra vene.

Nel monte che si leva più da l'onda,
fu' io, con vita pura e disonesta,
141 da la prim' ora a quella che seconda,
come 'l sol muta quadra, l'ora sesta ».

COMINCIA DUNQUE; E DÌ OVE S'APPUNTA
L'ANIMA TUA, E FA RAGION CHE SIA
LA VISTA IN TE SMARRITA E NON DEFUNTA ... *(Par., c. XXVI, vv. 7-9)*

CANTO XXVII

SAN PIETRO LANCIA UNA TREMENDA INVETTIVA CONTRO IL CLERO E I PONTEFICI CORROTTI. I BEATI RISALGONO QUINDI ALL'EMPIREO E DANTE GUARDA LA TERRA, SU INVITO DI BEATRICE: SI RENDE COSÌ CONTO DELLA GRANDE DISTANZA CHE ORMAI LO SEPARA DA ESSA. BEATRICE E DANTE SALGONO AL NONO CIELO O PRIMO MOBILE, CHE NON SI ESTENDE NELLO SPAZIO, MA SOLO NELLA MENTE DI DIO.

"Al Padre, al Figlio, a lo Spirito Santo",
cominciò, "gloria!", tutto 'l paradiso,
3 sì che m'inebrïava il dolce canto.
    Ciò ch'io vedeva mi sembiava un riso
de l'universo; per che mia ebbrezza
6 intrava per l'udire e per lo viso.
    Oh gioia! oh ineffabile allegrezza!
oh vita intègra d'amore e di pace!
9 oh sanza brama sicura ricchezza!
    Dinanzi a li occhi miei le quattro face
stavano accese, e quella che pria venne
12 incominciò a farsi più vivace,
    e tal ne la sembianza sua divenne,
qual diverrebbe Iove, s'elli e Marte
15 fossero augelli e cambiassersi penne.
    La provedenza, che quivi comparte
vice e officio, nel beato coro
18 silenzio posto avea da ogne parte,

  quand' ïo udi': « Se io mi trascoloro,
non ti maravigliar, ché, dicend' io,
21 vedrai trascolorar tutti costoro.
  Quelli ch'usurpa in terra il luogo mio,
il luogo mio, il luogo mio che vaca
24 ne la presenza del Figliuol di Dio,
  fatt' ha del cimitero mio cloaca
del sangue e de la puzza; onde 'l perverso
27 che cadde di qua su, là giù si placa ».
  Di quel color che per lo sole avverso
nube dipigne da sera e da mane,
30 vid' ïo allora tutto 'l ciel cosperso.
  E come donna onesta che permane
di sé sicura, e per l'altrui fallanza,
33 pur ascoltando, timida si fane,
  così Beatrice trasmutò sembianza;
e tale eclissi credo che 'n ciel fue
36 quando patì la suprema possanza.
  Poi procedetter le parole sue
con voce tanto da sé trasmutata,
39 che la sembianza non si mutò piùe:
  « Non fu la sposa di Cristo allevata
del sangue mio, di Lin, di quel di Cleto,
42 per essere ad acquisto d'oro usata;
  ma per acquisto d'esto viver lieto
e Sisto e Pïo e Calisto e Urbano
45 sparser lo sangue dopo molto fleto.
  Non fu nostra intenzion ch'a destra mano
d'i nostri successor parte sedesse,
48 parte da l'altra del popol cristiano;

     né che le chiavi che mi fuor concesse,
   divenisser signaculo in vessillo
51 che contra battezzati combattesse;
     né ch'io fossi figura di sigillo
   a privilegi venduti e mendaci,
54 ond' io sovente arrosso e disfavillo.
     In vesta di pastor lupi rapaci
   si veggion di qua su per tutti i paschi:
57 o difesa di Dio, perché pur giaci?
     Del sangue nostro Caorsini e Guaschi
   s'apparecchian di bere: o buon principio,
60 a che vil fine convien che tu caschi!
     Ma l'alta provedenza, che con Scipio
   difese a Roma la gloria del mondo,
63 soccorrà tosto, sì com' io concipio;
     e tu, figliuol, che per lo mortal pondo
   ancor giù tornerai, apri la bocca,
66 e non asconder quel ch'io non ascondo ».
     Sì come di vapor gelati fiocca
   in giuso l'aere nostro, quando 'l corno
69 de la capra del ciel col sol si tocca,
     in su vid' io così l'etera addorno
   farsi e fioccar di vapor trïunfanti
72 che fatto avien con noi quivi soggiorno.
     Lo viso mio seguiva i suoi sembianti,
   e seguì fin che 'l mezzo, per lo molto,
75 li tolse il trapassar del più avanti.
     Onde la donna, che mi vide assolto
   de l'attendere in su, mi disse: « Adima
78 il viso e guarda come tu se' vòlto ».

Da l'ora ch'ïo avea guardato prima
i' vidi mosso me per tutto l'arco
81 che fa dal mezzo al fine il primo clima;
   sì ch'io vedea di là da Gade il varco
folle d'Ulisse, e di qua presso il lito
84 nel qual si fece Europa dolce carco.
   E più mi fora discoverto il sito
di questa aiuola; ma 'l sol procedea
87 sotto i mie' piedi un segno e più partito.
   La mente innamorata, che donnea
con la mia donna sempre, di ridure
90 ad essa li occhi più che mai ardea;
   e se natura o arte fé pasture
da pigliare occhi, per aver la mente,
93 in carne umana o ne le sue pitture,
   tutte adunate, parrebber nïente
ver' lo piacer divin che mi refulse,
96 quando mi volsi al suo viso ridente.
   E la virtù che lo sguardo m'indulse,
del bel nido di Leda mi divelse
99 e nel ciel velocissimo m'impulse.
   Le parti sue vivissime ed eccelse
sì uniforme son, ch'i' non so dire
102 qual Bëatrice per loco mi scelse.
   Ma ella, che vedëa 'l mio disire,
incominciò, ridendo tanto lieta,
105 che Dio parea nel suo volto gioire:
   « La natura del mondo, che quïeta
il mezzo e tutto l'altro intorno move,
108 quinci comincia come da sua meta;

e questo cielo non ha altro dove
che la mente divina, in che s'accende
111 l'amor che 'l volge e la virtù ch'ei piove.

Luce e amor d'un cerchio lui comprende,
sì come questo li altri; e quel precinto
114 colui che 'l cinge solamente intende.

Non è suo moto per altro distinto,
ma li altri son mensurati da questo,
117 sì come diece da mezzo e da quinto;

e come il tempo tegna in cotal testo
le sue radici e ne li altri le fronde,
120 omai a te può esser manifesto.

Oh cupidigia, che i mortali affonde
sì sotto te, che nessuno ha podere
123 di trarre li occhi fuor de le tue onde!

Ben fiorisce ne li uomini il volere;
ma la pioggia continüa converte
126 in bozzacchioni le sosine vere.

Fede e innocenza son reperte
solo ne' parvoletti; poi ciascuna
129 pria fugge che le guance sian coperte.

Tale, balbuzïendo ancor, digiuna,
che poi divora, con la lingua sciolta,
132 qualunque cibo per qualunque luna;

e tal, balbuzïendo, ama e ascolta
la madre sua, che, con loquela intera,
135 disïa poi di vederla sepolta.

Così si fa la pelle bianca nera
nel primo aspetto de la bella figlia
138 di quel ch'apporta mane e lascia sera.

Tu, perché non ti facci maraviglia,
pensa che 'n terra non è chi governi;
141 onde sì svïa l'umana famiglia.

Ma prima che gennaio tutto si sverni
per la centesma ch'è là giù negletta,
144 raggeran sì questi cerchi superni,

che la fortuna che tanto s'aspetta,
le poppe volgerà u' son le prore,
147 sì che la classe correrà diretta;

e vero frutto verrà dopo 'l fiore ».

"Al Padre, al Figlio, a lo Spirito Santo",
cominciò, "gloria!", tutto 'l paradiso,
sì che m'inebrïava il dolce canto.   *(Par., c. XXVII, vv. 1-3)*

CANTO XXVIII

Dante vede riflesso un fulgore negli occhi di Beatrice: proviene da un punto luminosissimo (Dio) e da nove cerchi che gli girano intorno (i Cori Angelici). Beatrice parla a Dante della corrispondenza tra le sfere angeliche e quelle celesti, basata sulla loro virtù. Beatrice spiega infine la distinzione degli Angeli in cori e indica l'ufficio di ciascuno, secondo la divisione fatta da Dionigi l'Aeropagita.

Poscia che 'ncontro a la vita presente
d'i miseri mortali aperse 'l vero
3 quella che 'mparadisa la mia mente,
come in lo specchio fiamma di doppiero
vede colui che se n'alluma retro,
6 prima che l'abbia in vista o in pensiero,
e sé rivolge per veder se 'l vetro
li dice il vero, e vede ch'el s'accorda
9 con esso come nota con suo metro;
così la mia memoria si ricorda
ch'io feci riguardando ne' belli occhi
12 onde a pigliarmi fece Amor la corda.
E com' io mi rivolsi e furon tocchi
li miei da ciò che pare in quel volume,
15 quandunque nel suo giro ben s'adocchi,
un punto vidi che raggiava lume
acuto sì, che 'l viso ch'elli affoca

18 chiuder conviensi per lo forte acume;
   e quale stella par quinci più poca,
   parrebbe luna, locata con esso
21 come stella con stella si collòca.
   Forse cotanto quanto pare appresso
   alo cigner la luce che 'l dipigne
24 quando 'l vapor che 'l porta più è spesso,
   distante intorno al punto un cerchio d'igne
   si girava sì ratto, ch'avria vinto
27 quel moto che più tosto il mondo cigne;
   e questo era d'un altro circumcinto,
   e quel dal terzo, e 'l terzo poi dal quarto,
30 dal quinto il quarto, e poi dal sesto il quinto.
   Sopra seguiva il settimo sì sparto
   già di larghezza, che 'l messo di Iuno
33 intero a contenerlo sarebbe arto.
   Così l'ottavo e 'l nono; e chiascheduno
   più tardo si movea, secondo ch'era
36 in numero distante più da l'uno;
   e quello avea la fiamma più sincera
   cui men distava la favilla pura,
39 credo, però che più di lei s'invera.
   La donna mia, che mi vedëa in cura
   forte sospeso, disse: « Da quel punto
42 depende il cielo e tutta la natura.
   Mira quel cerchio che più li è congiunto;
   e sappi che 'l suo muovere è sì tosto
45 per l'affocato amore ond' elli è punto ».
   E io a lei: « Se 'l mondo fosse posto
   con l'ordine ch'io veggio in quelle rote,

48 sazio m'avrebbe ciò che m'è proposto;
    ma nel mondo sensibile si puote
    veder le volte tanto più divine,
51 quant' elle son dal centro più remote.
    Onde, se 'l mio disir dee aver fine
    in questo miro e angelico templo
54 che solo amore e luce ha per confine,
    udir convienmi ancor come l'essemplo
    e l'essemplare non vanno d'un modo,
57 ché io per me indarno a ciò contemplo ».
    « Se li tuoi diti non sono a tal nodo
    sufficïenti, non è maraviglia:
60 tanto, per non tentare, è fatto sodo! »
    Così la donna mia; poi disse: « Piglia
    quel ch'io ti dicerò, se vuo' saziarti;
63 e intorno ad esso t'assottiglia.
    Li cerchi corporai sono ampi e arti
    secondo il più e 'l men de la virtute
66 che si distende per tutte lor parti.
    Maggior bontà vuol far maggior salute;
    maggior salute maggior corpo cape,
69 s'elli ha le parti igualmente compiute.
    Dunque costui che tutto quanto rape
    l'altro universo seco, corrisponde
72 al cerchio che più ama e che più sape:
    per che, se tu a la virtù circonde
    la tua misura, non a la parvenza
75 de le sustanze che t'appaion tonde,
    tu vederai mirabil consequenza
    di maggio a più e di minore a meno,

78 in ciascun cielo, a süa intelligenza ».
   Come rimane splendido e sereno
l'emisperio de l'aere, quando soffia
81 Borea da quella guancia ond' è più leno,
   per che si purga e risolve la roffia
che pria turbava, sì che 'l ciel ne ride
84 con le bellezze d'ogne sua paroffia;
   così fec'ïo, poi che mi provide
la donna mia del suo risponder chiaro,
87 e come stella in cielo il ver si vide.
   E poi che le parole sue restaro,
non altrimenti ferro disfavilla
90 che bolle, come i cerchi sfavillaro.
   L'incendio suo seguiva ogne scintilla;
ed eran tante, che 'l numero loro
93 più che 'l doppiar de li scacchi s'inmilla.
   Io sentiva osannar di coro in coro
al punto fisso che li tiene a li *ubi,*
96 e terrà sempre, ne' quai sempre fuoro.
   E quella che vedëa i pensier dubi
ne la mia mente, disse: « I cerchi primi
99 t'hanno mostrato Serafi e Cherubi.
   Così veloci seguono i suoi vimi,
per somigliarsi al punto quanto ponno;
102 e posson quanto a veder son soblimi.
   Quelli altri amori che 'ntorno li vonno,
si chiaman Troni del divino aspetto,
105 per che 'l primo ternaro terminonno;
   e dei saper che tutti hanno diletto
quanto la sua veduta si profonda

108 nel vero in che si queta ogne intelletto.
　　Quinci si può veder come si fonda
l'essere beato ne l'atto che vede,
111 non in quel ch'ama, che poscia seconda;
　　e del vedere è misura mercede,
che grazia partorisce e buona voglia:
114 così di grado in grado si procede.
　　L'altro ternaro, che così germoglia
in questa primavera sempiterna
117 che notturno Arïete non dispoglia,
　　perpetüalemente *"Osanna"* sberna
con tre melode, che suonano in tree
120 ordini di letizia onde s'interna.
　　In essa gerarcia son l'altre dee:
prima Dominazioni, e poi Virtudi;
123 l'ordine terzo di Podestadi èe.
　　Poscia ne' due penultimi tripudi
Principati e Arcangeli si girano;
126 l'ultimo è tutto d'Angelici ludi.
　　Questi ordini di su tutti s'ammiran,
e di giù vincon sì, che verso Dio
129 tutti tirati sono e tutti tirano.
　　E Dïonisio con tanto disio
a contemplar questi ordini si mise,
132 che li nomò e distinse com' io.
　　Ma Gregorio da lui poi si divise;
onde, sì tosto come li occhi aperse
135 in questo ciel, di sé medesmo rise.
　　E se tanto secreto ver proferse
mortale in terra, non voglio ch'ammiri:

138 ché chi 'l vide qua su gliel discoperse
   con altro assai del ver di questi giri ».

NON ALTRIMENTI FERRO DISFAVILLA
CHE BOLLE, COME I CERCHI SFAVILLARO.

(Par., c. XXVIII, vv. 89 e 90)

CANTO XXIX

Beatrice parla a Dante della creazione degli Angeli, voluti da Dio per puro atto di Amore, della ribellione di Lucifero e del merito che differenzia fra loro le schiere degli Angeli rimasti fedeli a Dio. Continua biasimando quanti sulla Terra danno falsi ammaestramenti, travisando le Sacre Scritture, incuranti dell'umiltà, che è tanto cara a Dio. Conclude infine parlando delle infinite schiere degli Angeli e di come Dio si rispecchia in ciascuno di essi.

Quando ambedue li figli di Latona,
coperti del Montone e de la Libra,
3 fanno de l'orizzonte insieme zona,

quant' è dal punto che 'l cenìt inlibra
infin che l'uno e l'altro da quel cinto,
6 cambiando l'emisperio, si dilibra,

tanto, col volto di riso dipinto,
si tacque Bëatrice, riguardando
9 fiso nel punto che m'avëa vinto.

Poi cominciò: « Io dico, e non dimando,
quel che tu vuoli udir, perch' io l'ho visto
12 là 've s'appunta ogne *ubi* e ogne *quando*.

Non per aver a sé di bene acquisto,
ch'esser non può, ma perché suo splendore
15 potesse, risplendendo, dir "*Subsisto*",

in sua etternità di tempo fore,

fuor d'ogne altro comprender, come i piacque,
18 s'aperse in nuovi amor l'etterno amore.
　　Né prima quasi torpente si giacque;
ché né prima né poscia procedette
21 lo discorrer di Dio sovra quest' acque.
　　Forma e materia, congiunte e purette,
usciro ad esser che non avia fallo,
24 come d'arco tricordo tre saette.
　　E come in vetro, in ambra o in cristallo
raggio resplende sì, che dal venire
27 a l'esser tutto non è intervallo,
　　così 'l triforme effetto del suo sire
ne l'esser suo raggiò insieme tutto
30 sanza distinzïone in essordire.
　　Concreato fu ordine e costrutto
a le sustanze; e quelle furon cima
33 nel mondo in che puro atto fu produtto;
　　pura potenza tenne la parte ima;
nel mezzo strinse potenza con atto
36 tal vime, che già mai non si divima.
　　Ieronimo vi scrisse lungo tratto
di secoli de li angeli creati
39 anzi che l'altro mondo fosse fatto;
　　ma questo vero è scritto in molti lati
da li scrittor de lo Spirito Santo,
42 e tu te n'avvedrai se bene agguati;
　　e anche la ragione il vede alquanto,
che non concederebbe che ' motori
45 sanza sua perfezion fosser cotanto.
　　Or sai tu dove e quando questi amori

      furon creati e come: sì che spenti
48 nel tuo disïo già son tre ardori.
      Né giugneriesi, numerando, al venti
sì tosto, come de li angeli parte
51 turbò il suggetto d'i vostri alementi.
      L'altra rimase, e cominciò quest' arte
che tu discerni, con tanto diletto,
54 che mai da circüir non si diparte.
      Principio del cader fu il maladetto
superbir di colui che tu vedesti
57 da tutti i pesi del mondo costretto.
      Quelli che vedi qui furon modesti
a riconoscer sé da la bontate
60 che li avea fatti a tanto intender presti:
      per che le viste lor furo essaltate
con grazia illuminante e con lor merto,
63 sì c'hanno ferma e piena volontate;
      e non voglio che dubbi, ma sia certo,
che ricever la grazia è meritorio
66 secondo che l'affetto l'è aperto.
      Omai dintorno a questo consistorio
puoi contemplare assai, se le parole
69 mie son ricolte, sanz' altro aiutorio.
      Ma perché 'n terra per le vostre scole
si legge che l'angelica natura
72 è tal, che 'ntende e si ricorda e vole,
      ancor dirò, perché tu veggi pura
la verità che là giù si confonde,
75 equivocando in sì fatta lettura.
      Queste sustanze, poi che fur gioconde

de la faccia di Dio, non volser viso
78 da essa, da cui nulla si nasconde:
però non hanno vedere interciso
da novo obietto, e però non bisogna
81 rememorar per concetto diviso;
sì che là giù, non dormendo, si sogna,
credendo e non credendo dicer vero,
84 ma ne l'uno è più colpa e più vergogna.
Voi non andate giù per un sentiero
filosofando: tanto vi trasporta
87 l'amor de l'apparenza e 'l suo pensiero!
E ancor questo qua su si comporta
con men disdegno che quando è posposta
90 la divina Scrittura o quando è torta.
Non vi si pensa quanto sangue costa
seminarla nel mondo e quanto piace
93 chi umilmente con essa s'accosta.
Per apparer ciascun s'ingegna e face
sue invenzioni; e quelle son trascorse
96 da' predicanti e 'l Vangelio si tace.
Un dice che la luna si ritorse
ne la passion di Cristo e s'interpuose,
99 per che 'l lume del sol giù non si porse;
e mente, ché la luce si nascose
da sé: però a li Spani e a l'Indi
102 come a' Giudei tale eclissi rispuose.
Non ha Fiorenza tanti Lapi e Bindi
quante sì fatte favole per anno
105 in pergamo si gridan quinci e quindi:
sì che le pecorelle, che non sanno,

tornan del pasco pasciute di vento,
108 e non le scusa non veder lo danno.
   Non disse Cristo al suo primo convento:
   "Andate, e predicate al mondo ciance";
111 ma diede lor verace fondamento;
   e quel tanto sonò ne le sue guance,
   sì ch'a pugnar per accender la fede
114 de l'Evangelio fero scudo e lance.
   Ora si va con motti e con iscede
   a predicare, e pur che ben si rida,
117 gonfia il cappuccio e più non si richiede.
   Ma tale uccel nel becchetto s'annida,
   che se 'l vulgo il vedesse, vederebbe
120 la perdonanza di ch'el si confida:
   per cui tanta stoltezza in terra crebbe,
   che, sanza prova d'alcun testimonio,
123 ad ogne promession si correrebbe.
   Di questo ingrassa il porco sant' Antonio,
   e altri assai che sono ancor più porci,
126 pagando di moneta sanza conio.
   Ma perché siam digressi assai, ritorci
   li occhi oramai verso la dritta strada,
129 sì che la via col tempo si raccorci.
   Questa natura sì oltre s'ingrada
   in numero, che mai non fu loquela
132 né concetto mortal che tanto vada;
   e se tu guardi quel che si revela
   per Danïel, vedrai che 'n sue migliaia
135 determinato numero si cela.
   La prima luce, che tutta la raia,

per tanti modi in essa si recepe,
138 quanti son li splendori a chi s'appaia.
   Onde, però che a l'atto che concepe
segue l'affetto, d'amar la dolcezza
141 diversamente in essa ferve e tepe.
   Vedi l'eccelso omai e la larghezza
de l'etterno valor, poscia che tanti
144 speculi fatti s'ha in che si spezza,
   uno manendo in sé come davanti ».

CANTO XXX

Dante e Beatrice raggiungono l'Empireo. Il poeta si rende conto che le sue facoltà visive sono aumentate, e ora può scorgere quel che prima non vedeva: vede un fiume di pura luce dalle sponde fiorite, che in seguito prende forma circolare e i fiori si rivelano come le anime dei Beati, che si dispongono fino a formare i petali di una Candida Rosa. Gli Angeli volano continuamente dai Beati a Dio e da Dio ai Beati. Beatrice conduce il poeta nel mezzo della Candida Rosa e gli fa notare un seggio non ancora occupato: attende l'anima di Arrigo VII imperatore, la cui opera in favore dell'Italia sarà male accolta. Ma guai a chi, soprattutto nell'ambito della Chiesa, ne ostacolerà la missione!

    Forse semilia miglia di lontano
ci ferve l'ora sesta, e questo mondo
3 china già l'ombra quasi al letto piano,
    quando 'l mezzo del cielo, a noi profondo,
comincia a farsi tal, ch'alcuna stella
6 perde il parere infino a questo fondo;
    e come vien la chiarissima ancella
del sol più oltre, così 'l ciel si chiude
9 di vista in vista infino a la più bella.
    Non altrimenti il trïunfo che lude
sempre dintorno al punto che mi vinse,
12 parendo inchiuso da quel ch'elli 'nchiude,

a poco a poco al mio veder si stinse:
per che tornar con li occhi a Bëatrice
15 nulla vedere e amor mi costrinse.
   Se quanto infino a qui di lei si dice
fosse conchiuso tutto in una loda,
18 poca sarebbe a fornir questa vice.
   La bellezza ch'io vidi si trasmoda
non pur di là da noi, ma certo io credo
21 che solo il suo fattor tutta la goda.
   Da questo passo vinto mi concedo
più che già mai da punto di suo tema
24 soprato fosse comico o tragedo:
   ché, come sole in viso che più trema,
così lo rimembrar del dolce riso
27 la mente mia da me medesmo scema.
   Dal primo giorno ch'i' vidi il suo viso
in questa vita, infino a questa vista,
30 non m'è il seguire al mio cantar preciso;
   ma or convien che mio seguir desista
più dietro a sua bellezza, poetando,
33 come a l'ultimo suo ciascuno artista.
   Cotal qual io lascio a maggior bando
che quel de la mia tuba, che deduce
36 l'ardüa sua matera terminando,
   con atto e voce di spedito duce
ricominciò: « Noi siamo usciti fore
39 del maggior corpo al ciel ch'è pura luce:
   luce intellettüal, piena d'amore;
amor di vero ben, pien di letizia;
42 letizia che trascende ogne dolzore.

Qui vederai l'una e l'altra milizia
di paradiso, e l'una in quelli aspetti
45 che tu vedrai a l'ultima giustizia ».
Come sùbito lampo che discetti
li spiriti visivi, sì che priva
48 da l'atto l'occhio di più forti obietti,
così mi circunfulse luce viva,
e lasciommi fasciato di tal velo
51 del suo fulgor, che nulla m'appariva.
« Sempre l'amor che queta questo cielo
accoglie in sé con sì fatta salute,
54 per far disposto a sua fiamma il candelo. »
Non fur più tosto dentro a me venute
queste parole brievi, ch'io compresi
57 me sormontar di sopr' a mia virtute;
e di novella vista mi raccesi
tale, che nulla luce è tanto mera,
60 che li occhi miei non si fosser difesi;
e vidi lume in forma di rivera
fulvido di fulgore, intra due rive
63 dipinte di mirabil primavera.
Di tal fiumana uscian faville vive,
e d'ogne parte si mettìen ne' fiori,
66 quasi rubin che oro circunscrive;
poi, come inebrïate da li odori,
riprofondavan sé nel miro gurge,
69 e s'una intrava, un'altra n'uscia fori.
« L'alto disio che mo t'infiamma e urge,
d'aver notizia di ciò che tu vei,
72 tanto mi piace più quanto più turge;

ma di quest' acqua convien che tu bei
prima che tanta sete in te si sazi »:
75 così mi disse il sol de li occhi miei.

Anche soggiunse: « Il fiume e li topazi
ch'entrano ed escono e 'l rider de l'erbe
78 son di lor vero umbriferi prefazi.

Non che da sé sian queste cose acerbe;
ma è difetto da la parte tua,
81 che non hai viste ancor tanto superbe ».

Non è fantin che sì sùbito rua
col volto verso il latte, se si svegli
84 molto tardato da l'usanza sua,

come fec' io, per far migliori spegli
ancor de li occhi, chinandomi a l'onda
87 che si deriva perché vi s'immegli;

e sì come di lei bevve la gronda
de le palpebre mie, così mi parve
90 di sua lunghezza divenuta tonda.

Poi, come gente stata sotto larve,
che pare altro che prima, se si sveste
93 la sembianza non süa che disparve,

così mi si cambiaro in maggior feste
li fiori e le faville, sì ch'io vidi
96 ambo le corti del ciel manifeste.

O isplendor di Dio, per cu' io vidi
l'alto trïunfo del regno verace,
99 dammi virtù a dir com' ïo il vidi!

Lume è là su che visibile face
lo creatore a quella creatura
102 che solo in lui vedere ha la sua pace.

    E' si distende in circular figura,
in tanto che la sua circunferenza
105 sarebbe al sol troppo larga cintura.
    Fassi di raggio tutta sua parvenza
reflesso al sommo del mobile primo,
108 che prende quindi vivere e potenza.
    E come clivo in acqua di suo imo
si specchia, quasi per vedersi addorno,
111 quando è nel verde e ne' fioretti opimo,
    sì, soprastando al lume intorno intorno,
vidi specchiarsi in più di mille soglie
114 quanto di noi là su fatto ha ritorno.
    E se l'infimo grado in sé raccoglie
sì grande lume, quanta è la larghezza
117 di questa rosa ne l'estreme foglie!
    La vista mia ne l'ampio e ne l'altezza
non si smarriva, ma tutto prendeva
120 il quanto e 'l quale di quella allegrezza.
    Presso e lontano, lì, né pon né leva:
ché dove Dio sanza mezzo governa,
123 la legge natural nulla rileva.
    Nel giallo de la rosa sempiterna,
che si digrada e dilata e redole
126 odor di lode al sol che sempre verna,
    qual è colui che tace e dicer vole,
mi trasse Bëatrice, e disse: « Mira
129 quanto è 'l convento de le bianche stole!
    Vedi nostra città quant' ella gira;
vedi li nostri scanni sì ripieni,
132 che poca gente più ci si disira.

E 'n quel gran seggio a che tu li occhi tieni
per la corona che già v'è su posta,
135 prima che tu a queste nozze ceni,
    sederà l'alma, che fia giù agosta,
de l'alto Arrigo, ch'a drizzare Italia
138 verrà in prima ch'ella sia disposta.
    La cieca cupidigia che v'ammalia
simili fatti v'ha al fantolino
141 che muor per fame e caccia via la balia.
    E fia prefetto nel foro divino
allora tal, che palese e coverto
144 non anderà con lui per un cammino.
    Ma poco poi sarà da Dio sofferto
nel santo officio: ch'el sarà detruso
147 là dove Simon mago è per suo merto,
    e farà quel d'Alagna intrar più giuso ».

CANTO XXXI

Dante è addirittura esterrefatto davanti alla magnificenza della Candida Rosa e del volo degli Angeli. A un certo punto si rende conto che Beatrice è scomparsa dal suo fianco e che accanto a lui c'è san Bernardo, che lo guiderà in quest'ultima parte del viaggio. Questi gli mostra poi Beatrice, che ha preso posto nel terzo giro dei petali della Rosa. Incoraggiato da san Bernardo, Dante scorge poi la bellezza di Maria, che risplende tra le anime dei Beati e gli Angeli. Anche san Bernardo contempla Maria con infinito amore.

In forma dunque di candida rosa
mi si mostrava la milizia santa
3   che nel suo sangue Cristo fece sposa;
    ma l'altra, che volando vede e canta
    la gloria di colui che la 'nnamora
6   e la bontà che la fece cotanta,
    sì come schiera d'ape che s'infiora
    una fïata e una si ritorna
9   là dove suo laboro s'insapora,
    nel gran fior discendeva che s'addorna
    di tante foglie, e quindi risaliva
12 là dove 'l süo amor sempre soggiorna.
    Le facce tutte avean di fiamma viva,
    e l'ali d'oro, e l'altro tanto bianco,
15 che nulla neve a quel termine arriva.

Quando scendean nel fior, di banco in banco
porgevan de la pace e de l'ardore
ch'elli acquistavan ventilando il fianco.

Né l'interporsi tra 'l disopra e 'l fiore
di tanta moltitudine volante
impediva la vista e lo splendore:

ché la luce divina è penetrante
per l'universo secondo ch'è degno,
sì che nulla le puote essere ostante.

Questo sicuro e gaudïoso regno,
frequente in gente antica e in novella,
viso e amore avea tutto ad un segno.

O trina luce che 'n unica stella
scintillando a lor vista, sì li appaga!
guarda qua giuso a la nostra procella!

Se i barbari, venendo da tal plaga
che ciascun giorno d'Elice si cuopra,
rotante col suo figlio ond' ella è vaga,

veggendo Roma e l'ardüa sua opra,
stupefaciensi, quando Laterano
a le cose mortali andò di sopra;

ïo, che al divino da l'umano,
a l'etterno dal tempo era venuto,
e di Fiorenza in popol giusto e sano,

di che stupor dovea esser compiuto!
Certo tra esso e 'l gaudio mi facea
libito non udire e starmi muto.

E quasi peregrin che si ricrea
nel tempio del suo voto riguardando,
e spera già ridir com' ello stea,

    su per la viva luce passeggiando,
    menava ïo li occhi per li gradi,
48 mo su, mo giù e mo recirculando.
    Vedëa visi a carità süadi,
    d'altrui lume fregiati e di suo riso,
51 e atti ornati di tutte onestadi.
    La forma general di paradiso
    già tutta mïo sguardo avea compresa,
54 in nulla parte ancor fermato fiso;
    e volgeami con voglia rïaccesa
    per domandar la mia donna di cose
57 di che la mente mia era sospesa.
    Uno intendëa, e altro mi rispuose:
    credea veder Beatrice e vidi un sene
60 vestito con le genti glorïose.
    Diffuso era per li occhi e per le gene
    di benigna letizia, in atto pio
63 quale a tenero padre si convene.
    E « Ov' è ella? », sùbito diss' io.
    Ond' elli: « A terminar lo tuo disiro
66 mosse Beatrice me del loco mio;
    e se riguardi su nel terzo giro
    dal sommo grado, tu la rivedrai
69 nel trono che suoi merti le sortiro ».
    Sanza risponder, li occhi su levai,
    e vidi lei che si facea corona
72 reflettendo da sé li etterni rai.
    Da quella regïon che più su tona
    occhio mortale alcun tanto non dista,
75 qualunque in mare più giù s'abbandona,

  quanto lì da Beatrice la mia vista;
  ma nulla mi facea, ché süa effige
78 non discendëa a me per mezzo mista.
  « O donna in cui la mia speranza vige,
  e che soffristi per la mia salute
81 in inferno lasciar le tue vestige,
  di tante cose quant' i' ho vedute,
  dal tuo podere e da la tua bontate
84 riconosco la grazia e la virtute.
  Tu m'hai di servo tratto a libertate
  per tutte quelle vie, per tutt' i modi
87 che di ciò fare avei la potestate.
  La tua magnificenza in me custodi,
  sì che l'anima mia, che fatt' hai sana,
90 piacente a te dal corpo si disnodi. »
  Così orai; e quella, sì lontana
  come parea, sorrise e riguardommi;
93 poi si tornò a l'etterna fontana.
  E 'l santo sene: « Acciò che tu assommi
  perfettamente », disse, « il tuo cammino,
96 a che priego e amor santo mandommi,
  vola con li occhi per questo giardino;
  ché veder lui t'acconcerà lo sguardo
99 più al montar per lo raggio divino.
  E la regina del cielo, ond' io ardo
  tutto d'amor, ne farà ogne grazia,
102 però ch'i' sono il suo fedel Bernardo ».
  Qual è colui che forse di Croazia
  viene a veder la Veronica nostra,
105 che per l'antica fame non sen sazia,

    ma dice nel pensier, fin che si mostra:
"Segnor mio Iesù Cristo, Dio verace,
108 or fu sì fatta la sembianza vostra?";
    tal era io mirando la vivace
carità di colui che 'n questo mondo,
111 contemplando, gustò di quella pace.
    « Figliuol di grazia, quest' esser giocondo »,
cominciò elli, « non ti sarà noto,
114 tenendo li occhi pur qua giù al fondo;
    ma guarda i cerchi infino al più remoto,
tanto che veggi seder la regina
117 cui questo regno è suddito e devoto. »
    Io levai li occhi; e come da mattina
la parte orïental de l'orizzonte
120 soverchia quella dove 'l sol declina,
    così, quasi di valle andando a monte
con li occhi, vidi parte ne lo stremo
123 vincer di lume tutta l'altra fronte.
    E come quivi ove s'aspetta il temo
che mal guidò Fetonte, più s'infiamma,
126 e quinci e quindi il lume si fa scemo,
    così quella pacifica oriafiamma
nel mezzo s'avvivava, e d'ogne parte
129 per igual modo allentava la fiamma;
    e a quel mezzo, con le penne sparte,
vid' io più di mille angeli festanti,
132 ciascun distinto di fulgore e d'arte.
    Vidi a lor giochi quivi e a lor canti
ridere una bellezza, che letizia
135 era ne li occhi a tutti li altri santi;

e s'io avessi in dir tanta divizia
quanta ad imaginar, non ardirei
138 lo minimo tentar di sua delizia.

Bernardo, come vide li occhi miei
nel caldo suo caler fissi e attenti,
141 li suoi con tanto affetto volse a lei,
che ' miei di rimirar fé più ardenti.

VIDI A LOR GIOCHI QUIVI E A LOR CANTI
RIDERE UNA BELLEZZA, CHE LETIZIA
ERA NE LI OCCHI A TUTTI LI ALTRI SANTI ... *(Par., c. XXXI, vv. 133-135)*

CANTO XXXII

San Bernardo indica a Dante come sono distribuiti i Beati nella Candida Rosa; gli fa notare come siano occupati interamente i seggi destinati agli eletti che credettero in Cristo venturo e come manchino solo poche anime a completare i seggi destinati ai Cristiani; indica poi la particolare condizione delle anime dei bambini, che occupano la metà inferiore della rosa. San Bernardo invita Dante a invocare Maria, che sola può infondergli quella virtù necessaria a sostenere la vista di Dio.

Affetto al suo piacer, quel contemplante
libero officio di dottore assunse,
3 e cominciò queste parole sante:
« La piaga che Maria richiuse e unse,
quella ch'è tanto bella da' suoi piedi
6 è colei che l'aperse e che la punse.
Ne l'ordine che fanno i terzi sedi,
siede Rachel di sotto da costei
9 con Bëatrice, sì come tu vedi.
Sarra e Rebecca, Iudìt e colei
che fu bisava al cantor che per doglia
12 del fallo disse *"Miserere mei"*,
puoi tu veder così di soglia in soglia
giù digradar, com' io ch'a proprio nome
15 vo per la rosa giù di foglia in foglia.
E dal settimo grado in giù, sì come

infino ad esso, succedono Ebree,
dirimendo del fior tutte le chiome;
    perché, secondo lo sguardo che fée
la fede in Cristo, queste sono il muro
a che si parton le sacre scalee.
    Da questa parte onde 'l fiore è maturo
di tutte le sue foglie, sono assisi
quei che credettero in Cristo venturo;
da l'altra parte onde sono intercisi
di vòti i semicirculi, si stanno
quei ch'a Cristo venuto ebber li visi.
    E come quinci il glorïoso scanno
de la donna del cielo e li altri scanni
di sotto lui cotanta cerna fanno,
così di contra quel del gran Giovanni,
che sempre santo 'l diserto e 'l martiro
sofferse, e poi l'inferno da due anni;
e sotto lui così cerner sortiro
Francesco, Benedetto e Augustino
e altri fin qua giù di giro in giro.
    Or mira l'alto proveder divino:
ché l'uno e l'altro aspetto de la fede
igualmente empierà questo giardino.
    E sappi che dal grado in giù che fiede
a mezzo il tratto le due discrezioni,
per nullo proprio merito si siede,
ma per l'altrui, con certe condizioni:
ché tutti questi son spiriti ascolti
prima ch'avesser vere elezïoni.
    Ben te ne puoi accorger per li volti

e anche per le voci püerili,
48 se tu li guardi bene e se li ascolti.
   Or dubbi tu e dubitando sili;
ma io discioglierò 'l forte legame
51 in che ti stringon li pensier sottili.
   Dentro a l'ampiezza di questo reame
casual punto non puote aver sito,
54 se non come tristizia o sete o fame:
   ché per etterna legge è stabilito
quantunque vedi, sì che giustamente
57 ci si risponde da l'anello al dito;
   e però questa festinata gente
a vera vita non è *sine causa*
60 intra sé qui più e meno eccellente.
   Lo rege per cui questo regno pausa
in tanto amore e in tanto diletto,
63 che nulla volontà è di più ausa,
   le menti tutte nel suo lieto aspetto
creando, a suo piacer di grazia dota
66 diversamente; e qui basti l'effetto.
   E ciò espresso e chiaro vi si nota
ne la Scrittura santa in quei gemelli
69 che ne la madre ebber l'ira commota.
   Però, secondo il color d'i capelli,
di cotal grazia l'altissimo lume
72 degnamente convien che s'incappelli.
   Dunque, sanza mercé di lor costume,
locati son per gradi differenti,
75 sol differendo nel primiero acume.
   Bastavasi ne' secoli recenti

con l'innocenza, per aver salute,
78 solamente la fede d'i parenti;
   poi che le prime etadi fuor compiute,
convenne ai maschi a l'innocenti penne
81 per circuncidere acquistar virtute;
   ma poi che 'l tempo de la grazia venne,
sanza battesmo perfetto di Cristo
84 tale innocenza là giù si ritenne.
   Riguarda omai ne la faccia che a Cristo
più si somiglia, ché la sua chiarezza
87 sola ti può disporre a veder Cristo ».
   Io vidi sopra lei tanta allegrezza
piover, portata ne le menti sante
90 create a trasvolar per quella altezza,
   che quantunque io avea visto davante,
di tanta ammirazion non mi sospese,
93 né mi mostrò di Dio tanto sembiante;
   e quello amor che primo lì discese,
cantando *"Ave, Maria, gratïa plena"*,
96 dinanzi a lei le sue ali distese.
   Rispuose a la divina cantilena
da tutte parti la beata corte,
99 sì ch'ogne vista sen fé più serena.
   « O santo padre, che per me comporte
l'esser qua giù, lasciando il dolce loco
102 nel qual tu siedi per etterna sorte,
   qual è quell'angel che con tanto gioco
guarda ne li occhi la nostra regina,
105 innamorato sì che par di foco? »
   Così ricorsi ancora a la dottrina

di colui ch'abbelliva di Maria,
108 come del sole stella mattutina.
  Ed elli a me: « Baldezza e leggiadria
quant' esser puote in angelo e in alma,
111 tutta è in lui; e sì volem che sia,
  perch' elli è quelli che portò la palma
giuso a Maria, quando 'l Figliuol di Dio
114 carcar si volse de la nostra salma.
  Ma vieni omai con li occhi sì com' io
andrò parlando, e nota i gran patrici
117 di questo imperio giustissimo e pio.
  Quei due che seggon là su più felici
per esser propinquissimi ad Augusta,
120 son d'esta rosa quasi due radici:
  colui che da sinistra le s'aggiusta
è il padre per lo cui ardito gusto
123 l'umana specie tanto amaro gusta;
  dal destro vedi quel padre vetusto
di Santa Chiesa a cui Cristo le clavi
126 raccomandò di questo fior venusto.
  E quei che vide tutti i tempi gravi,
pria che morisse, de la bella sposa
129 che s'acquistò con la lancia e coi clavi,
  siede lungh'esso, e lungo l'altro posa
quel duca sotto cui visse di manna
132 la gente ingrata, mobile e retrosa.
  Di contr' a Pietro vedi sedere Anna,
tanto contenta di mirar sua figlia,
135 che non move occhio per cantare osanna;
  e contro al maggior padre di famiglia

siede Lucia, che mosse la tua donna
138 quando chinavi, a rovinar, le ciglia.
    Ma perché 'l tempo fugge che t'assonna,
qui farem punto, come buon sartore
141 che com' elli ha del panno fa la gonna;
    e drizzeremo li occhi al primo amore,
sì che, guardando verso lui, penètri
144 quant' è possibil per lo suo fulgore.
    Veramente, ne forse tu t'arretri
movendo l'ali tue, credendo oltrarti,
147 orando grazia conven che s'impetri
    grazia da quella che puote aiutarti;
e tu mi seguirai con l'affezione,
150 sì che dal dicer mio lo cor non parti ».
    E cominciò questa santa orazione:

CANTO XXXIII

San Bernardo loda la Vergine Maria e la prega di dare a Dante la forza di elevarsi con lo sguardo fino a Dio. Il poeta dunque si inoltra con lo sguardo nella visione che appaga ogni suo desiderio, ma che è assolutamente indescrivibile. Quando la mirabile visione ha termine, il poeta si sente pienamente soddisfatto e pregno di immensa gioia, perché ormai informato alla volontà divina.

« Vergine Madre, figlia del tuo figlio,
umile e alta più che creatura,
3   termine fisso d'etterno consiglio,
      tu se' colei che l'umana natura
nobilitasti sì, che 'l suo fattore
6   non disdegnò di farsi sua fattura.
      Nel ventre tuo si raccese l'amore,
per lo cui caldo ne l'etterna pace
9   così è germinato questo fiore.
      Qui se' a noi meridïana face
di caritate, e giuso, intra ' mortali,
12   se' di speranza fontana vivace.
      Donna, se' tanto grande e tanto vali,
che qual vuol grazia e a te non ricorre
15   sua disïanza vuol volar sanz' ali.
      La tua benignità non pur soccorre
a chi domanda, ma molte fïate
18   liberamente al dimandar precorre.

In te misericordia, in te pietate,
in te magnificenza, in te s'aduna
21 quantunque in creatura è di bontate.
   Or questi, che da l'infima lacuna
de l'universo infin qui ha vedute
24 le vite spiritali ad una ad una,
   supplica a te, per grazia, di virtute
tanto, che possa con li occhi levarsi
27 più alto verso l'ultima salute.
   E io, che mai per mio veder non arsi
più ch'i' fo per lo suo, tutti miei prieghi
30 ti porgo, e priego che non sieno scarsi,
   perché tu ogne nube li disleghi
di sua mortalità co' prieghi tuoi,
33 sì che 'l sommo piacer li si dispieghi.
   Ancor ti priego, regina, che puoi
ciò che tu vuoli, che conservi sani,
36 dopo tanto veder, li affetti suoi.
   Vinca tua guardia i movimenti umani:
vedi Beatrice con quanti beati
39 per li miei prieghi ti chiudon le mani! »
   Li occhi da Dio diletti e venerati,
fissi ne l'orator, ne dimostraro
42 quanto i devoti prieghi le son grati;
   indi a l'etterno lume s'addrizzaro,
nel qual non si dee creder che s'invii
45 per creatura l'occhio tanto chiaro.
   E io ch'al fine di tutt' i disii
appropinquava, sì com' io dovea,
48 l'ardor del desiderio in me finii.

Bernardo m'accennava, e sorridea,
perch' io guardassi suso; ma io era
51 già per me stesso tal qual ei volea:
ché la mia vista, venendo sincera,
e più e più intrava per lo raggio
54 de l'alta luce che da sé è vera.

Da quinci innanzi il mio veder fu maggio
che 'l parlar mostra, ch'a tal vista cede,
57 e cede la memoria a tanto oltraggio.

Qual è colüi che sognando vede,
che dopo 'l sogno la passione impressa
60 rimane, e l'altro a la mente non riede,
cotal son io, ché quasi tutta cessa
mia visïone, e ancor mi distilla
63 nel core il dolce che nacque da essa.

Così la neve al sol si disigilla;
così al vento ne le foglie levi
66 si perdea la sentenza di Sibilla.

O somma luce che tanto ti levi
da' concetti mortali, a la mia mente
69 ripresta un poco di quel che parevi,
e fa la lingua mia tanto possente,
ch'una favilla sol de la tua gloria
72 possa lasciare a la futura gente;
ché, per tornare alquanto a mia memoria
e per sonare un poco in questi versi,
75 più si concepèrà di tua vittoria.

Io credo, per l'acume ch'io soffersi
del vivo raggio, ch'i' sarei smarrito,
78 se li occhi miei da lui fossero aversi.

E' mi ricorda ch'io fui più ardito
per questo a sostener, tanto ch'i' giunsi
81 l'aspetto mio col valore infinito.
  Oh abbondante grazia ond' io presunsi
ficcar lo viso per la luce etterna,
84 tanto che la veduta vi consunsi!
  Nel suo profondo vidi che s'interna,
legato con amore in un volume,
87 ciò che per l'universo si squaderna:
  sustanze e accidenti e lor costume
quasi conflati insieme, per tal modo
90 che ciò ch'i' dico è un semplice lume.
  La forma universal di questo nodo
credo ch'i' vidi, perché più di largo,
93 dicendo questo, mi sento ch'i' godo.
  Un punto solo m'è maggior letargo
che venticinque secoli a la 'mpresa,
96 che fé Nettuno ammirar l'ombra d'Argo.
  Così la mente mia, tutta sospesa,
mirava fissa, immobile e attenta,
99 e sempre di mirar faceasi accesa.
  A quella luce cotal si diventa,
che volgersi da lei per altro aspetto
102 è impossibil che mai si consenta;
  però che 'l ben, ch'è del volere obietto,
tutto s'accoglie in lei, e fuor di quella
105 è defettivo ciò ch'è lì perfetto.
  Omai sarà più corta mia favella,
pur a quel ch'io ricordo, che d'un fante
108 che bagni ancor la lingua a la mammella.

　　　　Non perché più ch'un semplice sembiante
　　fosse nel vivo lume ch'io mirava,
111　che tal è sempre qual s'era davante;
　　　　ma per la vista che s'avvalorava
　　in me guardando, una sola parvenza,
114　mutandom' io, a me si travagliava.
　　　　Ne la profonda e chiara sussistenza
　　de l'alto lume parvermi tre giri
117　di tre colori e d'una contenenza;
　　　　e l'un da l'altro come iri da iri
　　parea reflesso, e 'l terzo parea foco
120　che quinci e quindi igualmente si spiri.
　　　　Oh quanto è corto il dire e come fioco
　　al mio concetto! e questo, a quel ch'i' vidi,
123　è tanto, che non basta a dicer "poco".
　　　　O luce etterna che sola in te sidi,
　　sola t'intendi, e da te intelletta
126　e intendente te ami e arridi!
　　　　Quella circulazion che sì concetta
　　pareva in te come lume reflesso,
129　da li occhi miei alquanto circunspetta,
　　　　dentro da sé, del suo colore stesso,
　　mi parve pinta de la nostra effige:
132　per che 'l mio viso in lei tutto era messo.
　　　　Qual è 'l geomètra che tutto s'affige
　　per misurar lo cerchio, e non ritrova
135　pensando, quel principio ond' elli indige,
　　　　tal era io a quella vista nova:
　　veder voleva come si convenne
138　l'imago al cerchio e come vi s'indova;

    ma non eran da ciò le proprie penne:
se non che la mia mente fu percossa
141 da un fulgore in che sua voglia venne.
    A l'alta fantasia qui mancò possa;
ma già volgeva il mio disio e 'l *velle*,
144 sì come rota ch'igualmente è mossa,
    l'amor che move il sole e l'altre stelle.

La Divina Commedia – Paradiso

Premessa 5

CANTO	I	9
CANTO	II	15
CANTO	III	21
CANTO	IV	27
CANTO	V	33
CANTO	VI	39
CANTO	VII	45
CANTO	VIII	51
CANTO	IX	57
CANTO	X	63
CANTO	XI	69
CANTO	XII	75
CANTO	XIII	81
CANTO	XIV	87
CANTO	XV	94
CANTO	XVI	100
CANTO	XVII	107
CANTO	XVIII	113
CANTO	XIX	120
CANTO	XX	126
CANTO	XXI	132
CANTO	XXII	138
CANTO	XXIII	144
CANTO	XXIV	149
CANTO	XXV	155
CANTO	XXVI	160
CANTO	XXVII	166
CANTO	XXVIII	172
CANTO	XXIX	178
CANTO	XXX	184
CANTO	XXXI	190
CANTO	XXXII	196
CANTO	XXXIII	202

LA DIVINA COMMEDIA
di Dante Alighieri

INFERNO
INCISIONI DI GUSTAVE DORÉ

La Spiga
MERAVIGLI

PREMESSA

> La *Divina Commedia* supera in ogni confronto la più grand'opera d'immaginazione che sia comparsa dopo i poemi d'Omero.
>
> (MACAULAY)

L' INFERNO *è la prima delle tre cantiche che compongono il poema di Dante Alighieri (1265-1321) denominato originariamente* COMMEDIA, *secondo l'uso medievale, in quanto inizia con argomento triste per terminare in letizia. L'aggettivo "divina" fu aggiunto al titolo in epoca successiva e divenne parte integrante dello stesso in una edizione veneziana dell'opera datata 1555.*

Letteralmente, il poema consiste nella narrazione di un viaggio intrapreso dal poeta attraverso i tre regni dei morti, dallo smarrimento alla rinascita, dalle tenebre della colpa agli splendori della grazia. Ciascuna delle tre cantiche è composta di trentatré canti, con un numero pressoché uguale di versi: detti canti, unitamente al canto proemiale, vanno a formare il numero cento, simbolo di perfezione, essendo multiplo di dieci.

Il viaggio dantesco ha inizio il 25 marzo (secondo alcuni l'8 aprile) del 1300 e dura, stando all'opinione più accreditata, sette giorni; esso prende avvio dalla ormai proverbiale "selva oscura", che rappresenta allegoricamente lo stato di peccato ottenebratore della coscienza. Dante, anima inquieta, ha trentacinque anni, ed è al punto culminante della vita, che, secondo le indicazioni del tempo, avrebbe una durata media di settant'anni, e si smarrisce nella selva dopo aver perduto la "retta via". La via del ritorno gli è interdetta da tre fiere: una lontra, che rappresenta l'incontinenza, un leone, simbolo della violenza, e una lupa, la cupidigia. Qui lo raggiunge l'anima del poeta VIRGILIO, *che gli si offre come guida, simboleggiando la ragione poetica, che nell'uomo è una partecipazione creata della ragione eterna, generatrice e direttrice dell'universo. Virgilio condurrà Dante giù nell'Inferno, con lui scalerà la montagna del Purgatorio, da dove, sotto la guida di* BEATRICE *(che rappresenta la scienza divina o teologia), il poeta potrà ascendere al Cielo di* DIO.

L'Inferno ha la figura di un grande cono rovesciato, un'oscura voragine, la cui apertura viene posta vicino a Gerusalemme, che scende, dalla superficie dell'emisfero boreale, restringendosi gradatamente, per nove cerchi concentrici, fino al centro del globo terrestre, ove è infisso LUCIFERO, *l'Angelo ribelle precipitato dal Cielo: questo è il centro dell'Universo, il luogo più lontano da Dio, che è la Luce. È il regno delle tenebre, la "valle d'abisso dolorosa" ove precipita l'uomo quando si sottrae alla ragione e alla virtù. E infatti in questo luogo di tormento l'azione dei dannati è sempre priva di ragione, assurda e ripetitiva all'infinito: in questo consiste il loro tormento.*

Secondo lo schema ternario su cui è fondata tutta la struttura della COMMEDIA, *il regno delle tenebre è suddiviso in tre parti:* ANTINFERNO *(tra la porta d'ingresso e il fiume Acheronte: vi soffrono le anime dei vili),* ALTO INFERNO *(Limbo, lussuriosi, golosi, avari e prodighi, iracondi e* accidiosi), BASSO INFERNO (violenti, fraudolenti, traditori). In fondo è LUCIFERO, mostro dalle tre facce, che lacrima da sei occhi, che macciulla eternamente in ciascuna delle tre bocche i tre grandi traditori delle istituzioni fondamentali su cui si regge la società, la CHIESA e l'IMPERO: BRUTO e CASSIO, che tradirono Cesare, e GIUDA, che tradì Gesù Cristo.

Naturalmente via via che si discende aumenta la gravità del peccato e di conseguenza anche la pena, pena che obbedisce alla legge infernale del contrappasso (in pratica la "legge del taglione" di biblica memoria), che consiste nel far patire al peccatore il contrario di ciò che egli ha commesso.

I due poeti, aggrappatisi ai peli di Lucifero, oltrepassano il centro della Terra e, attraverso una "natural burella", salgono "a riveder le stelle" nell'emisfero opposto, tutto coperto dal mare, tranne una sola isola, ove sorge l'altissima montagna del Purgatorio.

Nella notte dei tempi, secondo la concezione dantesca, la terra stava tutta nell'emisfero australe; quando cadde Lucifero dal Cielo, la Terra lo rifuggì e passò sotto il mare fino a raggiungere l'emisfero boreale, ad eccezione di una piccola porzione che si lanciò in su e formò la montagna del Purgatorio.

Nel mezzo del cammin di nostra vita
mi ritrovai per una selva oscura… *(Inf., c. I, vv. 1 e 2)*

CANTO 1

Dante inizia il suo viaggio nel sovrannaturale descrivendosi all'ingresso dell'Inferno e tracciando un parallelo tra il cammino che sta per intraprendere e una situazione epocale della sua vita. Incontra Virgilio che si presenta, narrando la sua storia, e gli annuncia che gli farà da guida.

 Nel mezzo del cammin di nostra vita
mi ritrovai per una selva oscura,
3 ché la diritta via era smarrita.
 Ahi quanto a dir qual era è cosa dura
esta selva selvaggia e aspra e forte
6 che nel pensier rinova la paura!
 Tant'è amara che poco è più morte;
ma per trattar del ben ch'i' vi trovai,
9 dirò de l'altre cose ch'i' v'ho scorte.
 Io non so ben ridir com' i' v'intrai,
tant'era pien di sonno a quel punto
12 che la verace via abbandonai.
 Ma poi ch'i' fui al piè d'un colle giunto,
là dove terminava quella valle
15 che m'avea di paura il cor compunto,
 guardai in alto, e vidi le sue spalle
vestite già de' raggi del pianeta
18 che mena dritto altrui per ogne calle.
 Allor fu la paura un poco queta

     che nel lago del cor m'era durata
21   la notte ch'i' passai con tanta pieta.
         E come quei che con lena affannata
     uscito fuor del pelago a la riva
24   si volge a l'acqua perigliosa e guata,
         così l'animo mio, ch'ancor fuggiva,
     si volse a retro a rimirar lo passo
27   che non lasciò già mai persona viva.
         Poi ch'èi posato un poco il corpo lasso,
     ripresi via per la piaggia diserta,
30   sì che 'l piè fermo sempre era 'l più basso.
         Ed ecco, quasi al cominciar de l'erta,
     una lonza leggera e presta molto,
33   che di pel macolato era coverta;
         e non mi si partia dinanzi al volto,
     anzi 'mpediva tanto il mio cammino,
36   ch'i' fui per ritornar più volte vòlto.
         Temp' era dal principio del mattino,
     e 'l sol montava 'n su con quelle stelle
39   ch'eran con lui quando l'amor divino
         mosse di prima quelle cose belle;
     sì ch'a bene sperar m'era cagione
42   di quella fiera a la gaetta pelle
         l'ora del tempo e la dolce stagione;
     ma non sì che paura non mi desse
45   la vista che m'apparve d'un leone.
         Questi parea che contra me venisse
     con la test' alta e con rabbiosa fame,
48   sì che parea che l'aere ne tremesse.
         Ed una lupa, che di tutte brame

sembiava carca ne la sua **magrezza**,
51 e molte genti fé già viver grame,
    questa mi porse tanto di gravezza
con la paura ch'uscia di sua **vista**,
54 ch'io perdei la speranza de l'altezza.
    E qual è quei che volontieri **acquista**,
e giugne 'l tempo che perder lo **face**,
57 che 'n tutt'i suoi pensier piange e s'**attrista**;
    tal mi fece la bestia sanza pace,
che, venendomi 'ncontro, a poco a **poco**
60 mi ripigneva là dove 'l sol tace.
    Mentre ch'i' rovinava in basso loco,
dinanzi a li occhi mi si fu offerto
63 chi per lungo silenzio parea fioco.
    Quando vidi costui nel gran **diserto**,
« *Miserere* di me », gridai a lui,
66 « qual che tu sii, od ombra od **omo certo!** »
    Rispuosemi: « Non omo, omo già fui,
e li parenti miei furon lombardi,
69 mantoani per patria ambedui.
    Nacqui *sub Iulio*, ancor che fosse tardi,
e vissi a Roma sotto 'l buono **Augusto**
72 nel tempo de li dèi falsi e bugiardi.
    Poëta fui, e cantai di quel giusto
figliuol d'Anchise che venne di Troia,
75 poi che 'l superbo Ilïón fu combusto.
    Ma tu perché ritorni a tanta noia?
perché non sali il dilettoso monte
78 ch'è principio e cagion di tutta gioia? ».
    « Or se' tu quel Virgilio e quella fonte

11

che spandi di parlar sì largo fiume? »,
81 rispuos' io lui con vergognosa fronte.
« O de li altri poeti onore e lume
vagliami 'l lungo studio e 'l grande amore
84 che m'ha fatto cercar lo tuo volume.
Tu se' lo mio maestro e 'l mio autore,
tu se' solo colui da cu' io tolsi
87 lo bello stilo che m'ha fatto onore.
Vedi la bestia per cu' io mi volsi:
aiutami da lei, famoso saggio,
90 ch'ella mi fa tremar le vene e i polsi. »
« A te convien tenere altro vïaggio »,
rispuose, poi che lagrimar mi vide,
93 « se vuo' campar d'esto loco selvaggio;
ché questa bestia, per la qual tu gride,
non lascia altrui passar per la sua via,
96 ma tanto lo 'mpedisce che l'uccide;
e ha natura sì malvagia e ria,
che mai non empie la bramosa voglia,
99 e dopo 'l pasto ha più fame che pria.
Molti son li animali a cui s'ammoglia,
e più saranno ancora, infin che 'l veltro
102 verrà, che la farà morir con doglia.
Questi non ciberà terra né peltro,
ma sapïenza, amore e virtute,
105 e sua nazion sarà tra feltro e feltro.
Di quella umile Italia fia salute
per cui morì la vergine Cammilla,
108 Eurialo e Turno e Niso di ferute.
Questi la caccerà per ogne villa,

  fin che l'avrà rimessa ne lo 'nferno,
111 là onde 'nvidia prima dipartilla.
  Ond' io per lo tuo me' penso e discerno
che tu mi segui, e io sarò tua guida,
114 e trarrotti di qui per loco etterno;
  ove udirai le disperate strida,
vedrai li antichi spiriti dolenti,
117 ch'a la seconda morte ciascun grida;
  e vederai color che son contenti
nel foco, perché speran di venire
120 quando che sia a le beate genti.
  A le quai poi se tu vorrai salire,
anima fia a ciò più di me degna:
123 con lei ti lascerò nel mio partire;
  ché quello imperador che là su regna,
perch' i' fu' ribellante a la sua legge,
126 non vuol che 'n sua città per me si vegna.
  In tutte parti impera e quivi regge;
quivi è la sua città e l'alto seggio:
129 oh felice colui cu' ivi elegge! »
  E io a lui: « Poeta, io ti richeggio
per quello Dio che tu non conoscesti,
132 acciò ch'io fugga questo male e peggio,
  che tu mi meni là dov' or dicesti,
sì ch'io veggia la porta di san Pietro
135 e color cui tu fai cotanto mesti ».
  Allor si mosse, e io li tenni dietro.

ALLOR SI MOSSE, E IO LI TENNI DIETRO. *(Inf., c. I, v. 136)*

CANTO 11

Dante dubita di sé e, considerata la propria insufficienza, ritiene sia follia intraprendere il viaggio. Virgilio gli confida che è stata Beatrice a mandarlo e che in Cielo c'è chi ha a cuore la sua salute. Confortato, abbandona i timori e si dice pronto a iniziare il difficile cammino.

Lo giorno se n'andava, e l'aere bruno
togliea li animai che sono in terra
3 da le fatiche loro; e io sol uno
m'apparecchiava a sostener la guerra
sì del cammino e sì de la pietate,
6 che ritrarrà la mente che non erra.

O muse, o alto ingegno, or m'aiutate;
o mente che scrivesti ciò ch'io vidi,
9 qui si parrà la tua nobilitate.

Io cominciai: «Poeta che mi guidi,
guarda la mia virtù s'ell'è possente,
12 prima ch'a l'alto passo tu mi fidi.

Tu dici che di Silvïo il parente,
corruttibile ancora, ad immortale
15 secolo andò, e fu sensibilmente.

Però, se l'avversario d'ogne male
cortese i fu, pensando l'alto effetto
18 ch'uscir dovea di lui, e 'l chi e 'l quale
non pare indegno ad omo d'intelletto;
ch'e' fu de l'alma Roma e di suo impero

21 ne l'empireo ciel per padre eletto:
   la quale e 'l quale, a voler dir lo vero,
   fu stabilita per lo loco santo
24 u' siede il successor del maggior Piero.
   Per quest' andata onde li dai tu vanto,
   intese cose che furon cagione
27 di sua vittoria e del papale ammanto.
   Andovvi poi lo Vas d'elezïone,
   per recarne conforto a quella fede
30 ch'è principio a la via di salvazione.
   Ma io perché venirvi? o chi 'l concede?
   Io non Enëa, io non Paulo sono;
33 me degno a ciò né io né altri 'l crede.
   Per che, se del venire io m'abbandono,
   temo che la venuta non sia folle.
36 Se' savio; intendi me' ch'i' non ragiono ».
   E qual è quei che disvuol ciò che volle
   e per novi pensier cangia proposta,
39 sì che dal cominciar tutto si tolle,
   tal mi fec' ïo 'n quella oscura costa,
   perché, pensando, consumai la 'mpresa
42 che fu nel cominciar cotanto tosta.
   « S'i' ho ben la parola tua intesa »,
   rispuose del magnanimo quell'ombra,
45 « l'anima tua è da viltade offesa;
   la qual molte fïate l'omo ingombra
   sì che d'onrata impresa lo rivolve,
48 come falso veder bestia quand'ombra.
   Da questa tema acciò che tu ti solve,
   dirotti perch' io venni e quel ch'io 'ntesi

51   nel primo punto che di te mi dolve.
       Io era tra color che son sospesi,
   e donna mi chiamò beata e bella,
54   tal che di comandare io la richiesi.
       Lucevan li occhi suoi più che la stella;
   e cominciommi a dir soave e piana,
57   con angelica voce, in sua favella:
       "O anima cortese mantoana,
   di cui la fama ancor nel mondo dura,
60   e durerà quanto 'l mondo lontana,
       l'amico mio, e non de la ventura,
   ne la diserta piaggia è impedito
63   sì nel cammin, che volt' è per paura;
       e temo che non sia già sì smarrito,
   ch'io mi sia tardi al soccorso levata,
66   per quel ch'i' ho di lui nel cielo udito.
       Or movi, e con la tua parola ornata
   e con ciò c'ha mestieri al suo campare
69   l'aiuta sì ch'i' ne sia consolata.
       I' son Beatrice che ti faccio andare;
   vegno del loco ove tornar disio;
72   amor mi mosse, che mi fa parlare.
       Quando sarò dinanzi al segnor mio,
   di te mi loderò sovente a lui".
75   Tacette allora, e poi comincia' io:
       "O donna di virtù sola per cui
   l'umana spezie eccede ogne contento
78   di quel ciel c'ha minor li cerchi sui,
       tanto m'aggrada il tuo comandamento,
   che l'ubidir, se già fosse, m'è tardi;

81 più non t'è uo' ch'aprirmi il tuo talento.
　　Ma dimmi la cagion che non ti guardi
　de lo scender qua giuso in questo centro
84 de l'ampio loco ove tornar tu ardi".
　　"Da che tu vuo' saver cotanto a dentro,
　dirotti brievemente", mi rispuose,
87 "perch'i' non temo di venir qua entro.
　　Temer si dee di sole quelle cose
　c'hanno potenza di fare altrui male;
90 de l'altre no, ché non son paurose.
　　I' son fatta da Dio, sua mercé, tale,
　che la vostra miseria non mi tange,
93 né fiamma d'esto incendio non m'assale.
　　Donna è gentil nel ciel che si compiange
　di questo 'mpedimento ov' io ti mando,
96 sì che duro giudicio là su frange.
　　Questa chiese Lucia in suo dimando
　e disse: — Or ha bisogno il tuo fedele
99 di te, e io a te lo raccomando —.
　　Lucia, nimica di ciascun crudele,
　si mosse, e venne al loco dov' i' era,
102 che mi sedea con l'antica Rachele.
　　Disse: — Beatrice, loda di Dio vera,
　ché non soccorri quei che t'amò tanto,
105 ch'uscì per te de la volgare schiera?
　　Non odi tu la pieta del suo pianto
　non vedi tu la morte che 'l combatte
108 su la fiumana ove 'l mar non ha vanto? —.
　　Al mondo non fur mai persone ratte
　a far lor pro o a fuggir lor danno,

111 com' io, dopo cotai parole fatte,
    venni qua giù del mio beato scanno,
    fidandomi del tuo parlare onesto,
114 ch'onora te e quei ch'udito l'hanno."
    Poscia che m'ebbe ragionato questo,
    li occhi lucenti lagrimando volse,
117 per che mi fece del venir più presto.
    E venni a te così com' ella volse:
    d'inanzi a quella fiera ti levai
120 che del bel monte il corto andar ti tolse.
    Dunque: che è? perché, perché restai,
    perché tanta viltà nel core allette,
123 perché ardire e franchezza non hai,
    poscia che tai tre donne benedette
    curan di te ne la corte del cielo,
126 e 'l mio parlar tanto ben ti promette? »
    Quali fioretti dal notturno gelo
    chinati e chiusi, poi che 'l sol li 'mbianca,
129 si drizzan tutti aperti in loro stelo,
    tal mi fec' io di mia virtude stanca,
    e tanto buono ardire al cor mi corse,
132 ch'i' cominciai come persona franca:
    « Oh pietosa colei che mi soccorse!
    E te cortese ch'ubidisti tosto
135 a le vere parole che ti porse!
    Tu m'hai con disiderio il cor disposto
    sì al venir con le parole tue,
138 ch'i' son tornato nel primo proposto.
    Or va, ch'un sol volere è d'ambedue:
    tu duca, tu segnore e tu maestro ».

141 Così li dissi; e poi che mosso fue,
   intrai per lo cammino alto e silvestro.

I' SON BEATRICE CHE TI FACCIO ANDARE;
VEGNO DEL LOCO OVE TORNAR DISIO;
AMOR MI MOSSE, CHE MI FA PARLARE. *(Inf., c. II, vv. 70-72)*

CANTO III

Dante giunge alla porta dell'Inferno e la varca, rincuorato da Virgilio, il quale gli mostra gli ignavi, tra cui papa Celestino V, e come sono puniti. Proseguendo il cammino, giungono al fiume Acheronte, dove Caronte, il nocchiero infernale, traghetta le anime dannate all'altra riva, cioè al loro supplizio. Dopo un forte terremoto, seguito da una luce vermiglia, Dante sviene.

"Per me si va ne la città dolente,
per me si va ne l'etterno dolore,
3 per me si va tra la perduta gente.

    Giustizia mosse il mio alto fattore;
fecemi la divina podestate,
6 la somma sapïenza e 'l primo amore.

    Dinanzi a me non fuor cose create
se non etterne, e io etterna duro.
9 Lasciate ogne speranza, voi ch'intrate."

    Queste parole di colore oscuro
vid' io scritte al sommo d'una porta;
12 per ch'io: « Maestro, il senso lor m'è duro ».

    Ed elli a me, come persona accorta:
« Qui si convien lasciare ogne sospetto;
15 ogne viltà convien che qui sia morta.

    Noi siam venuti al loco ov' i' t'ho detto
che tu vedrai le genti dolorose
18 c'hanno perduto il ben de l'intelletto ».

E poi che la sua mano a la mia puose
con lieto volto, ond'io mi confortai,
mi mise dentro a le segrete cose.

Quivi sospiri, pianti e alti guai
risonavan per l'aere sanza stelle,
per ch'io al cominciar ne lagrimai.

Diverse lingue, orribili favelle,
parole di dolore, accenti d'ira,
voci alte e fioche, e suon di man con elle

facevano un tumulto, il qual s'aggira
sempre in quell'aura sanza tempo tinta,
come la rena quando turbo spira.

E io ch'avea d'error la testa cinta,
dissi: «Maestro, che è quel ch'i' odo?
e che gent' è che par nel duol sì vinta?».

Ed elli a me: «Questo misero modo
tegnon l'anime triste di coloro
che visser sanza 'nfamia e sanza lodo.

Mischiate sono a quel cattivo coro
de li angeli che non furon ribelli
né fur fedeli a Dio, ma per sé fuoro.

Cacciànli i ciel per non esser men belli,
né lo profondo inferno li riceve,
ch'alcuna gloria i rei avrebber d'elli».

E io: «Maestro, che è tanto greve
a lor, che lamentar li fa sì forte?».
Rispuose: «Dicerolti molto breve.

Questi non hanno speranza di morte,
e la lor cieca vita è tanto bassa,
che 'nvidïosi son d'ogne altra sorte.

ED ECCO VERSO NOI VENIR PER NAVE
UN VECCHIO, BIANCO PER ANTICO PELO,
GRIDANDO: «GUAI A VOI, ANIME PRAVE!...». *(Inf., c. III, vv. 82-84)*

Fama di loro il mondo esser non lassa;
misericordia e giustizia li sdegna:
51 non ragioniam di lor, ma guarda e passa ».
E io, che riguardai, vidi una 'nsegna
che girando correva tanto ratta,
54 che d'ogne posa mi parea indegna;
e dietro le venìa sì lunga tratta
di gente, ch'i' non averei creduto
57 che morte tanta n'avesse disfatta.
Poscia ch'io v'ebbi alcun riconosciuto,
vidi e conobbi l'ombra di colui
60 che fece per viltade il gran rifiuto.
Incontanente intesi e certo fui
che questa era la setta d'i cattivi,
63 a Dio spiacenti e a' nemici sui.
Questi sciaurati, che mai non fur vivi,
erano ignùdi e stimolati molto
66 da mosconi e da vespe ch'eran ivi.
Elle rigavan lor di sangue il volto,
che, mischiato di lagrime, a' lor piedi
69 da fastidiosi vermi era ricolto.
E poi ch'a riguardar oltre mi diedi,
vidi genti a la riva d'un gran fiume;
72 per ch'io dissi: « Maestro, or mi concedi
ch'i' sappia quali sono, e qual costume
le fa di trapassar parer sì pronte,
75 com'io discerno per lo fioco lume ».
Ed elli a me: « Le cose ti fier conte
quando noi fermerem li nostri passi
78 su la trista riviera d'Acheronte ».

Allor con li occhi vergognosi e bassi,
   temendo no 'l mio dir li fosse grave,
81 infino al fiume del parlar mi trassi.

   Ed ecco verso noi venir per nave
un vecchio, bianco per antico pelo,
84 gridando: « Guai a voi, anime prave!

   Non isperate mai veder lo cielo:
i' vegno per menarvi a l'altra riva
87 ne le tenebre etterne, in caldo e 'n gelo.

   E tu che se' costì, anima viva,
pàrtiti da cotesti che son morti ».
90 Ma poi che vide ch'io non mi partiva,

   disse: « Per altra via, per altri porti
verrai a piaggia, non qui, per passare:
93 più lieve legno convien che ti porti ».

   E 'l duca lui: « Caron, non ti crucciare:
vuolsi così colà dove si puote
96 ciò che si vuole, e più non dimandare ».

   Quinci fuor quete le lanose gote
al nocchier de la livida palude,
99 che 'ntorno a li occhi avea di fiamme rote.

   Ma quell'anime, ch'eran lasse e nude,
cangiar colore e dibattero i denti,
102 ratto che 'nteser le parole crude.

   Bestemmiavano Dio e lor parenti,
l'umana spezie e 'l loco e 'l tempo e 'l seme
105 di lor semenza e di lor nascimenti.

   Poi si ritrasser tutte quante insieme,
forte piangendo, a la riva malvagia
108 ch'attende ciascun uom che Dio non teme.

  Caron dimonio, con occhi di bragia
loro accennando, tutte le raccoglie;
111 batte col remo qualunque s'adagia.
  Come d'autunno si levan le foglie
l'una appresso de l'altra, fin che 'l ramo
114 vede a la terra tutte le sue spoglie,
  similemente il mal seme d'Adamo
gittansi di quel lito ad una ad una,
117 per cenni come augel per suo richiamo.
  Così sen vanno su per l'onda bruna,
e avanti che sien di là discese,
120 anche di qua nuova schiera s'auna.
  « Figliuol mio », disse 'l maestro cortese,
« quelli che muoion ne l'ira di Dio
123 tutti convegnon qui d'ogne paese;
  e pronti sono a trapassar lo rio,
ché la divina giustizia li sprona,
126 sì che la tema si volve in disio.
  Quinci non passa mai anima buona;
e però, se Caron di te si lagna,
129 ben puoi sapere omai che 'l suo dir suona. »
  Finito questo, la buia campagna
tremò sì forte, che de lo spavento
132 la mente di sudore ancor mi bagna.
  La terra lagrimosa diede vento,
che balenò una luce vermiglia
135 la qual mi vinse ciascun sentimento;
e caddi come l'uom cui sonno piglia.

CANTO IV

UN FORTE TUONO RISVEGLIA DANTE DAL SUO SVENIMENTO. GIÀ I DUE POETI SONO SULL'ORLO DEL PRIMO CERCHIO; ENTRANO NEL LIMBO, DOVE SONO RADUNATI I NON BATTEZZATI, TRA CUI LO STESSO VIRGILIO, CHE VIVONO DESIDERANDO CONTINUAMENTE DI VEDER DIO. OMERO, ORAZIO, OVIDIO E LUCANO ACCOMPAGNANO DANTE NEL NOBILE CASTELLO, OVE STANNO COLORO CHE ONORARONO SCIENZA E ARTE O MOLTO AMARONO LA PATRIA.

Ruppemi l'alto sonno ne la testa
un greve truono, sì ch'io mi riscossi
3 come persona ch'è per forza desta;
e l'occhio riposato intorno mossi,
dritto levato, e fiso riguardai
6 per conoscer lo loco dov' io fossi.
Vero è che 'n su la proda mi trovai
de la valle d'abisso dolorosa
9 che 'ntrono accoglie d'infiniti guai.
Oscura e profonda era e nebulosa
tanto che, per ficcar lo viso a fondo,
12 io non vi discernea alcuna cosa.
« Or discendiam giù nel cieco mondo »,
cominciò il poeta tutto smorto.
15 « Io sarò primo, e tu sarai secondo. »
E io, che del color mi fui accorto,
dissi: « Come verrò, se tu paventi
18 che suoli al mio dubbiare esser conforto? ».

Ed elli a me: « L'angoscia de le genti
che son qua giù, nel viso mi dipigne
quella pietà che tu per tema senti.
   Andiam, ché la via lunga ne sospigne ».
Così si mise e così mi fé intrare
nel primo cerchio che l'abisso cigne.
   Quivi, secondo che per ascoltare,
non avea pianto mai che di sospiri,
che l'aura etterna facevan tremare;
   ciò avvenia di duol sanza martìri,
ch'avean le turbe, ch'eran molte e grandi,
d'infanti e di femmine e di viri.
   Lo buon maestro a me: « Tu non dimandi
che spiriti son questi che tu vedi?
Or vo' che sappi, innanzi che più andi,
   ch'ei non peccaro; e s'elli hanno mercedi,
non basta, perché non ebber battesmo,
ch'è porta de la fede che tu credi;
   e s'e' furon dinanzi al cristianesmo,
non adorar debitamente a Dio:
e di questi cotai son io medesmo.
   Per tai difetti, non per altro rio,
semo perduti, e sol di tanto offesi
che sanza speme vivemo in disio ».
   Gran duol mi prese al cor quando lo 'ntesi,
però che gente di molto valore
conobbi che 'n quel limbo eran sospesi.
   « Dimmi, maestro mio, dimmi, segnore »,
comincia' io per voler esser certo
di quella fede che vince ogne errore:

«uscicci mai alcuno, o per suo merto
o per altrui, che poi fosse beato?».
51 E quei che 'ntese il mio parlar coverto,
rispuose: «Io era nuovo in questo stato,
quando ci vidi venire un possente,
54 con segno di vittoria coronato.

Trasseci l'ombra del primo parente,
d'Abèl suo figlio e quella di Noè,
57 di Moïsè legista e ubidente;

Abraàm patriarca e Davìd re,
Israèl con lo padre e co' suoi nati
60 e con Rachele, per cui tanto fé,

e altri molti, e feceli beati.
E vo' che sappi che, dinanzi ad essi,
63 spiriti umani non eran salvati».

Non lasciavam l'andar perch' ei dicessi,
ma passavam la selva tuttavia,
66 la selva, dico, di spiriti spessi.

Non era lunga ancor la nostra via
di qua dal sonno, quand' io vidi un foco
69 ch'emisperio di tenebre vincia.

Di lungi n'eravamo ancora un poco,
ma non sì ch'io non discernessi in parte
72 ch'orrevol gente possedea quel loco.

«O tu ch'onori scïenzïa e arte,
questi chi son c'hanno cotanta onranza,
75 che dal modo de li altri li diparte?»

E quelli a me: «L'onrata nominanza
che di lor suona su ne la tua vita,
78 grazïa acquista in ciel che sì li avanza».

29

Intanto voce fu per me udita:
« Onorate l'altissimo poeta;
81 l'ombra sua torna, ch'era dipartita ».

Poi che la voce fu restata e queta,
vidi quattro grand' ombre a noi venire:
84 sembianz' avean né trista né lieta.

Lo buon maestro cominciò a dire:
« Mira colui con quella spada in mano,
87 che vien dinanzi ai tre sì come sire:

quelli è Omero poeta sovrano;
l'altro è Orazio satiro che vene;
90 Ovidio è 'l terzo, e l'ultimo Lucano.

Però che ciascun meco si convene
nel nome che sonò la voce sola,
93 fannomi onore, e di ciò fanno bene ».

Così vid' i' adunar la bella scola
di quel segnor de l'altissimo canto
96 che sovra li altri com' aquila vola.

Da ch'ebber ragionato insieme alquanto,
volsersi a me con salutevol cenno,
99 e 'l mio maestro sorrise di tanto;

e più d'onore ancora assai mi fenno,
ch'e' sì mi fecer de la loro schiera,
102 sì ch'io fui sesto tra cotanto senno.

Così andammo infino a la lumera,
parlando cose che 'l tacere è bello,
105 sì com' era 'l parlar colà dov' era.

Venimmo al piè d'un nobile castello,
sette volte cerchiato d'alte mura,
108 difeso intorno d'un bel fiumicello.

Così vid'i' adunar la bella scola
di quel segnor de l'altissimo canto
che sovra li altri com'aquila vola. (Inf., c. IV, vv. 94-96)

Questo passammo come terra dura;
per sette porte intrai con questi savi:
111 giugnemmo in prato di fresca verdura.

Genti v'eran con occhi tardi e gravi,
di grande autorità ne' lor sembianti:
114 parlavan rado, con voci soavi.

Traemmoci così da l'un de' canti,
in loco aperto, luminoso e alto,
117 sì che veder si potien tutti quanti.

Colà diritto, sovra 'l verde smalto,
mi fuor mostrati li spiriti magni,
120 che del vedere in me stesso m'essalto.

I' vidi Eletra con molti compagni,
tra ' quai conobbi Ettòr ed Enea,
123 Cesare armato con li occhi grifagni.

Vidi Cammilla e la Pantasilea;
da l'altra parte vidi 'l re Latino
126 che con Lavina sua figlia sedea.

Vidi quel Bruto che cacciò Tarquino,
Lucrezia, Iulia, Marzïa e Corniglia;
129 e solo, in parte, vidi 'l Saladino.

Poi ch'innalzai un poco più le ciglia,
vidi 'l maestro di color che sanno
132 seder tra filosofica famiglia.

Tutti lo miran, tutti onor li fanno:
quivi vid' ïo Socrate e Platone,
135 che 'nnanzi a li altri più presso li stanno;

Democrito, che 'l mondo a caso pone,
Dïogenés, Anassagora e Tale,
138 Empedoclès, Eraclito e Zenone;

 e vidi il buono accoglitor del quale,
Dïascoride dico; e vidi Orfeo,
141 Tulïo e Lino e Seneca morale;

 Euclide geomètra e Tolomeo,
Ipocràte, Avicenna e Galïeno,
144 Averoìs che 'l gran comento feo.

 Io non posso ritrar di tutti a pieno,
però che sì mi caccia il lungo tema,
147 che molte volte al fatto il dir vien meno.

 La sesta compagnia in due si scema:
per altra via mi mena il savio duca,
150 fuor de la queta, ne l'aura che trema.

 E vegno in parte ove non è che luca.

CANTO V

ALL'INGRESSO DEL SECONDO CERCHIO DANTE VEDE MINOSSE, GIUDICE INFERNALE. I DUE POETI ENTRANO NEL LUOGO DI PENA, DOVE SONO I LUSSURIOSI, TRAVOLTI DA UN'ETERNA BUFERA. DANTE VEDE I GRANDI AMANTI DELL'ANTICHITÀ, DOPO DI CHE PUÒ PARLARE CON LE ANIME DI PAOLO E FRANCESCA: QUEST'ULTIMA GLI PARLA DOLCEMENTE DEL LORO TRAGICO AMORE. DANTE NON REGGE ALLA COMMOZIONE E SVIENE.

    Così discesi del cerchio primaio
giù nel secondo, che men loco cinghia
3 e tanto più dolor, che punge a guaio.
    Stavvi Minòs orribilmente, e ringhia:
essamina le colpe ne l'intrata;
6 giudica e manda secondo ch'avvinghia.
    Dico che quando l'anima mal nata
li vien dinanzi, tutta si confessa;
9 e quel conoscitor de le peccata
    vede qual loco d'inferno è da essa;
cignesi con la coda tante volte
12 quantunque gradi vuol che giù sia messa.
    Sempre dinanzi a lui ne stanno molte;
vanno a vicenda ciascuna al giudizio,
15 dicono e odono, e poi son giù volte.
    « O tu che vieni al doloroso ospizio »,
disse Minòs a me quando mi vide,
18 lasciando l'atto di cotanto offizio,

«guarda com' entri e di cui tu ti fide;
non t'inganni l'ampiezza de l'intrare!»
21 E 'l duca mio a lui: «Perché pur gride?

Non impedir lo suo fatale andare:
vuolsi così colà dove si puote
24 ciò che si vuole, e più non dimandare».

Or incomincian le dolenti note
a farmisi sentire; or son venuto
27 là dove molto pianto mi percuote.

Io venni in loco d'ogne luce muto,
che mugghia come fa mar per tempesta,
30 se da contrari venti è combattuto.

La bufera infernal, che mai non resta,
mena li spirti con la sua rapina;
33 voltando e percotendo li molesta.

Quando giungon davanti a la ruina,
quivi le strida, il compianto, il lamento;
36 bestemmian quivi la virtù divina.

Intesi ch'a così fatto tormento
enno dannati i peccator carnali,
39 che la ragion sommettono al talento.

E come li stornei ne portan l'ali
nel freddo tempo, a schiera larga e piena,
42 così quel fiato li spiriti mali

di qua, di là, di giù, di su li mena;
nulla speranza li conforta mai,
45 non che di posa, ma di minor pena.

E come i gru van cantando lor lai,
faccendo in aere di sé lunga riga,
48 così vid' io venir, traendo guai,

ombre portate da la detta briga;
per ch'i' dissi: «Maestro, chi son quelle
genti che l'aura nera sì gastiga?».

«La prima di color di cui novelle
tu vuo' saper», mi disse quelli allotta,
«fu imperadrice di molte favelle.

A vizio di lussuria fu sì rotta,
che libito fé licito in sua legge,
per tòrre il biasmo in che era condotta.

Ell'è Semiramìs, di cui si legge
che succedette a Nino e fu sua sposa:
tenne la terra che 'l Soldan corregge.

L'altra è colei che s'ancise amorosa,
e ruppe fede al cener di Sicheo;
poi è Cleopatràs lussurïosa.

Elena vedi, per cui tanto reo
tempo si volse, e vedi 'l grande Achille,
che con amore al fine combatteo.

Vedi Parìs, Tristano»; e più di mille
ombre mostrommi e nominommi a dito,
ch'amor di nostra vita dipartille.

Poscia ch'io ebbi il mio dottore udito
nomar le donne antiche e ' cavalieri,
pietà mi giunse, e fui quasi smarrito.

I' cominciai: «Poeta, volontieri
parlerei a quei due che 'nsieme vanno,
e paion sì al vento esser leggeri».

Ed elli a me: «Vedrai quando saranno
più presso a noi; e tu allor li priega
per quello amor che i mena, ed ei verranno».

I' COMINCIAI: « POETA, VOLONTIERI
PARLEREI A QUEI DUE ESSER CHE 'NSIEME VANNO,
E PAION SÌ AL VENTO LEGGERI ». *(Inf., c. V, vv. 73-75)*

Sì tosto come il vento a noi li piega,
mossi la voce: « O anime affannate,
81 venite a noi parlar, s'altri nol niega! ».
    Quali colombe dal disio chiamate
con l'ali alzate e ferme al dolce nido
84 vegnon per l'aere, dal voler portate;
    cotali uscir de la schiera ov' è Dido,
a noi venendo per l'aere maligno,
87 sì forte fu l'affettüoso grido.
    « O animal grazïoso e benigno
che visitando vai per l'aere perso
90 noi che tignemmo il mondo di sanguigno,
    se fosse amico il re de l'universo,
noi pregheremmo lui de la tua pace,
93 poi c'hai pietà del nostro mal perverso.
    Di quel che udire e che parlar vi piace,
noi udiremo e parleremo a voi,
96 mentre che 'l vento, come fa, ci tace.
    Siede la terra dove nata fui
su la marina dove 'l Po discende
99 per aver pace co' seguaci sui.
    Amor, ch'al cor gentil ratto s'apprende,
prese costui de la bella persona
102 che mi fu tolta; e 'l modo ancor m'offende.
    Amor, ch'a nullo amato amar perdona,
mi prese del costui piacer sì forte,
105 che, come vedi, ancor non m'abbandona.
    Amor condusse noi ad una morte.
Caina attende chi a vita ci spense. »
108 Queste parole da lor ci fuor porte.

Quand' io intesi quell'anime offense,
china' il viso e tanto il tenni basso,
111 fin che 'l poeta mi disse: «Che pense?».
Quando rispuosi, cominciai: «Oh lasso,
quanti dolci pensier, quanto disio
114 menò costoro al doloroso passo!».
Poi mi rivolsi a loro e parla' io,
e cominciai: «Francesca, i tuoi martìri
117 a lagrimar mi fanno tristo e pio.
Ma dimmi: al tempo d'i dolci sospiri,
a che e come concedette Amore
120 che conosceste i dubbiosi disiri?».
E quella a me: «Nessun maggior dolore
che ricordarsi del tempo felice
123 ne la miseria; e ciò sa 'l tuo dottore.
Ma s'a conoscer la prima radice
del nostro amor tu hai cotanto affetto,
126 dirò come colui che piange e dice.
Noi leggiavamo un giorno per diletto
di Lancialotto come amor lo strinse;
129 soli eravamo e sanza alcun sospetto.
Per più fïate li occhi ci sospinse
quella lettura, e scolorocci il viso;
132 ma solo un punto fu quel che ci vinse.
Quando leggemmo il disïato riso
esser basciato da cotanto amante,
135 questi, che mai da me non fia diviso,
la bocca mi basciò tutto tremante.
Galeotto fu 'l libro e chi lo scrisse:
138 quel giorno più non vi leggemmo avante».

Mentre che l'uno spirto questo disse,
l'altro piangëa; sì che di pietade
141 io venni men così com' io morisse.
E caddi come corpo morto cade.

E CADDI COME CORPO MORTO CADE.   *(Inf., c. V, v. 142)*

CANTO VI

Cerbero, il cane dalle tre teste, è a guardia dei golosi, immersi nel fango e flagellati da pioggia, neve e grandine. Elusa la sua sorveglianza, i due poeti entrano nel terzo cerchio: qui il fiorentino Ciacco riconosce Dante e gli rivela la sorte di Firenze; inoltre gli predice l'esilio. Allontanatosi da lui, Dante parla con Virgilio della vita futura.

Al tornar de la mente, che si chiuse
dinanzi a la pietà d'i due cognati,
3 che di trestizia tutto mi confuse,
   novi tormenti e novi tormentati
mi veggio intorno, come ch'io mi mova
6 e ch'io mi volga, e come che io guati.
   Io sono al terzo cerchio, de la piova
etterna, maladetta, fredda e greve;
9 regola e qualità mai non l'è nova.
   Grandine grossa, acqua tinta e neve
per l'aere tenebroso si riversa;
12 pute la terra che questo riceve.
   Cerbero, fiera crudele e diversa,
con tre gole caninamente latra
15 sovra la gente che quivi è sommersa.
   Li occhi ha vermigli, la barba unta e atra,
e 'l ventre largo, e unghiate le mani;
18 graffia li spirti, ed iscoia ed isquatra.

Urlar li fa la pioggia come cani;
de l'un de' lati fanno a l'altro schermo;
21 volgonsi spesso i miseri profani.
  Quando ci scorse Cerbero, il gran vermo,
le bocche aperse e mostrocci le sanne;
24 non avea membro che tenesse fermo.
  E 'l duca mio distese le sue spanne,
prese la terra, e con piene le pugna
27 la gittò dentro a le bramose canne.
  Qual è quel cane ch'abbaiando agogna,
e si racqueta poi che 'l pasto morde,
30 ché solo a divorarlo intende e pugna,
  cotai si fecer quelle facce lorde
de lo demonio Cerbero, che 'ntrona
33 l'anime sì, ch'esser vorrebber sorde.
  Noi passavam su per l'ombre che adona
la greve pioggia, e ponavam le piante
36 sovra lor vanità che par persona.
  Elle giacean per terra tutte quante,
fuor d'una ch'a seder si levò, ratto
39 ch'ella ci vide passarsi davante.
  « O tu che se' per questo 'nferno tratto »,
mi disse, « riconoscimi, se sai:
42 tu fosti, prima ch'io disfatto, fatto. »
  E io a lui: « L'angoscia che tu hai
forse ti tira fuor de la mia mente,
45 sì che non par ch'i' ti vedessi mai.
  Ma dimmi chi tu se' che 'n sì dolente
loco se' messo e hai sì fatta pena,
48 che, s'altra è maggio, nulla è sì spiacente ».

    Ed elli a me: « La tua città, ch'è piena
d'invidia sì che già trabocca il sacco,
51 seco mi tenne in la vita serena.
    Voi cittadini mi chiamaste Ciacco:
per la dannosa colpa de la gola,
54 come tu vedi, a la pioggia mi fiacco.
    E io anima trista non son sola,
ché tutte queste a simil pena stanno
57 per simil colpa ». E più non fé parola.
    Io li rispuosi: « Ciacco, il tuo affanno
mi pesa sì, ch'a lagrimar mi 'nvita;
60 ma dimmi, se tu sai, a che verranno
    li cittadin de la città partita;
s'alcun v'è giusto; e dimmi la cagione
63 per che l'ha tanta discordia assalita ».
    E quelli a me: « Dopo lunga tencione
verranno al sangue, e la parte selvaggia
66 caccerà l'altra con molta offensione.
    Poi appresso convien che questa caggia
infra tre soli, e che l'altra sormonti
69 con la forza di tal che testé piaggia.
    Alte terrà lungo tempo le fronti,
tenendo l'altra sotto gravi pesi,
72 come che di ciò pianga o che n'aonti.
    Giusti son due, e non vi sono intesi;
superbia, invidia e avarizia sono
75 le tre faville c'hanno i cuori accesi ».
    Qui puose fine al lagrimabil suono.
E io a lui: « Ancor vo' che mi 'nsegni,
78 e che di più parlar mi facci dono.

Farinata e 'l Tegghiaio, che fuor sì degni,
Iacopo Rusticucci, Arrigo e 'l Mosca
81 e li altri ch'a ben far puoser li 'ngegni,
  dimmi ove sono e fa ch'io li conosca;
  ché gran disio mi stringe di savere
84 se 'l ciel li addolcia, o lo 'nferno li attosca ».
  E quelli: « Ei son tra l'anime più nere:
  diverse colpe giù li grava al fondo:
87 se tanto scendi, là i potrai vedere.
  Ma quando tu sarai nel dolce mondo,
  priegoti ch'a la mente altrui mi rechi;
90 più non ti dico e più non ti rispondo ».
  Li diritti occhi torse allora in biechi;
  guardommi un poco, e poi chinò la testa:
93 cadde con essa a par de li altri ciechi.
  E 'l duca disse a me: « Più non si desta
  di qua dal suon de l'angelica tromba,
96 quando verrà la nimica podesta:
  ciascun rivederà la trista tomba,
  ripiglierà sua carne e sua figura,
99 udirà quel ch'in etterno rimbomba ».
  Sì trapassammo per sozza mistura
  de l'ombre e de la pioggia, a passi lenti,
102 toccando un poco la vita futura;
  per ch'io dissi: « Maestro, esti tormenti
  cresceran' ei dopo la gran sentenza,
105 o fier minori, o saran sì cocenti? ».
  Ed elli a me: « Ritorna a tua scïenza,
  che vuol, quanto la cosa è più perfetta,
108 più senta il bene, e così la doglienza.

Tutto che questa gente maledetta
in vera perfezion già mai non vada,
111 di là più che di qua essere aspetta ».
  Noi aggirammo a tondo quella strada,
parlando più assai ch'i' non ridico;
114 venimmo al punto dove si digrada:
  quivi trovammo Pluto, il gran nemico.

Ed elli a me: « La tua città, ch'è piena
d'invidia sì che già trabocca il sacco,
seco mi tenne in la vita serena.
  Voi cittadini mi chiamaste Ciacco … ». *(Inf., c. VI, vv. 49-52)*

CANTO VII

A GUARDIA DEL QUARTO CERCHIO STA PLUTO, CHE VIENE AMMANSITO. I DUE POETI POSSONO CONOSCERE LA SORTE DI AVARI E PRODIGHI, CHE CAMMINANO IN SCHIERE OPPOSTE, SPINGENDO GROSSI MACIGNI E INSULTANDOSI QUANDO SI SCONTRANO. VIRGILIO POI CHIARISCE CHE LA FORTUNA È INTELLIGENZA CELESTE. SCENDONO QUINDI NEL QUINTO CERCHIO E SI TROVANO LUNGO LA PALUDE STIGE, OVE SCONTANO LA LORO PENA GLI IRACONDI, STRAZIANDOSI A BRANO A BRANO.

« Pape Satàn, pape Satàn aleppe! »,
cominciò Pluto con la voce chioccia;
3 e quel savio gentil, che tutto seppe,
    disse per confortarmi: « Non ti noccia
la tua paura; ché, poder ch'elli abbia,
6 non ci torrà lo scender questa roccia ».
    Poi si rivolse a quella 'nfiata labbia,
e disse: « Taci, maladetto lupo!
9 consuma dentro te con la tua rabbia.
    Non è sanza cagion l'andare al cupo:
vuolsi ne l'alto, là dove Michele
12 fé la vendetta del superbo strupo ».
    Quali dal vento le gonfiate vele
caggiono avvolte, poi che l'alber fiacca,
15 tal cadde a terra la fiera crudele.
    Così scendemmo ne la quarta lacca
pigliando più de la dolente ripa

E DISSE: « TACI, MALEDETTO LUPO!
CONSUMA DENTRO TE CON LA TUA RABBIA… ». *(Inf., c. VII, vv. 8 e 9)*

18 che 'l mal de l'universo tutto insacca.
   Ahi giustizia di Dio! tante chi stipa
nove travaglie e pene quant' io viddi?
21 e perché nostra colpa sì ne scipa?
   Come fa l'onda là sovra Cariddi,
che si frange con quella in cui s'intoppa,
24 così convien che qui la gente riddi.
   Qui vid' i' gente più ch'altrove troppa,
e d'una parte e d'altra, con grand' urli,
27 voltando pesi per forza di poppa.
   Percotëansi 'ncontro; e poscia pur lì
si rivolgea ciascun, voltando a retro,
30 gridando: « Perché tieni? » e « Perché burli? ».
   Così tornavan per lo cerchio tetro
da ogne mano a l'opposito punto,
33 gridandosi anche loro ontoso metro;
   poi si volgea ciascun, quand' era giunto,
per lo suo mezzo cerchio a l'altra giostra.
36 E io, ch'avea lo cor quasi compunto,
dissi: « Maestro mio, or mi dimostra
che gente è questa, e se tutti fuor cherci
39 questi chercuti a la sinistra nostra ».
   Ed elli a me: « Tutti quanti fuor guerci
sì de la mente in la vita primaia,
42 che con misura nullo spendio ferci.
   Assai la voce lor chiaro l'abbaia
quando vegnono a' due punti del cerchio
45 dove colpa contraria li dispaia.
   Questi fuor cherci, che non han coperchio
piloso al capo, e papi e cardinali,

48 in cui usa avarizia il suo soperchio ».
E io: « Maestro, tra questi cotali
dovre' io ben riconoscere alcuni
51 che furo immondi di cotesti mali ».
Ed elli a me: « Vano pensiero aduni:
la sconoscente vita che li fé sozzi
54 ad ogne conoscenza or li fa bruni.
In etterno verranno a li due cozzi:
questi resurgeranno del sepulcro
57 col pugno chiuso, e questi coi crin mozzi.
Mal dare e mal tener lo mondo pulcro
ha tolto loro, e posti a questa zuffa:
60 qual ella sia, parole non ci appulcro.
Or puoi, figliuol, veder la corta buffa
d'i ben che son commessi a la fortuna,
63 per che l'umana gente si rabbuffa;
ché tutto l'oro ch'è sotto la luna
e che già fu, di quest'anime stanche
66 non poterebbe farne posare una ».
« Maestro mio », diss' io, « or mi dì anche:
questa fortuna di che tu mi tocche,
69 che è, che i ben del mondo ha sì tra branche? »
E quelli a me: « Oh creature sciocche,
quanta ignoranza è quella che v'offende!
72 Or vo' che tu mia sentenza ne 'mbocche.
Colui lo cui saver tutto trascende,
fece li cieli e diè lor chi conduce
75 sì ch'ogne parte ad ogne parte splende,
distribuendo igualmente la luce.
Similemente a li splendor mondani

78 ordinò general ministra e duce
   che permutasse a tempo li ben vani
di gente in gente e d'uno in altro sangue,
81 oltre la difension d'i senni umani;
   per ch'una gente impera e l'altra langue,
seguendo lo giudicio di costei,
84 che è occulto come in erba l'angue.
   Vostro saver non ha contasto a lei:
questa provede, giudica, e persegue
87 suo regno come il loro li altri dèi.
   Le sue permutazion non hanno triegue;
necessità la fa esser veloce;
90 sì spesso vien chi vicenda consegue.
   Quest' è colei ch'è tanto posta in croce
pur da color che le dovrien dar lode,
93 dandole biasmo a torto e mala voce;
   ma ella s'è beata e ciò non ode:
con l'altre prime creature lieta
96 volve sua spera e beata si gode.
   Or discendiamo omai a maggior pieta;
quand'io mi mossi, e 'l troppo star si vieta ».
99 Noi ricidemmo il cerchio a l'altra riva
   sovr' una fonte che bolle e riversa
per un fossato che da lei deriva.
102 L'acqua era buia assai più che persa;
   e noi, in compagnia de l'onde bige,
intrammo giù per una via diversa.
105 In la palude va c'ha nome Stige
   questo tristo ruscel, quand' è disceso
al piè de le maligne piagge grige.

108 E io, che di mirare stava inteso,
  vidi genti fangose in quel pantano,
  ignude tutte, con sembiante offeso.
111 Queste si percotean non pur con mano,
  ma con la testa e col petto e coi piedi,
  troncandosi co' denti a brano a brano.
114 Lo buon maestro disse: « Figlio, or vedi
  l'anime di color cui vinse l'ira;
  e anche vo' che tu per certo credi
117 che sotto l'acqua è gente che sospira,
  e fanno pullular quest'acqua al summo,
  come l'occhio ti dice, u' che s'aggira.
120 Fitti nel limo, dicon: "Tristi fummo
  ne l'aere dolce che dal sol s'allegra,
  portando dentro accidïoso fummo:
123 or ci attristiam ne la belletta negra".
  Quest' inno si gorgoglian ne la strozza,
  ché dir nol posson con parola integra ».
126 Così girammo de la lorda pozza
  grand'arco tra la ripa secca e 'l mézzo,
  con li occhi vòlti a chi del fango ingozza.
129 Venimmo al piè d'una torre al da sezzo.

CANTO VIII

I DUE POETI SONO TRAGHETTATI ATTRAVERSO LO STIGE DAL DEMONIO FLEGIÀS. UN IRACONDO FIORENTINO, FILIPPO ARGENTI, SI AGGRAPPA ALLA BARCA MA VIENE RESPINTO NELLA PALUDE, DOVE È STRAZIATO DAGLI ALTRI DANNATI. AI PIEDI DELLA CITTÀ DI DITE I POETI SBARCANO, MA I DEMONI A GUARDIA DELLA PORTA SI OPPONGONO AL LORO PASSAGGIO. NEPPURE VIRGILIO RIESCE A CONVINCERLI: I DUE POETI RIMANGONO IN ATTESA DI UN AIUTO CELESTE.

Io dico, seguitando, ch'assai prima
che noi fossimo al piè de l'alta torre,
3   li occhi nostri n'andar suso a la cima
per due fiammette che i vedemmo porre,
e un'altra da lungi render cenno,
6   tanto ch'a pena il potea l'occhio tòrre.
E io mi volsi al mar di tutto 'l senno;
dissi: « Questo che dice? e che risponde
9   quell'altro foco? e chi son quei che 'l fenno? ».
Ed elli a me: « Su per le sucide onde
già scorgere puoi quello che s'aspetta,
12   se 'l fummo del pantan nol ti nasconde ».
Corda non pinse mai da sé saetta
che sì corresse via per l'aere snella,
15   com' io vidi una nave piccioletta
venir per l'acqua verso noi in quella,
sotto 'l governo d'un sol galeoto,

18 che gridava: « Or se' giunta, anima fella! ».
    « Flegïàs, Flegïàs, tu gridi a vòto »,
    disse lo mio segnore « a questa volta:
21 più non ci avrai che sol passando il loto. »
    Qual è colui che grande inganno ascolta
    che li sia fatto, e poi se ne rammarca,
24 fecesi Flegïàs ne l'ira accolta.
    Lo duca mio discese ne la barca,
    e poi mi fece intrare appresso lui;
27 e sol quand' io fui dentro parve carca.
    Tosto che 'l duca e io nel legno fui,
    segando se ne va l'antica prora
30 de l'acqua più che non suol con altrui.
    Mentre noi corravam la morta gora,
    dinanzi mi si fece un pien di fango,
33 e disse: « Chi se' tu che vieni anzi ora? ».
    E io a lui: « S'i' vegno, non rimango;
    ma tu chi se', che sì se' fatto brutto? ».
36 Rispuose: « Vedi che son un che piango ».
    E io a lui: « Con piangere e con lutto,
    spirito maladetto, ti rimani;
39 ch'i' ti conosco, ancor sie lordo tutto ».
    Allor distese al legno ambo le mani;
    per che 'l maestro accorto lo sospinse,
42 dicendo: « Via costà con li altri cani! ».
    Lo collo poi con le braccia mi cinse;
    basciommi 'l volto, e disse: « Alma sdegnosa,
45 benedetta colei che 'n te s'incinse!
    Quei fu al mondo persona orgogliosa;
    bontà non è che sua memoria fregi:

53

48 così s'è l'ombra sua qui furïosa.
   Quanti si tegnon or là sù gran regi
che qui staranno come porci in brago,
51 di sé lasciando orribili dispregi! ».
   E io: « Maestro, molto sarei vago
di vederlo attuffare in questa broda
54 prima che noi uscissimo del lago ».
   Ed elli a me: « Avante che la proda
ti si lasci veder, tu sarai sazio:
57 di tal disïo convien che tu goda ».
   Dopo ciò poco vid' io quello strazio
far di costui a le fangose genti,
60 che Dio ancor ne lodo e ne ringrazio.
   Tutti gridavano: « A Filippo Argenti! »;
e 'l fiorentino spirito bizzarro
63 in sé medesmo si volvea co' denti.
   Quivi il lasciammo, che più non ne narro;
ma ne l'orecchie mi percosse un duolo,
66 per ch'io avante l'occhio intento sbarro.
   Lo buon maestro disse: « Omai, figliuolo,
s'appressa la città c'ha nome Dite,
69 coi gravi cittadin, col grande stuolo ».
   E io: « Maestro, già le sue meschite
là entro certe ne la valle cerno,
72 vermiglie come se di foco uscite
fossero ». Ed ei mi disse: « Il foco etterno
ch'entro l'affoca le dimostra rosse,
75 come tu vedi in questo basso inferno ».
   Noi pur giugnemmo dentro a l'alte fosse
che vallan quella terra sconsolata:

PER CHE 'L MAESTRO ACCORTO LO SOSPINSE,
DICENDO: « VIA COSTÀ CON LI ALTRI CANI! ». *(Inf., c. VIII, vv. 41 e 42)*

78 le mura mi parean che ferro fosse.
   Non sanza prima far grande aggirata,
venimmo in parte dove il nocchier forte
81 « Usciteci », gridò: « qui è l'intrata ».
   Io vidi più di mille in su le porte
da ciel piovuti, che stizzosamente
84 dicean: « Chi è costui che sanza morte
va per lo regno de la morta gente? ».
E 'l savio mio maestro fece segno
87 di voler lor parlar segretamente.
   Allor chiusero un poco il gran disdegno,
e disser: « Vien tu solo, e quei sen vada,
90 che sì ardito intrò per questo regno.
   Sol si ritorni per la folle strada:
pruovi, se sa; ché tu qui rimarrai
93 che li ha' iscorta sì buia contrada ».
   Pensa, lettor, se io mi sconfortai
nel suon de le parole maladette,
96 ché non credetti ritornarci mai.
   « O caro duca mio, che più di sette
volte m'hai sicurtà renduta e tratto
99 d'alto periglio che 'ncontra mi stette,
   non mi lasciar », diss' io, « così disfatto;
e se 'l passar più oltre ci è negato,
102 ritroviam l'orme nostre insieme ratto. »
   E quel segnor che lì m'avea menato,
mi disse: « Non temer; ché 'l nostro passo
105 non ci può tòrre alcun: da tal n'è dato.
   Ma qui m'attendi, e lo spirito lasso
conforta e ciba di speranza buona,

108 ch'i' non ti lascerò nel mondo basso ».
 Così sen va, e quivi m'abbandona
 lo dolce padre, e io rimagno in forse,
111 che sì e no nel capo mi tenciona.
 Udir non potti quello ch'a lor porse;
 ma ei non stette là con essi guari,
114 che ciascun dentro a pruova si ricorse.
 Chiuser le porte que' nostri avversari
 nel petto al mio segnor, che fuor rimase,
117 e rivolsesi a me con passi rari.
 Li occhi a la terra e le ciglia avea rase
 d'ogne baldanza, e dicea ne' sospiri:
120 « Chi m'ha negate le dolenti case! ».
 E a me disse: « Tu, perch' io m'adiri,
 non sbigottir, ch'io vincerò la prova,
123 qual ch'a la difension dentro s'aggiri.
 Questa lor tracotanza non è nova;
 ché già l'usaro a men segreta porta,
126 la qual sanza serrame ancor si trova.
 Sovr'essa vedestù la scritta morta:
 e già di qua da lei discende l'erta,
129 passando per li cerchi sanza scorta,
 tal che per lui ne fia la terra aperta ».

CANTO IX

Su una torre della città infernale appaiono le Erinni, che invocano Medusa contro i due intrusi. Appare poi il celestiale liberatore, che apre con il tocco di una verghetta la porta di Dite e rimprovera i diavoli. I due poeti entrano così nel sesto cerchio, dove gli eretici sono puniti in avelli infuocati privi di coperchio.

Quel color che viltà di fuor mi pinse
veggendo il duca mio tornare in volta,
3 più tosto dentro il suo novo ristrinse.
    Attento si fermò com' uom ch'ascolta;
ché l'occhio nol potea menare a lunga
6 per l'aere nero e per la nebbia folta.
    « Pur a noi converrà vincer la punga »,
cominciò el, « se non… Tal ne s'offerse.
9 Oh quanto tarda a me ch'altri qui giunga! »
    I' vidi ben sì com'ei ricoperse
lo cominciar con l'altro che poi venne,
12 che fur parole a le prime diverse;
    ma nondimen paura il suo dir dienne,
perch' io traeva la parola tronca
15 forse a peggior sentenzia che non tenne.
    « In questo fondo de la trista conca
discende mai alcun del primo grado,
18 che sol per pena ha la speranza cionca? »
    Questa question fec' io; e quei « Di rado

incontra », mi rispuose, « che di noi
21 faccia il cammino alcun per qual io vado.
   Ver è ch'altra fiata qua giù fui,
congiurato da quella Eritón cruda
24 che richiamava l'ombre a' corpi sui.
   Di poco era di me la carne nuda,
ch'ella mi fece intrar dentr' a quel muro,
27 per trarne un spirto del cerchio di Giuda.
   Quell' è 'l più basso loco e 'l più oscuro,
e 'l più lontan dal ciel che tutto gira:
30 ben so 'l cammin; però ti fa sicuro.
   Questa palude che 'l gran puzzo spira
cigne dintorno la città dolente,
33 u' non potemo intrare omai sanz' ira. »
   E altro disse, ma non l'ho a mente;
però che l'occhio m'avea tutto tratto
36 ver' l'alta torre a la cima rovente,
   dove in un punto furon dritte ratto
tre furïe infernal di sangue tinte,
39 che membra feminine avieno e atto,
   e con idre verdissime eran cinte;
serpentelli e ceraste avien per crine,
42 onde le fiere tempie erano avvinte.
   E quei, che ben conobbe le meschine
de la regina de l'etterno pianto,
45 « Guarda », mi disse, « le feroci Erine.
   Quest' è Megera dal sinistro canto;
quella che piange dal destro è Aletto;
48 Tesifón è nel mezzo »; e tacque a tanto.
   Con l'unghie si fendea ciascuna il petto;

             battiensi a palme e gridavan sì alto,
51   ch'i' mi strinsi al poeta per sospetto.
             « Vegna Medusa: sì 'l farem di smalto »,
         dicevan tutte riguardando in giuso;
54   « mal non vengiammo in Teseo l'assalto. »
             « Volgiti 'n dietro e tien lo viso chiuso;
         ché se 'l Gorgón si mostra e tu 'l vedessi,
57   nulla sarebbe di tornar mai suso. »
             Così disse 'l maestro; ed elli stessi
         mi volse, e non si tenne a le mie mani,
60   che con le sue ancor non mi chiudesi.
             O voi ch'avete li 'ntelletti sani,
         mirate la dottrina che s'asconde
63   sotto 'l velame de li versi strani.
             E già venia su per le torbide onde
         un fracasso d'un suon, pien di spavento,
66   per cui tremavano amendue le sponde,
             non altrimenti fatto che d'un vento
         impetüoso per li avversi ardori,
69   che fier la selva e sanz' alcun rattento
             li rami schianta, abbatte e porta fori;
         dinanzi polveroso va superbo,
72   e fa fuggir le fiere e li pastori.
             Li occhi mi sciolse e disse: « Or drizza il nerbo
         del viso su per quella schiuma antica
75   per indi ove quel fummo è più acerbo ».
             Come le rane innanzi a la nimica
         biscia per l'acqua si dileguan tutte,
78   fin ch'a la terra ciascuna s'abbica,
             vid' io più di mille anime distrutte

« Guarda », mi disse, « le feroci Erine.
Quest'è Megera dal sinistro canto;
quella che piange dal destro è Aletto;
Tesifón è nel mezzo »… *(Inf., c. IX, vv. 45-48)*

fuggir così dinanzi ad un ch'al passo
81 passava Stige con le piante asciutte.

Dal volto rimovea quell' aere grasso,
menando la sinistra innanzi spesso;
84 e sol di quell' angoscia parea lasso.

Ben m'accorsi ch'elli era da ciel messo,
e volsimi al maestro; e quei fé segno
87 ch'i' stessi queto ed inchinassi ad esso.

Ahi quanto mi parea pien di disdegno!
Venne a la porta, e con una verghetta
90 l'aperse, che non v'ebbe alcun ritegno.

« O cacciati del ciel, gente dispetta »,
cominciò elli in su l'orribil soglia,
93 « ond' esta oltracotanza in voi s'alletta?

Perché recalcitrate a quella voglia
a cui non puote il fin mai esser mozzo,
96 e che più volte v'ha cresciuta doglia?

Che giova ne le fata dar di cozzo?
Cerbero vostro, se ben vi ricorda,
99 ne porta ancor pelato il mento e 'l gozzo. »

Poi si rivolse per la strada lorda,
e non fé motto a noi, ma fé sembiante
102 d'omo cui altra cura stringa e morda

che quella di colui che li è davante;
e noi movemmo i piedi inver' la terra,
105 sicuri appresso le parole sante.

Dentro li 'ntrammo sanz' alcuna guerra;
e io, ch'avea di riguardar disio
108 la condizion che tal fortezza serra,

com' io fui dentro, l'occhio intorno invio:

e veggio ad ogne man grande campagna,
111 piena di duolo e di tormento rio.
   Sì come ad Arli, ove Rodano stagna,
   sì com'a Pola, presso del Carnaro
114 ch'Italia chiude e suoi termini bagna,
   fanno i sepulcri tutt' il loco varo,
   così facevan quivi d'ogne parte,
117 salvo che 'l modo v'era più amaro;
   ché tra li avelli fiamme erano sparte,
   per le quali eran sì del tutto accesi,
120 che ferro più non chiede verun' arte.
   Tutti li lor coperchi eran sospesi,
   e fuor n'uscivan sì duri lamenti,
123 che ben parean di miseri e d'offesi.
   E io: « Maestro, quai son quelle genti
   che, seppellite dentro da quell' arche,
126 si fan sentir coi sospiri dolenti? ».
   Ed elli a me: « Qui son li eresïarche
   con lor seguaci, d'ogne setta, e molto
129 più che non credi son le tombe carche.
   Simile qui con simile è sepolto,
   e i monimenti son più e men caldi ».
132 E poi ch'a la man destra si fu vòlto,
   passammo tra i martìri e li alti spaldi.

CANTO X

I DUE POETI SI TROVANO DOVE SONO PUNITI GLI EPICUREI, UNO DEI QUALI, IL FIORENTINO FARINATA DEGLI UBERTI, PARLA CON DANTE DELLE VICENDE POLITICHE DELLA SUA CITTÀ. DANTE PARLA ANCHE CON L'ANIMA DI CAVALCANTE DE' CAVALCANTI. FARINATA PREDICE AL POETA L'ESILIO E GLI DICE CHE I DANNATI POSSONO PREVEDERE IL FUTURO LONTANO, MA NON IL FUTURO VICINO, E INOLTRE NON SANNO NIENTE DEL PRESENTE.

   Ora sen va per un secreto calle,
tra 'l muro de la terra e li martìri,
3 lo mio maestro, e io dopo le spalle.
   « O virtù somma, che per li empi giri
mi volvi », cominciai, « com' a te piace,
6 parlami, e sodisfammi a' miei disiri.
   La gente che per li sepolcri giace
potrebbesi veder? già son levati
9 tutt' i coperchi, e nessun guardia face. »
   E quelli a me: « Tutti saran serrati
quando di Iosafàt qui torneranno
12 coi corpi che là su hanno lasciati.
   Suo cimitero da questa parte hanno
con Epicuro tutti suoi seguaci,
15 che l'anima col corpo morta fanno.
   Però a la dimanda che mi faci
quinc' entro satisfatto sarà tosto,
18 e al disio ancor che tu mi taci ».

E io: « Buon duca, non tegno riposto
a te mio cuor se non per dicer poco,
e tu m'hai non pur mo a ciò disposto ».

« O Tosco che per la città del foco
vivo ten vai così parlando onesto,
piacciati di restare in questo loco.

La tua loquela ti fa manifesto
di quella nobil patrïa natio,
a la qual forse fui troppo molesto. »

Subitamente questo suono uscìo
d'una de l'arche; però m'accostai,
temendo, un poco più al duca mio.

Ed el mi disse: « Volgiti! Che fai?
Vedi là Farinata che s'è dritto:
da la cintola in su tutto 'l vedrai ».

Io avea già il mio viso nel suo fitto;
ed el s'ergea col petto e con la fronte
com' avesse l'inferno a gran dispitto.

E l'animose man del duca e pronte
mi pinser tra le sepulture a lui,
dicendo: « Le parole tue sien conte ».

Com' io al piè de la sua tomba fui,
guardommi un poco, e poi, quasi sdegnoso,
mi dimandò: « Chi fuor li maggior tui? ».

Io ch'era d'ubidir disideroso,
non gliel celai, ma tutto gliel' apersi;
ond' ei levò le ciglia un poco in suso;

poi disse: « Fieramente furo avversi
a me e a miei primi e a mia parte,
sì che per due fïate li dispersi ».

«S'ei fur cacciati, ei tornar d'ogne parte»,
rispuos' io lui, «l'una e l'altra fiata;
ma i vostri non appreser ben quell' arte.»

Allor surse a la vista scoperchiata
un'ombra, lungo questa, infino al mento:
credo che s'era in ginocchie levata.

Dintorno mi guardò, come talento
avesse di veder s'altri era meco;
e poi che 'l sospecciar fu tutto spento,

piangendo disse: «Se per questo cieco
carcere vai per altezza d'ingegno,
mio figlio ov' è? e perché non è teco?».

E io a lui: «Da me stesso non vegno:
colui ch'attende là, per qui mi mena
forse cui Guido vostro ebbe a disdegno».

Le sue parole e 'l modo de la pena
m'avean di costui già letto il nome;
però fu la risposta così piena.

Di subito drizzato gridò: «Come?
dicesti "elli ebbe"? non viv' elli ancora?
non fiere li occhi suoi lo dolce lume?».

Quando s'accorse d'alcuna dimora
ch'io facëa dinanzi a la risposta,
supin ricadde e più non parve fora.

Ma quell'altro magnanimo, a cui posta
restato m'era, non mutò aspetto,
né mosse collo, né piegò sua costa:

e sé continüando al primo detto,
«S'elli han quell' arte», disse, «male appresa,
ciò mi tormenta più che questo letto.

Com'io al piè de la sua tomba fui,
guardommi un poco, e poi, quasi sdegnoso,
mi dimandò: « Chi fuor li maggior tui? ». *(Inf., c. X, vv. 40-42)*

Ma non cinquanta volte fia raccesa
la faccia de la donna che qui regge,
81 che tu saprai quanto quell' arte pesa.

E se tu mai nel dolce mondo regge,
dimmi: perché quel popolo è sì empio
84 incontr' a' miei in ciascuna sua legge? »

Ond' io a lui: « Lo strazio e 'l grande scempio
che fece l'Arbia colorata in rosso,
87 tal orazion fa far nel nostro tempio ».

Poi ch'ebbe sospirando il capo mosso,
« A ciò non fu' io sol », disse, « né certo
90 sanza cagion con li altri sarei mosso.

Ma fu' io solo, là dove sofferto
fu per ciascun di tòrre via Fiorenza,
93 colui che la difesi a viso aperto. »

« Deh, se riposi mai vostra semenza »,
prega' io lui, « solvetemi quel nodo
96 che qui ha 'nviluppata mia sentenza.

El par che voi veggiate, se ben odo,
dinanzi quel che 'l tempo seco adduce,
99 e nel presente tenete altro modo. »

« Noi veggiam, come quei c'ha mala luce,
le cose », disse, « che ne son lontano;
102 cotanto ancor ne splende il sommo duce.

Quando s'appressano o son, tutto è vano
nostro intelletto; e s'altri non ci apporta,
105 nulla sapem di vostro stato umano.

Però comprender puoi che tutta morta
fia nostra conoscenza da quel punto
108 che del futuro fia chiusa la porta. »

Allor, come di mia colpa compunto,
dissi: « Or direte dunque a quel caduto
111 che 'l suo nato è co' vivi ancor congiunto;

e s'i' fui, dianzi, a la risposta muto,
fate i saper che 'l fei perché pensava
114 già ne l'error che m'avete soluto ».

E già 'l maestro mio mi richiamava;
per ch'i' pregai lo spirto più avaccio
117 che mi dicesse chi con lu' istava.

Dissemi: « Qui con più di mille giaccio:
qua dentro è 'l secondo Federico,
120 e 'l Cardinale; e de li altri mi taccio ».

Indi s'ascose; e io inver' l'antico
poeta volsi i passi, ripensando
123 a quel parlar che mi parea nemico.

Elli si mosse; e poi, così andando,
mi disse: « Perché se' tu sì smarrito? ».
126 E io li sodisfeci al suo dimando.

« La mente tua conservi quel ch'udito
hai contra te », mi comandò quel saggio;
129 « e ora attendi qui », e drizzò 'l dito:

« quando sarai dinanzi al dolce raggio
di quella il cui bell' occhio tutto vede,
132 da lei saprai di tua vita il viaggio. »

Appresso mosse a man sinistra il piede:
lasciammo il muro e gimmo inver' lo mezzo
135 per un sentier ch'a una valle fiede,

che 'nfin là su facea spiacer suo lezzo.

CANTO XI

Davanti alla tomba di papa Anastasio, Virgilio spiega a Dante la distinzione dei peccati: incontinenza, violenza e frode. Dante viene così messo a conoscenza dell'ordinamento dell'Inferno.

In su l'estremità d'un'alta ripa
che facevan gran pietre rotte in cerchio,
3 venimmo sopra più crudele stipa;
    e quivi, per l'orribile soperchio
del puzzo che 'l profondo abisso gitta,
6 ci raccostammo, in dietro, ad un coperchio
    d'un grand' avello, ov' io vidi una scritta
che dicea: "Anastasio papa guardo,
9 lo qual trasse Fotin de la via dritta".
    « Lo nostro scender conviene esser tardo,
sì che s'ausi un poco in prima il senso
12 al tristo fiato; e poi no i fia riguardo. »
    Così 'l maestro; e io « Alcun compenso »,
dissi lui, « trova che 'l tempo non passi
15 perduto. » Ed elli: « Vedi ch'a ciò penso ».
    « Figliuol mio, dentro da cotesti sassi »,
cominciò poi a dir, « son tre cerchietti
18 di grado in grado, come que' che lassi.
    Tutti son pien di spiriti maladetti;
ma perché poi ti basti pur la vista,
21 intendi come e perché son costretti.

> D'ogne malizia, ch'odio in cielo acquista,
> D'ogne malizia, ch'odio in cielo acquista,
24 ingiuria è 'l fine, ed ogne fin cotale
> o con forza o con frode altrui contrista.
> Ma perché frode è de l'uom proprio male,
27 più spiace a Dio; e però stan di sotto
> li frodolenti, e più dolor li assale.
> Di violenti il primo cerchio è tutto;
30 ma perché si fa forza a tre persone,
> in tre gironi è distinto e costrutto.
> A Dio, a sé, al prossimo si pòne
33 far forza, dico in loro e in lor cose,
> come udirai con aperta ragione.
> Morte per forza e ferute dogliose
36 nel prossimo si danno, e nel suo avere
> ruine, incendi e tollette dannose;
> onde omicide e ciascun che mal fiere,
39 guastatori e predon, tutti tormenta
> lo giron primo per diverse schiere.
> Puote omo avere in sé man violenta
42 e ne' suoi beni; e però nel secondo
> giron convien che sanza pro si penta
> qualunque priva sé del vostro mondo,
45 biscazza e fonde la sua facultade,
> e piange là dov' esser de' giocondo.
> Puossi far forza nella deïtade,
48 col cor negando e bestemmiando quella,
> e spregiando natura e sua bontade;
> e però lo minor giron suggella
51 del segno suo e Soddoma e Caorsa

      e chi, spregiando Dio col cor, favella.
   La frode, ond' ogne coscïenza è morsa,
54 può l'omo usare in colui che 'n lui fida
      e in quel che fidanza non imborsa.
   Questo modo di retro par ch'incida
57 pur lo vinco d'amor che fa natura;
      onde nel cerchio secondo s'annida
   ipocresia, lusinghe e chi affattura,
60 falsità, ladroneccio e simonia,
      ruffian, baratti e simile lordura.
   Per l'altro modo quell' amor s'oblia
63 che fa natura, e quel ch'è poi aggiunto,
      di che la fede spezïal si cria;
   onde nel cerchio minore, ov' è 'l punto
66 de l'universo in su che Dite siede,
      qualunque trade in etterno è consunto. »
   E io: « Maestro, assai chiara procede
69 la tua ragione, e assai ben distingue
      questo baràtro e 'l popol ch'e' possiede.
   Ma dimmi: quei de la palude pingue,
72 che mena il vento, e che batte la pioggia,
      e che s'incontran con sì aspre lingue,
   perché non dentro da la città roggia
75 sono ei puniti, se Dio li ha in ira?
      e se non li ha, perché sono a tal foggia? ».
   Ed elli a me « Perché tanto delira »,
78 disse « lo 'ngegno tuo da quel che sòle?
      o ver la mente dove altrove mira?
   Non ti rimembra di quelle parole
81 con le quai la tua Etica pertratta

le tre disposizion che 'l ciel non vole,
incontenenza, malizia e la matta
bestialitade? e come incontenenza
men Dio offende e men biasimo accatta?
Se tu riguardi ben questa sentenza,
e rechiti a la mente chi son quelli
che su di fuor sostegnon penitenza,
tu vedrai ben perché da questi felli
sien dipartiti, e perché men crucciata
la divina vendetta li martelli. »
« O sol che sani ogni vista turbata, »
tu mi contenti sì quando tu solvi,
che, non men che saver, dubbiar m'aggrata.
Ancora in dietro un poco ti rivolvi »,
diss' io, « là dove di' ch'usura offende
la divina bontade, e 'l groppo solvi. »
« Filosofia », mi disse, « a chi la 'ntende,
nota, non pure in una sola parte,
come natura lo suo corso prende
dal divino 'ntelletto e da sua arte;
e se tu ben la tua Fisica note,
tu troverai, non dopo molte carte,
che l'arte vostra quella, quanto pote,
segue, come 'l maestro fa 'l discente;
sì che vostr'arte a Dio quasi è nepote.
Da queste due, se tu ti rechi a mente
lo Genesì dal principio, convene
prender sua vita e avanzar la gente;
e perché l'usuriere altra via tene,
per sé natura e per la sua seguace

dispregia, poi ch'in altro pon la spene.
Ma seguimi oramai, che 'l gir mi piace;
114 ché i Pesci guizzan su per l'orizzonta,
e 'l Carro tutto sovra 'l Coro giace,
e 'l balzo via là oltra si dismonta. »

CI RACCOSTAMMO, IN DIETRO, AD UN COPERCHIO
D'UN GRAND'AVELLO ...   (Inf., c. XI, vv. 6 e 7)

CANTO XII

Mentre il custode, il Minotauro, sfoga la sua ira, i due poeti entrano nel settimo cerchio, attraverso una frana scoscesa, prodottasi al momento della morte di Cristo. Vi trovano i Centauri, il cui capo, Chirone, concede che Nesso li porti tra le spalle attraverso il Flegetonte, fiume di sangue bollente. Dante può così vedere i tiranni, immersi nel sangue fino alla fronte, gli omicidi, immersi fino al collo, e via via i violenti colpevoli di colpe meno gravi.

  Era lo loco ov' a scender la riva
venimmo, alpestro e, per quel che v'er' anco,
3 tal, ch'ogne vista ne sarebbe schiva.
  Qual è quella ruina che nel fianco
di qua da Trento l'Adice percosse,
6 o per tremoto o per sostegno manco,
  che da cima del monte, onde si mosse,
al piano è sì la roccia discoscesa,
9 ch'alcuna via darebbe a chi su fosse:
  cotal di quel burrato era la scesa;
e 'n su la punta de la rotta lacca
12 l'infamïa di Creti era distesa
  che fu concetta ne la falsa vacca;
e quando vide noi, sé stesso morse,
15 sì come quei cui l'ira dentro fiacca.
  Lo savio mio inver' lui gridò: « Forse

tu credi che qui sia 'l duca d'Atene,
18 che su nel mondo la morte ti porse?
   Pàrtiti, bestia: ché questi non vene
ammaestrato da la tua sorella,
21 ma vassi per veder le vostre pene ».
   Qual è quel toro che si slaccia in quella
c'ha ricevuto già 'l colpo mortale,
24 che gir non sa, ma qua e là saltella,
   vid' io lo Minotauro far cotale;
e quello accorto gridò: « Corri al varco:
27 mentre ch'e' 'nfuria, è buon che tu ti cale ».
   Così prendemmo via giù per lo scarco
di quelle pietre, che spesso moviensi
30 sotto i miei piedi per lo novo carco.
   Io gia pensando; e quei disse: « Tu pensi
forse a questa ruina ch'è guardata
33 da quell'ira bestial ch'i' ora spensi.
   Or vo' che sappi che l'altra fiata
ch'i' discesi qua giù nel basso inferno,
36 questa roccia non era ancor cascata.
   Ma certo poco pria, se ben discerno,
che venisse colui che la gran preda
39 levò a Dite del cerchio superno,
   da tutte parti l'alta valle feda
tremò sì, ch'i' pensai che l'universo
42 sentisse amor, per lo qual è chi creda
   più volte il mondo in caòsso converso;
e in quel punto questa vecchia roccia
45 qui e altrove, tal fece riverso.
   Ma ficca li occhi a valle, ché s'approccia

la riviera del sangue in la qual bolle
48 qual che per vïolenza in altrui noccia ».

Oh cieca cupidigia e ira folle,
che sì ci sproni ne la vita corta,
51 e ne l'etterna poi sì mal c'immolle!

Io vidi un'ampia fossa in arco torta,
come quella che tutto 'l piano abbraccia,
54 secondo ch'avea detto la mia scorta;

e tra 'l piè de la ripa ed essa, in traccia
corrien centauri, armati di saette,
57 come solien nel mondo andare a caccia.

Veggendoci calar, ciascun ristette,
e de la schiera tre si dipartiro
60 con archi e asticciuole prima elette;

e l'un gridò da lungi: « A qual martiro
venite voi che scendete la costa?
63 Ditel costinci; se non, l'arco tiro ».

Lo mio maestro disse: « La risposta
farem noi a Chirón costà di presso:
66 mal fu la voglia tua sempre sì tosta ».

Poi mi tentò, e disse: « Quelli è Nesso,
che morì per la bella Deianira
69 e fé di sé la vendetta elli stesso.

E quel di mezzo, ch'al petto si mira,
è il gran Chirón, il qual nodrì Achille;
72 quell'altro è Folo, che fu sì pien d'ira.

Dintorno al fosso vanno a mille a mille,
saettando qual anima si svelle
75 del sangue più che sua colpa sortille ».

Noi ci appressammo a quelle fiere isnelle:

Chirón prese uno strale, e con la cocca
fece la barba in dietro a le mascelle.

Quando s'ebbe scoperta la gran bocca,
disse a' compagni: « Siete voi accorti
che quel di retro move ciò ch'el tocca?

Così non soglion far li piè d'i morti ».
E 'l mio buon duca, che già li er'al petto,
dove le due nature son consorti,

rispuose: « Ben è vivo, e sì soletto
mostrar li mi convien la valle buia;
necessità 'l ci 'nduce, e non diletto.

Tal si partì da cantare alleluia
che mi commise quest' officio novo:
non è ladron, né io anima fuia.

Ma per quella virtù per cu' io movo
li passi miei per sì selvaggia strada,
danne un de' tuoi, a cui noi siamo a provo,

e che ne mostri là dove si guada,
e che porti costui in su la groppa,
ché non è spirto che per l'aere vada ».

Chirón si volse in su la destra poppa,
e disse a Nesso: « Torna, e sì li guida,
e fa cansar s'altra schiera v'intoppa ».

Or ci movemmo con la scorta fida
lungo la proda del bollor vermiglio,
dove i bolliti facieno alte strida.

Io vidi gente sotto infino al ciglio;
e 'l gran centauro disse: « E' son tiranni
che dier nel sangue e ne l'aver di piglio.

Quivi si piangon li spietati danni;

quivi è Alessandro, e Dïonisio fero
108 che fé Cicilia aver dolorosi anni.
   E quella fronte c'ha 'l pel così nero,
è Azzolino; e quell'altro ch'è biondo,
111 è Opizzo da Esti, il qual per vero
   fu spento dal figliastro su nel mondo ».
Allor mi volsi al poeta, e quei disse:
114 « Questi ti sia or primo, e io secondo ».
   Poco più oltre il centauro s'affisse
sovr' una gente che 'nfino a la gola
117 parea che di quel bulicame uscisse.
   Mostrocci un'ombra da l'un canto sola,
dicendo: « Colui fesse in grembo a Dio
120 lo cor che 'n su Tamisi ancor si cola ».
   Poi vidi gente che di fuor del rio
tenean la testa e ancor tutto 'l casso;
123 e di costoro assai riconobb'io.
   Così a più a più si facea basso
quel sangue, sì che cocea pur li piedi;
126 e quindi fu del fosso il nostro passo.
   « Sì come tu da questa parte vedi
lo bulicame che sempre si scema »,
129 disse 'l centauro, « voglio che tu creda
   che da quest'altra a più a più giù prema
lo fondo suo, infin ch'el si raggiunge
132 ove la tirannia convien che gema.
   La divina giustizia di qua punge
quell'Attila che fu flagello in terra,
135 e Pirro e Sesto; e in etterno munge
   le lagrime, che col bollor diserra,

a Rinier da Corneto, a Rinier Pazzo,
138 che fecero a le strade tanta guerra. »
Poi si rivolse, e ripassossi 'l guazzo.

E 'N SU LA PUNTA DE LA ROTTA LACCA
L'INFAMÍA DI CRETI ERA DISTESA ...   *(Inf., c. XII, vv. 11 e 12)*

CANTO XIII

I poeti si avviano in una selva di alberi contorti, da cui escono gemiti. Dante può parlare con l'anima di Pier della Vigna, che narra la sua storia fino al suicidio. Sopraggiungono due scialacquatori, Lano da Siena e Iacopo da Sant'Andrea, inseguiti da due cagne, che fanno scempio di un albero ove è imprigionata l'anima di un fiorentino suicida.

Non era ancor di là Nesso arrivato,
quando noi ci mettemmo per un bosco
3   che da neun sentiero era segnato.

Non fronda verde, ma di color fosco;
non rami schietti, ma nodosi e 'nvolti;
6   non pomi v'eran, ma stecchi con tòsco.

Non han sì aspri sterpi né sì folti
quelle fiere selvagge che 'n odio hanno
9   tra Cecina e Corneto i luoghi colti.

Quivi le brutte Arpie lor nidi fanno,
che cacciar de le Strofade i Troiani
12 con tristo annunzio di futuro danno.

Ali hanno late, e colli e visi umani,
piè con artigli, e pennuto 'l gran ventre;
15 fanno lamenti in su li alberi strani.

E 'l buon maestro « Prima che più entre,
sappi che se' nel secondo girone »,
18 mi cominciò a dire, « e sarai mentre

che tu verrai ne l'orribil sabbione.
Però riguarda ben; sì vederai
21 cose che torrien fede al mio sermone. »
　　Io sentia d'ogne parte trarre guai
e non vedea persona che 'l facesse;
24 per ch'io tutto smarrito m'arrestai.
　　Cred' io ch'ei credette ch'io credesse
che tante voci uscisser, tra quei bronchi,
27 da gente che per noi si nascondesse.
　　Però disse 'l maestro: « Se tu tronchi
qualche fraschetta d'una d'este piante,
30 li pensier c'hai si faran tutti monchi ».
　　Allor porsi la mano un poco avante
e colsi un ramicel da un gran pruno;
33 e 'l tronco suo gridò: « Perché mi schiante? ».
　　Da che fatto fu poi di sangue bruno,
ricominciò a dir: « Perché mi scerpi?
36 non hai tu spirto di pietade alcuno?
　　Uomini fummo, e or siam fatti sterpi:
ben dovrebb' esser la tua man più pia,
39 se state fossimo anime di serpi ».
　　Come d'un stizzo verde ch'arso sia
da l'un de' capi, che da l'altro geme
42 e cigola per vento che va via,
　　sì de la scheggia rotta usciva insieme
parole e sangue; ond' io lasciai la cima
45 cadere, e stetti come l'uom che teme.
　　« S'elli avesse potuto creder prima »,
rispuose 'l savio mio, « anima lesa,
48 ciò c'ha veduto pur con la mia rima,

    non averebbe in te la man distesa;
ma la cosa incredibile mi fece
51 indurlo ad ovra ch'a me stesso pesa.
    Ma dilli chi tu fosti, sì che 'n vece
d'alcun' ammenda tua fama rinfreschi
54 nel mondo su, dove tornar li lece. »
    E 'l tronco: « Sì col dolce dir m'adeschi,
ch'i' non posso tacere; e voi non gravi
57 perch' ïo un poco a ragionar m'inveschi.
    Io son colui che tenni ambo le chiavi
del cor di Federigo, e che le volsi,
60 serrando e diserrando, sì soavi,
    che dal secreto suo quasi ogn' uom tolsi:
fede portai al glorïoso offizio,
63 tanto ch'i' ne perde' li sonni e ' polsi.
    La meretrice che mai da l'ospizio
di Cesare non torse li occhi putti,
66 morte comune e de le corti vizio,
    infiammò contra me li animi tutti;
e li 'nfiammati infiammar sì Augusto,
69 che ' lieti onor tornaro in tristi lutti.
    L'animo mio, per disdegnoso gusto,
credendo col morir fuggir disdegno,
72 ingiusto fece me contra me giusto.
    Per le nove radici d'esto legno
vi giuro che già mai non ruppi fede
75 al mio segnor, che fu d'onor sì degno.
    E se di voi alcun nel mondo riede,
conforti la memoria mia, che giace
78 ancor del colpo che 'nvidia le diede ».

Un poco attese, e poi « Da ch'el si tace »,
disse 'l poeta a me, « non perder l'ora;
81 ma parla, e chiedi a lui, se più ti piace. »

Ond' ïo a lui: « Domandal tu ancora
di quel che credi ch'a me satisfaccia;
84 ch'i' non potrei, tanta pietà m'accora ».

Perciò ricominciò: « Se l'om ti faccia
liberamente ciò che 'l tuo dir priega,
87 spirito incarcerato, ancor ti piaccia

di dirne come l'anima si lega
in questi nocchi; e dinne, se tu puoi,
90 s'alcuna mai di tai membra si spiega ».

Allor soffiò il tronco forte, e poi
si convertì quel vento in cotal voce:
93 « Brievemente sarà risposto a voi.

Quando si parte l'anima feroce
dal corpo ond'ella stessa s'è disvelta,
96 Minòs la manda a la settima foce.

Cade in la selva, e non l'è parte scelta;
ma là dove fortuna la balestra,
99 quivi germoglia come gran di spelta.

Surge in vermena e in pianta silvestra:
l'Arpie, pascendo poi de le sue foglie,
102 fanno dolore, e al dolor fenestra.

Come l'altre verrem per nostre spoglie,
ma non però ch'alcuna sen rivesta,
105 ché non è giusto aver ciò ch'om si toglie.

Qui le trascineremo, e per la mesta
selva saranno i nostri corpi appesi,
108 ciascuno al prun de l'ombra sua molesta ».

Noi eravamo ancora al tronco attesi,
      credendo ch'altro ne volesse dire,
111 quando noi fummo d'un romor sorpresi,
      similemente a colui che venire
   sente 'l porco e la caccia a la sua posta,
114 ch'ode le bestie, e le frasche stormire.
      Ed ecco due da la sinistra costa,
   nudi e graffiati, fuggendo sì forte,
117 che de la selva rompieno ogni rosta.
      Quel dinanzi: « Or accorri, accorri, morte! ».
   E l'altro, cui pareva tardar troppo,
120 gridava: « Lano, sì non furo accorte
      le gambe tue a le giostre dal Toppo! ».
   E poi che forse li fallia la lena,
123 di sé e d'un cespuglio fece un groppo.
      Di rietro a loro era la selva piena
   di nere cagne, bramose e correnti
126 come veltri ch'uscisser di catena.
      In quel che s'appiattò miser li denti,
   e quel dilaceraro a brano a brano;
129 poi sen portar quelle membra dolenti.
      Presemi allor la mia scorta per mano,
   e menommi al cespuglio che piangea
132 per le rotture sanguinenti in vano.
      « O Iacopo », dicea, « da Santo Andrea,
   che t'è giovato di me fare schermo?
135 che colpa ho io de la tua vita rea? »
      Quando 'l maestro fu sovr' esso fermo,
   disse: « Chi fosti, che per tante punte
138 soffi con sangue doloroso sermo? ».

Ed elli a noi: «O anime che giunte
siete a veder lo strazio disonesto
141 c'ha le mie fronde sì da me disgiunte,
raccoglietele al piè del tristo cesto.
I' fui de la città che nel Batista
144 mutò il primo padrone; ond'ei per questo
sempre con l'arte sua la farà trista;
e se non fosse che 'n sul passo d'Arno
147 rimane ancor di lui alcuna vista,
que' cittadin che poi la rifondarno
sovra 'l cener che d'Attila rimase,
150 avrebber fatto lavorare indarno.
Io fei gibbetto a me de le mie case».

E 'L TRONCO SUO GRIDÒ: «PERCHÉ MI SCHIANTE?».
(Inf., c. XIII, v. 33)

CANTO XIV

IN UN SABBIONE SU CUI PIOVONO FALDE DI FUOCO SONO PUNITI I BESTEMMIATORI, I SODOMITI E GLI USURAI. TRA I BESTEMMIATORI SI TROVA CAPANEO. VIRGILIO SPIEGA A DANTE L'ORIGINE DEI FIUMI INFERNALI: A CRETA DALLA STATUA DI UN VEGLIO SGORGANO LACRIME CHE PENETRANO NELLA TERRA E FORMANO I CORSI D'ACQUA E I LAGHI DELL'INFERNO.

 *P*oi che la carità del natio loco
mi strinse, raunai le fronde sparte
3 e rende'le a colui, ch'era già fioco.
 Indi venimmo al fine ove si parte
lo secondo giron dal terzo, e dove
6 si vede di giustizia orribil arte.
 A ben manifestar le cose nove,
dico che arrivammo ad una landa
9 che dal suo letto ogne pianta rimove.
 La dolorosa selva l'è ghirlanda
intorno, come 'l fosso tristo ad essa;
12 quivi fermammo i passi a randa a randa.
 Lo spazzo era una rena arida e spessa,
non d'altra foggia fatta che colei
15 che fu da' piè di Caton già soppressa.
 O vendetta di Dio, quanto tu dei
esser temuta da ciascun che legge
18 ciò che fu manifesto a li occhi miei!
 D'anime nude vidi molte gregge

    che piangean tutte assai miseramente,
21 e parea posta lor diversa legge.
    Supin giacea in terra alcuna gente,
alcuna si sedea tutta raccolta,
24 e altra andava contin̈uamente.
    Quella che giva intorno era più molta,
e quella men che giacëa al tormento,
27 ma più al duolo avea la lingua sciolta.
    Sovra tutto 'l sabbion, d'un cader lento,
piovean di foco dilatate falde,
30 come di neve in alpe sanza vento.
    Quali Alessandro in quelle parti calde
d'Indïa vide sopra 'l süo stuolo
33 fiamme cadere infino a terra salde,
    per ch'ei provide a scalpitar lo suolo
con le sue schiere, acciò che lo vapore
36 mei si stingueva mentre ch'era solo:
    tale scendeva l'etternale ardore;
onde la rena s'accendea, com'esca
39 sotto focile, a doppiar lo dolore.
    Sanza riposo mai era la tresca
de le misere mani, or quindi or quinci
42 escotendo da sé l'arsura fresca.
    I' cominciai: « Maestro, tu che vinci
tutte le cose, fuor che ' demon duri
45 ch'a l'intrar de la porta incontra uscinci,
    chi è quel grande che non par che curi
lo 'ncendio e giace dispettoso e torto,
48 sì che la pioggia non par che 'l marturi? ».
    E quel medesmo, che si fu accorto

ch'io domandava il mio duca di lui,
51 gridò: « Qual io fui vivo, tal son morto.
   Se Giove stanchi 'l suo fabbro da cui
crucciato prese la folgore aguta
54 onde l'ultimo dì percosso fui;
   o s'elli stanchi li altri a muta a muta
in Mongibello a la focina negra,
57 chiamando "Buon Vulcano, aiuta, aiuta!",
   sì com' el fece a la pugna di Flegra,
e me saetti con tutta sua forza:
60 non ne potrebbe aver vendetta allegra ».
   Allora il duca mio parlò di forza
tanto, ch'i' non l'avea sì forte udito:
63 « O Capaneo, in ciò che non s'ammorza
   la tua superbia, se' tu più punito;
nullo martiro, fuor che la tua rabbia,
66 sarebbe al tuo furor dolor compito ».
   Poi si rivolse a me con miglior labbia,
dicendo: « Quei fu l'un d'i sette regi
69 ch'assiser Tebe; ed ebbe e par ch'elli abbia
   Dio in disdegno, e poco par che 'l pregi;
ma, com' io dissi lui, li suoi dispetti
72 sono al suo petto assai debiti fregi.
   Or mi vien dietro, e guarda che non metti,
ancor, li piedi ne la rena arsiccia;
75 ma sempre al bosco tien la piedi stretti ».
   Tacendo divenimmo là 've spiccia
fuor de la selva un picciol fiumicello,
78 lo cui rossore ancor mi raccapriccia.
   Quale del Bulicame esce ruscello

    che parton poi tra lor le peccatrici,
81 tal per la rena giù sen giva quello.
    Lo fondo suo e ambo le pendici
fatt'era 'n pietra, e ' margini dallato;
84 per ch'io m'accorsi che 'l passo era lici.
    « Tra tutto l'altro ch'i' t'ho dimostrato,
poscia che noi intrammo per la porta
87 lo cui sogliare a nessuno è negato,
    cosa non fu da li tuoi occhi scorta
notabile com' è 'l presente rio,
90 che sovra sé tutte fiammelle ammorta. »
    Queste parole fuor del duca mio;
per ch'io 'l pregai che mi largisse 'l pasto
93 di cui largito m'avëa il disio.
    « In mezzo mar siede un paese guasto »,
diss' elli allora, « che s'appella Creta,
96 sotto 'l cui rege fu già 'l mondo casto.
    Una montagna v'è che già fu lieta
d'acqua e di fronde, che si chiamò Ida;
99 or è diserta come cosa vieta.
    Rëa la scelse già per cuna fida
del suo figliuolo, e per celarlo meglio,
102 quando piangea, vi facea far le grida.
    Dentro dal monte sta dritto un gran veglio,
che tien volte le spalle inver' Dammiata
105 e Roma guarda come süo speglio.
    La sua testa è di fin oro formata,
e puro argento son le braccia e 'l petto,
108 poi è di rame infino a la forcata;
    da indi in giuso è tutto ferro eletto,

salvo che 'l destro piede è terra cotta;
111 e sta 'n su quel più che 'n su l'altro, eretto.
   Ciascuna parte, fuor che l'oro, è rotta
d'una fessura che lagrime goccia,
114 le quali, accolte, foran quella grotta.
   Lor corso in questa valle si diroccia;
fanno Acheronte, Stige e Flegetonta;
117 poi sen van giù per questa stretta doccia,
   infin, là ove più non si dismonta,
fanno Cocito; e qual sia quello stagno
120 tu lo vedrai, però qui non si conta. »
   E io a lui: « Se 'l presente rigagno
si diriva così dal nostro mondo,
123 perché ci appar pur a questo vivagno? ».
   Ed elli a me: « Tu sai che 'l loco è tondo;
e tutto che tu sie venuto molto,
126 pur a sinistra, giù calando al fondo,
   non se' ancor per tutto il cerchio vòlto:
per che, se cosa n'apparisce nova,
129 non de' addur maraviglia al tuo volto ».
   E io ancor: « Maestro, ove si trova
Flegetonta e Letè? ché de l'un taci,
132 e l'altro di' che si fa d'esta piova ».
   « In tutte tue question certo mi piaci »,
rispuose; « ma 'l bollor de l'acqua rossa
135 dovea ben solver l'una che tu faci.
   Letè vedrai, ma fuor di questa fossa,
là dove vanno l'anime a lavarsi
138 quando la colpa pentuta è rimossa. »
   Poi disse: « Omai è tempo da scostarsi

dal bosco; fa che di retro a me vegne:
141 li margini fan via, che non son arsi,
e sopra loro ogne vapor si spegne ».

Sanza riposo mai era la tresca
de le misere mani, or quindi or quinci
escotendo da sé l'arsura fresca. (*Inf.*, c. XIV, vv. 40-42)

CANTO XV

Tra i sodomiti, che corrono sferzati dalla pioggia di fuoco, Dante riconosce il maestro Brunetto Latini, da cui ha una nuova profezia dell'esilio. Viene poi a sapere che in quel luogo sono puniti Prisciano e Francesco d'Accorso. Brunetto Latini, dopo aver raccomandato a Dante la sua opera, si riunisce ai compagni nell'eterna corsa sotto il fuoco.

Ora cen porta l'un de' duri margini;
e 'l fummo del ruscel di sopra adugia,
3 sì che dal foco salva l'acqua e li argini.
    Quali Fiamminghi tra Guizzante e Bruggia,
temendo 'l fiotto che 'nver lor s'avventa,
6 fanno lo schermo perché 'l mar si fuggia;
    e quali Padoan lungo la Brenta,
per difender lor ville e lor castelli,
9 anzi che Carentana il caldo senta:
    a tale imagine eran fatti quelli,
tutto che né sì alti né sì grossi,
12 qual che si fosse, lo maestro felli.
    Già eravam da la selva rimossi
tanto, ch'i' non avrei visto dov'era,
15 perch' io in dietro rivolto mi fossi,
    quando incontrammo d'anime una schiera
che venìan lungo l'argine, e ciascuna
18 ci riguardava come suol da sera

guardare uno altro sotto nuova luna;
  e sì ver' noi aguzzavan le ciglia
21 come 'l vecchio sartor fa ne la cruna.

  Così adocchiato da cotal famiglia,
  fui conosciuto da un, che mi prese
24 per lo lembo e gridò: «Qual maraviglia!».

  E io, quando 'l suo braccio a me distese,
  ficcäi li occhi per lo cotto aspetto,
27 sì che 'l viso abbrusciato non difese

  la conoscenza süa al mio 'ntelletto;
  e chinando la mano a la sua faccia,
30 rispuosi: «Siete voi qui, ser Brunetto?».

  E quelli: «O figliuol mio, non ti dispiaccia
  se Brunetto Latino un poco teco
33 ritorna 'n dietro e lascia andar la traccia».

  I' dissi lui: «Quanto posso, ven preco;
  e se volete che con voi m'asseggia,
36 faròl, se piace a costui che vo seco».

  «O figliuol», disse, «qual di questa greggia
  s'arresta punto, giace poi cent'anni
39 sanz' arrostarsi quando 'l foco il feggia.

  Però va oltre: i' ti verrò a' panni;
  e poi rigiugnerò la mia masnada,
42 che va piangendo i suoi etterni danni.»

  I' non osava scender de la strada
  per andar par di lui; ma 'l capo chino
45 tenea com' uom che reverente vada.

  El cominciò: «Qual fortuna o destino
  anzi l'ultimo dì qua giù ti mena?
48 e chi è questi che mostra 'l cammino?».

rispuosi: « Siete voi qui, ser Brunetto? ». *(Inf., c. XV, v. 30)*

« Là su di sopra, in la vita serena »,
rispuos' io lui, « mi smarri' in una valle,
51 avanti che l'età mia fosse piena.
  Pur ier mattina le volsi le spalle:
questi m'apparve, tornand' ïo in quella,
54 e reducemi a ca per questo calle. »
  Ed elli a me: « Se tu segui tua stella,
non puoi fallire a glorïoso porto,
57 se ben m'accorsi ne la vita bella;
  e s'io non fossi sì per tempo morto,
veggendo il cielo a te così benigno,
60 dato t'avrei a l'opera conforto.
  Ma quello ingrato popolo maligno
che discese di Fiesole *ab* antico,
63 e tiene ancor del monte e del macigno,
  ti si farà, per tuo ben far, nimico;
ed è ragion, ché tra li lazzi sorbi
66 si disconvien fruttare al dolce fico.
  Vecchia fama nel mondo li chiama orbi;
gent'è avara, invidïosa e superba;
69 dai lor costumi fa che tu ti forbi.
  La tua fortuna tanto onor ti serba,
che l'una parte e l'altra avranno fame
72 di te; ma lungi fia dal becco l'erba.
  Faccian le bestie fiesolane strame
di lor medesme, e non tocchin la pianta,
75 s'alcuna surge ancora in lor letame,
  in cui riviva la sementa santa
di que' Roman che vi rimaser quando
78 fu fatto il nido di malizia tanta ».

« Se fosse tutto pieno il mio dimando »,
rispuos' io lui, « voi non sareste ancora
81 de l'umana natura posto in bando;

che 'n la mente m'è fitta, e or m'accora,
la cara e buona imagine paterna
84 di voi quando nel mondo ad ora ad ora

m'insegnavate come l'uom s'etterna:
e quant'io l'abbia in grado, mentr'io vivo
87 convien che ne la mia lingua si scerna.

Ciò che narrate di mio corso scrivo,
e serbolo a chiosar con altro testo
90 a donna che saprà, s'a lei arrivo.

Tanto vogl'io che vi sia manifesto,
pur che mia coscïenza non mi garra,
93 che a la Fortuna, come vuol, son presto.

Non è nuova a li orecchi miei tal arra:
però giri Fortuna la sua rota
96 come le piace, e 'l villan la sua marra. »

Lo mio maestro allora in su la gota
destra si volse in dietro, e riguardommi;
99 poi disse: « Bene ascolta chi la nota ».

Né per tanto di men parlando vommi
con ser Brunetto, e dimando chi sono
102 li suoi compagni più noti e più sommi.

Ed elli a me: « Saper d'alcuno è buono;
de li altri fia laudabile tacerci,
105 ché 'l tempo saria corto a tanto suono.

In somma sappi che tutti fur cherci
e litterati grandi e di gran fama,
108 d'un peccato medesmo al mondo lerci.

Priscian sen va con quella turba grama,
e Francesco d'Accorso anche; e vedervi,
111 s'avessi avuto di tal tigna brama,
colui potei che dal servo de' servi
fu trasmutato d'Arno in Bacchiglione,
114 dove lasciò li mal protesi nervi.
Di più direi; ma 'l venire e 'l sermone
più lungo esser non può, però ch'i' veggio
117 là surger nuovo fummo del sabbione.
Gente vien con la quale esser non deggio.
Sieti raccomandato il mio Tesoro
120 nel qual io vivo ancora, e più non cheggio ».
Poi si rivolse, e parve di coloro
che corrono a Verona il drappo verde
123 per la campagna; e parve di costoro
quelli che vince, non colui che perde.

CANTO XVI

Guido Guerra, Tegghiaio Aldobrandi e Jacopo Rusticucci, fiorentini, chiedono a Dante notizie di Firenze, nella speranza di sentir smentite le voci di corruzioni portate da Guglielmo Borsiere, appena giunto all'Inferno. Dante le conferma. I due poeti giungono a un burrato: Virgilio vi lancia una corda, per chiamare il mostro Gerione, che risponde salendo verso l'orlo.

 Già era in loco onde s'udìa 'l rimbombo
de l'acqua che cadea ne l'altro giro,
3 simile a quel che l'arnie fanno rombo,
 quando tre ombre insieme si partiro,
correndo, d'una torma che passava
6 sotto la pioggia de l'aspro martiro.
 Venian ver noi, e ciascuna gridava:
« Sòstati tu ch'a l'abito ne sembri
9 esser alcun di nostra terra prava ».
 Ahimè, che piaghe vidi ne' lor membri,
ricenti e vecchie, da le fiamme incese!
12 Ancor men duol pur ch'i' me ne rimembri.
 A le lor grida il mio dottor s'attese;
volse 'l viso ver me, e: « Or aspetta »,
15 disse, « a costor si vuole esser cortese.
 E se non fosse il foco che saetta
la natura del loco, i' dicerei
18 che meglio stesse a te che a lor la fretta ».

Ricominciar, come noi restammo, ei
l'antico verso; e quando a noi fuor giunti,
21 fenno una rota di sé tutti e trei.

Qual sogliono i campion far nudi e unti,
avvisando lor presa e lor vantaggio,
24 prima che sien tra lor battuti e punti,

così rotando, ciascuno il visaggio
drizzava a me, sì che 'n contraro il collo
27 faceva ai piè contin̄uo viaggio.

E « Se miseria d'esto loco sollo
rende in dispetto noi e nostri prieghi »,
30 cominciò l'uno, « e 'l tinto aspetto e brollo,

la fama nostra il tuo animo pieghi
a dirne chi tu se', che i vivi piedi
33 così sicuro per lo 'nferno freghi.

Questi, l'orme di cui pestar mi vedi,
tutto che nudo e dipelato vada,
36 fu di grado maggior che tu non credi:

nepote fu de la buona Gualdrada;
Guido Guerra ebbe nome, e in sua vita
39 fece col senno assai e con la spada.

L'altro, ch'appresso me la rena trita,
è Tegghiaio Aldobrandi, la cui voce
42 nel mondo su dovrìa esser gradita.

E io, che posto son con loro in croce,
Iacopo Rusticucci fui, e certo
45 la fiera moglie più ch'altro mi nuoce. »

S'i' fossi stato dal foco coperto,
gittato mi sarei tra lor di sotto,
48 e credo che 'l dottor l'avrìa sofferto;

      ma perch' io mi sarei brusciato e cotto,
      vinse paura la mia buona voglia
51   che di loro abbracciar mi facea ghiotto.
      Poi cominciai: « Non dispetto, ma doglia
      la vostra condizion dentro mi fisse,
54   tanta che tardi tutta si dispoglia,
      tosto che questo mio segnor mi disse
      parole per le quali i' mi pensai
57   che qual voi siete, tal gente venisse.
      Di vostra terra sono, e sempre mai
      l'ovra di voi e li onorati nomi
60   con affezion ritrassi e ascoltai.
      Lascio lo fele e vo per dolci pomi
      promessi a me per lo verace duca;
63   ma 'nfino al centro pria convien ch'i' tomi ».
      « Se lungamente l'anima conduca
      le membra tue », rispuose quelli ancora,
66   « e se la fama tua dopo te luca,
      cortesia e valor dì se dimora
      ne la nostra città sì come suole,
69   o se del tutto se n'è gita fora;
      ché Guiglielmo Borsiere, il qual si duole
      con noi per poco e va là coi compagni,
72   assai ne cruccia con le sue parole. »
      « La gente nuova e i sùbiti guadagni
      orgoglio e dismisura han generata,
75   Fiorenza, in te, sì che tu già ten piagni. »
      Così gridai con la faccia levata;
      e i tre, che ciò inteser per risposta,
78   guardar l'un l'altro com'al ver si guata.

« Se l'altre volte sì poco ti costa »,
rispuoser tutti, « il satisfare altrui,
81 felice te se sì parli a tua posta!
　　Però, se campi d'esti luoghi bui
e torni a riveder le belle stelle,
84 quando ti gioverà dicere "I' fui",
　　fa che di noi a la gente favelle. »
Indi rupper la rota, e a fuggirsi
87 ali sembiar le gambe loro isnelle.
　　Un amen non saria potuto dirsi
tosto così com'e' fuoro spariti;
90 per ch'al maestro parve di partirsi.
　　Io lo seguiva, e poco eravam iti,
che 'l suon de l'acqua n'era sì vicino,
93 che per parlar saremmo a pena uditi.
　　Come quel fiume c'ha proprio cammino
prima dal Monte Viso 'nver' levante,
96 da la sinistra costa d'Apennino,
　　che si chiama Acquacheta suso, avante
che si divalli giù nel basso letto,
99 e a Forlì di quel nome è vacante,
　　rimbomba là sovra San Benedetto
de l'Alpe per cadere ad una scesa
102 ove dovea per mille esser recetto;
　　così, giù d'una ripa discoscesa,
trovammo risonar quell'acqua tinta,
105 sì che 'n poc'ora avria l'orecchia offesa.
　　Io avea una corda intorno cinta,
e con essa pensai alcuna volta
108 prender la lonza a la pelle dipinta.

Poscia ch'io l'ebbi tutta da me sciolta,
sì come 'l duca m'avea comandato,
111 porsila a lui aggroppata e ravvolta.
   Ond' ei si volse inver' lo destro lato,
e alquanto di lunge da la sponda
114 la gittò giuso in quell'alto burrato.
   "E' pur convien che novità risponda"
dicea fra me medesmo "al novo cenno
117 che 'l maestro con l'occhio sì seconda."
   Ahi quanto cauti li uomini esser dienno
presso a color che non veggion pur l'ovra,
120 ma per entro i pensier miran col senno!
   El disse a me: « Tosto verrà di sovra
ciò ch'io attendo e che il tuo pensier sogna;
123 tosto convien ch'al tuo viso si scovra ».
   Sempre a quel ver c'ha faccia di menzogna
de' l'uom chiuder le labbra fin ch'el puote,
126 però che sanza colpa fa vergogna;
   ma qui tacer nol posso; e per le note
di questa comedìa, lettor, ti giuro,
129 s'elle non sien di lunga grazia vòte,
   ch'i' vidi per quell'aere grosso e scuro
venir notando una figura in suso,
132 maravigliosa ad ogne cor sicuro,
   sì come torna colui che va giuso
talora a solver l'àncora ch'aggrappa
135 o scoglio o altro che nel mare è chiuso,
   che 'n su si stende, e da piè si rattrappa.

CANTO XVII

Sull'orlo del burrato appare Gerione, simbolo della frode. Dante riconosce alcuni usurai (violenti contro l'arte), che qui son puniti, seduti sotto la pioggia infuocata, tentando invano di farsi schermo con le mani. Dante sale, pieno di paura, sulla groppa di Gerione e, tenuto ben saldo da Virgilio, viene portato all'ottavo cerchio.

« Ecco la fiera con la coda aguzza,
che passa i monti, e rompe i muri e l'armi!
3 Ecco colei che tutto 'l mondo appuzza! »
   Sì cominciò lo mio duca a parlarmi;
e accennolle che venisse a proda
6 vicino al fin d'i passeggiati marmi.
   E quella sozza imagine di froda
sen venne, e arrivò la testa e 'l busto,
9 ma 'n su la riva non trasse la coda.
   La faccia sua era faccia d'uom giusto,
tanto benigna avea di fuor la pelle,
12 e d'un serpente tutto l'altro fusto;
   due branche avea pilose insin l'ascelle;
lo dosso e 'l petto e ambedue le coste
15 dipinti avea di nodi e di rotelle.
   Con più color, sommesse e sovraposte
non fer mai drappi Tartari né Turchi,
18 né fuor tai tele per Aragne imposte.
   Come tal volta stanno a riva i burchi,

E QUELLA SOZZA IMAGINE DI FRODA
SEN VENNE, E ARRIVÒ LA TESTA E 'L BUSTO,
MA 'N SU LA RIVA NON TRASSE LA CODA. *(Inf., c. XVII, vv. 7-9)*

che parte sono in acqua e parte in terra,
21 e come là tra li Tedeschi lurchi
lo bivero s'assetta a far sua guerra,
così la fiera pessima si stava
24 su l'orlo ch'è di pietra e 'l sabbion serra.
Nel vano tutta sua coda guizzava,
torcendo in su la venenosa forca
27 ch'a guisa di scorpion la punta armava.
Lo duca disse: « Or convien che si torca
la nostra via un poco insino a quella
30 bestia malvagia che colà si corca ».
Però scendemmo a la destra mammella,
e diece passi femmo in su lo stremo,
33 per ben cessar la rena e la fiammella.
E quando noi a lei venuti semo,
poco più oltre veggio in su la rena
36 gente seder propinqua al loco scemo.
Quivi 'l maestro « Acciò che tutta piena
esperïenza d'esto giron porti »,
39 mi disse, « va, e vedi la lor mena.
Li tuoi ragionamenti sian là corti;
mentre che torni, parlerò con questa,
42 che ne conceda i suoi omeri forti. »
Così ancor su per la strema testa
di quel settimo cerchio tutto solo
45 andai, dove sedea la gente mesta.
Per li occhi fora scoppiava lor duolo;
è di qua, di là soccorrien con le mani
48 quando a' vapori, e quando al caldo suolo:
non altrimenti fan di state i cani

or col ceffo, or col piè, quando son morsi
51 o da pulci o da mosche o da tafani.
  Poi che nel viso a certi li occhi porsi,
ne' quali 'l doloroso foco casca,
54 non ne conobbi alcun; ma io m'accorsi
  che dal collo a ciascun pendea una tasca
ch'avea certo colore e certo segno,
57 e quindi par che 'l loro occhio si pasca.
  E com' io riguardando tra lor vegno,
in una borsa gialla vidi azzurro
60 che d'un leone avea faccia e contegno.
  Poi, procedendo di mio sguardo il curro,
vidine un'altra come sangue rossa,
63 mostrando un'oca bianca più che burro.
  E un che d'una scrofa azzurra e grossa
segnato avea lo suo sacchetto bianco,
66 mi disse: « Che fai tu in questa fossa?
  Or te ne va; e perché se' vivo anco,
sappi che 'l mio vicin Vitalïano
69 sederà qui dal mio sinistro fianco.
  Con questi Fiorentin son padoano:
spesse fiate mi 'ntronan li orecchi
72 gridando: "Vegna 'l cavalier sovrano,
  che recherà la tasca con tre becchi!". ».
Qui distorse la bocca e di fuor trasse
75 la lingua, come bue che 'l naso lecchi.
  E io, temendo no 'l più star crucciasse
lui che di poco star m'avea 'mmonito,
78 torna'mi in dietro da l'anime lasse.
  Trova' il duca mio ch'era salito

già su la groppa del fiero animale,
81 e disse a me: «Or sie forte e ardito.
  Omai si scende per sì fatte scale;
monta dinanzi, ch'i' voglio esser mezzo,
84 sì che la coda non possa far male».
  Qual è colui che sì presso ha 'l riprezzo
de la quartana, c'ha già l'unghie smorte,
87 e triema tutto pur guardando 'l rezzo,
  tal divenn' io a le parole porte;
ma vergogna mi fé le sue minacce,
90 che innanzi a buon segnor fa servo forte.
  I' m'assettai in su quelle spallacce;
sì volli dir, ma la voce non venne
93 com' io credetti: "Fa che tu m'abbracce".
  Ma esso, ch'altra volta mi sovvenne
ad altro forse, tosto ch'i' montai
96 con le braccia m'avvinse e mi sostenne;
  e disse: «Gerïon, moviti omai:
le rote larghe e lo scender sia poco;
99 pensa la nova soma che tu hai».
  Come la navicella esce di loco
in dietro in dietro, sì quindi si tolse;
102 e poi ch'al tutto si sentì a gioco,
  là 'v' era 'l petto, la coda rivolse,
e quella tesa, come anguilla, mosse,
105 e con le branche l'aere a sé raccolse.
  Maggior paura non credo che fosse
quando Fetonte abbandonò li freni,
108 per che 'l ciel, come pare ancor, si cosse;
  né quando Icaro misero le reni

sentì spennar per la scaldata cera,
111 gridando il padre a lui « Mala via tieni! »,
    che fu la mia, quando vidi ch'i' era
    ne l'aere d'ogne parte, e vidi spenta
114 ogne veduta fuor che de la fera.
    Ella sen va notando lenta lenta;
    rota e discende, ma non me n'accorgo
117 se non che al viso e di sotto mi venta.
    Io sentia già da la man destra il gorgo
    far sotto noi un orribile scroscio,
120 per che con li occhi 'n giù la testa sporgo.
    Allor fu' io più timido a lo stoscio,
    però ch'i' vidi fuochi e senti' pianti;
123 ond' io tremando tutto mi raccoscio.
    E vidi poi, ché nol vedea davanti,
    lo scendere e 'l girar per li gran mali
126 che s'appressavan da diversi canti.
    Come 'l falcon ch'è stato assai su l'ali,
    che sanza veder logoro o uccello
129 fa dire al falconiere « Omè, tu cali! »,
    discende lasso onde si move isnello,
    per cento rote, e da lunge si pone
132 dal suo maestro, disdegnoso e fello;
    così ne puose al fondo Gerïone
    al piè al piè de la stagliata rocca,
135 e, discarcate le nostre persone,
    si dileguò come da corda cocca.

CANTO XVIII

I DUE POETI GIUNGONO NELLE MALEBOLGE. NELLA PRIMA, DUE SCHIERE DI DANNATI, RUFFIANI E SEDUTTORI, GIRANO IN TONDO, IN SENSO CONTRARIO GLI UNI AGLI ALTRI, SFERZATI DAI DEMONI: TRA ESSI DANTE RICONOSCE IL BOLOGNESE VENEDICO CACCIANEMICO, CHE VENDETTE LA SORELLA PER MOTIVI POLITICI, E GIASONE, SEDUTTORE DI ISIFIDE E DI MEDEA. PASSANO POI NELLA SECONDA BOLGIA: TRA GLI ADULATORI, IMMERSI NELLO STERCO, DANTE VEDE IL LUCCHESE ALESSIO INTERMINELLI E TAIDE LA MERETRICE.

Luogo è in inferno detto Malebolge,
tutto di pietra di color ferrigno,
3 come la cerchia che dintorno il volge.
    Nel dritto mezzo del campo maligno
vaneggia un pozzo assai largo e profondo,
6 di cui *suo loco* dicerò l'ordigno.
    Quel cinghio che rimane adunque è tondo
tra 'l pozzo e 'l piè de l'alta ripa dura,
9 e ha distinto in dieci valli il fondo.
    Quale, dove per guardia de le mura
più e più fossi cingon li castelli,
12 la parte dove son rende figura,
    tale imagine quivi facean quelli;
e come a tai fortezze da' lor sogli
15 a la ripa di fuor son ponticelli,
    così da imo de la roccia scogli

movien che ricidien li argini e ' fossi
infino al pozzo che i tronca e raccogli.

   In questo luogo, de la schiena scossi
di Gerïon, trovammoci; e 'l poeta
tenne a sinistra, e io dietro mi mossi.

   A la man destra vidi nova pieta,
novo tormento e novi frustatori,
di che la prima bolgia era repleta.

   Nel fondo erano ignudi i peccatori;
dal mezzo in qua ci venien verso 'l volto,
di là con noi, ma con passi maggiori,

   come i Roman per l'esercito molto,
l'anno del giubileo, su per lo ponte
hanno a passar la gente modo colto,

   che da l'un lato tutti hanno la fronte
verso 'l castello e vanno a Santo Pietro,
da l'altra sponda vanno verso 'l monte.

   Di qua, di là, su per lo sasso tetro
vidi demon cornuti con gran ferze,
che li battien crudelmente di retro.

   Ahi come facean lor levar le berze
a le prime percosse! già nessuno
le seconde aspettava né le terze.

   Mentr' io andava, li occhi miei in uno
furo scontrati; e io sì tosto dissi:
« Già di veder costui non son digiuno ».

   Per ch'ïo a figurarlo i piedi affissi;
e 'l dolce duca meco si ristette,
e assentio ch'alquanto in dietro gissi.

   E quel frustato celar si credette

bassando 'l viso; ma poco li valse,
48 ch'io dissi: « O tu che l'occhio a terra gette,
se le fazion che porti non son false,
Venedico se' tu Caccianemico.
51 Ma che ti mena a sì pungenti salse? ».
Ed elli a me: « Mal volentier lo dico;
ma sforzami la tua chiara favella,
54 che mi fa sovvenir del mondo antico.
I' fui colui che la Ghisolabella
condussi a far la voglia del marchese,
57 come che suoni la sconcia novella.
E non pur io qui piango bolognese;
anzi n'è questo luogo tanto pieno,
60 che tante lingue non son ora apprese
a dicer *sipa* tra Sàvena e Reno;
e se di ciò vuoi fede o testimonio,
63 rècati a mente il nostro avaro seno ».
Così parlando il percosse un demonio
de la sua scuriada, e disse: « Via,
66 ruffian! qui non son femmine da conio ».
I' mi raggiunsi con la scorta mia;
poscia con pochi passi divenimmo
69 là 'v' uno scoglio de la ripa uscia.
Assai leggeramente quel salimmo;
e vòlti a destra su per la sua scheggia,
72 da quelle cerchie etterne ci partimmo.
Quando noi fummo là dov' el vaneggia
di sotto per dar passo a li sferzati,
75 lo duca disse: « Attienti, e fa che feggia
lo viso in te di quest' altri mal nati,

ai quali ancor non vedesti la faccia
78 però che son con noi insieme andati ».
   Del vecchio ponte guardavam la traccia
che venìa verso noi da l'altra banda,
81 e che la ferza similmente scaccia.
   E 'l buon maestro, sanza mia dimanda,
mi disse: « Guarda quel grande che vene,
84 e per dolor non par lagrime spanda:
   quanto aspetto reale ancor ritene!
Quelli è Iasón, che per cuore e per senno
87 li Colchi del monton privati féne.
   Ello passò per l'isola di Lenno
poi che l'ardite femmine spietate
90 tutti li maschi loro a morte dienno.
   Ivi con segni e con parole ornate
Isifile ingannò, la giovinetta
93 che prima avea tutte l'altre ingannate.
   Lasciolla quivi, gravida, soletta;
tal colpa a tal martiro lui condanna;
96 e anche di Medea si fa vendetta.
   Con lui sen va chi da tal parte inganna;
e questo basti de la prima valle
99 sapere e di color che 'n sé assanna ».
   Già eravam là 've lo stretto calle
con l'argine secondo s'incrocicchia,
102 e fa di quello ad un altr' arco spalle.
   Quindi sentimmo gente che si nicchia
ne l'altra bolgia e che col muso scuffa,
105 e sé medesma con le palme picchia.
   Le ripe eran grommate d'una muffa,

per l'alito di giù che vi s'appasta,
108 che con li occhi e col naso facea zuffa.

Lo fondo è cupo sì, che non ci basta
loco a veder sanza montare al dosso
111 de l'arco, ove lo scoglio più sovrasta.

Quivi venimmo; e quindi giù nel fosso
vidi gente attuffata in uno sterco
114 che da li uman privadi parea mosso.

E mentre ch'io là giù con l'occhio cerco,
vidi un col capo sì di merda lordo,
117 che non parëa s'era laico o cherco.

Quei mi sgridò: « Perché se' tu sì gordo
di riguardar più me che li altri brutti? ».
120 E io a lui: « Perché, se ben ricordo,

già t'ho veduto coi capelli asciutti,
e se' Alessio Interminei da Lucca:
123 però t'adocchio più che li altri tutti ».

Ed elli allor, battendosi la zucca:
« Qua giù m'hanno sommerso le lusinghe
126 ond'io non ebbi mai la lingua stucca ».

Appresso ciò lo duca « Fa che pinghe »,
mi disse, « il viso un poco più avante,
129 sì che la faccia ben con l'occhio attinghe

di quella sozza e scapigliata fante
che là si graffia con l'unghie merdose,
132 e or s'accoscia e ora è in piedi stante.

Taïde è, la puttana che rispuose
al drudo suo quando disse: "Ho io grazie
135 grandi apo te?": "Anzi maravigliose!".

E quinci sien le nostre viste sazie. »

Taïde è, la puttana che rispuose
al drudo suo quando disse: "Ho io grazie
grandi apo te?": "Anzi maravigliose!". *(Inf., c. XVIII, vv. 133-135)*

CANTO XIX

Dante inveisce contro la simonia, punita nella terza bolgia: qui i dannati sono confitti a testa in giù in pozzi, e tormentati dalle fiamme che lambiscono loro i piedi. Papa Niccolò III, che ne ha sentito la presenza, crede che egli sia papa Bonifacio VIII, da lui atteso. Informato dell'errore, questi dice che in quel luogo è atteso anche papa Clemente V. Dante lancia invettive contro l'avidità delle cose terrene da parte dei papi. I poeti giungono al ponte che conduce alla quarta bolgia.

O Simon mago, o miseri seguaci
che le cose di Dio, che di bontate
3   deon essere spose, e voi rapaci
per oro e per argento avolterate,
or convien che per voi suoni la tromba,
6   però che ne la terza bolgia state.
Già eravamo, a la seguente tomba,
montati de lo scoglio in quella parte
9   ch'a punto sovra mezzo 'l fosso piomba.
O somma sapïenza, quanta è l'arte
che mostri in cielo, in terra e nel mal mondo,
12   e quanto giusto tua virtù comparte!
Io vidi per le coste e per lo fondo
piena la pietra livida di fóri,
15   d'un largo tutti e ciascun era tondo.
Non mi parean men ampi né maggiori

che que' che son nel mio bel San Giovanni,
18 fatti per loco d'i battezzatori;

l'un de li quali, ancor non è molt'anni,
rupp' io per un che dentro v'annegava:
21 e questo sia suggel ch'ogn' omo sganni.

Fuor de la bocca a ciascun soperchiava
d'un peccator li piedi e de le gambe
24 infino al grosso, e l'altro dentro stava.

Le piante erano a tutti accese intrambe;
per che sì forte guizzavan le giunte,
27 che spezzate averien ritorte e strambe.

Qual suole il fiammeggiar de le cose unte
muoversi pur su per la strema buccia,
30 tal era lì dai calcagni a le punte.

« Chi è colui, maestro, che si cruccia
guizzando più che li altri suoi consorti »,
33 diss' io, « e cui più roggia fiamma succia? »

Ed elli a me: « Se tu vuo' ch'i' ti porti
là giù per quella ripa che più giace,
36 da lui saprai di sé e de' suoi torti ».

E io: « Tanto m'è bel, quanto a te piace:
tu se' segnore, e sai ch'i' non mi parto
39 dal tuo volere, e sai quel che si tace ».

Allor venimmo in su l'argine quarto:
volgemmo e discendemmo a mano stanca
42 là giù nel fondo foracchiato e arto.

Lo buon maestro ancor de la sua anca
non mi dipuose, sì mi giunse al rotto
45 di quel che si piangeva con la zanca.

« O qual che se' che 'l di su tien di sotto,

anima trista come pal commessa »,
48 comincia' io a dir, « se puoi, fa motto. »
　　Io stava come 'l frate che confessa
lo perfido assessin, che, poi ch'è fitto,
51 richiama lui, per che la morte cessa.
　　Ed el gridò: « Se' tu già costì ritto,
se' tu già costì ritto, Bonifazio?
54 Di parecchi anni mi mentì lo scritto.
　　Se' tu sì tosto di quell' aver sazio
per lo qual non temesti tòrre a 'nganno
57 la bella donna, e poi di farne strazio? ».
　　Tal mi fec' io, quai son color che stanno,
per non intender ciò ch'è lor risposto,
60 quasi scornati, e risponder non sanno.
　　Allor Virgilio disse: « Dilli tosto:
"Non son colui, non son colui che credi" »;
63 e io rispuosi come a me fu imposto.
　　Per che lo spirto tutti storse i piedi;
poi, sospirando e con voce di pianto,
66 mi disse: « Dunque che a me richiedi?
　　Se di saper ch'i' sia ti cal cotanto,
che tu abbi però la ripa corsa,
69 sappi ch'i' fui vestito del gran manto;
　　e veramente fui figliuol de l'orsa,
cupido sì per avanzar li orsatti,
72 che su l'avere e qui me misi in borsa.
　　Di sotto al capo mio son li altri tratti
che precedetter me simoneggiando,
75 per le fessure de la pietra piatti.
　　Là giù cascherò io altresì quando

Io stava come 'l frate che confessa
lo perfido assessin, che, poi ch'è fitto,
richiama lui, per che la morte cessa. *(Inf., c. XIX, vv. 49-51)*

verrà colui ch'i' credea che tu fossi
allor ch'i' feci 'l sùbito dimando.

Ma più è 'l tempo già che i piè mi cossi
e ch'i' son stato così sottosopra,
ch'el non starà piantato coi piè rossi:

ché dopo lui verrà di più laida opra
di ver' ponente, un pastor sanza legge,
tal che convien che lui e me ricuopra.

Novo Iasón sarà, di cui si legge
ne' Maccabei; e come a quel fu molle
suo re, così fia lui chi Francia regge ».

Io non so s'i' mi fui qui troppo folle,
ch'i' pur rispuosi lui a questo metro:
« Deh, or mi dì: quanto tesoro volle

Nostro Segnore in prima da san Pietro
ch'ei ponesse le chiavi in sua balìa?
Certo non chiese se non "Viemmi retro".

Né Pier né li altri tolsero a Matia
oro od argento, quando fu sortito
al loco che perdé l'anima ria.

Però ti sta, ché tu se' ben punito;
e guarda ben la mal tolta moneta
ch'esser ti fece contra Carlo ardito.

E se non fosse ch'ancor lo mi vieta
la reverenza delle somme chiavi
che tu tenesti ne la vita lieta,

io userei parole ancor più gravi;
ché la vostra avarizia il mondo attrista,
calcando i buoni e sollevando i pravi.

Di voi pastor s'accorse il Vangelista,

quando colei che siede sopra l'acque
108 puttaneggiar coi regi a lui fu vista;
   quella che con le sette teste nacque,
e da le diece corna ebbe argomento,
111 fin che virtute al suo marito piacque.
   Fatto v'avete Dio d'oro e d'argento;
e che altro è da voi a l'idolatre,
114 se non ch'elli uno, e voi ne orate cento?
   Ahi, Costantin, di quanto mal fu matre,
non la tua conversion, ma quella dote
117 che da te prese il primo ricco patre! ».
   E mentr' io li cantava cotai note,
o ira o coscïenza che 'l mordesse,
120 forte spingava con ambo le piote.
   I' credo ben ch'al mio duca piacesse,
con sì contenta labbia sempre attese
123 lo suon de le parole vere espresse.
   Però con ambo le braccia mi prese;
e poi che tutto su mi s'ebbe al petto,
126 rimontò per la via onde discese.
   Né si stancò d'avermi a sé distretto,
sì men portò sovra 'l colmo de l'arco
129 che dal quarto al quinto argine è tragetto.
   Quivi soavemente spuose il carco,
soave per lo scoglio sconcio ed erto
132 che sarebbe a le capre duro varco.
   Indi un altro vallon mi fu scoperto.

CANTO XX

Nella quarta bolgia sono puniti gli indovini, che hanno il capo travolto. Dante, mosso a pietà, viene rimproverato da Virgilio. Tra i dannati Virgilio addita Anfiarao, Tiresia, Aronta e Manto, fondatrice di Mantova. Gli mostra inoltre Euripilo, Michele Scotto, Guido Benatti, Asdente e il gruppo delle fattucchiere. Mentre la luna sta per tramontare i due poeti proseguono il cammino.

Di nova pena mi convien far versi
e dar matera al ventesimo canto
3   de la prima canzon, ch'è d'i sommersi.
    Io era già disposto tutto quanto
a riguardar ne lo scoperto fondo,
6   che si bagnava d'angoscioso pianto;
    e vidi gente per lo vallon tondo
venir, tacendo e lagrimando, al passo
9   che fanno le letane in questo mondo.
    Come 'l viso mi scese in lor più basso,
mirabilmente apparve esser travolto
12   ciascun tra 'l mento e 'l principio del casso,
    ché da le reni era tornato 'l volto,
e in dietro venir li convenia,
15   perché 'l veder dinanzi era lor tolto.
    Forse per forza già di parlasia
si travolse così alcun del tutto;
18   ma io nol vidi, né credo che sia.

Se Dio ti lasci, lettor, prender frutto
di tua lezione, or pensa per te stesso
21 com'io potea tener lo viso asciutto,
   quando la nostra imagine di presso
vidi sì torta, che 'l pianto de li occhi
24 le natiche bagnava per lo fesso.
   Certo io piangea, poggiato a un de' rocchi
del duro scoglio, sì che la mia scorta
27 mi disse: « Ancor se' tu de li altri sciocchi?
   Qui vive la pietà quand' è ben morta;
chi è più scellerato che colui
30 che al giudicio divin passion comporta?
   Drizza la testa, drizza, e vedi a cui
s'aperse a li occhi d'i Teban la terra;
33 per ch'ei gridavan tutti: "Dove rui,
Anfiarao? perché lasci la guerra?".
E non restò di ruinare a valle
36 fino a Minòs che ciascheduno afferra.
   Mira c'ha fatto petto de le spalle;
perché volle veder troppo davante,
39 di retro guarda e fa retroso calle.
   Vedi Tiresia, che mutò sembiante
quando di maschio femmina divenne,
42 cangiandosi le membra tutte quante;
   e prima, poi, ribatter li convenne
li duo serpenti avvolti, con la verga,
45 che riavesse le maschili penne.
   Aronta è quel ch'al ventre li s'atterga,
che ne' monti di Luni, dove ronca
48 lo Carrarese che di sotto alberga,

ebbe tra ' bianchi marmi la spelonca
per sua dimora; onde a guardar le stelle
51 e 'l mar no li era la veduta tronca.

E quella che ricuopre le mammelle,
che tu non vedi, con le trecce sciolte,
54 e ha di là ogne pilosa pelle,

Manto fu, che cercò per terre molte;
poscia si puose là dove nacqu' io;
57 onde un poco mi piace che m'ascolte.

Poscia che 'l padre suo di vita uscìo,
e venne serva la città di Baco,
60 questa gran tempo per lo mondo gio.

Suso in Italia bella giace un laco,
a piè de l'Alpe che serra Lamagna
63 sovra Tiralli, c'ha nome Benaco.

Per mille fonti, credo, e più si bagna
tra Garda e Val Camonica e Pennino
66 de l'acqua che nel detto laco stagna.

Loco è nel mezzo là dove 'l trentino
pastore e quel di Brescia e 'l veronese
69 segnar poria, s'e' fesse quel cammino.

Siede Peschiera, bello e forte arnese
da fronteggiar Bresciani e Bergamaschi,
72 ove la riva 'ntorno più discese.

Ivi convien che tutto quanto caschi
ciò che 'n grembo a Benaco star non può,
75 e fassi fiume giù per verdi paschi.

Tosto che l'acqua a correr mette co,
non più Benaco, ma Mencio si chiama
78 fino a Governol, dove cade in Po.

Non molto ha corso, ch'el trova una lama,
ne la qual si distende e la 'mpaluda;
81 e suol di state talor essere grama.

Quindi passando la vergine cruda
vide terra, nel mezzo del pantano,
84 sanza coltura e d'abitanti nuda.

Lì, per fuggire ogne consorzio umano,
ristette con suoi servi a far sue arti,
87 e visse, e vi lasciò suo corpo vano.

Li uomini poi che 'ntorno erano sparti
s'accolsero a quel loco, ch'era forte
90 per lo pantan ch'avea da tutte parti.

Fer la città sovra quell'ossa morte;
e per colei che 'l loco prima elesse,
93 Mantüa l'appellar sanz'altra sorte.

Già fuor le genti sue dentro più spesse,
prima che la mattia da Casalodi
96 da Pinamonte inganno ricevesse.

Però t'assenno che, se tu mai odi
originar la mia terra altrimenti,
99 la verità nulla menzogna frodi ».

E io: « Maestro, i tuoi ragionamenti
mi son sì certi e prendon sì mia fede,
102 che li altri mi sarien carboni spenti.

Ma dimmi, de la gente che procede,
se tu ne vedi alcun degno di nota,
105 ché solo a ciò la mia mente rifiede ».

Allor mi disse: « Quel che da la gota
porge la barba in su le spalle brune,
108 fu — quando Grecia fu di maschi vòta,

sì ch'a pena rimaser per le cune —
  augure, e diede 'l punto con Calcanta
111 in Aulide a tagliar la prima fune.
  Euripilo ebbe nome, e così 'l canta
  l'alta mia tragedìa in alcun loco:
114 ben lo sai tu che la sai tutta quanta.
  Quell'altro che ne' fianchi è così poco,
  Michele Scotto fu, che veramente
117 de le magiche frode seppe 'l gioco.
  Vedi Guido Bonatti; vedi Asdente,
  ch'avere inteso al cuoio e a lo spago
120 ora vorrebbe, ma tardi si pente.
  Vedi le triste che lasciaron l'ago,
  la spuola e 'l fuso, e fecersi 'ndivine;
123 fecer malie con erbe e con imago.
  Ma vienne omai, ché già tiene 'l confine
  d'amendue li emisperi e tocca l'onda
126 sotto Sobilia Caino e le spine;
  e già iernotte fu la luna tonda:
  ben ten de' ricordar, ché non ti nocque
129 alcuna volta per la selva fonda ».
  Sì mi parlava, e andavamo introcque.

CANTO XXI

Nella quinta bolgia i barattieri sono immersi nella pece bollente. I poeti vedono un demone che getta nella pece un reggitore di Lucca, che poi viene schernito dai demoni. Malacoda, il capo dei demoni, dà ai poeti una scorta di dieci diavoli e li indirizza verso un ponte inesistente.

Così di ponte in ponte, altro parlando
che la mia comedìa cantar non cura,
3   venimmo; e tenavamo il colmo, quando
restammo per veder l'altra fessura
di Malebolge e li altri pianti vani;
6   e vidila mirabilmente oscura.
Quale ne l'arzanà de' Viniziani
bolle l'inverno la tenace pece
9   a rimpalmare i legni lor non sani,
ché navicar non ponno — in quella vece
chi fa suo legno novo e chi ristoppa
12   le coste a quel che più vïaggi fece;
chi ribatte da proda e chi da poppa;
altri fa remi e altri volge sarte;
15   chi terzeruolo e artimon rintoppa —;
tal, non per foco, ma per divin' arte,
bollia là giuso una pegola spessa,
18   che 'nviscava la ripa d'ogne parte.
I' vedea lei, ma non vedëa in essa
mai che le bolle che 'l bollor levava,

21 e gonfiar tutta, e riseder compressa.
    Mentr' io là giù fisamente mirava,
    lo duca mio, dicendo « Guarda, guarda! »,
24 mi trasse a sé del loco dov' io stava.
    Allor mi volsi come l'uom cui tarda
    di veder quel che li convien fuggire
27 e cui paura sùbita sgagliarda,
    che, per veder, non indugia 'l partire:
    e vidi dietro a noi un diavol nero
30 correndo su per lo scoglio venire.
    Ahi quant'elli era ne l'aspetto fero!
    e quanto mi parea ne l'atto acerbo,
33 con l'ali aperte e sovra i piè leggero!
    L'omero suo, ch'era aguto e superbo,
    carcava un peccator con ambo l'anche,
36 e quei tenea de' piè ghermito 'l nerbo.
    Del nostro ponte disse: « O Malebranche,
    ecco un de li anzïan di Santa Zita!
39 Mettetel sotto, ch'i' torno per anche
    a quella terra che n'è ben fornita:
    ogn' uom v'è barattier, fuor che Bonturo;
42 del no, per li denar vi si fa *ita* ».
    Là giù 'l buttò, e per lo scoglio duro
    si volse; e mai non fu mastino sciolto
45 con tanta fretta a seguitar lo furo.
    Quel s'attuffò, e tornò su convolto;
    ma i demon che del ponte avean coperchio,
48 gridar: « Qui non ha loco il Santo Volto!
    qui si nuota altrimenti che nel Serchio!
    Però, se tu non vuo' di nostri graffi,

51 non far sopra la pegola soverchio ».
       Poi l'addentar con più di cento raffi,
    disser: « Coverto convien che qui balli,
54 sì che, se puoi, nascosamente accaffi ».
       Non altrimenti i cuoci a' lor vassalli
    fanno attuffare in mezzo la caldaia
57 la carne con li uncin, perché non galli.
       Lo buon maestro « Acciò che non si paia
    che tu ci sia », mi disse, « giù t'acquatta
60 dopo uno scheggio, ch'alcun schermo t'aia;
       e per nulla offension che mi sia fatta,
    non temer tu, ch'i' ho le cose conte,
63 perch' altra volta fui a tal baratta. »
       Poscia passò di là dal co del ponte;
    e com' el giunse in su la ripa sesta,
66 mestier li fu d'aver sicura fronte.
       Con quel furore e con quella tempesta
    ch'escono i cani a dosso al poverello
69 che di sùbito chiede ove s'arresta,
       usciron quei di sotto al ponticello,
    e volser contra lui tutt'i runcigli;
72 ma el gridò: « Nessun di voi sia fello!
       Innanzi che l'uncin vostro mi pigli,
    traggasi avante l'un di voi che m'oda,
75 e poi d'arruncigliarmi si consigli ».
       Tutti gridaron: « Vada Malacoda! »;
    per ch'un si mosse — e li altri stetter fermi —,
78 e venne a lui dicendo: « Che li approda? ».
       « Credi tu, Malacoda, qui vedermi
    esser venuto », disse 'l mio maestro,

81 « sicuro già da tutti vostri schermi,
    sanza voler divino e fato destro?
    Lascian' andar, ché nel cielo è voluto
84 ch'i' mostri altrui questo cammin silvestro. »
    Allor li fu l'orgoglio sì caduto,
    ch'e' si lasciò cascar l'uncino a' piedi,
87 e disse a li altri: « Omai non sia feruto ».
    E 'l duca mio a me: « O tu che siedi
    tra li scheggion del ponte quatto quatto,
90 sicuramente omai a me ti riedi ».
    Per ch'io mi mossi, e a lui venni ratto;
    e i diavoli si fecer tutti avanti,
93 sì ch'io temetti ch'ei tenesser patto;
    così vid' io già temer li fanti
    ch'uscivan patteggiati di Caprona,
96 veggendo sé tra nemici cotanti.
    I' m'accostai con tutta la persona
    lungo 'l mio duca, e non torceva li occhi
99 da la sembianza lor ch'era non buona.
    Ei chinavan li raffi e « Vuo' che 'l tocchi »,
    diceva l'un con l'altro, « in sul groppone? »
102 E rispondien: « Sì, fa che gliel' accocchi! ».
    Ma quel demonio che tenea sermone
    col duca mio, si volse tutto presto,
105 e disse: « Posa, posa, Scarmiglione! ».
    Poi disse a noi: « Più oltre andar per questo
    iscoglio non si può, però che giace
108 tutto spezzato al fondo l'arco sesto.
    E se l'andare avante pur vi piace,
    andatevene su per questa grotta;

111 presso è un altro scoglio che via face.
    Ier, più oltre cinqu' ore che quest'otta,
mille dugento con sessanta sei
114 anni compié che qui la via fu rotta.
    Io mando verso là di questi miei
a riguardar s'alcun se ne sciorina;
117 gite con lor, che non saranno rei ».
    « Tra'ti avante, Alichino, e Calcabrina »,
cominciò elli a dire, « e tu, Cagnazzo;
120 e Barbariccia guidi la decina.
    Libicocco vegn' oltre e Draghignazzo,
Ciriatto sannuto e Graffiacane
123 e Farfarello e Rubicante pazzo.
    Cercate 'ntorno le boglienti pane;
costor sian salvi infino a l'altro scheggio
126 che tutto intero va sovra le tane. »
    « Omè, maestro, che è quel ch'i' veggio? »,
diss'io, « deh, sanza scorta andianci soli,
129 se tu sa' ir; ch'i' per me non la cheggio.
    Se tu se' sì accorto come suoli,
non vedi tu ch'e' digrignan li denti,
132 e con le ciglia ne minaccian duoli? »
    Ed elli a me: « Non vo' che tu paventi;
lasciali digrignar pur a lor senno,
135 ch'e' fanno ciò per li lessi dolenti ».
    Per l'argine sinistro volta dienno;
ma prima avea ciascun la lingua stretta
138 coi denti, verso lor duca, per cenno;
    ed elli avea del cul fatto trombetta.

CANTO XXII

AFFIORA DALLA PECE IL BARATTIERE CIAMPOLO DI NAVARRA, CHE GLI PARLA DEL SUO VICINO DI PENA, MICHELE ZANCHE. I DEMONI NE FANNO SCEMPIO, MA EGLI LI INGANNA PROMETTENDO CHE, SE VERRÀ LASCIATO IN PACE, MANDERÀ IN SUPERFICIE SETTE DANNATI. INVECE SI RITUFFA E I DIAVOLI SONO SCORNATI. I POETI RIPRENDONO IL CAMMINO.

    Io vidi già cavalier muover campo,
e cominciare stormo e far lor mostra,
3 e talvolta partir per loro scampo;
    corridor vidi per la terra vostra,
o Aretini, e vidi gir gualdane,
6 fedir torneamenti e correr giostra;
    quando con trombe, e quando con campane,
con tamburi e con cenni di castella,
9 e con cose nostrali e con istrane;
    né già con sì diversa cennamella
cavalier vidi muover né pedoni,
12 né nave a segno di terra o di stella.
    Noi andavam con li diece demoni.
Ahi fiera compagnia! ma ne la chiesa
15 coi santi, e in taverna coi ghiottoni.
    Pur a la pegola era la mia 'ntesa,
per veder de la bolgia ogne contegno
18 e de la gente ch'entro v'era incesa.
    Come i dalfini, quando fanno segno

    a' marinar con l'arco de la schiena
21 che s'argomentin di campar lor legno,
    talor così, ad alleggiar la pena,
mostrav'alcun de' peccatori il dosso
24 e nascondea in men che non balena.
    E come a l'orlo de l'acqua d'un fosso
stanno i ranocchi pur col muso fuori,
27 sì che celano i piedi e l'altro grosso,
    sì stavan d'ogne parte i peccatori;
ma come s'appressava Barbariccia,
30 così si ritraén sotto i bollori.
    I' vidi, e anco il cor me n'accapriccia,
uno aspettar così, com' elli 'ncontra
33 ch'una rana rimane e l'altra spiccia;
    e Graffiacan, che li era più di contra,
li arrunciglió le 'mpegolate chiome
36 e trassel su, che mi parve una lontra.
    I' sapea già di tutti quanti 'l nome,
sì li notai quando fuorono eletti,
39 e poi ch'e' si chiamaro, attesi come.
    « O Rubicante, fa che tu li metti
li unghioni a dosso, sì che tu lo scuoi! »,
42 gridavan tutti insieme i maladetti.
    E io: « Maestro mio, fa, se tu puoi,
che tu sappi chi è lo sciagurato
45 venuto a man de li avversari suoi ».
    Lo duca mio li s'accostò allato;
domandollo ond' ei fosse, e quei rispuose:
48 « I' fui del regno di Navarra nato.
    Mia madre a servo d'un segnor mi puose,

che m'avea generato d'un ribaldo,
51 distruggitor di sé e di sue cose.
  Poi fui famiglia del buon re Tebaldo;
quivi mi misi a far baratteria
54 di ch'io rendo ragione in questo caldo ».
  E Ciriatto, a cui di bocca uscia
d'ogne parte una sanna come a porco,
57 li fé sentir come l'una sdruscia.
  Tra male gatte era venuto 'l sorco;
ma Barbariccia il chiuse con le braccia
60 e disse: « State in là, mentr' io lo 'nforco ».
  E al maestro mio volse la faccia;
« Domanda », disse, « ancor, se più disii
63 saper da lui, prima ch'altri 'l disfaccia. »
  Lo duca dunque: « Or dì: de li altri rii
conosci tu alcun che sia latino
66 sotto la pece? ». E quelli: « I' mi partii,
poco è, da un che fu di là vicino.
Così foss'io ancor con lui coperto,
69 ch'i' non temerei unghia né uncino! ».
  E Libicocco « Troppo avem sofferto »,
disse; e preseli 'l braccio col runciglio,
72 sì che, stracciando, ne portò un lacerto.
  Draghignazzo anco i volle dar di piglio
giuso a le gambe; onde 'l decurio loro
75 si volse intorno intorno con mal piglio.
  Quand' elli un poco rappaciati fuoro,
a lui, ch'ancor mirava sua ferita,
78 domandò 'l duca mio sanza dimoro:
  « Chi fu colui da cui mala partita

>   di' che facesti per venire a proda? ».
> 81 Ed ei rispuose: « Fu frate Gomita,
>   quel di Gallura, vasel d'ogne froda,
>   ch'ebbe i nemici di suo donno in mano,
> 84 e fé sì lor, che ciascun se ne loda.
>   Danar si tolse, e lasciolli di piano,
>   sì com'e' dice; e ne li altri offici anche
> 87 barattier fu non picciol, ma sovrano.
>   Usa con esso donno Michel Zanche
>   di Logodoro; e a dir di Sardigna
> 90 le lingue lor non si sentono stanche.
>   Omè, vedete l'altro che digrigna:
>   i' direi anche, ma i' temo ch'ello
> 93 non s'apparecchi a grattarmi la tigna ».
>   E 'l gran proposto, vòlto a Farfarello
>   che stralunava li occhi per fedire,
> 96 disse: « Fatti 'n costà, malvagio uccello! ».
>   « Se voi volete vedere o udire »,
>   ricominciò lo spaürato appresso,
> 99 « Toschi o Lombardi, io ne farò venire;
>   ma stieno i Malebranche un poco in cesso,
>   sì ch'ei non teman de le lor vendette;
> 102 e io, seggendo in questo loco stesso,
>   per un ch'io son, ne farò venir sette
>   quand' io suffolerò, com' è nostro uso
> 105 di fare allor che fori alcun si mette.
>   Cagnazzo a cotal motto levò 'l muso,
>   crollando 'l capo, e disse: « Odi malizia
> 108 ch'elli ha pensata per gittarsi giuso! ».
>   Ond' ei, ch'avea lacciuoli a gran divizia,

rispuose: « Malizioso son io troppo,
111 quand' io procuro a' mia maggior trestizia ».

Alichin non si tenne e, di rintoppo
a li altri, disse a lui: « Se tu ti cali,
114 io non ti verrò dietro di gualoppo,
ma batterò sovra la pece l'ali.
Lascisi 'l collo, e sia la ripa scudo,
117 a veder se tu sol più di noi vali ».

O tu che leggi, udirai nuovo ludo:
ciascun da l'altra costa li occhi volse;
120 quel prima, ch'a ciò fare era più crudo.

Lo Navarrese ben suo tempo colse;
fermò le piante a terra, e in un punto
123 saltò e dal proposto lor si sciolse.

Di che ciascun di colpa fu compunto,
ma quei più che cagion fu del difetto;
126 però si mosse e gridò: « Tu se' giunto! ».

Ma poco i valse: ché l'ali al sospetto
non potero avanzar; quelli andò sotto,
129 e quei drizzò volando suso il petto:
non altrimenti l'anitra di botto,
quando 'l falcon s'appressa, giù s'attuffa,
132 ed ei ritorna su crucciato e rotto.

Irato Calcabrina de la buffa,
volando dietro li tenne, invaghito
135 che quei campasse per aver la zuffa;
e come 'l barattier fu disparito,
così volse li artigli al suo compagno,
138 e fu con lui sopra 'l fosso ghermito.

Ma l'altro fu bene sparvier grifagno

ad artigliar ben lui, e amendue
141 cadder nel mezzo del bogliente stagno.
   Lo caldo sghermitor sùbito fue;
ma però di levarsi era neente,
144 sì avieno inviscate l'ali sue.
   Barbariccia, con li altri suoi dolente,
quattro ne fé volar da l'altra costa
147 con tutt' i raffi, e assai prestamente
   di qua, di là discesero a la posta;
porser li uncini verso li 'mpaniati,
150 ch'eran già cotti dentro da la crosta.
   E noi lasciammo lor così 'mpacciati.

PERÒ SI MOSSE E GRIDÒ: «TU SE' GIUNTO!». *(Inf., c. XXII, v. 126)*

CANTO XXIII

Minacciati dai demoni, i due poeti scivolano nella sesta bolgia, ove sono puniti gli ipocriti, che hanno cappe dorate di fuori e dentro di piombo. Con loro parla Catalano: egli addita Loderingo e Caifas, crocefisso a terra, che paga l'ipocrisia che portò alla morte di Gesù.

    Taciti, soli, sanza compagnia
n'andavam l'un dinanzi e l'altro dopo,
3 come frati minor vanno per via.
    Vòlt' era in su la favola d'Isopo
lo mio pensier per la presente rissa,
6 dov' el parlò de la rana e del topo;
    ché più non si pareggia *mo* e *issa*
che l'un con l'altro fa, se ben s'accoppia
9 principio e fine con la mente fissa.
    E come l'un pensier de l'altro scoppia,
così nacque di quello un altro poi,
12 che la prima paura mi fé doppia.
    Io pensava così: "Questi per noi
sono scherniti con danno e con beffa
15 sì fatta, ch'assai credo che lor nòi.
    Se l'ira sovra 'l mal voler s'aggueffa,
ei ne verranno dietro più crudeli
18 che 'l cane a quella lievre ch'elli acceffa".
    Già mi sentia tutti arricciar li peli
de la paura e stava in dietro intento,

21 quand' io dissi: « Maestro, se non celi
    te e me tostamente, i' ho pavento
    d'i Malebranche. Noi li avem già dietro;
24 io li 'magino sì, che già li sento ».
    E quei: « S'i' fossi di piombato vetro,
    l'imagine di fuor tua non trarrei
27 più tosto a me, che quella dentro 'mpetro.
    Pur mo venieno i tuo' pensier tra ' miei,
    con simile atto e con simile faccia,
30 sì che d'intrambi un sol consiglio fei.
    S'elli è che sì la destra costa giaccia,
    che noi possiam ne l'altra bolgia scendere,
33 noi fuggirem l'imaginata caccia ».
    Già non compié di tal consiglio rendere,
    ch'io li vidi venir con l'ali tese
36 non molto lungi, per volerne prendere.
    Lo duca mio di sùbito mi prese,
    come la madre ch'al romore è desta
39 e vede presso a sé le fiamme accese,
    che prende il figlio e fugge e non s'arresta,
    avendo più di lui che di sé cura,
42 tanto che solo una camiscia vesta;
    e giù dal collo de la ripa dura
    supin si diede a la pendente roccia,
45 che l'un de' lati a l'altra bolgia tura.
    Non corse mai sì tosto acqua per doccia
    a volger ruota di molin terragno,
48 quand'ella più verso le pale approccia,
    come 'l maestro mio per quel vivagno,
    portandosene me sovra 'l suo petto,

51 come suo figlio, non come compagno.
　　A pena fuoro i piè suoi giunti al letto
del fondo giù, ch'e' furon in sul colle
54 sovresso noi; ma non lì era sospetto:
　　ché l'alta provedenza che lor volle
porre ministri de la fossa quinta,
57 poder di partirs' indi a tutti tolle.
　　Là giù trovammo una gente dipinta
che giva intorno assai con lenti passi,
60 piangendo e nel sembiante stanca e vinta.
　　Elli avean cappe con cappucci bassi
dinanzi a li occhi, fatte de la taglia
63 che in Clugnì per li monaci fassi.
　　Di fuor dorate son, sì ch'elli abbaglia;
ma dentro tutte piombo, e gravi tanto,
66 che Federigo le mettea di paglia.
　　Oh in etterno faticoso manto!
Noi ci volgemmo ancor pur a man manca
69 con loro insieme, intenti al tristo pianto;
　　ma per lo peso quella gente stanca
venìa sì pian, che noi eravam nuovi
72 di compagnia ad ogne mover d'anca.
　　Per ch'io al duca mio: «Fa che tu trovi
alcun ch'al fatto o al nome si conosca,
75 e li occhi, sì andando, intorno movi».
　　E un che 'ntese la parola tosca,
di retro a noi gridò: «Tenete i piedi,
78 voi che correte sì per l'aura fosca!
　　Forse ch'avrai da me quel che tu chiedi».
Onde 'l duca si volse e disse: «Aspetta,

81 e poi secondo il suo passo procedi ».
    Ristetti, e vidi due mostrar gran fretta
de l'animo, col viso, d'esser meco;
84 ma tardavali 'l carco e la via stretta.
    Quando fuor giunti, assai con l'occhio bieco
mi rimiraron sanza far parola;
87 poi si volsero in sé, e dicean seco:
    « Costui par vivo a l'atto de la gola;
e s'e' son morti, per qual privilegio
90 vanno scoperti de la grave stola? ».
    Poi disser me: « O Tosco, ch'al collegio
de l'ipocriti tristi se' venuto,
93 dir chi tu se' non avere in dispregio ».
    E io a loro: « I' fui nato e cresciuto
sovra 'l bel fiume d'Arno a la gran villa,
96 e son col corpo ch'i' ho sempre avuto.
    Ma voi chi siete, a cui tanto distilla
quant' i' veggio dolor giù per le guance?
99 e che pena è in voi che sì sfavilla? ».
    E l'un rispuose a me: « Le cappe rance
son di piombo sì grosse, che li pesi
102 fan così cigolar le lor bilance.
    Frati godenti fummo, e bolognesi;
io Catalano e questi Loderingo
105 nomati, e da tua terra insieme presi
    come suole esser tolto un uom solingo,
per conservar sua pace; e fummo tali,
108 ch'ancor si pare intorno dal Gardingo ».
    Io cominciai: « O frati, i vostri mali... »;
ma più non dissi, ch'a l'occhio mi corse

111 un, crucifisso in terra con tre pali.
   Quando mi vide, tutto si distorse,
soffiando ne la barba con sospiri;
114 e 'l frate Catalan, ch'a ciò s'accorse,
   mi disse: « Quel confitto che tu miri,
consigliò i Farisei che convenia
117 porre un uom per lo popolo a' martìri.
   Attraversato è, nudo, ne la via,
come tu vedi, ed è mestier ch'el senta
120 qualunque passa, come pesa, pria.
   E a tal modo il socero si stenta
in questa fossa, e li altri dal concilio
123 che fu per li Giudei mala sementa ».
   Allor vid' io maravigliar Virgilio
sovra colui ch'era disteso in croce
126 tanto vilmente ne l'etterno essilio.
   Poscia drizzò al frate cotal voce:
« Non vi dispiaccia, se vi lece, dirci
129 s'a la man destra giace alcuna foce
onde noi amendue possiamo uscirci,
sanza costringer de li angeli neri
132 che vegnan d'esto fondo a dipartirci ».
   Rispuose adunque: « Più che tu non speri
s'appressa un sasso che de la gran cerchia
135 si move e varca tutt' i vallon feri,
   salvo che 'n questo è rotto e nol coperchia;
montar potrete su per la ruina,
138 che giace in costa e nel fondo soperchia ».
   Lo duca stette un poco a testa china;
poi disse: « Mal contava la bisogna

141 colui che i peccator di qua uncina ».
   E 'l frate: « Io udi' già dire a Bologna
   del diavol vizi assai, tra ' quali udi'
144 ch'elli è bugiardo, e padre di menzogna ».
   Appresso il duca a gran passi sen gì,
   turbato un poco d'ira nel sembiante;
147 ond'io da li 'ncarcati mi parti'
   dietro a le poste de le care piante.

MI DISSE: « QUEL CONFITTO CHE TU MIRI,
CONSIGLIÒ I FARISEI CHE CONVENIA
PORRE UN UOM PER LO POPOLO A' MARTÌRI. *(Inf., c. XXIII, vv. 115-117)*

CANTO XXIV

DOPO UN ARDUO CAMMINO I DUE POETI OLTREPASSANO IL PONTE CHE CONDUCE ALLA SETTIMA BOLGIA, OVE SONO PUNITI I LADRI, CHE SI TRASFORMANO CONTINUAMENTE DA UOMINI IN SERPI, E VICEVERSA. DANTE ASSISTE ALLA TRASFORMAZIONE DEL PISTOIESE VANNI FUCCI, CHE PREDICE AL POETA L'ESILIO.

In quella parte del giovanetto anno
che 'l sole i crin sotto l'Aquario tempra
3 e già le notti al mezzo dì sen vanno,
   quando la brina in su la terra assempra
l'imagine di sua sorella bianca,
6 ma poco dura a la sua penna tempra,
   lo villanello a cui la roba manca,
si leva, e guarda, e vede la campagna
9 biancheggiar tutta; ond' ei si batte l'anca,
   ritorna in casa, e qua e là si lagna,
come 'l tapin che non sa che si faccia;
12 poi riede, e la speranza ringavagna,
   veggendo 'l mondo aver cangiata faccia
in poco d'ora, e prende suo vincastro
15 e fuor le pecorelle a pascer caccia.
   Così mi fece sbigottir lo mastro
quand' io li vidi sì turbar la fronte,
18 e così tosto al mal giunse lo 'mpiastro;
   ché, come noi venimmo al guasto ponte,
lo duca a me si volse con quel piglio

21 dolce ch'io vidi prima a piè del monte.
     Le braccia aperse, dopo alcun consiglio
   eletto seco riguardando prima
24 ben la ruina, e diedemi di piglio.
     E come quei ch'adopera ed estima,
   che sempre par che 'nnanzi si proveggia,
27 così, levando me su ver' la cima

     d'un ronchione, avvisava un'altra scheggia
   dicendo: « Sovra quella poi t'aggrappa;
30 ma tenta pria s'è tal ch'ella ti reggia ».
     Non era via da vestito di cappa,
   ché noi a pena, ei lieve e io sospinto,
33 potavam su montar di chiappa in chiappa.
     E se non fosse che da quel precinto
   più che da l'altro era la costa corta,
36 non so di lui, ma io sarei ben vinto.
     Ma perché Malebolge inver' la porta
   del bassissimo pozzo tutta pende,
39 lo sito di ciascuna valle porta
     che l'una costa surge e l'altra scende;
   noi pur venimmo al fine in su la punta
42 onde l'ultima pietra si scoscende.
     La lena m'era del polmon sì munta
   quand' io fui su, ch'i' non potea più oltre,
45 anzi m'assisi ne la prima giunta.
     « Omai convien che tu così ti spoltre »,
   disse 'l maestro; « ché, seggendo in piuma,
48 in fama non si vien, né sotto coltre;
     sanza la qual chi sua vita consuma,
   cotal vestigio in terra di sé lascia,

51 qual fummo in aere e in acqua la schiuma.

E però leva su; vinci l'ambascia
con l'animo che vince ogne battaglia,
54 se col suo grave corpo non s'accascia.

Più lunga scala convien che si saglia;
non basta da costoro esser partito.
57 Se tu mi 'ntendi, or fa sì che ti vaglia. »

Leva'mi allor, mostrandomi fornito
meglio di lena ch'i' non mi sentia,
60 e dissi: « Va, ch'i' son forte e ardito ».

Su per lo scoglio prendemmo la via,
ch'era ronchioso, stretto e malagevole,
63 ed erto più assai che quel di pria.

Parlando andava per non parer fievole;
onde una voce uscì de l'altro fosso,
66 a parole formar disconvenevole.

Non so che disse, ancor che sovra 'l dosso
fossi de l'arco già che varca quivi;
69 ma chi parlava ad ire parea mosso.

Io era vòlto in giù, ma li occhi vivi
non poteano ire al fondo per lo scuro;
72 per ch'io: « Maestro, fa che tu arrivi

da l'altro cinghio e dismontiam lo muro;
ché, com' i' odo quinci e non intendo,
75 così giù veggio e neente affiguro ».

« Altra risposta », disse, « non ti rendo
se non lo far; ché la dimanda onesta
78 si de' seguir con l'opera tacendo. »

Noi discendemmo il ponte da la testa
dove s'aggiugne con l'ottava ripa,

81 e poi mi fu la bolgia manifesta:
   e vidivi entro terribile stipa
   di serpenti, e di sì diversa mena
84 che la memoria il sangue ancor mi scipa.
   Più non si vanti Libia con sua rena;
   ché se chelidri, iaculi e faree
87 produce, e cencri con anfisibena,
   né tante pestilenzie né sì ree
   mostrò già mai con tutta l'Etïopia
90 né con ciò che di sopra al Mar Rosso èe.
   Tra questa cruda e tristissima copia
   corrëan genti nude e spaventate,
93 sanza sperar pertugio o elitropia:
   con serpi le man dietro avean legate;
   quelle ficcavan per le ren la coda
96 e 'l capo, ed eran dinanzi aggroppate.
   Ed ecco a un ch'era da nostra proda,
   s'avventò un serpente che 'l trafisse
99 là dove 'l collo a le spalle s'annoda.
   Né O sì tosto mai né I si scrisse,
   com' el s'accese e arse, e cener tutto
102 convenne che cascando divenisse;
   e poi che fu a terra sì distrutto,
   la polver si raccolse per sé stessa
105 e 'n quel medesmo ritornò di butto.
   Così per li gran savi si confessa
   che la fenice more e poi rinasce,
108 quando al cinquecentesimo anno appressa;
   erba né biado in sua vita non pasce,
   ma sol d'incenso lagrime e d'amomo,

111 e nardo e mirra son l'ultime fasce.
E qual è quel che cade, e non sa como,
per forza di demon ch'a terra il tira,
114 o d'altra oppilazion che lega l'omo,
quando si leva, che 'ntorno si mira
tutto smarrito de la grande angoscia
117 ch'elli ha sofferta, e guardando sospira:
tal era il peccator levato poscia.
Oh potenza di Dio, quant' è severa,
120 che cotai colpi per vendetta croscia!
Lo duca il domandò poi chi ello era;
per ch'ei rispuose: « Io piovvi di Toscana,
123 poco tempo è, in questa gola fiera.
Vita bestial mi piacque e non umana,
sì come a mul ch'i' fui; son Vanni Fucci
126 bestia, e Pistoia mi fu degna tana ».
E ïo al duca: « Dilli che non mucci,
e domanda che colpa qua giù 'l pinse;
129 ch'io 'l vidi uomo di sangue e di crucci ».
E 'l peccator, che 'ntese, non s'infinse,
ma drizzò verso me l'animo e 'l volto,
132 e di trista vergogna si dipinse;
poi disse: « Più mi duol che tu m'hai colto
ne la miseria dove tu mi vedi,
135 che quando fui de l'altra vita tolto.
Io non posso negar quel che tu chiedi;
in giù son messo tanto perch' io fui
138 ladro a la sagrestia d'i belli arredi,
e falsamente già fu apposto altrui.
Ma perché di tal vista tu non godi,

141 se mai sarai di fuor da' luoghi bui,
   apri li orecchi al mio annunzio, e odi.
Pistoia in pria d'i Neri si dimagra;
144 poi Fiorenza rinova gente e modi.
   Tragge Marte vapor di Val di Magra
ch'è di torbidi nuvoli involuto;
147 e con tempesta impetüosa e agra
   sovra Campo Picen fia combattuto;
ond' ei repente spezzerà la nebbia,
150 sì ch'ogne Bianco ne sarà feruto.
   E detto l'ho perché doler ti debbia! ».

TRA QUESTA CRUDA E TRISTISSIMA COPIA
CORRÈAN GENTI NUDE E SPAVENTATE,
SANZA SPERAR PERTUGIO O ELITROPIA ...   *(Inf., c. XXIV, vv. 91-93)*

CANTO XXV

Sopraggiunge Caco, il mostro che rubò i buoi a Ercole, che porta sulla groppa serpi e sulle spalle un drago. Quando questi sparisce alcuni ladri fiorentini parlano coi poeti, ma sono interrotti dall'arrivo di Cianfa Donati e di Francesco Cavalcanti, in forma di serpente, che si aggrovigliano con due dannati.

Al fine de le sue parole il ladro
le mani alzò con amendue le fiche,
3 gridando: « Togli, Dio, ch'a te le squadro! ».
Da indi in qua mi fuor le serpi amiche,
perch' una li s'avvolse allora al collo,
6 come dicesse "Non vo' che più diche";
e un'altra a le braccia, e rilegollo,
ribadendo sé stessa sì dinanzi,
9 che non potea con esse dare un crollo.
Ahi Pistoia, Pistoia, ché non stanzi
d'incenerarti sì che più non duri,
12 poi che 'n mal fare il seme tuo avanzi?
Per tutt' i cerchi de lo 'nferno scuri
non vidi spirto in Dio tanto superbo,
15 non quel che cadde a Tebe giù da' muri.
El si fuggì che non parlò più verbo;
e io vidi un centauro pien di rabbia
18 venir chiamando: « Ov' è, ov' è l'acerbo? ».
Maremma non cred' io che tante n'abbia,

quante bisce elli avea su per la groppa
21 infin ove comincia nostra labbia.
   Sovra le spalle, dietro da la coppa,
con l'ali aperte li giacea un draco;
24 e quello affuoca qualunque s'intoppa.
   Lo mio maestro disse: « Questi è Caco,
che, sotto 'l sasso di monte Aventino,
27 di sangue fece spesse volte laco.
   Non va co' suoi fratei per un cammino,
per lo furto che frodolente fece
30 del grande armento ch'elli ebbe a vicino;
   onde cessar le sue opere biece
sotto la mazza d'Ercule, che forse
33 gliene diè cento, e non sentì le diece ».
   Mentre che sì parlava, ed el trascorse,
e tre spiriti venner sotto noi,
36 de' quali né io né 'l duca mio s'accorse,
   se non quando gridar: « Chi siete voi? »;
per che nostra novella si ristette,
39 e intendemmo pur ad essi poi.
   Io non li conoscea; ma ei seguette,
come suol seguitar per alcun caso,
42 che l'un nomar un altro convenette,
   dicendo: « Cianfa dove fia rimaso? »;
per ch'io, acciò che 'l duca stesse attento,
45 mi puosi 'l dito su dal mento al naso.
   Se tu se' or, lettore, a creder lento
ciò ch'io dirò, non sarà maraviglia,
48 ché io che 'l vidi, a pena il mi consento.
   Com' io tenea levate in lor le ciglia,

e un serpente con sei piè si lancia
dinanzi a l'uno, e tutto a lui s'appiglia.

Co' piè di mezzo li avvinse la pancia
e con li anterïor le braccia prese;
poi li addentò e l'una e l'altra guancia;

li diretani a le cosce distese,
e miseli la coda tra 'mbedue
e dietro per le ren su la ritese.

Ellera abbarbicata mai non fue
ad alber sì, come l'orribil fiera
per l'altrui membra avviticchiò le sue.

Poi s'appiccar, come di calda cera
fossero stati, e mischiar lor colore,
né l'un né l'altro già parea quel ch'era:

come procede innanzi da l'ardore,
per lo papiro suso, un color bruno
che non è nero ancora e 'l bianco more.

Li altri due 'l riguardavano, e ciascuno
gridava: « Omè, Agnel, come ti muti!
Vedi che già non se' né due né uno ».

Già eran li due capi un divenuti,
quando n'apparver due figure miste
in una faccia, ov' eran due perduti.

Fersi le braccia due di quattro liste;
le cosce con le gambe e 'l ventre e 'l casso
divenner membra che non fuor mai viste.

Ogne primaio aspetto ivi era casso:
due e nessun l'imagine perversa
parea; e tal sen gio con lento passo.

Come 'l ramarro sotto la gran fersa

dei dì canicular, cangiando sepe,
81 folgore par se la via attraversa,
sì pareva, venendo verso l'epe
de li altri due, un serpentello acceso,
84 livido e nero come gran di pepe;
e quella parte onde prima è preso
nostro alimento, a l'un di lor trafisse;
87 poi cadde giuso innanzi lui disteso.

Lo trafitto 'l mirò, ma nulla disse;
anzi, co' piè fermati, sbadigliava
90 pur come sonno o febbre l'assalisse.

Elli 'l serpente, e quei lui riguardava;
l'un per la piaga e l'altro per la bocca
93 fummavan forte, e 'l fummo si scontrava.

Taccia Lucano ormai là dov' e' tocca
del misero Sabello e di Nasidio,
96 e attenda a udir quel ch'or si scocca.

Taccia di Cadmo e d'Aretusa Ovidio,
ché se quello in serpente e quella in fonte
99 converte poetando, io non lo 'nvidio;

ché due nature mai a fronte a fronte
non trasmutò sì ch'amendue le forme
102 a cambiar lor matera fosser pronte.

Insieme si rispuosero a tai norme,
che 'l serpente la coda in forca fesse,
105 e il feruto ristrinse insieme l'orme.

Le gambe con le cosce seco stesse
s'appiccar sì, che 'n poco la giuntura
108 non facea segno alcun che si paresse.

Togliea la coda fessa la figura

       che si perdeva là, e la sua pelle
111 si facea molle, e quella di là dura.
       Io vidi intrar le braccia per l'ascelle,
   e i due piè de la fiera, ch'eran corti,
114 tanto allungar quanto accorciavan quelle.
       Poscia li piè di retro, insieme attorti,
   diventaron lo membro che l'uom cela,
117 e 'l misero del suo n'avea due porti.
       Mentre che 'l fummo l'uno e l'altro vela
   di color novo, e genera 'l pel suso
120 per l'una parte e da l'altra il dipela,
       l'un si levò e l'altro cadde giuso,
   non torcendo però le lucerne empie,
123 sotto le quai ciascun cambiava muso.
       Quel ch'era dritto, il trasse ver' le tempie,
   e di troppa matera ch'in là venne
126 uscir li orecchi de le gote scempie;
       ciò che non corse in dietro e si ritenne
   di quel soverchio, fé naso a la faccia
129 e le labbra ingrossò quanto convenne.
       Quel che giacëa, il muso innanzi caccia,
   e li orecchi ritira per la testa
132 come face le corna la lumaccia;
       e la lingua, ch'avëa unita e presta
   prima a parlar, si fende, e la forcuta
135 ne l'altro si richiude; e 'l fummo resta.
       L'anima ch'era fiera divenuta,
   suffolando si fugge per la valle,
138 e l'altro dietro a lui parlando sputa.
       Poscia li volse le novelle spalle,

e disse a l'altro: « I' vo' che Buoso corra,
141 com' ho fatt' io, carpon per questo calle ».
    Così vid' io la settima zavorra
mutare e trasmutare; e qui mi scusi
144 la novità se fior la penna abborra.
    E avvegna che li occhi miei confusi
fossero alquanto e l'animo smagato,
147 non poter quei fuggirsi tanto chiusi,
    ch'i' non scorgessi ben Puccio Sciancato;
ed era quel che sol, di tre compagni
150 che venner prima, non era mutato;
    l'altr' era quel che tu, Gaville, piagni.

LI ALTRI DUE 'L RIGUARDAVANO, E CIASCUNO
GRIDAVA: « OMÈ, AGNEL, COME TI MUTI!... (*Inf.*, c. XXV, vv. 67 e 68)

CANTO XXVI

I POETI GIUNGONO NELL'OTTAVA BOLGIA, OVE SONO PUNITI I CONSIGLIERI FRAUDOLENTI, CELATI ENTRO LINGUE DI FUOCO. UNA LINGUA BIFORCUTA CELA ULISSE E DIOMEDE, CHE PIANGONO GLI INGANNI ORDITI INSIEME. ULISSE RIVELA A DANTE IL MODO IN CUI VIOLÒ I LIMITI IMPOSTI DA DIO PER L'UMANA CONOSCENZA.

Godi, Fiorenza, poi che se' sì grande
che per mare e per terra batti l'ali,
3 e per lo 'nferno tuo nome si spande!
    Tra li ladron trovai cinque cotali
tuoi cittadini onde mi ven vergogna,
6 e tu in grande orranza non ne sali.
    Ma se presso al mattin del ver si sogna,
tu sentirai di qua da picciol tempo,
9 di quel che Prato, non ch'altri, t'agogna.
    E se già fosse, non saria per tempo.
Così foss' ei, da che pur esser dee!
12 ché più mi graverà, com' più m'attempo.
    Noi ci partimmo, e su per le scalee
che n'avea fatto iborni a scender pria,
15 rimontò 'l duca mio e trasse mee;
    e proseguendo la solinga via,
tra le schegge e tra ' rocchi de lo scoglio
18 lo piè sanza la man non si spedia.
    Allor mi dolsi, e ora mi ridoglio
quando drizzo la mente a ciò ch'io vidi,

21 e più lo 'ngegno affreno ch'i' non soglio,
       perché non corra che virtù nol guidi;
    sì che, se stella bona o miglior cosa
24 m'ha dato 'l ben, ch'io stessi nol m'invidi.
       Quante 'l villan ch'al poggio si riposa,
    nel tempo che colui che 'l mondo schiara
27 la faccia sua a noi tien meno ascosa,
       come la mosca cede alla zanzara,
    vede lucciole giù per la vallea,
30 forse colà dov' e' vendemmia e ara:
       di tante fiamme tutta risplendea
    l'ottava bolgia, sì com' io m'accorsi
33 tosto che fui là 've 'l fondo parea.
       E qual colui che si vengiò con li orsi
    vide 'l carro d'Elia al dipartire,
36 quando i cavalli al cielo erti levorsi,
       che nol potea sì con li occhi seguire,
    ch'el vedesse altro che la fiamma sola,
39 sì come nuvoletta, in su salire:
       tal si move ciascuna per la gola
    del fosso, ché nessuna mostra 'l furto,
42 e ogne fiamma un peccatore invola.
       Io stava sovra 'l ponte a veder surto,
    sì che s'io non avessi un ronchion preso,
45 caduto sarei giù sanz' esser urto.
       E 'l duca, che mi vide tanto atteso,
    disse: «Dentro dai fuochi son li spirti;
48 catun si fascia di quel ch'elli è inceso».

    «Maestro mio», rispuos' io, «per udirti
    son io più certo; ma già m'era avviso

51 che così fosse, e già voleva dirti:
   chi è 'n quel foco che vien sì diviso
   di sopra, che par surger de la pira
54 dov' Eteòcle col fratel fu miso? »
   Rispuose a me: « Là dentro si martira
   Ulisse e Dïomede, e così insieme
57 a la vendetta vanno come a l'ira;
   e dentro da la lor fiamma si geme
   l'agguato del caval che fé la porta
60 onde uscì de' Romani il gentil seme.
   Piangevisi entro l'arte per che, morta,
   Deïdamìa ancor si duol d'Achille,
63 e del Palladio pena vi si porta ».
   « S'ei posson dentro da quelle faville
   parlar », diss' io, « maestro, assai ten priego
66 e ripriego, che 'l priego vaglia mille,
   che non mi facci de l'attender niego
   fin che la fiamma cornuta qua vegna;
69 vedi che del disio ver' lei mi piego! »
   Ed elli a me: « La tua preghiera è degna
   di molta loda, e io però l'accetto;
72 ma fa che la tua lingua si sostegna.
   Lascia parlare a me, ch'i' ho concetto
   ciò che tu vuoi; ch'ei sarebbero schivi,
75 perch' e' fuor greci, forse di tuo detto ».
   Poi che la fiamma fu venuta quivi
   dove parve al mio duca tempo e loco,
78 in questa forma lui parlare audivi:
   « O voi che siete due dentro ad un foco,
   s'io meritai di voi mentre ch'io vissi,

81 s'io meritai di voi assai o poco
   quando nel mondo li alti versi scrissi,
   non vi movete; ma l'un di voi dica
84 dove, per lui, perduto a morir gissi ».
   Lo maggior corno de la fiamma antica
   cominciò a crollarsi mormorando,
87 pur come quella cui vento affatica;
   indi la cima qua e là menando,
   come fosse la lingua che parlasse,
90 gittò voce di fuori, e disse: « Quando
   mi diparti' da Circe, che sottrasse
   me più d'un anno là presso a Gaeta,
93 prima che sì Enëa la nomasse,
   né dolcezza di figlio, né la pieta
   del vecchio padre, né 'l debito amore
96 lo qual dovea Penelopé far lieta,
   vincer potero dentro a me l'ardore
   ch'i' ebbi a divenir del mondo esperto
99 e de li vizi umani e del valore;
   ma misi me per l'alto mare aperto
   sol con un legno e con quella compagna
102 picciola da la qual non fui diserto.
   L'un lito e l'altro vidi infin la Spagna,
   fin nel Morrocco, e l'isola d'i Sardi,
105 e l'altre che quel mare intorno bagna.
   Io e ' compagni eravam vecchi e tardi
   quando venimmo a quella foce stretta
108 dov' Ercule segnò li suoi riguardi
   acciò che l'uom più oltre non si metta;
   da la man destra mi lasciai Sibilia,

111 da l'altra già m'avea lasciata Setta.

"O frati", dissi, "che per cento milia
perigli siete giunti a l'occidente,
114 a questa tanto picciola vigilia

d'i nostri sensi ch'è del rimanente
non vogliate negar l'esperïenza,
117 di retro al sol, del mondo sanza gente.

Considerate la vostra semenza:
fatti non foste a viver come bruti,
120 ma per seguir virtute e canoscenza."

Li miei compagni fec' io sì aguti,
con questa orazion picciola, al cammino,
123 che a pena poscia li avrei ritenuti;

e volta nostra poppa nel mattino,
de' remi facemmo ali al folle volo,
126 sempre acquistando dal lato mancino.

Tutte le stelle già de l'altro polo
vedea la notte, e 'l nostro tanto basso,
129 che non surgëa fuor del marin suolo.

Cinque volte racceso e tante casso
lo lume era di sotto da la luna,
132 poi che 'ntrati eravam ne l'alto passo,

quando n'apparve una montagna, bruna
per la distanza, e parvemi alta tanto
135 quanto veduta non avëa alcuna.

Noi ci allegrammo, e tosto tornò in pianto,
ché de la nova terra un turbo nacque
138 e percosse del legno il primo canto.

Tre volte il fé girar con tutte l'acque;
a la quarta levar la poppa in suso

141 e la prora ire in giù, com' altrui piacque,
   infin che 'l mar fu sovra noi richiuso ».

E 'L DUCA, CHE MI VIDE TANTO ATTESO,
DISSE: « DENTRO DAI FUOCHI SON LI SPIRITI;
CATUN SI FASCIA DI QUEL CH'ELLI È INCESO ».(Inf.,c. XXVI,vv.46-48)

CANTO XXVII

L'anima di Guido da Montefeltro chiede a Dante notizie della Romagna, sua patria. Quest'uomo d'armi, pentitosi in vecchiaia, era entrato nell'ordine francescano. Alla sua morte san Francesco e il demonio avevano disputato per averne l'anima, ma aveva vinto il demonio. I due poeti si avviano quindi verso il ponte che conduce alla nona bolgia.

Già era dritta in su la fiamma e queta
per non dir più, e già da noi sen gia
3   con la licenza del dolce poeta,
quand' un'altra, che dietro a lei venìa,
ne fece volger li occhi a la sua cima
6   per un confuso suon che fuor n'uscia.
Come 'l bue cicilian che mugghiò prima
col pianto di colui, e ciò fu dritto,
9   che l'avea temperato con sua lima,
mugghiava con la voce de l'afflitto,
sì che, con tutto che fosse di rame,
12   pur el pareva dal dolor trafitto;
così, per non aver via né forame
dal principio nel foco, in suo linguaggio
15   si convertïan le parole grame.
Ma poscia ch'ebber colto lor vïaggio
su per la punta, dandole quel guizzo
18   che dato avea la lingua in lor passaggio,

udimmo dire: « O tu a cu' io drizzo
la voce e che parlavi mo lombardo,
21 dicendo "Istra ten va, più non t'adizzo",

perch' io sia giunto forse alquanto tardo,
non t'incresca restare a parlar meco;
24 vedi che non incresce a me, e ardo!

Se tu pur mo in questo mondo cieco
caduto se' di quella dolce terra
27 latina ond' io mia colpa tutta reco,

dimmi se Romagnuoli han pace o guerra;
ch'io fui d'i monti là intra Orbino
30 e 'l giogo di che Tever si disserra ».

Io era in giuso ancora attento e chino,
quando il mio duca mi tentò di costa,
33 dicendo: « Parla tu; questi è latino ».

E io, ch'avea già pronta la risposta,
sanza indugio a parlare incominciai:
36 « O anima che se' là giù nascosta,

Romagna tua non è, e non fu mai,
sanza guerra ne' cuor de' suoi tiranni;
39 ma 'n palese nessuna or vi lasciai.

Ravenna sta come stata è molt' anni:
l'aguglia da Polenta la si cova,
42 sì che Cervia ricuopre co' suoi vanni.

La terra che fé già la lunga prova
e di Franceschi sanguinoso mucchio,
45 sotto le branche verdi si ritrova.

E 'l mastin vecchio e 'l nuovo da Verrucchio,
che fecer di Montagna il mal governo,
48 là dove soglion fan d'i denti succhio.

Le città di Lamone e di Santerno
conduce il lïoncel dal nido bianco,
51 che muta parte da la state al verno.

E quella cu' il Savio bagna il fianco,
così com' ella sie' tra 'l piano e 'l monte,
54 tra tirannia si vive e stato franco.

Ora chi se', ti priego che ne conte;
non esser duro più ch'altri sia stato,
57 se 'l nome tuo nel mondo tegna fronte ».

Poscia che 'l foco alquanto ebbe rugghiato
al modo suo, l'aguta punta mosse
60 di qua, di là, e poi diè cotal fiato:

« S'i' credesse che mia risposta fosse
a persona che mai tornasse al mondo,
63 questa fiamma staria sanza più scosse;

ma però che già mai di questo fondo
non tornò vivo alcun, s'i' odo il vero,
66 sanza tema d'infamia ti rispondo.

Io fui uom d'arme, e poi fui cordigliero,
credendomi, sì cinto, fare ammenda;
69 e certo il creder mio venìa intero,

se non fosse il gran prete, a cui mal prenda!,
che mi rimise ne le prime colpe;
72 e come e *quare*, voglio che m'intenda.

Mentre ch'io forma fui d'ossa e di polpe
che la madre mi diè, l'opere mie
75 non furon leonine, ma di volpe.

Li accorgimenti e le coperte vie
io seppi tutte, e sì menai lor arte,
78 ch'al fine de la terra il suono uscìe.

Quando mi vidi giunto in quella parte
di mia etade ove ciascun dovrebbe
81 calar le vele e raccoglier le sarte,
    ciò che pria mi piacëa, allor m'increbbe,
e pentuto e confesso mi rendei;
84 ahi miser lasso! e giovato sarebbe.
    Lo principe d'i novi Farisei,
avendo guerra presso a Laterano,
87 e non con Saracin né con Giudei,
    ché ciascun suo nimico era cristiano,
e nessun era stato a vincer Acri
90 né mercatante in terra di Soldano,
    né sommo officio né ordini sacri
guardò in sé, né in me quel capestro
93 che solea fare i suoi cinti più macri.
    Ma come Costantin chiese Silvestro
d'entro Siratti a guerir de la lebbre,
96 così mi chiese questi per maestro
    a guerir de la sua superba febbre;
domandommi consiglio, e io tacetti
99 perché le sue parole parver ebbre.
    E' poi ridisse: "Tuo cuor non sospetti;
finor t'assolvo, e tu m'insegna fare
102 sì come Penestrino in terra getti.
    Lo ciel poss' io serrare e diserrare,
come tu sai; però son due le chiavi
105 che 'l mio antecessor non ebbe care".
    Allor mi pinser li argomenti gravi
là 've 'l tacer mi fu avviso 'l peggio,
108 e dissi: "Padre, da che tu mi lavi

    di quel peccato ov' io mo cader deggio,
lunga promessa con l'attender corto
111 ti farà trïunfar ne l'alto seggio".
    Francesco venne poi, com' io fu' morto,
per me; ma un d'i neri cherubini
114 li disse: "Non portar; non mi far torto.
    Venir se ne dee giù tra ' miei meschini
perché diede 'l consiglio frodolente,
117 dal quale in qua stato li sono a' crini;
    ch'assolver non si può chi non si pente,
né pentere e volere insieme puossi
120 per la contradizion che nol consente".
    Oh me dolente! come mi riscossi
quando mi prese dicendomi: "Forse
123 tu non pensavi ch'io löico fossi!".
    A Minòs mi portò; e quelli attorse
otto volte la coda al dosso duro;
126 e poi che per gran rabbia la si morse,
    disse: "Questi è d'i rei del foco furo";
per ch'io là dove vedi son perduto,
129 e sì vestito, andando, mi rancuro ».
    Quand'elli ebbe 'l suo dir così compiuto,
la fiamma dolorando si partio,
132 torcendo e dibattendo 'l corno aguto.
    Noi passamm'oltre, e io e 'l duca mio,
su per lo scoglio infino in su l'altr' arco
135 che cuopre 'l fosso in che si paga il fio
    a quei che scommettendo acquistan carco.

CANTO XXVIII

Dante vede nella nona bolgia i seminatori di discordie e di scismi, tagliati e mutilati. Parla Maometto, tagliato lungo tutto il busto, che addita Alì, e manda a dire per mezzo di Dante a fra Dolcino che si penta, finché è in vita. Molti spiriti si affollano intorno a Dante, fra cui Pier da Medicina e il tribuno Curione. Infine, reggendo per i capelli il proprio capo mozzo, avanza il poeta provenzale Bertram dal Bornio, che confessa le sue colpe.

Chi poria mai pur con parole sciolte
dicer del sangue e de le piaghe a pieno
3 ch'i' ora vidi, per narrar più volte?
   Ogne lingua per certo verria meno
per lo nostro sermone e per la mente
6 c'hanno a tanto comprender poco seno.
   S'el s'aunasse ancor tutta la gente
che già, in su la fortunata terra
9 di Puglia, fu del suo sangue dolente
   per li Troiani e per la lunga guerra
che de l'anella fé sì alte spoglie,
12 come Livïo scrive, che non erra,
   con quella che sentio di colpi doglie
per contastare a Ruberto Guiscardo;
15 e l'altra il cui ossame ancor s'accoglie
   a Ceperan, là dove fu bugiardo
ciascun Pugliese, e là da Tagliacozzo,

18 dove sanz' arme vinse il vecchio Alardo;
e qual forato suo membro e qual mozzo
mostrasse, d'aequar sarebbe nulla
21 il modo de la nona bolgia sozzo.
Già veggia, per mezzul perdere o lulla,
com' io vidi un, così non si pertugia,
24 rotto dal mento infin dove si trulla.
Tra le gambe pendevan le minugia;
la corata pareva e 'l tristo sacco
27 che merda fa di quel che si trangugia.
Mentre che tutto in lui veder m'attacco,
guardommi, e con le man s'aperse il petto,
30 dicendo: « Or vedi com' io mi dilacco!
vedi come storpiato è Mäometto!
Dinanzi a me sen va piangendo Alì,
33 fesso nel volto dal mento al ciuffetto.
E tutti li altri che tu vedi qui,
seminator di scandalo e di scisma
36 fuor vivi, e però son fessi così.
Un diavolo è qua dietro che n'accisma
sì crudelmente, al taglio de la spada
39 rimettendo ciascun di questa risma
quand' avem volta la dolente strada;
però che le ferite son richiuse
42 prima ch'altri dinanzi li rivada.
Ma tu chi se' che 'n su lo scoglio muse,
forse per indugiar d'ire a la pena
45 ch'è giudicata in su le tue accuse? ».

« Né morte 'l giunse ancor, né colpa 'l mena »,
rispuose 'l mio maestro, « a tormentarlo;

48 ma per dar lui esperïenza piena,
   a me, che morto son, convien menarlo
   per lo 'nferno qua giù di giro in giro;
51 e quest'è ver così com' io ti parlo. »
   Più fuor di cento che, quando l'udiro,
   s'arrestaron nel fosso a riguardarmi
54 per maraviglia, oblïando il martiro.
   « Or dì a fra Dolcin dunque che s'armi,
   tu che forse vedra' il sole in breve,
57 s'ello non vuol qui tosto seguitarmi,
   sì di vivanda, che stretta di neve
   non rechi la vittoria al Noarese,
60 ch'altrimenti acquistar non saria leve. »
   Poi che l'un piè per girsene sospese,
   Mäometto mi disse esta parola;
63 indi a partirsi in terra lo distese.
   Un altro, che forata avea la gola
   e tronco 'l naso infin sotto le ciglia,
66 e non avea mai ch'una orecchia sola,
   ristato a riguardar per maraviglia
   con li altri, innanzi a li altri aprì la canna,
69 ch'era di fuor d'ogni parte vermiglia,
   e disse: « O tu cui colpa non condanna
   e cu' io vidi su in terra latina,
72 se troppa simiglianza non m'inganna,
   rimembriti di Pier da Medicina,
   se mai torni a veder lo dolce piano
75 che da Vercelli a Marcabò dichina.
   E fa saper a' due miglior da Fano,
   a messer Guido e anco ad Angiolello,

78 che, se l'antiveder qui non è vano,
   gittati saran fuor di lor vasello
   e mazzerati presso a la Cattolica
81 per tradimento d'un tiranno fello.
   Tra l'isola di Cipri e di Maiolica
   non vide mai sì gran fallo Nettuno,
84 non da pirate, non da gente argolica.
   Quel traditor che vede pur con l'uno,
   e tien la terra che tale qui meco
87 vorrebbe di vedere esser digiuno,
   farà venirli a parlamento seco;
   poi farà sì, ch'al vento di Focara
90 non sarà lor mestier voto né preco ».
   E io a lui: « Dimostrami e dichiara,
   se vuo' ch'i' porti su di te novella,
93 chi è colui che da la veduta amara ».
   Allor puose la mano a la mascella
   d'un suo compagno e la bocca li aperse,
96 gridando: « Questi è desso, e non favella.
   Questi, scacciato, il dubitar sommerse
   in Cesare, affermando che 'l fornito
99 sempre con danno l'attender sofferse ».
   Oh quanto mi pareva sbigottito
   con la lingua tagliata ne la strozza
102 Curïo, ch'a dir fu così ardito!
   E un ch'avea l'una e l'altra man mozza,
   levando i moncherin per l'aura fosca,
105 sì che 'l sangue facea la faccia sozza,
   gridò: « Ricordera'ti anche del Mosca,
   che disse, lasso!, "Capo ha cosa fatta",

108 che fu mal seme per la gente tosca ».
    E io li aggiunsi: « E morte di tua schiatta »;
    per ch'elli, accumulando duol con duolo,
111 sen gio come persona trista e matta.
    Ma io rimasi a riguardar lo stuolo,
    e vidi cosa, ch'io avrei paura,
114 sanza più prova, di contarla solo;
    se non che cosciènza m'assicura,
    la buona compagnia che l'uom francheggia
117 sotto l'asbergo del sentirsi pura.
    Io vidi certo, e ancor par ch'io 'l veggia,
    un busto sanza capo andar sì come
120 andavan li altri de la trista greggia;
    e 'l capo tronco tenea per le chiome,
    pesol con mano a guisa di lanterna,
123 e quel mirava noi e dicea: « Oh me! ».
    Di sé facea a sé stesso lucerna,
    ed eran due in uno e uno in due;
126 com'esser può, quei sa che sì governa.
    Quando diritto al piè del ponte fue,
    evò 'l braccio alto con tutta la testa
129 per appressarne le parole sue,
    che fuoro: « Or vedi la pena molesta,
    tu che, spirando, vai veggendo i morti:
132 vedi s'alcuna è grande come questa.
    E perché tu di me novella porti,
    sappi ch'i' son Bertram dal Bornio, quelli
135 che diedi al re giovane i ma' conforti.
    Io feci il padre e 'l figlio in sé ribelli;
    Achitofèl non fé più d'Absalone

138 e di Davìd coi malvagi punzelli.
   Perch' io parti' così giunte persone,
   partito porto il mio cerebro, lasso!,
141 dal suo principio ch'è in questo troncone.
   Così s'osserva in me lo contrapasso ».

E QUEL MIRAVA NOI E DICEA: « OH ME! ». *(Inf., c. XXVIII, v. 123)*

CANTO XXIX

Dopo aver parlato di Geri del Bello, parente di Dante, scorto da Virgilio far gesti di minaccia verso il poeta, i due passano alla decima bolgia, dove i falsatori di metalli, o alchimisti, giacciono a terra ricoperti di scabbia o corrosi dalla lebbra. Tra questi Dante riconosce Griffolino di Arezzo e Capocchio di Siena.

La molta gente e le diverse piaghe
avean le luci mie sì inebrïate,
3 che de lo stare a piangere eran vaghe.
 Ma Virgilio mi disse: «Che pur guate?
perché la vista tua pur si soffolge
6 là giù tra l'ombre triste smozzicate?
 Tu non hai fatto sì a l'altre bolge;
pensa, se tu annoverar le credi,
9 che miglia ventidue la valle volge.
 E già la luna è sotto i nostri piedi;
lo tempo è poco omai che n'è concesso,
12 e altro è da veder che tu non vedi».
 «Se tu avessi», rispuos' io appresso,
«atteso a la cagion perch'io guardava,
15 forse m'avresti ancor lo star dimesso.»
 Parte sen giva, e io retro li andava,
lo duca, già faccendo la risposta,
18 e soggiugnendo: «Dentro a quella cava
 dov' io tenea or li occhi sì a posta,

credo ch'un spirto del mio sangue pianga
21 la colpa che là giù cotanto costa ».
   Allor disse 'l maestro: « Non si franga
lo tuo pensier da qui innanzi sovr' ello.
24 Attendi ad altro, ed ei là si rimanga;
ch'io vidi lui a piè del ponticello
mostrarti e minacciar forte, col dito,
27 e udi' 'l nominar Geri del Bello.
   Tu eri allor sì del tutto impedito
sovra colui che già tenne Altaforte,
30 che non guardasti in là, sì fu partito ».
   « O duca mio, la vïolenta morte
che non li è vendicata ancor », diss' io,
33 « per alcun che de l'onta sia consorte,
fece lui disdegnoso; ond' el sen gio
sanza parlarmi, sì com' ïo estimo:
36 e in ciò m'ha el fatto a sé più pio. »
   Così parlammo infino al loco primo
che de lo scoglio l'altra valle mostra,
39 se più lume vi fosse, tutto ad imo.
   Quando noi fummo sor l'ultima chiostra
di Malebolge, sì che i suoi conversi
42 potean parere a la veduta nostra,
lamenti saettaron me diversi,
che di pietà ferrati avean li strali,
45 ond' io li orecchi con le man copersi.
   Qual dolor fora, se de li spedali
di Valdichiana tra 'l luglio e 'l settembre
48 e di Maremma e di Sardigna i mali
fossero in una fossa tutti 'nsembre,

tal era quivi, e tal puzzo n'usciva
51 qual suol venir de le marcite membre.
   Noi discendemmo in su l'ultima riva
del lungo scoglio, pur da man sinistra;
54 e allor fu la mia vista più viva
   giù ver' lo fondo, la 've la ministra
de l'alto Sire infallibil giustizia
57 punisce i falsador che qui registra.
   Non credo ch'a veder maggior tristizia
fosse in Egina il popol tutto infermo,
60 quando fu l'aere sì pien di malizia,
   che li animali, infino al picciol vermo,
cascaron tutti, e poi le genti antiche,
63 secondo che i poeti hanno per fermo,
   si ristorar di seme di formiche;
ch'era a veder per quella oscura valle
66 languir li spirti per diverse biche.
   Qual sovra 'l ventre, e qual sovra le spalle
l'un de l'altro giacea, e qual carpone
69 si trasmutava per lo tristo calle.
   Passo passo andavam sanza sermone,
guardando e ascoltando li ammalati,
72 che non potean levar le lor persone.
   Io vidi due sedere a sé poggiati,
com' a scaldar si poggia tegghia a tegghia,
75 dal capo al piè di schianze macolati;
   e non vidi già mai menare stregghia
a ragazzo aspettato dal segnorso,
78 né a colui che mal volontier vegghia,
   come ciascun menava spesso il morso

de l'unghie sopra sé per la gran rabbia
81 del pizzicor, che non ha più soccorso;
　　e sì traevan giù l'unghie la scabbia,
come coltel di scardova le scaglie
84 o d'altro pesce che più larghe l'abbia.
　　« O tu che con le dita ti dismaglie »,
cominciò 'l duca mio a l'un di loro,
87 « e che fai d'esse talvolta tanaglie,
　　dinne s'alcun Latino è tra costoro
che son quinc' entro, se l'unghia ti basti
90 etternalmente a cotesto lavoro. »
　　« Latin siam noi, che tu vedi sì guasti
qui ambedue », rispuose l'un piangendo;
93 « ma tu chi se' che di noi dimandasti? »
　　E 'l duca disse: « I' son un che discendo
con questo vivo giù di balzo in balzo,
96 e di mostrar lo 'nferno a lui intendo ».
　　Allor si ruppe lo comun rincalzo;
e tremando ciascuno a me si volse
99 con altri che l'udiron di rimbalzo.
　　Lo buon maestro a me tutto s'accolse,
dicendo: « Dì a lor ciò che tu vuoli »;
102 e io incominciai, poscia ch'ei volse:
　　« Se la vostra memoria non s'imboli
nel primo mondo da l'umane menti,
105 ma s'ella viva sotto molti soli,
　　ditemi chi voi siete e di che genti;
la vostra sconcia e fastidiosa pena
108 di palesarvi a me non vi spaventi ».
　　« Io fui d'Arezzo, e Albero da Siena »,

rispuose l'un, « mi fé mettere al foco;
111 ma quel per ch'io mori' qui non mi mena.
  Vero è ch'i' dissi lui, parlando a gioco:
"I' mi saprei levar per l'aere a volo";
114 e quei, ch'avea vaghezza e senno poco,
  volle ch'i' li mostrassi l'arte; e solo
perch' io nol feci Dedalo, mi fece
117 ardere a tal che l'avea per figliuolo.
  Ma ne l'ultima bolgia de le diece
me per l'alchìmia che nel mondo usai
120 dannò Minòs, a cui fallar non lece. »
  E io dissi al poeta: « Or fu già mai
gente sì vana come la sanese?
123 Certo non la francesca sì d'assai! ».
  Onde l'altro lebbroso, che m'intese,
rispuose al detto mio: « Tra'mene Stricca
126 che seppe far le temperate spese,
  e Niccolò che la costuma ricca
del garofano prima discoverse
129 ne l'orto dove tal seme s'appicca;
  e tra'ne la brigata in che disperse
Caccia d'Ascian la vigna e la gran fonda,
132 e l'Abbagliato suo senno proferse.
  Ma perché sappi chi sì ti seconda
contra i Sanesi, aguzza ver' me l'occhio,
135 sì che la faccia mia ben ti risponda:
  sì vedrai ch'io son l'ombra di Capocchio,
che falsai li metalli con l'alchìmia;
138 e te dee ricordar, se ben t'adocchio,
  com' io fui di natura buona scimia ».

CANTO XXX

I FALSATORI DI PERSONE CORRONO AZZANNANDO I COMPAGNI DI PENA. TRA ESSI SI TROVA GIANNI SCHICCHI, INSIEME CON LA MITICA MIRRA. DANTE PARLA CON MAESTRO ADAMO, IDROPICO E ASSETATO COME TUTTI I FALSATORI DI MONETE. I FALSATORI DI PAROLE SONO INVECE AFFETTI DA SETE CONTINUA: TRA ESSI LA MOGLIE DI PUTIFARRE E IL TROIANO SINONE. RICHIAMATO DA VIRGILIO, DANTE RIPRENDE IL VIAGGIO.

Nel tempo che Iunone era crucciata
   per Semelè contra 'l sangue tebano,
3 come mostrò una e altra fiata,
   Atamante divenne tanto insano,
   che veggendo la moglie con due figli
6 andar carcata da ciascuna mano,
   gridò: « Tendiam le reti, sì ch'io pigli
   la leonessa e ' leoncini al varco »;
9 e poi distese i dispietati artigli,
   prendendo l'un ch'avea nome Learco,
   e rotollo e percosselo ad un sasso;
12 e quella s'annegò con l'altro carco.
   E quando la fortuna volse in basso
   l'altezza de' Troian che tutto ardiva,
15 sì che 'nsieme col regno il re fu casso,
   Ecuba trista, misera e cattiva,
   poscia che vide Polissena morta,
18 e del suo Polidoro in su la riva

del mar si fu la dolorosa accorta,
forsennata latrò sì come cane;
21 tanto il dolor le fé la mente torta.

Ma né di Tebe furie né troiane
si vider mäi in alcun tanto crude,
24 non punger bestie, nonché membra umane,

quant' io vidi in due ombre smorte e nude,
che mordendo correvan di quel modo
27 che 'l porco quando del porcil si schiude.

L'una giunse a Capocchio, e in sul nodo
del collo l'assannò, sì che, tirando,
30 grattar li fece il ventre al fondo sodo.

E l'Aretin che rimase, tremando
mi disse: « Quel folletto è Gianni Schicchi,
33 e va rabbioso altrui così conciando ».

« Oh! », diss' io lui, « se l'altro non ti ficchi
li denti a dosso, non ti sia fatica
36 a dir chi è, pria che di qui si spicchi. »

Ed elli a me: « Quell' è l'anima antica
di Mirra scellerata, che divenne
39 al padre, fuor del dritto amore, amica.

Questa a peccar con esso così venne,
falsificando sé in altrui forma,
42 come l'altro che là sen va, sostenne,

per guadagnar la donna de la torma,
falsificare in sé Buoso Donati,
45 testando e dando al testamento norma ».

E poi che i due rabbiosi fuor passati
sovra cu' io avea l'occhio tenuto,
48 rivolsilo a guardar li altri mal nati.

Io vidi un, fatto a guisa di lëuto,
pur ch'elli avesse avuta l'anguinaia
51 tronca da l'altro che l'uomo ha forcuto.

La grave idropesì, che sì dispaia
le membra con l'omor che mal converte,
54 che 'l viso non risponde a la ventraia,

facea lui tener le labbra aperte
come l'etico fa, che per la sete
57 l'un verso 'l mento e l'altro in su rinverte.

« O voi che sanz' alcuna pena siete,
e non so io perché, nel mondo gramo »,
60 diss' elli a noi, « guardate e attendete

a la miseria del maestro Adamo;
io ebbi, vivo, assai di quel ch'i' volli,
63 e ora, lasso!, un gocciol d'acqua bramo.

Li ruscelletti che d'i verdi colli
del Casentin discendon giuso in Arno,
66 faccendo i lor canali freddi e molli,

sempre mi stanno innanzi, e non indarno,
ché l'imagine lor vie più m'asciuga
69 che 'l male ond' io nel volto mi discarno.

La rigida giustizia che mi fruga
tragge cagion del loco ov' io peccai
72 a metter più li miei sospiri in fuga.

Ivi è Romena, là dov' io falsai
la lega suggellata del Batista;
75 per ch'io il corpo su arso lasciai.

Ma s'io vedessi qui l'anima trista
di Guido o d'Alessandro o di lor frate,
78 per Fonte Branda non darei la vista.

Dentro c'è l'una già, se l'arrabbiate
ombre che vanno intorno dicon vero;
81 ma che mi val, c'ho le membra legate?

S'io fossi pur di tanto ancor leggero
ch'i' potessi in cent'anni andare un'oncia,
84 io sarei messo già per lo sentiero,

cercando lui tra questa gente sconcia,
con tutto ch'ella volge undici miglia,
87 e men d'un mezzo di traverso non ci ha.

Io son per lor tra sì fatta famiglia;
e' m'indussero a batter li fiorini
90 ch'avean tre carati di mondiglia. »

E io a lui: « Chi son li due tapini
che fumman come man bagnate 'l verno,
93 giacendo stretti a' tuoi destri confini? ».

« Qui li trovai — e poi volta non dierno — »,
rispuose, « quando piovvi in questo greppo,
96 e non credo che dieno in sempiterno.

L'una è la falsa ch'accusò Gioseppo;
l'altr' è 'l falso Sinon greco di Troia:
99 per febbre aguta gittan tanto leppo. »

E l'un di lor, che si recò a noia
forse d'esser nomato sì oscuro,
102 col pugno li percosse l'epa croia.

Quella sonò come fosse un tamburo;
e mastro Adamo li percosse il volto
105 col braccio suo, che non parve men duro,

dicendo a lui: « Ancor che mi sia tolto
lo muover per le membra che son gravi,
108 ho io il braccio a tal mestiere sciolto ».

Ond' ei rispuose: «Quando tu andavi
al fuoco, non l'avei tu così presto;
111 ma sì e più l'avei quando coniavi».

E l'idropico: «Tu di' ver di questo:
ma tu non fosti sì ver testimonio
114 là 've del ver fosti a Troia richesto».

«S'io dissi falso, e tu falsasti il conio»,
disse Sinon; «e son qui per un fallo,
117 e tu per più ch'alcun altro demonio!»

«Ricorditi, spergiuro, del cavallo»,
rispuose quel ch'avea infiata l'epa;
120 «e sieti reo che tutto il mondo sallo!»

«E te sia rea la sete onde ti crepa»,
disse 'l Greco, «la lingua, e l'acqua marcia
123 che 'l ventre innanzi a li occhi sì t'assiepa!»

Allora il monetier: «Così si squarcia
la bocca tua per tuo mal come suole;
126 ché, s'i' ho sete e omor mi rinfarcia,

tu hai l'arsura e 'l capo che ti duole,
e per leccar lo specchio di Narcisso,
129 non vorresti a 'nvitar molte parole».

Ad ascoltarli er' io del tutto fisso,
quando 'l maestro mi disse: «Or pur mira,
132 che per poco che teco non mi risso!».

Quand'io 'l senti' a me parlar con ira,
volsimi verso lui con tal vergogna,
135 ch'ancor per la memoria mi si gira.

Qual è colui che suo dannaggio sogna,
che sognando desidera sognare,
138 sì che quel ch'è, come non fosse, agogna,

tal mi fec' io, non possendo parlare,
che disïava scusarmi, e scusava
141 me tuttavia, e nol mi credea fare.
   « Maggior difetto men vergogna lava »,
disse 'l maestro, « che 'l tuo non è stato;
144 però d'ogne trestizia ti disgrava.
   E fa ragion ch'io ti sia sempre allato,
se più avvien che fortuna t'accoglia
147 dove sien genti in simigliante piato:
   ché voler ciò udire è bassa voglia. »

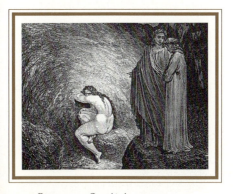

ED ELLI A ME: « QUELL' È L'ANIMA ANTICA
DI MIRRA SCELLERATA, CHE DIVENNE
AL PADRE, FUOR DEL DRITTO AMORE, AMICA. *(Inf., c. XXX, vv. 37-39)*

CANTO XXXI

Dove Dante crede di vedere una città irta di torri in realtà c'è un gran pozzo sull'orlo del quale sporgono i Giganti incatenati. Dante può così conoscere Nembrot, il costruttore della torre di Babele, e Fialte, che pare voler romper le catene. Non può però conoscere Briareo, lontano dal loro cammino. Il gigante Anteo, pregato da Virgilio, depone i due poeti sul fondo del pozzo.

     Una medesma lingua pria mi morse,
sì che mi tinse l'una e l'altra guancia,
3   e poi la medicina mi riporse;
     così od' io che solea far la lancia
d'Achille e del suo padre esser cagione
6   prima di trista e poi di buona mancia.
     Noi demmo il dosso al misero vallone
su per la ripa che 'l cinge dintorno,
9   attraversando sanza alcun sermone.
     Quiv' era men che notte e men che giorno,
sì che 'l viso m'andava innanzi poco;
12 ma io senti' sonare un alto corno,
     tanto ch'avrebbe ogne tuon fatto fioco,
che, contra sé la sua via seguitando,
15 dirizzò li occhi miei tutti ad un loco.
     Dopo la dolorosa rotta, quando
Carlo Magno perdé la santa gesta,
18 non sonò sì terribilmente Orlando.

	Poco portäi in là volta la testa,
che me parve veder molte alte torri;
21 ond'io: «Maestro, dì, che terra è questa?».
	Ed elli a me: «Però che tu trascorri
per le tenebre troppo da la lungi,
24 avvien che poi nel maginare abborri.
	Tu vedrai ben, se tu là ti congiungi,
quanto 'l senso s'inganna di lontano;
27 però alquanto più te stesso pungi».
	Poi caramente mi prese per mano
e disse: «Pria che noi siamo più avanti,
30 acciò che 'l fatto men ti paia strano,
	sappi che non son torri, ma giganti,
e son nel pozzo intorno da la ripa
33 da l'umbilico in giuso tutti quanti».
	Come quando la nebbia si dissipa,
lo sguardo a poco a poco raffigura
36 ciò che cela 'l vapor che l'aere stipa,
	così forando l'aura grossa e scura,
più e più appressando ver' la sponda,
39 fuggiemi errore e crescemi paura;
	però che, come su la cerchia tonda
Montereggion di torri si corona,
42 così la proda che 'l pozzo circonda
	torreggiavan di mezza la persona
li orribili giganti, cui minaccia
45 Giove del cielo ancora quando tuona.
	E io scorgeva già d'alcun la faccia,
le spalle e 'l petto e del ventre gran parte,
48 e per le coste giù ambo le braccia.

Natura certo, quando lasciò l'arte
di sì fatti animali, assai fé bene
51 per tòrre tali essecutori a Marte.
E s'ella d'elefanti e di balene
non si pente, chi guarda sottilmente,
54 più giusta e più discreta la ne tene;
ché dove l'argomento de la mente
s'aggiugne al mal volere e a la possa,
57 nessun riparo vi può far la gente.
La faccia sua mi parea lunga e grossa
come la pina di San Pietro a Roma;
60 e a sua proporzion eran l'altre ossa;
sì che la ripa, ch'era perizoma
dal mezzo in giù, ne mostrava ben tanto
63 di sovra, che di giugnere a la chioma
tre Frison s'averien dato mal vanto;
però ch'i' ne vedea trenta gran palmi
66 dal loco in giù dov' omo affibbia 'l manto.
« *Raphél maì amècche zabì almi* »,
cominciò a gridar la fiera bocca,
69 cui non si convenia più dolci salmi.
E 'l duca mio ver lui: « Anima sciocca,
tienti col corno, e con quel ti disfoga
72 quand' ira o altra passïon ti tocca!
Cércati al collo, e troverai la soga
che 'l tien legato, o anima confusa,
75 e vedi lui che 'l gran petto ti doga ».
Poi disse a me: « Elli stessi s'accusa;
questi è Nembrotto per lo cui mal coto
78 pur un linguaggio nel mondo non s'usa.

Lasciànlo stare e non parliamo a vòto;
ché così è a lui ciascun linguaggio
81 come 'l suo ad altrui, ch'a nullo è noto ».

Facemmo adunque più lungo vïaggio,
vòlti a sinistra; e al trar d'un balestro
84 trovammo l'altro assai più fero e maggio.

A cigner lui qual che fosse 'l maestro,
non so io dir, ma el tenea soccinto
87 dinanzi l'altro e dietro il braccio destro
d'una catena che 'l tenea avvinto
dal collo in giù, sì che 'n su lo scoperto
90 si ravvolgëa infino al giro quinto.

« Questo superbo volle esser esperto
di sua potenza contra 'l sommo Giove »,
93 disse 'l mio duca, « ond' elli ha cotal merto.

Fïalte ha nome, e fece le gran prove
quando i giganti fer paura a' dèi;
96 le braccia ch'el menò, già mai non move. »

E io a lui: « S'esser puote, io vorrei
che de lo smisurato Brïareo
99 esperïenza avesser li occhi miei ».

Ond' ei rispuose: « Tu vedrai Anteo
presso di qui che parla ed è disciolto,
102 che ne porrà nel fondo d'ogne reo.

Quel che tu vuo' veder, più là è molto
ed è legato e fatto come questo,
105 salvo che più feroce par nel volto ».

Non fu tremoto già tanto rubesto,
che scotesse una torre così forte,
108 come Fïalte a scuotersi fu presto.

    Allor temett' io più che mai la morte,
e non v'era mestier più che la dotta,
111 s'io non avessi viste le ritorte.
    Noi procedemmo più avante allotta,
e venimmo ad Anteo, che ben cinque alle,
114 sanza la testa, uscia fuor de la grotta.
    « O tu che ne la fortunata valle
che fece Scipïon di gloria reda,
117 quand' Anibàl co' suoi diede le spalle,
recasti già mille leon per preda,
e che, se fossi stato a l'alta guerra
120 de'tuoi fratelli, ancor par che si creda
ch'avrebber vinto i figli de la terra:
mettine giù, e non ten vegna schifo,
123 dove Cocito la freddura serra.
    Non ci fare ire a Tizio né a Tifo:
questi può dar di quel che qui si brama;
126 però ti china e non torcer lo grifo.
    Ancor ti può nel mondo render fama,
ch'el vive, e lunga vita ancor aspetta
129 se 'nnanzi tempo grazia a sé nol chiama. »
    Così disse 'l maestro; e quelli in fretta
le man distese, e prese 'l duca mio,
132 ond' Ercule sentì già grande stretta.
    Virgilio, quando prender si sentio,
disse a me: « Fatti qua, sì ch'io ti prenda »;
135 poi fece sì ch'un fascio era elli e io.
    Qual pare a riguardar la Carisenda
sotto 'l chinato, quando un nuvol vada
138 sovr' essa sì, ched ella incontro penda:

      tal parve Antëo a me che stava a bada
di vederlo chinare, e fu tal ora
141 ch'i' avrei voluto ir per altra strada.
      Ma lievemente al fondo che divora
Lucifero con Giuda, ci sposò;
144 né, sì chinato, lì fece dimora,
e come albero in nave si levò.

M<small>A LIEVEMENTE AL FONDO CHE DIVORA</small>
L<small>UCIFERO CON</small> G<small>IUDA, CI SPOSÒ</small> …   *(Inf., c. XXXI, vv. 142 e 143)*

CANTO XXXII

Mentre cammina, Dante viene rimproverato da un dannato, perché calpesta le anime confitte in quel luogo. Dante si rende conto di essere su un grande lago gelato, il Cocito. Egli si trova nella prima zona (Caina), dove i peccatori, conficcati nel ghiaccio fino al capo, soffrono il gelo eterno: tra essi vi è Camicion de' Pazzi, che addita al poeta i Conti di Mangona, Mordrec, Focaccia de' Cancellieri e Sassol Mascheroni. I due poeti passano nella seconda zona (Antenora), dove, pure confitti nel ghiaccio, ma con pena più dura, sono puniti i traditori della patria. Dante urta col piede Bocca degli Abati. Poi vede il conte Ugolino, che rode il capo dell'arcivescovo Ruggieri.

    S'io avessi le rime aspre e chiocce,
come si converrebbe al tristo buco
3 sovra 'l qual pontan tutte l'altre rocce,
    io premerei di mio concetto il suco
più pienamente; ma perch' io non l'abbo,
6 non sanza tema a dicer mi conduco;
    ché non è impresa da pigliare a gabbo
discriver fondo a tutto l'universo,
9 né da lingua che chiami mamma o babbo.
    Ma quelle donne aiutino il mio verso
ch'aiutaro Anfione a chiuder Tebe,
12 sì che dal fatto il dir non sia diverso.

Oh sovra tutte mal creata plebe
che stai nel loco onde parlare è duro,
mei foste state qui pecore o zebe!

Come noi fummo giù nel pozzo scuro
sotto i piè del gigante assai più bassi,
e io mirava ancora a l'alto muro,

dicere udi'mi: «Guarda come passi:
va sì, che tu non calchi con le piante
le teste de' fratei miseri lassi».

Per ch'io mi volsi, e vidimi davante
e sotto i piedi un lago che per gelo
avea di vetro e non d'acqua sembiante.

Non fece al corso suo sì grosso velo
di verno la Danoia in Osterlicchi,
né Tanaï là sotto 'l freddo cielo,

com' era quivi; che se Tambernicchi
vi fosse su caduto, o Pietrapana,
non avria pur da l'orlo fatto cricchi.

E come a gracidar si sta la rana
col muso fuor de l'acqua, quando sogna
di spigolar sovente la villana,

livide, insin là dove appar vergogna
eran l'ombre dolenti ne la ghiaccia,
mettendo i denti in nota di cicogna.

Ognuna in giù tenea volta la faccia;
da bocca il freddo, e da li occhi il cor tristo
tra lor testimonianza si procaccia.

Quand' io m'ebbi dintorno alquanto visto,
volsimi a' piedi, e vidi due sì stretti,
che 'l pel del capo avieno insieme misto.

« Ditemi, voi che sì strignete i petti »,
diss' io, « chi siete? » E quei piegaro i colli;
45 e poi ch'ebber li visi a me eretti,

li occhi lor, ch'eran pria pur dentro molli,
gocciar su per le labbra, e 'l gelo strinse
48 le lagrime tra essi e riserrolli.

Con legno legno spranga mai non cinse
forte così; ond' ei come due becchi
51 cozzaro insieme, tanta ira li vinse.

E un ch'avea perduti ambo li orecchi
per la freddura, pur col viso in giùe,
54 disse: « Perché cotanto in noi ti specchi?

Se vuoi saper chi son cotesti due,
la valle onde Bisenzo si dichina
57 del padre loro Alberto e di lor fue.

D'un corpo usciro; e tutta la Caina
potrai cercare, e non troverai ombra
60 degna più d'esser fitta in gelatina:

non quelli a cui fu rotto il petto e l'ombra
con esso un colpo per la man d'Artù;
63 non Focaccia; non questi che m'ingombra

col capo sì, ch'i' non veggio oltre più,
e fu nomato Sassol Mascheroni;
66 se tosco se', ben sai omai chi fu.

E perché non mi metti in più sermoni,
sappi ch'i' fu' il Camiscion de' Pazzi,
69 e aspetto Carlin che mi scagioni ».

Poscia vid' io mille visi cagnazzi
fatti per freddo; onde mi vien riprezzo,
72 e verrà sempre, de' gelati guazzi.

E mentre ch'andavamo inver' lo mezzo
al quale ogne gravezza si rauna,
75 e io tremava ne l'etterno rezzo;

se voler fu o destino o fortuna,
non so; ma, passeggiando tra le teste,
78 forte percossi 'l piè nel viso ad una.

Piangendo mi sgridò: « Perché mi peste?
se tu non vieni a crescer la vendetta
81 di Montaperti, perché mi moleste? ».

E io: « Maestro mio, or qui m'aspetta,
sì ch'io esca d'un dubbio per costui;
84 poi mi farai, quantunque vorrai, fretta ».

Lo duca stette, e io dissi a colui
che bestemmiava duramente ancora:
87 « Qual se' tu che così rampogni altrui? ».

« Or tu chi se' che vai per l'Antenora,
percotendo », rispuose, « altrui le gote
90 sì che, se fossi vivo, troppo fora? »

« Vivo son io, e caro esser ti puote »,
fu mia risposta, « se dimandi fama,
93 ch'io metta il nome tuo tra l'altre note. »

Ed elli a me: « Del contrario ho io brama.
Lèvati quinci e non mi dar più lagna,
96 ché mal sai lusingar per questa lama! ».

Allor lo presi per la cuticagna
e dissi: « El converrà che tu ti nomi,
99 o che capel qui su non ti rimagna ».

Ond' elli a me: « Perché tu mi dischiomi,
né ti dirò ch'io sia, né mosterrolti
102 se mille fiate in sul capo mi tomi ».

Io avea già i capelli in mano avvolti,
e tratto glien' avea più d'una ciocca,
105 latrando lui con li occhi in giù raccolti,
  quando un altro gridò: « Che hai tu, Bocca?
non ti basta sonar con le mascelle,
108 se tu non latri? qual diavol ti tocca? ».
  « Omai », diss'io, « non vo' che più favelle,
malvagio traditor; ch'a la tua onta
111 io porterò di te vere novelle ».
  « Va via », rispuose, « e ciò che tu vuoi conta;
ma non tacer, se tu di qua entro eschi,
114 di quel ch'ebbe or così la lingua pronta.
  El piange qui l'argento de' Franceschi:
"Io vidi", potrai dir, "quel da Duera
117 là dove i peccatori stanno freschi."
  Se fossi domandato "Altri chi v'era?",
tu hai dallato quel di Beccheria
120 di cui segò Fiorenza la gorgiera.
  Gianni de' Soldanier credo che sia
più là con Ganellone e Tebaldello,
123 ch'aprì Faenza quando si dormia. »
  Noi eravam partiti già da ello,
ch'io vidi due ghiacciati in una buca,
126 sì che l'un capo a l'altro era cappello;
  e come 'l pan per fame si manduca,
così 'l sovran li denti a l'altro pose
129 là 've 'l cervel s'aggiugne con la nuca:
  non altrimenti Tidëo si rose
le tempie a Menalippo per disdegno,
132 che quei faceva il teschio e l'altre cose.

« O tu che mostri per sì bestial segno
odio sovra colui che tu ti mangi,
135 dimmi 'l perché », diss' io, « per tal convegno,
che se tu a ragion di lui ti piangi,
sappiendo chi voi siete e la sua pecca,
138 nel mondo suso ancora io te ne cangi,
se quella con ch'io parlo non si secca. »

E DISSI: « EL CONVERRÀ CHE TU TI NOMI,
O CHE CAPEL QUI SU NON TI RIMAGNA ». *(Inf., c. XXXII, vv. 98 e 99)*

CANTO XXXIII

Il conte Ugolino narra a Dante le sue ultime giornate nella Torre della Fame con i figli e i nipoti, che perirono con lui. I due poeti passano quindi nella zona successiva, dove un dannato prega Dante di levargli la crosta di ghiaccio dagli occhi, che non gli permette di dar sfogo alle lacrime. Questi è frate Alberigo degli Alberighi, traditore dei commensali, il cui corpo è ancora sulla terra, posseduto da un demonio, mentre l'anima ha già all'Inferno la sua punizione; a lui accanto è Branca d'Oria, a cui tocca la stessa sorte. Dante si allontana.

La bocca sollevò dal fiero pasto
quel peccator, forbendola a' capelli
3 del capo ch'elli avea di retro guasto.
    Poi cominciò: « Tu vuo' ch'io rinovelli
disperato dolor che 'l cor mi preme
6 già pur pensando, pria ch'io ne favelli.
    Ma se le mie parole esser dien seme
che frutti infamia al traditor ch'i' rodo,
9 parlar e lagrimar vedrai insieme.
    Io non so chi tu se' né per che modo
venuto se' qua giù; ma fiorentino
12 mi sembri veramente quand' io t'odo.
    Tu dei saper ch'i' fui conte Ugolino,
e questi è l'arcivescovo Ruggieri:
15 or ti dirò perché i son tal vicino.

Che per l'effetto de' suo' mai pensieri,
fidandomi di lui, io fossi preso
e poscia morto, dir non è mestieri;
   però quel che non puoi avere inteso,
cioè come la morte mia fu cruda,
udirai, e saprai s'e' m'ha offeso.
   Breve pertugio dentro da la Muda,
la qual per me ha 'l titol de la fame,
e che conviene ancor ch'altrui si chiuda,
   m'avea mostrato per lo suo forame
più lune già, quand' io feci 'l mal sonno
che del futuro mi squarciò 'l velame.
   Questi pareva a me maestro e donno,
cacciando il lupo e ' lupicini al monte
per che i Pisan veder Lucca non ponno.
   Con cagne magre, studïose e conte
Gualandi con Sismondi e con Lanfranchi
s'avea messi dinanzi da la fronte.
   In picciol corso mi parieno stanchi
lo padre e ' figli, e con l'agute scane
mi parea lor veder fender li fianchi.
   Quando fui desto innanzi la dimane,
pianger senti' fra 'l sonno i miei figliuoli
ch'eran con meco, e dimandar del pane.
   Ben se' crudel, se tu già non ti duoli
pensando ciò che 'l mio cor s'annunziava;
e se non piangi, di che pianger suoli?
   Già eran desti, e l'ora s'appressava
che 'l cibo ne solëa essere addotto,
e per suo sogno ciascun dubitava;

e io senti' chiavar l'uscio di sotto
a l'orribile torre; ond' io guardai
48 nel viso a' mie' figliuoi sanza far motto.
  Io non piangëa, sì dentro impetrai:
piangevan elli; e Anselmuccio mio
51 disse: "Tu guardi sì, padre! che hai?".
  Perciò non lacrimai né rispuos' io
tutto quel giorno né la notte appresso,
54 infin che l'altro sol nel mondo uscìo.
  Come un poco di raggio si fu messo
nel doloroso carcere, e io scorsi
57 per quattro visi il mio aspetto stesso,
  ambo le man per lo dolor mi morsi;
ed ei, pensando ch'io 'l fessi per voglia
60 di manicar, di subito levorsi
  e disser: "Padre, assai ci fia men doglia
se tu mangi di noi: tu ne vestisti
63 queste misere carni, e tu le spoglia".
  Queta'mi allor per non farli più tristi;
lo dì e l'altro stemmo tutti muti;
66 ahi dura terra, perché non t'apristi?
  Poscia che fummo al quarto dì venuti,
Gaddo mi si gittò disteso a' piedi,
69 dicendo: "Padre mio, ché non mi aiuti?".
  Quivi morì; e come tu mi vedi,
vid' io cascar li tre ad uno ad uno
72 tra 'l quinto dì e 'l sesto; ond' io mi diedi,
  già cieco, a brancolar sovra ciascuno,
e due dì li chiamai, poi che fur morti.
75 Poscia, più che 'l dolor, poté 'l digiuno ».

Quand'ebbe detto ciò, con li occhi torti
riprese 'l teschio misero co'denti,
78 che furo a l'osso, come d'un can, forti.
   Ahi Pisa, vituperio de le genti
del bel paese là dove 'l sì suona,
81 poi che i vicini a te punir son lenti,
   muovasi la Capraia e la Gorgona,
e faccian siepe ad Arno in su la foce,
84 sì ch'elli annieghi in te ogne persona!
   Ché se 'l conte Ugolino aveva voce
d'aver tradita te de le castella,
87 non dovei tu i figliuoi porre a tal croce.
   Innocenti facea l'età novella,
novella Tebe, Uguiccione e 'l Brigata
90 e li altri due che 'l canto suso appella.
   Noi passammo oltre, là 've la gelata
ruvidamente un'altra gente fascia,
93 non volta in giù, ma tutta riversata.
   Lo pianto stesso lì pianger non lascia,
e 'l duol che truova in su li occhi rintoppo,
96 si volge in entro a far crescer l'ambascia;
   ché le lagrime prime fanno groppo,
e sì come visiere di cristallo,
99 riempion sotto 'l ciglio tutto il coppo.
   E avvegna che, sì come d'un callo,
per la freddura ciascun sentimento
102 cessato avesse del mio viso stallo,
   già mi parea sentire alquanto vento;
per ch'io: « Maestro mio, questo chi move?
105 non è qua giù ogne vapore spento? ».

Ond' elli a me: « Avaccio sarai dove
di ciò ti farà l'occhio la risposta,
108 veggendo la cagion che 'l fiato piove ».
   E un de' tristi de la fredda crosta
gridò a noi: « O anime crudeli,
111 tanto che data v'è l'ultima posta,
   levatemi dal viso i duri veli,
sì ch'io sfoghi 'l duol che 'l cor m'impregna,
114 un poco, pria che 'l pianto si raggeli ».
   Per ch'io a lui: « Se vuo' ch'i' ti sovvegna,
dimmi chi se', e s'io non ti disbrigo,
117 al fondo de la ghiaccia ir mi convegna ».
   Rispuose adunque: « I' son frate Alberigo;
i' son quel da le frutta del mal orto,
120 che qui riprendo dattero per figo ».
   « Oh! », diss' io lui, « or se' tu ancor morto? »
Ed elli a me: « Come 'l mio corpo stea
123 nel mondo su, nulla scïenza porto.
   Cotal vantaggio ha questa Tolomea,
che spesse volte l'anima ci cade
126 innanzi ch'Atropòs mossa le dea.
   E perché tu più volentier mi rade
le 'nvetrïate lagrime dal volto,
129 sappie che, tosto che l'anima trade
   come fec' ïo, il corpo suo l'è tolto
da un demonio, che poscia il governa
132 mentre che 'l tempo suo tutto sia vòlto.
   Ella ruina in sì fatta cisterna;
e forse pare ancor lo corpo suso
135 de l'ombra che di qua dietro mi verna.

Tu 'l dei saper, se tu vien pur mo giuso:
elli è ser Branca Doria, e son più anni
138 poscia passati ch'el fu sì racchiuso ».

« Io credo », diss' io lui, « che tu m'inganni;
ché Branca Doria non morì unquanche,
141 e mangia e bee e dorme e veste panni. »

« Nel fosso su », diss' el, « de' Malebranche,
là dove bolle la tenace pece,
144 non era ancor giunto Michel Zanche,

che questi lasciò il diavolo in sua vece
nel corpo suo, ed un suo prossimano
147 che 'l tradimento insieme con lui fece.

Ma distendi oggimai in qua la mano;
aprimi li occhi. » E io non gliel' apersi;
150 e cortesia fu lui esser villano.

Ahi Genovesi, uomini diversi
d'ogne costume e pien d'ogne magagna,
153 perché non siete voi del mondo spersi?

Ché col peggiore spirto di Romagna
trovai di voi un tal, che per sua opra
156 in anima in Cocito già si bagna,

e in corpo par vivo ancor di sopra.

CANTO XXXIV

Nella Giudecca sono le anime dei traditori dei benefattori. Lucifero, confitto nel gran pozzo, ha tre facce e nelle tre bocche maciulla i tre traditori dell'umanità nei suoi sommi beni: Bruto e Cassio, traditori di Cesare, e Giuda, traditore di Gesù. Virgilio, con Dante appeso al collo, si appende al vello del petto di Lucifero e scende lungo il suo corpo; arrivato all'anca, centro della Terra, si capovolge e risale lungo le gambe, fino a che giunge in una grotta, nell'altro emisfero. I due poeti risalgono poi a rivedere il cielo stellato.

« *Vexilla regis prodeunt inferni*
   verso di noi; però dinanzi mira »,
3 disse 'l maestro mio, « se tu 'l discerni. »
   Come quando una grossa nebbia spira,
o quando l'emisperio nostro annotta,
6 par di lungi un molin che 'l vento gira,
   veder mi parve un tal dificio allotta;
poi per lo vento mi ristrinsi retro
9 al duca mio, ché non lì era altra grotta.
   Già era, e con paura il metto in metro,
là dove l'ombre tutte eran coperte,
12 e trasparien come festuca in vetro.
   Altre sono a giacere; altre stanno erte,
quella col capo e quella con le piante;
15 altra, com' arco, il volto a' piè rinverte.

Quando noi fummo fatti tanto avante,
ch'al mio maestro piacque di mostrarmi
la creatura ch'ebbe il bel sembiante,
d'innanzi mi si tolse e fé restarmi,
« Ecco Dite », dicendo, « ed ecco il loco
ove convien che di fortezza t'armi. »
Com' io divenni allor gelato e fioco,
nol dimandar, lettor, ch'i' non lo scrivo,
però ch'ogne parlar sarebbe poco.
Io non mori' e non rimasi vivo;
pensa oggimai per te, s'hai fior d'ingegno,
qual io divenni, d'uno e d'altro privo.
Lo 'mperador del doloroso regno
da mezzo 'l petto uscìa fuor de la ghiaccia;
e più con un gigante io mi convegno,
che i giganti non fan con le sue braccia:
vedi oggimai quant' esser dee quel tutto
ch'a così fatta parte si confaccia.
S'el fu sì bel com' elli è ora brutto,
e contra 'l suo fattore alzò le ciglia,
ben dee da lui proceder ogne lutto.
Oh quanto parve a me gran maraviglia
quand' io vidi tre facce a la sua testa!
L'una dinanzi, e quella era vermiglia;
l'altr' eran due, che s'aggiugnieno a questa
sovresso 'l mezzo di ciascuna spalla,
e sé giugnieno al loco de la cresta:
e la destra parea tra bianca e gialla;
la sinistra a vedere era tal, quali
vegnon di là onde 'l Nilo s'avvalla.

Sotto ciascuna uscivan due grand' ali,
quanto si convenia a tanto uccello:
48 vele di mar non vid' io mai cotali.

Non avean penne, ma di vispistrello
era lor modo; e quelle svolazzava,
51 sì che tre venti si movean da ello:

quindi Cocito tutto s'aggelava.
Con sei occhi piangëa, e per tre menti
54 gocciava 'l pianto e sanguinosa bava.

Da ogne bocca dirompea co' denti
un peccatore, a guisa di maciulla,
57 sì che tre ne facea così dolenti.

A quel dinanzi il mordere era nulla
verso 'l graffiar, che talvolta la schiena
60 rimanea de la pelle tutta brulla.

« Quell' anima là su c'ha maggior pena »,
disse 'l maestro, « è Giuda Scarïotto,
63 che 'l capo ha dentro e fuor le gambe mena.

De li altri due c'hanno il capo di sotto,
quel che pende dal nero ceffo è Bruto:
66 vedi come si storce, e non fa motto!;

e l'altro è Cassio, che par sì membruto.
Ma la notte risurge, e oramai
69 è da partir, ché tutto avem veduto. »

Com' a lui piacque, il collo li avvinghiai;
ed el prese di tempo e loco poste,
72 e quando l'ali fuoro aperte assai,

appigliò sé a le vellute coste;
di vello in vello giù discese poscia
75 tra 'l folto pelo e le gelate croste.

Quando noi fummo là dove la coscia
si volge, a punto in sul grosso de l'anche,
78 lo duca, con fatica e con angoscia,
   volse la testa ov' elli avea le zanche,
e aggrappossi al pel com' om che sale,
81 sì che 'n inferno i' credea tornar anche.
   « Attienti ben, ché per cotali scale »,
disse 'l maestro, ansando com' uom lasso,
84 « conviensi dipartir da tanto male. »
   Poi uscì fuor per lo fóro d'un sasso
e puose me in su l'orlo a sedere;
87 appresso porse a me l'accorto passo.
   Io levai li occhi e credetti vedere
Lucifero com' io l'avea lasciato,
90 e vidili le gambe in su tenere;
   e s'io divenni allora travagliato,
la gente grossa il pensi, che non vede
93 qual è quel punto ch'io avea passato.
   « Lèvati su », disse 'l maestro, « in piede:
la via è lunga e 'l cammino è malvagio,
96 e già il sole a mezza terza riede. »
   Non era camminata di palagio
là 'v' eravam, ma natural burella
99 ch'avea mal suolo e di lume disagio.
   « Prima ch'io de l'abisso mi divella,
maestro mio », diss' io quando fui dritto,
102 « a trarmi d'erro un poco mi favella:
   ov' è la ghiaccia? e questi com'è fitto
sì sottosopra? e come, in sì poc' ora,
105 da sera a mane ha fatto il sol tragitto?»

Ed elli a me: «Tu imagini ancora
d'esser di là dal centro, ov' io mi presi
108 al pel del vermo reo che 'l mondo fóra.

Di là fosti cotanto quant' io scesi;
quand' io mi volsi, tu passasti 'l punto
111 al qual si traggon d'ogne parte i pesi.

E se' or sotto l'emisperio giunto
ch'è contraposto a quel che la gran secca
114 coverchia, e sotto 'l cui colmo consunto

fu l'uom che nacque e visse sanza pecca;
tu haï i piedi in su picciola spera
117 che l'altra faccia fa de la Giudecca.

Qui è da man, quando di là è sera;
e questi, che ne fé scala col pelo,
120 fitto è ancora sì come prim' era.

Da questa parte cadde giù dal cielo;
e la terra, che pria di qua si sporse,
123 per paura di lui fé del mar velo,

e venne a l'emisperio nostro; e forse
per fuggir lui lasciò qui loco vòto
126 quella ch'appar di qua, e su ricorse».

Luogo è là giù da Belzebù remoto
tanto quanto la tomba si distende,
129 che non per vista, ma per suono è noto

d'un ruscelletto che quivi discende
per la buca d'un sasso, ch'elli ha roso,
132 col corso ch'elli avvolge, e poco pende.

Lo duca e io per quel cammino ascoso
intrammo a ritornar nel chiaro mondo;
135 e sanza cura aver d'alcun riposo,

salimmo su, el primo e io secondo,
tanto ch'i' vidi de le cose belle
138 che porta 'l ciel, per un pertugio tondo.
E quindi uscimmo a riveder le stelle.

LO DUCA E IO PER QUEL CAMMINO ASCOSO
INTRAMMO A RITORNAR NEL CHIARO MONDO ...
(Inf., c. XXXIV, vv. 133 e 134)

La Divina Commedia – Inferno

Premessa		5
CANTO	I	9
CANTO	II	15
CANTO	III	21
CANTO	IV	27
CANTO	V	34
CANTO	VI	41
CANTO	VII	46
CANTO	VIII	52
CANTO	IX	58
CANTO	X	64
CANTO	XI	70
CANTO	XII	75
CANTO	XIII	81
CANTO	XIV	87
CANTO	XV	93
CANTO	XVI	99
CANTO	XVII	104
CANTO	XVIII	110
CANTO	XIX	116
CANTO	XX	122
CANTO	XXI	127
CANTO	XXII	132
CANTO	XXIII	138
CANTO	XXIV	144
CANTO	XXV	150
CANTO	XXVI	156
CANTO	XXVII	162
CANTO	XXVIII	167
CANTO	XXIX	173
CANTO	XXX	178
CANTO	XXXI	184
CANTO	XXXII	190
CANTO	XXXIII	196
CANTO	XXXIV	202